GRöLS Verlage

„Bücher sind wie Fallschirme. Sie nützen uns nichts, wenn wir sie nicht öffnen."

Gröls Verlag

Redaktionelle Hinweise und Impressum

Das vorliegende Werk wurde zugunsten der Authentizität sehr zurückhaltend bearbeitet. So wurden etwa ursprüngliche Rechtschreibfehler *nicht* systematisch behoben, denn kleine Unvollkommenheiten machen das Buch – wie im Übrigen den Menschen – erst authentisch. Mitunter wurden jedoch zum Beispiel Absätze behutsam neu getrennt, um den Lesefluss zu erleichtern.

Um die Texte zu rekonstruieren, werden antiquarische Bücher von Lesegeräten gescannt und dann durch eine Software lesbar gemacht. Der so entstandene Text wird von Menschen gegengelesen und korrigiert – hierbei treten auch Fehler auf. Wenn Sie ebenfalls antiquarische Texte einreichen möchten, finden Sie weitere Informationen auf www.groels.de

Viel Freude bei der Lektüre wünscht Ihnen das Team des Gröls-Verlags.

Adressen

Verleger: Sophia Gröls, Im Borngrund 26, 61440 Oberursel

Externer Dienstleister für Distribution & Herstellung: BoD, In de Tarpen 42, 22848 Norderstedt

Unsere „Edition | Werke der Weltliteratur" hat den Anspruch, eine der größten und vollständigsten Sammlungen klassischer Literatur in deutscher Sprache zu sein. Nach und nach versammeln wir hier nicht nur die „üblichen Verdächtigen" von Goethe bis Schiller, sondern auch Kleinode der vergangenen Jahrhunderte, die – zu Unrecht – drohen, in Vergessenheit zu geraten. Wir kultivieren und kuratieren damit einen der wertvollsten Bereiche der abendländischen Kultur. Kleine Auswahl:

Francis Bacon • Neues Organon • **Balzac** • Glanz und Elend der Kurtisanen • **Joachim H. Campe** • Robinson der Jüngere • **Dante Alighieri** • Die Göttliche Komödie • **Daniel Defoe** • Robinson Crusoe • **Charles Dickens** • Oliver Twist • **Denis Diderot** • Jacques der Fatalist • **Fjodor Dostojewski** • Schuld und Sühne • **Arthur Conan Doyle** • Der Hund von Baskerville • **Marie von Ebner-Eschenbach** • Das Gemeindekind • **Elisabeth von Österreich** • Das Poetische Tagebuch • **Friedrich Engels** • Die Lage der arbeitenden Klasse • **Ludwig Feuerbach** • Das Wesen des Christentums • **Johann G. Fichte** • Reden an die deutsche Nation • **Fitzgerald** • Zärtlich ist die Nacht • **Flaubert** • Madame Bovary • **Gorch Fock** • Seefahrt ist not! • **Theodor Fontane** • Effi Briest • **Robert Musil** • Über die Dummheit • **Edgar Wallace** • Der Frosch mit der Maske • **Jakob Wassermann** • Der Fall Maurizius • **Oscar Wilde** • Das Bildnis des Dorian Grey • **Émile Zola** • Germinal • **Stefan Zweig** • Schachnovelle • **Hugo von Hofmannsthal** • Der Tor und der Tod • **Anton Tschechow** • Ein Heiratsantrag • **Arthur Schnitzler** • Reigen • **Friedrich Schiller** • Kabale und Liebe • **Nicolo Machiavelli** • Der Fürst • **Gotthold E. Lessing** • Nathan der Weise • **Augustinus** • Die Bekenntnisse des heiligen Augustinus • **Marcus Aurelius** • Selbstbetrachtungen • **Charles Baudelaire** • Die Blumen des Bösen • **Harriett Stowe** • Onkel Toms Hütte • **Walter Benjamin** • Deutsche Menschen • **Hugo Bettauer** • Die Stadt ohne Juden • **Lewis Caroll** • *und viele mehr….*

Platon

Platons Dialoge mit Freunden

Übersetzung von

Friedrich Daniel Ernst Schleiermacher

Inhalt

Phaidros

Sokrates • Phaidros

Sokrates: O lieber Phaidros, woher denn und wohin?

Phaidros: Vom Lysias, o Sokrates, dem Sohne des Kephalos, und ich, gehe lustwandeln hinaus vor die Stadt; denn ich habe dort lange Zeit sitzend zugebracht von frühe an. Und deinem und meinem Freunde Akumenos folgend pflege ich draußen auf den Straßen umherzugehen; dieses nämlich, sagt er, sei weniger ermüdend als das in den Spaziergängen.

Sokrates: Und ganz Recht hat er darin, lieber Freund. Also Lysias war, wie es scheint, in der Stadt.

Phaidros: Ja, bei dem Epikrates, in dem Hause hier ohnweit des Olympion, der Morychia.

Sokrates: Was habt ihr denn dort getrieben? Oder versteht es sich, daß euch Lysias aus seinen Reden bewirtet hat?

Phaidros: Du sollst es erfahren, wenn du Muße hast mitzugehn und zu hören.

Sokrates: Wie denn? Glaubst du nicht, daß es, nach dem Pindaros, auch dringendem Geschäft voran mir gehn soll, deine und des Lysias Unterhaltung anzuhören?

Phaidros: So gehe denn weiter.

Sokrates: Und du rede.

Phaidros: Gewiß Sokrates, recht geziemt dir dies zu hören. Denn die Rede, mit der wir uns unterhielten, war, ich weiß nicht recht wie, eine Liebesrede. Nämlich Lysias hat sie geschrieben, als ob ein schöner Knabe gewonnen werden sollte, aber nicht von einem Liebhaber. Sondern dies ist eben die Feinheit darin, er behauptet, man müsse eher einem nicht verliebten günstig sein als einem Verliebten.

Sokrates: O trefflicher Mann! hätte er doch geschrieben eher einem Armen als Reichen, einem Alten als Jungen, und was sonst mir wäre zu gut gekommen, und den meisten von uns. Wahrlich das wären artige und gemeinnützige Reden. Ich meines Teils bin nun so begierig geworden zu hören, daß wenn du auch bis Megara lustwandeln gingst, und wie Herodikos hart an der Mauer wieder umkehrtest, würde ich doch nicht von dir weichen.

Phaidros: Wie meinst du, bester Sokrates? Glaubst du, was Lysias in langer Zeit nach Muße ausgearbeitet hat, der größte Meister unter Allen jetzt im Schreiben, das sollte ich

Ungelehrter seiner würdig so aus dem Gedächtnis wiederholen können? Daran fehlt viel. Wiewohl viel Geld mir nicht so lieb sein sollte als dieses.

Sokrates: O Phaidros, wenn ich den Phaidros nicht kenne, muß ich ja mich selbst vergessen haben. Aber eines so wenig als das andere. Ich weiß gar wohl, hörte der eine Rede des Lysias, so hat er sie nicht nur einmal angehört, sondern den Lysias immer wieder aufs neue oftmals reden lassen, und der gehorchte ihm auch gern. Ihm aber ist auch das nicht genug gewesen, sondern zuletzt hat er das Buch genommen, und selbst, was ihm am besten gefiel, nachgesehen. Und darüber von frühe an sitzend ist er endlich ermüdet und lustwandeln gegangen, jedoch beim Hunde! wie ich wenigstens glaube, schon vollkommen wissend die Rede, wenn sie nicht allzulang war. Und zur Stadt hinaus ging er, um sie recht einzulernen. Als er dann einem begegnete, der krank ist an der Sucht Reden anzuhören, freute er sich schon, da er ihn kommen sah, daß er einen Genossen haben würde an seiner Entzückung, und hieß ihn mitgehn. Wie nun der Liebhaber von Reden ihn bat, herzusagen, machte er den Spröden, als hätte er nicht Lust; am Ende aber würde er, auch wenn Niemand mit Gutem zuhören wollte, mit Gewalt die Rede sagen. Du also Phaidros bitte ihn, was er doch bald auf alle Weise tun würde, lieber gleich zu tun.

Phaidros: Wahrlich bei weitem das beste wird sein, dir so wie ich eben kann, die Rede zu geben. Denn du scheinst mir keinesweges ablassen zu wollen, bis ich irgendwie rede.

Sokrates: Ganz recht glaubst du das von mir.

Phaidros: So demnach will ich es machen. Denn in der Tat, Sokrates, die Worte habe ich unmöglich behalten, den Inhalt aber wohl von Allem, worin er den Unterschied zwischen des Liebenden Sache und des Nichtliebenden auseinandergesetzt, will ich dir kürzlich nach der Ordnung vom ersten anhebend wiederholen.

Sokrates: Nachdem du jedoch wirst gezeigt haben, lieber Mensch, was du da hast in der linken Hand unter dem Mantel. Denn ich vermute, du hast die Rede selbst, und wenn das ist, so denke so von mir, daß ich dich zwar gar sehr liebe, wenn aber auch Lysias da ist, mich dir herzugeben, damit du dich an mir einlernst, keinesweges gesonnen bin. Komm also und zeige.

Phaidros: Ruhig nur! Du hast mir die Hoffnung vereitelt, die ich hatte mich an dir zu üben. Aber wo willst du nun, daß wir uns setzen, um zu lesen?

Sokrates: Hier laß uns ablenkend am Ilissos hinuntergehn, und dann, wo es uns gefallen wird, uns einsam niedersetzen.

Phaidros: Zur rechten Zeit, wie es scheint, bin ich unbeschuhet: denn du freilich bist es immer. So ist es am bequemsten im Wässerchen selbst die Füße netzend zu gehn, und gar nicht unangenehm zumal in dieser Jahreszeit um itzige Stunde.

Sokrates: So gehe voran, und sieh dich um, wo wir uns wohl setzen können.

Phaidros: Siehst du jene höchste Platane dort?

Sokrates: Wie sollte ich nicht?

Phaidros: Dort ist Schatten, und mäßige Luft, auch Rasen, drauf zu sitzen, oder wenn wir wollen uns niederzulegen.

Sokrates: Gehe also.

Phaidros: Sage mir, Sokrates, soll nicht hier irgendwo am Ilissos Boreas die Oreithyia geraubt haben?

Sokrates: So soll er.

Phaidros: Etwa eben hier? Angenehm wenigstens, rein und durchsichtig ist hier das Wässerchen, recht gemacht für Mägdlein, daran zu spielen.

Sokrates: Nein, sondern unterhalb etwa um zwei oder drei Stadien, wo man durchgeht nach dem Tempel der Artemis. Auch ist dort irgendwo ein Altar des Boreas.

Phaidros: Ich wußte es nicht recht. Aber sage, um Zeus willen, Sokrates, glaubst auch du, daß diese Geschichte wahr ist?

Sokrates: Wenn ich es nun nicht glaubte, wie die Klugen, so wäre ich eben nicht ratlos. Ich würde dann weiter klügelnd sagen, der Wind Boreas habe sie, als sie mit der Pharmakeia spielte, von den Felsen dort in der Nähe herabgeworfen, und dieser Todesart wegen habe man gesagt, sie sei durch den Gott Boreas geraubt worden, oder auch vom Areopagos, denn auch so wird es erzählt, daß sie von da geraubt worden. Ich aber, o Phaidros, finde dergleichen übrigens ganz artig, nur daß ein gar kunstreicher und mühsamer Mann dazu gehört, und der eben nicht zu beneiden ist, nicht etwa wegen sonst einer Ursach, sondern weil er dann notwendig auch die Kentauren ins Gerade bringen muß, und hernach die Chimära, und dann strömt ihm herzu ein ganzes Volk von dergleichen Gorgonen, Pegasen, und andern unendlich vielen und unbegreiflichen wunderbaren Wesen, und wer die ungläubig einzeln auf etwas Wahrscheinliches bringen will, der wird mit einer wahrlich unzierlichen Weisheit viel Zeit verderben. Ich aber habe dazu ganz und gar keine, und die Ursach hievon, mein Lieber, ist diese, ich kann noch immer nicht nach dem delphischen Spruch mich selbst erkennen. Lächerlich also kommt es mir vor, solange ich hierin noch unwissend bin, an andere Dingen zu denken. Daher also lasse ich das alles gut sein; und annehmend, was darüber allgemein geglaubt wird, wie ich eben sagte, denke ich nicht an diese Dinge, sondern an mich selbst, ob ich etwa ein Ungeheuer bin, noch verschlungener gebildet und ungetümer als Typhon, oder ein milderes einfacheres Wesen, das sich eines göttlichen und edeln Teiles von Natur erfreut. – Doch, Freund, nicht zu vergessen, war dies nicht der Baum, zu dem du uns führen wolltest?

Phaidros: Ja eben dieser.

Sokrates: Bei der Here! dies ist ein schöner Aufenthalt. Denn die Platane selbst ist prächtig belaubt und hoch, und des Gesträuches Höhe und Umschattung gar schön, und so steht es in voller Blüte, daß es den Ort mit Wohlgeruch ganz erfüllt. Und unter der Platane fließt die lieblichste Quelle des kühlsten Wassers, wenn man seinen Füßen trauen darf. Auch scheint hier nach den Statuen und Figuren ein Heiligtum einiger Nymphen und des Acheloos zu sein. Und wenn du das suchst, auch die Luft weht hier willkommen und süß, und säuselt sommerlich und lieblich in den Chor der Zikaden. Unter allem am herrlichsten aber ist das Gras am sanften Abhang in solcher Fülle, daß man hingestreckt das Haupt gemächlich kann ruhen lassen. Kurz, du hast vortrefflich den Führer gemacht, lieber Phaidros.

Phaidros: Du aber, wunderbarer Mann, zeigest dich ganz seltsam. Denn in der Tat, wie du auch sagst, einem Fremden gleichst du, der sich umherführen läßt, und nicht einem Einheimischen. So wenig wanderst du aus der Stadt über die Grenze, noch auch selbst zum Tore scheinst du mir herauszugehen.

Sokrates: Dies verzeihe mir schon, o Bester. Ich bin eben lernbegierig, und Felder und Bäume wollen mich nichts lehren, wohl aber die Menschen in der Stadt. Du indes, dünkt mich, hast um mich herauszulocken das rechte Mittel gefunden. Denn wie sie mittelst vorgehaltenen Laubes oder Körner hungriges Vieh führen, so könntest du gewiß, wenn du mir solche Rollen mit Reden vorzeigtest, mich durch ganz Attika herumführen, und wohin du sonst wolltest. Nun wir aber an Ort und Stelle angekommen sind, werde ich mich wahrscheinlich hier niederlegen; du aber, in welcher Stellung du am besten lesen zu können glaubst, die wähle und lies.

Phaidros: So höre denn.

Von dem was mich anbetrifft bist du unterrichtet, und wie ich glaube, es werde uns zuträglich sein, daß dieses zu Stande komme, hast du gehört. Ich wünsche aber, nicht etwa deshalb zu verfehlen was ich bitte, weil ich nicht zu deinen Liebhabern gehöre. Da eben jene dann zu gereuen pflegt, was sie Gutes erwiesen haben, sobald ihre Begierde gestillt ist; für Andere aber es keine Zeit gibt, in der ihnen anderes Sinnes zu werden geziemte. Denn nicht notgedrungen, sondern freiwillig, wie Jeder am besten über das seinige sich beraten mag, erweisen sie nach ihrem Vermögen Gutes. Ferner erwägen die Verliebten, was sie schlecht verwaltet haben von dem ihrigen der Liebe wegen, und was Gutes erwiesen; und wenn sie dann die gehabte Beschwerde hinzurechnen, so glauben sie schon längst den gebührenden Dank ihren Geliebten entrichtet zu haben. Die aber in keiner Leidenschaft begriffenen können auch weder die Vernachlässigung ihrer Angelegenheiten um jener willen zum Vorwande nehmen, noch die überstandenen Beschwerden in Rechnung bringen, noch aus der Zwietracht mit ihren Angehörigen einen Vorwurf machen, so, daß so vieler Übel überhoben, sie nicht anders können, als bereitwillig alles tun, wodurch sie glauben ihnen gefällig zu werden. Ferner wenn um deswillen die Liebhaber wert geachtet zu werden verdienen sollen, weil sie behaupten ihren Geliebten am meisten ergeben zu sein, und weil sie immer bereit sind, sollten sie auch durch Wort und Tat sich Andern verhaßt machen, ihnen gefällig zu werden: so ist leicht einzusehen, wiefern sie wahr reden, weil sie ebenso den, für welchen sie späterhin Leidenschaft haben werden, höher achten müssen als die vorigen, und offenbar, wenn es jener wünscht, auch dem früher Geliebten Übles zufügen werden. Indessen, wie sollte es wohl billig sein, so großes dem einzuräumen, der einem solchen Unfall unterworfen ist, welchem kein kundiger nicht einmal abzuhelfen unternehmen würde. Denn auch selbst bekennen sie, daß sie mehr krank sind, als bei voller Besinnung, und daß sie zwar wissen, wie schlecht sie bei Verstande sind, aber nicht vermögen, sich selbst zu überwinden. Wie also könnten sie wohl, wenn sie wieder gut bei Verstande sind, dasjenige für wohl getan halten, was sie in solcher Verfassung wollen? Überdies wenn du aus den Liebhabern dir den besten wähltest, hättest du immer nur unter wenigen die Wahl; wenn aber aus den Übrigen den dir selbst angemessensten, dann unter Vielen. So daß weit mehr Hoffnung ist unter den Vielen wirklich den anzutreffen, der deine Freundschaft verdient. Fürchtest du aber etwa die herrschende Meinung, und daß dir, wenn die Leute es erfahren, Schande daraus entstehen könnte: so ist wahrscheinlich, daß Liebhaber freilich, welche auch von den Übrigen eben so glauben beneidet zu werden, wie sie es unter einander tun, sich brüsten werden mit erzählen und selbstgefällig sich gegen Jedermann rühmen, daß sie nicht vergeblich sind bemüht gewesen, daß die nicht leidenschaftlichen aber, da sie über sich selbst Gewalt haben, das Bessere dem Ruhme bei den Menschen vorziehen werden. Überdies müssen wohl sehr Viele die Liebhaber erfahren und sehen ihren Geliebten nachgehen, und sich hieraus ein Geschäft machen, so daß, wo sie nur im Gespräch miteinander gesehen werden, man auch glaubt sie kämen eben von der Befriedigung der Begierde oder gingen ihr entgegen; nicht verliebten aber hat Niemand auch nur den Gedanken ihres Umgangs wegen etwas vorzuwerfen, indem jeder es in der Ordnung findet, daß man sich unterrede, es geschehe nun aus Zuneigung oder eines andern Vergnügens wegen. Ja wenn etwa dich Furcht anwandeln sollte, indem du bedenkst, wie schwer es halte, daß eine Freundschaft beständig bleibe, und wie, wenn in andern Fällen Uneinigkeit entsteht, beide gemeinschaftlich das Unglück trifft, hier aber, wenn du das Höchste gewährt hättest, dir großer Nachteil entstehen könne: so hast du billig weit mehr die Verliebten zu fürchten. Denn vieles ist was sie betrübt, und von allem glauben sie, daß es ihnen zum Nachteil geschehe. Daher sie auch den Umgang ihrer Geliebten mit Andern verhindern, aus Furcht Vermögende möchten sie an Reichtum übertreffen, Gebildete aber ihnen an Einsicht überlegen sein, und was sonst Jemand Gutes besitzt, vor dessen Wirkung hüten sie sich. Überreden sie dich nun, dich mit solchen zu verfeinden, so entblößen sie dich von Freunden; wenn du aber dein Bestes erwägend verständiger als sie urteilst, so kommst du in Zwistigkeit mit ihnen. Die aber nicht als Liebhaber erlangt, sondern durch ihre Tugend sich erworben haben, was sie wünschten, werden nicht deine Gesellschafter eifersüchtig beneiden, sondern eher hassen die es nicht sein wollen, in der Meinung von diesen geringschätzig übersehen zu werden, von den Gesellschaftern aber unterstützt; so daß weit mehr zu erwarten ist, ihnen werde Freundschaft aus dieser Verbindung entstehen als Feindschaft. Auch pflegen ja unter den Verliebten viele weit eher nach dem körperlichen Genuß zu verlangen, als sie die Gemütsart kennengelernt und die übrigen Eigenheiten erkundet haben, so daß ungewiß ist, ob sie auch dann noch werden Freunde sein wollen, wenn ihr Verlangen gestillt ist; dagegen von den Nichtverliebten, welche dieses, erst nachdem sie schon lange Freunde waren, getan, gar nicht zu vermuten ist, daß eben das, was ihnen Gutes widerfahren ist, die Freundschaft verringern sollte, sondern es wird vielmehr dieses als Denkzeichen zurückbleiben für das, was in Zukunft geschehen wird. Ja es steht dir auch bevor, mehr im Guten zuzunehmen, wenn du mir, als wenn du einem Liebhaber Gehör gibst. Denn jene loben auch gegen das Bessere was du redest und tust, einiges aus Furcht sich unangenehm zu machen, anderes, weil sie es selbst ihrer Begierde wegen mit dem schlechteren halten. Denn dergleichen hat die Liebe aufzuzeigen, sie macht daß die Unglücklichen, auch das, was Andern gar keine Unlust verursacht, für quälend halten, die Glücklichen aber nötiget sie, auch an dem, was keiner Lust wert ist, ihr Lob zu verschwenden. So daß man die Geliebten weit mehr bedauern sollte als beneiden. Wenn du aber mir Gehör gibst, so werde ich zuerst nicht nur für das augenblickliche Vergnügen sorgen, sondern auch für den künftig zu erwartenden Nutzen in meinem Umgange, nicht von der Leidenschaft besiegt, sondern mich selbst besiegend, noch auch über Kleinigkeiten heftigen Zwiespalt erregend, sondern erst über wichtige Dinge langsam gelindem Unwillen Raum gebend, das Unvorsätzliche verzeihend, das Vorsätzliche versuchend abzuwenden. Denn dies sind die Kennzeichen einer für lange Dauer geeigneten Freundschaft. Wofern dir aber dieses einfällt, daß unmöglich eine Freundschaft stark sein könne, wenn nicht einer leidenschaftlich liebt: so mußt du bedenken, daß wir dann auch weder unsere Kinder sehr wert halten würden, noch unsere Eltern, noch auch Freunde treu sein könnten, die es nicht aus einer solchen Begierde geworden sind, sondern aus irgend einem andern Antriebe. Ferner wenn man den bedürftigsten am meisten gefällig sein soll: so müßten ja auch Andere nicht den Vortrefflichsten sondern den Hülflosesten Gutes erweisen; denn von den größten Übeln befreit, werden sie ihnen auch den meisten Dank wissen. Ja auch zu seinen besonderen Festen müßte dann Jeder nicht die Freunde einladen, sondern die um Almosen bitten und die der Sättigung bedürfen. Denn diese werden dem Geber anhänglich sein, und ihm aufwarten zu Hause und draußen, und am meisten erfreut sein, und nicht die wenigste Erkenntlichkeit empfinden, und ihm vieles Gute anwünschen. Sondern es ist gleicherweise ratsam, nicht den sehr bedürftigen sich gefällig zu erzeigen, sondern denen, welche am meisten ihre Erkenntlichkeit beweisen können, und nicht den Leidenschaftlichen allein, sondern denen, welche der Sache würdig sind, noch allen, die wohl deiner Jugend genießen möchten, sondern welche auch dem älter gewordenen vom eigenen Guten mitteilen werden; nicht denen, die ihres Wunsches gewährt, gegen die Übrigen prahlen, sondern denen, die verschämt gegen Jedermann schweigen werden;

nicht denen, welche nur kurze Zeit sich um dich beeifern, sondern denen, welche das ganze Leben hindurch auf gleiche Weise deine Freunde sein werden; noch auch denen, welche nach gestillter Lust nur Vorwand zur Zwietracht suchen, sondern welche, wenn die Jugend vergangen ist, dann ihre Tugend beweisen werden. Du also gedenke des Gesagten, und erwäge auch noch dieses, daß Liebhaber von ihren Freunden gescholten werden, als über ein böses Unternehmen, daß aber den nicht leidenschaftlichen noch nie einer von den Angehörigen getadelt hat, als berate er sich deshalb schlechter. Vielleicht aber möchtest du mich fragen, ob ich dir anmute, allen nicht Verliebten gefällig zu sein; ich aber denke, auch ein Verliebter wird dich nicht heißen gegen alle Verliebten diese Gesinnung zu haben. Denn weder würde es dem der es sich recht überlegt gleichen Dankes wert sein, noch wäre es dir, da du Andern verborgen bleiben willst, eben so leicht möglich. Schaden soll aber daraus gar nicht, sondern Vorteil für beide entstehen. Ich nun halte das Gesagte für hinreichend, wenn aber du noch etwas vermissest, was übergangen wäre, so frage.

Nun, Sokrates, was dünkt dich von der Rede? Nicht daß sie wunderschön sowohl im Übrigen als auch besonders im Ausdruck gearbeitet ist?

Sokrates: Ganz göttlich allerdings, Freund, so daß ich außer mir bin. Und dieses hast du mir angetan, o Phaidros, indem ich auf dich sah, und du mir schienst vor Freude zu glänzen über die Rede während des Lesens. Denn mit dem Gedanken, daß du mehr verstehest als ich von diesen Dingen, folgte ich dir, und so nachfolgend bin ich immer entzückt gewesen mit dir, herrlichen Seele.

Phaidros: Wohl! auf diese Art meinst du also zu scherzen?

Sokrates: Denkst du ich scherze, und meine es nicht ganz ernsthaft?

Phaidros: Freilich nicht, o Sokrates. Aber in Wahrheit sage mir beim Zeus der Freundschaft, glaubst du, daß irgendein anderer Hellene etwas anderes größeres als dieses und mehreres sagen könnte über dieselbe Sache?

Sokrates: Wie denn? Auch hierüber soll von mir und dir die Rede gelobt werden, daß der Verfasser das Richtige gesagt habe, und nicht darüber nur, weil er alle Worte so rund und genau mit fester Hand abgedreht hat? Wenn es sein soll, muß ich es zugeben, dir zu gefallen. Denn mir ist es entgangen wegen meiner Unfähigkeit, weil ich nämlich nur auf das Rednerische darin Achtung gab, und dieses dachte ich würde Lysias selbst nicht für hinreichend halten. Ja er schien mir gar, wenn du es nicht etwa anders meinst, Phaidros, zwei oder dreimal dasselbe zu sagen, als wäre es ihm eben nicht gar leicht vieles zu reden über dieselbe Sache, oder ihm vielleicht auch gar nichts gelegen hieran. Und daher ist er mir vorgekommen wie ein junger Mensch, der seine Freude daran hat, zu zeigen, daß er im Stande ist, indem er diese Sache jetzt so dann anders ausdrückt, beidemal vortrefflich zu reden.

Phaidros: Nichts ist dies gesagt, Sokrates. Denn eben dies findet sich ganz vorzüglich in der Rede. Denn was schickliches zu sagen in der Sache lag, davon hat sie nichts übergangen, so daß etwas anderes größeres und besseres, als das von ihm angeführte, Niemand jemals sagen kann.

Sokrates: Dieses werde ich nun nicht mehr imstande sein dir zu glauben. Denn weise Männer und Frauen aus alter Zeit, die eben hierüber geredet und geschrieben haben, werden mich der Unwahrheit zeihen, wenn ich es dir zu gefallen einräume.

Phaidros: Wer sind diese? und wo hast du besseres als dies gehört?

Sokrates: So jetzt gleich kann ich es nicht sagen; offenbar aber habe ich dergleichen von irgend jemand gehört, entweder von der schönen Sappho oder von dem weisen Anakreon, oder auch von Schriftstellern in ungebundener Rede. Woher ich dieses schließe? Voll ja, du Teurer, tragend die Brust fühle ich, daß ich ganz andere Dinge als jener zu sagen hätte, und nicht schlechtere. Daß ich nun aus mir selbst nichts davon ersonnen habe, weiß ich gewiß, da ich meines Unverstandes mir bewußt bin. Also denke ich bleibt nur übrig, daß ich aus fremden Strömen durch Zuhören angefüllt worden bin, wie ein Gefäß; aus Albernheit aber habe ich auch das schon wieder vergessen, wie und von wem ich es gehört.

Phaidros: Wohl, du prächtiger Mann, dies war vortrefflich gesprochen. Du also sollst mir, von wem und wie du es gehört, gar auch wenn ich es verlange nicht sagen. Nur eben das was du sagst, tue mir. Versprich du mir, dessen, was in meinem Buche steht, dich enthaltend anderes besseres und nicht weniger zu sagen. Dagegen verspreche ich dir, wie die Neun Archonten eine goldne Statue in Lebensgröße nach Delphi zu verehren, und zwar nicht meine nur, sondern auch deine.

Sokrates: Ein gar lieber und wirklich goldner Mensch bist du mir, Phaidros, wenn du meinst, ich behaupte, daß Lysias die Sache ganz und gar verfehlt habe, und daß es möglich sei lauter andere Dinge als er zu sagen. Dieses aber, denke ich, kann auch dem schlechtesten Schriftsteller nicht begegnen. Gleich hier, wovon die Rede ist, wer meinst du wohl, wenn er beweisen wollte, man müsse dem Nichtverliebten eher willfahren als dem Verliebten, überginge aber die Verständigkeit des Einen zu loben und die Unverständigkeit des Andern zu tadeln, welches ganz notwendig ist, würde dann irgend etwas anderes zu sagen im Stande sein? Sondern dergleichen, glaube ich, muß man lassen und dem Redenden zugestehen; und in dergleichen ist auch nicht die Erfindung, sondern nur die Anordnung zu loben, an dem nicht notwendigen und schwerer zu findenden aber außer der Anordnung auch die Erfindung.

Phaidros: Ich räume ein, was du sagst; denn du dünkst mich ganz billig gesprochen zu haben. Also will ich es eben so machen. Daß der Verliebte mehr als der Nichtverliebte krank sei, davon will ich dir verstatten auszugehen, und wenn du nur im übrigen anderes, mehr und besseres, vorträgst als Lysias, sollst du immer noch neben der Kypseliden Weihgeschenk aus gehämmerter Arbeit in Olympia stehen.

Sokrates: Du machst Ernst daraus, Phaidros, daß ich deinen Liebling angegriffen, um dich aufzuziehen, und meinst wohl, ich werde wirklich versuchen, über seine Kunst hinaus etwas anderes schmuckeres zu sagen.

Phaidros: Was dies nun betrifft, Freund, so gibst du mir jetzt dieselbe Blöße. Denn reden mußt du jetzt auf jeden Fall, so wie du eben kannst. Damit wir aber nicht den ganzen lästigen Spaß der Komödie durchzumachen nötig haben, Einer dem Andern dasselbe zurückgebend: so sieh dich vor, und nötige mich nicht erst dir Jenes zu sagen: Wenn ich, o Sokrates, den Sokrates nicht kenne, muß ich auch mich selbst vergessen haben, und er hatte wohl Lust zu reden, machte aber den Spröden; sondern bedenke, daß wir von hinnen nicht gehen, ehe du das gesprochen hast, was du behauptetest in der Brust zu tragen. Wir sind hier allein ganz einsam, und ich bin der stärkere und jüngere. Aus dem allen nun vernimm was ich meine, und wolle doch ja nicht gezwungen lieber als freiwillig reden.

Sokrates: Aber du himmlischer Phaidros, lächerlich werde ich mich machen, wenn nach einem trefflichen Künstler ich Ungelehrter unvorbereitet rede über dieselbe Sache.

Phaidros: Weißt du wie es steht? Höre auf dich gegen mich zu zieren; sonst weiß ich etwas zu sagen, womit ich dich gleich zwingen kann zu reden.

Sokrates: So sage es also ja nicht.

Phaidros: Mit nichten, sondern ich sage es grade, und die Rede soll mir ein Schwur sein. Ich schwöre dir also, ja bei welchem Gotte doch? oder willst du bei dieser Platane? daß wahrlich, wenn du mir nicht die Rede hältst hier Angesichts ihrer selbst ich dir nie keine andere Rede von Niemand weder hersagen noch anzeigen werde.

Sokrates: Weh! Du Böser! Wie gut hast du den Zwang ausgefunden für einen redeliebenden Mann, daß er tue, was du nur begehrst.

Phaidros: Was hast du also, daß du dich noch sträubst?

Sokrates: O gar nichts mehr, seit du dieses geschworen hast. Denn wie könnte ich wohl einer solchen Lockspeise widerstehen?

Phaidros: Rede also.

Sokrates: Weißt du wohl, wie ich es machen will?

Phaidros: Womit denn?

Sokrates: Verhüllt will ich sprechen, damit ich aufs schnellste die Rede durchjage, und nicht etwa, wenn ich dich ansehe, aus Scham in Verwirrung gerate.

Phaidros: Rede nur, und übrigens halte es, wie du willst.

Sokrates: Wohlan denn, o Musen! mögt ihr nun wegen einer Art des Gesanges die hochgekehlten heißen, oder nach dem langhalsigen Geschlecht der tonreichen Schwäne diesen Namen führen, greift mit mir an das Werk der Rede, welche dieser Treffliche mich nötiget zu sprechen, damit nur sein Freund, der ihm schon immer kunstreich zu sein schien, ihm nun noch mehr so erscheine.

Es war also ein Knabe oder vielmehr ein halberwachsener Jüngling, der war gar schön, und hatte der Liebhaber sehr viele. Unter diesen war einer sehr listig, welcher den Knaben, in den er nicht minder als Einer verliebt war, dennoch überredet hatte, er sei es nicht; und einmal als er auch in ihn drang, überredete er ihn eben dieses, daß er den Nichtverliebten vor dem Verliebten begünstigen müsse. Er redete aber also.

In allen Dingen, mein Kind, gibt es nur einen Anfang für die, welche richtig ratschlagen wollen: sie müssen wissen, worüber sie Rat pflegen, oder werden notwendig das Ganze verfehlen. Die Meisten nun merken nicht, daß sie das Wesen der Dinge nicht kennen. Als kennten sie es also, verständigen sie sich nicht darüber im Anfange der Untersuchung, und im Fortgange bezahlen sie dann die Gebühr, sie sind nämlich weder jeder mit sich selbst noch unter einander einig. Mich also und dich möge nicht treffen, was wir Andern vorwerfen, sondern da dir und mir die Frage vorliegt, ob mit dem Verliebten oder Nichtverliebten besser sei Freundschaft zu stiften: so laß uns über die Liebe, was sie ist und welche Kraft ihr zukommt, eine Erklärung einstimmig festsetzend, in Hinsicht und Beziehung auf diese dann die Untersuchung anstellen, ob sie Vorteile oder Schaden hervorbringt. Daß nun die Liebe eine Begierde ist, gestehet Jeder; wiederum aber wissen wir, daß auch nicht Liebende ebenfalls der Schönen begehren. Woran also wollen wir den Liebenden und den andern unterscheiden? Wir müssen demnach bemerken, daß es in einem jeden von uns zwei herrschende und führende Triebe gibt, welchen wir folgen, wie sie eben führen, eine eingeborne Begierde nach dem Angenehmen und eine erworbene Gesinnung, welche nach dem Besten strebt. Diese beiden nun sind in uns bald übereinstimmend, zuweilen auch wieder veruneiniget, da denn jetzt diese, dann wieder die andere siegt. Wenn nun die Gesinnung uns zum Besseren durch Vernunft führet und regieret, so heißt diese Regierung Besonnenheit; wenn aber die Begierde vernunftlos hinziehet zur Lust und in uns herrscht, wird diese Herrschaft Frevel genannt. Der Frevel aber ist vielnamig: denn er ist vielteilig und vielartig. Und die von diesen Arten zufällig den Vorzug gewonnen trägt ihren eignen Namen zur Benennung auf den der sie besitzt hinüber, einen weder schönen noch wünschenswerten. Denn eine auf den Wohlgeschmack der Speisen gerichtete, die Vernunft und die anderen Begierden besiegende Begierde heißt Schlemmerei, und wird auch dem sie hegenden dieselbe Bezeichnung zuziehen. Die aber auf den Trunk, wenn sie beherrscht den der sie hegt und ihn dahin führt, ist klar, welchen Beinamen sie erhalten wird; und so auch die übrigen diesen verwandten Begierden zugehörigen Namen, wie jeder, wenn sie die Herrschaft führt, zu heißen zukommt, sind bekannt. Und um welcher willen das bisherige gesagt worden, ist wohl auch schon einleuchtend, auch dieses aber wird, ausdrücklich gesagt, deutlicher werden, als wenn es nicht gesagt würde. Nämlich die vernunftlose jene auf das Bessere bestrebte Gesinnung beherrschende Begierde, zur Lust an der Schönheit geführt, und wiederum von den ihr verwandten Begierden auf die Schönheit der Leiber hingeführt, wenn sie sich kräftig verstärkt und den Sieg errungen hat in der Leitung, erhält von ihrem Gegenstande, dem Leibe, den Namen, und wird Liebe genannt. – Jedoch lieber Phaidros, scheint auch dir, wie mir selbst, daß etwas Göttliches mich angewandelt?

Phaidros: Allerdings, o Sokrates, hat ein ganz ungewöhnlicher Fluß der Rede dich ergriffen.

Sokrates: Still also höre mich weiter. Denn in Wahrheit göttlich scheint dieser Ort zu sein, so daß, wenn ich etwa gar im Verfolg der Rede von den Nymphen ergriffen werde, du dich nur nicht wundern mögest. Denn schon jetzt bin ich nicht mehr gar fern von Dithyramben.

Phaidros: Sehr richtig bemerkt.

Sokrates: Davon nun bist du Ursach. Doch höre das Übrige, sonst möchte vielleicht verscheucht werden, was über mich gekommen. Dafür nun mag Gott sorgen, wir aber müssen mit unserer Rede uns wieder zu dem Knaben wenden.

Gut denn, mein Teurer, was dasjenige ist, worüber wir beratschlagen, ist nun gesagt und bestimmt. In Beziehung hierauf also laß uns das übrige erörtern, welcher Vorteil oder Schaden von dem Liebenden oder Nichtliebenden dem willfährigen wahrscheinlich bevorstehe. Notwendig nun wird der von der Begierde beherrschte und der Lust dienende das Geliebte aufs angenehmste für sich zuzurichten suchen. Dem Kranken aber ist alles nicht widerstrebende angenehm, gleiches und stärkeres aber verhaßt. Weder besser also noch ihm selbst gleich wird ein Liebhaber gern seinen Liebling leiden mögen, sondern schwächer und unvollkommner wird er ihn immer machen. Schwächer aber ist der Unverständige als der Weise, der Feige als der Tapfere, der Unberedte als der Rednerische, der Langsame als der Schnelldenkende. Solche also und noch andere Übel, wenn sie dem Gemüt des Geliebten entstehen oder von Natur einwohnen, müssen den Liebhaber erfreuen, teils auch muß er sie selbst befördern oder sich des augenblicklich Angenehmen beraubt sehen. Neidisch muß er also sein, und schon indem er ihn abhält von andern auch nützlichen Verbindungen, durch welche am meisten ein Mann aus ihm werden könnte, ihm großen Schaden verursachen, den größten aber in Hinsicht derjenigen, welche ihn im eigentlichen Sinn weise machen würde. Dies nun ist die göttliche Weisheitsliebe, von der also der Liebhaber den Liebling gewiß, aus Furcht ihm verächtlich zu werden, weit entfernt halten, und auch übrigens alles anwenden wird, damit er unwissend in allen Dingen und in allem auf den Liebhaber zu sehen genötiget, ein solcher sei, wie er ihm zwar am meisten zur Lust, sich selbst aber eben so sehr zum Schaden gereicht. Für die Seele also ist in keiner Hinsicht ein heilsamer Aufseher oder

Gefährte der Mann, der Liebe hegt. Wie aber des Körpers, dessen er Herr geworden ist, Bildung und Pflege und was für eine derjenige besorgen wird, welcher dem Angenehmen statt des Guten gezwungen ist nachzustreben, das müssen wir hiernächst sehen. Es wird sich aber zeigen, daß er einen weichlichen und nicht einen harten aufsucht, nicht der im reinen Sonnenschein aufgewachsen ist, sondern im dumpfigen Schatten, männlicher Arbeiten und anstrengender Leibesübungen ungewohnt, gewöhnt aber an eine zärtliche und unmännliche Lebensart, mit fremden Farben und Verzierungen aus Mangel an eigenen geziert, und was sonst hiemit zusammenhängt, des alles sich befleißigend. Welches bekannt ist, und nicht nötig weiter hineinzugehen, sondern eins im allgemeinen aufgestellt, wollen wir uns zu anderem wenden. Mit einem solchen Körper nämlich wird einer im Kriege wie in andern dringenden Nöten den Feinden wohl Mut, den Freunden aber und den Liebhabern selbst Besorgnis einflößen. Dieses also wollen wir als bekannt vorbeigehen, und das folgende dartun, welchen Vorteil oder Schaden für das Besitztum uns des Liebenden Umgang und Vormundschaft anrichten wird. Einleuchtend nun ist hier dies wohl Jedem, und am meisten dem Liebhaber, daß er eben von den liebsten, wohltuendsten und göttlichsten unter allen Besitztümern den Geliebten verwaiset zu sehen vor allen wünscht. Denn Vater und Mutter, Verwandte und Freunde sähe er ihm gern entrissen, da er sie für Störer und Tadler eben des angenehmsten Umgang mit ihm ansieht. Aber auch den Vermögenden an Gold oder anderem Eigentum kann er nicht für ebenso leicht zu erobern achten, noch wenn dies geschehen, für leicht zu handhaben. Weshalb denn notwendig der Liebhaber dem Liebling es mißgönnt, wenn er Vermögen besitzt, geht es aber verloren sich erfreut. Ferner auch ehelos, kinderlos, herdlos muß so lange als möglich den Liebling der Liebhaber zu sehen wünschen, die ihm süße Frucht aufs längste zu genießen sich sehnend. Es gibt freilich noch anderes verderbliche, aber doch hat ein Dämon mit dem meisten eine unmittelbare Lust gemischt; wie dem Schmeichler, einem furchtbaren Tiere und großem Übel, hat doch die Natur ein nicht ungebildetes Vergnügen beigemischt. Auch eine Hetäre könnte einer als verderblich tadeln, und was man sich sonst dergleichen hegt und pflegt, wobei aber doch immer sich findet, daß es für den Augenblick sehr angenehm ist; dem Liebling aber ist der Liebhaber nächst dem verderblichen auch noch im täglichen Umgang höchst unerfreulich. Denn gleich und gleich an Jahren, sagt schon der alte Spruch, erfreut einander, weil, glaube ich, die Gleichheit des Alters zu gleichen Vergnügungen hinführend durch diese Ähnlichkeit Freundschaft hervorbringt. Und dennoch gibt es Überdruß auch in dem Umgange von solchen. Aber das Gezwungene, sagt man, ist gewiß allen lästig, in allen Dingen, und dieses noch außer der Unähnlichkeit findet sich ganz besonders in dem Umgange des Liebhabers mit dem Liebling. Denn den so viel jüngeren will der Ältere weder Tag noch Nacht gern verlassen, so wird er vom inneren Ungestüm und Stachel getrieben, welches ihm zwar immer Vergnügen gewährt, indem er den Geliebten sieht, hört und mit allen Sinnen genießt, so daß er ihm mit Lust unaufhörlich anklebend dienet: welchen Trost aber oder welche Lust gewährt es dem Geliebten, um zu verhindern, daß er nicht, wenn er jenen solange Zeit um sich hat, den äußersten Widerwillen fasse, indem er eine alternde nicht mehr blühende Gestalt vor Augen hat, und was hiemit sonst zusammenhängt, was schon in der Erzählung zu hören dem Ohre nicht erfreulich ist, vielweniger in der Wirklichkeit, wenn man unaufhörlich gezwungen ist sich damit selbst zu befassen; indem er ferner mit argwöhnischer Wachsamkeit bewacht wird überall und gegen alle, und unzeitiges überschwengliches Lob anhören muß, und eben so auch Tadel, schon von dem Nüchternen unerträglichen, ganz unanständigen aber noch überdies von dem Berauschten, mit übersatter unverhüllter Dreistigkeit redenden. Indem er liebt also, ist er ihm verderblich sowohl als widerlich; hat aber die Liebe aufgehört, so ist er ihm für die künftige Zeit treulos, für welche er eben so vieles mit vielen Schwüren und Bitten verheißend ihn vormals kaum festhielt, daß er den unangenehmen Umgang ertrug in Hoffnung des Vorteils. Dann also, wann er erfüllen soll, hat er schon einen andern Herrn und Führer in sich aufgenommen, Verstand und Besonnenheit anstatt der Liebe und des Wahnsinns, und ist ein Anderer geworden seinem Liebling unbemerkt. Dieser also fordert den Dank für das damalige, indem er ihm Wort und Tat in Erinnerung bringt, als ob er noch mit demselben Menschen redete. Jener aber will aus Scham nicht wagen zu gestehen, daß er ein anderer geworden, noch auch weiß er, wie er die Schwüre und Versprechungen aus der damaligen unverständigen Zeit, nun er zu Verstande gekommen ist und sich besonnen hat, erfüllen kann, ohne, wenn er eben wie der ehemalige handelt, ihm auch ähnlich und wieder derselbe zu werden. Ein Ausreißer wird er also nun, und notgedrungen entsagend begibt sich der ehemalige Liebhaber, nun die Scherbe anders gefallen ist, seiner Seits auf die Flucht. Der andere aber muß ihm nachsetzen, unwillig und in Verwünschungen ausbrechend, weil er die ganze Sache von Anbeginn nicht verstanden hat, daß er nämlich nie hätte gesollt dem Verliebten und also notwendig Unverständigen willfahren, sondern weit eher dem Nichtverliebten und Verständigen; wo aber nicht, er sich dann allemal einem treulosen hingäbe, einem neidischen, beschwerlichen, widerlichen, verderblichen für sein Vermögen, verderblichen auch für die Tüchtigkeit seines Körpers, am verderblichsten aber für die Ausbildung seiner Seele, über welche es doch weder für Menschen noch Götter in Wahrheit etwas köstlicheres weder gibt noch jemals geben kann. Dieses also mußt du bedenken, o Knabe, und die Freundschaft des Liebhabers kennen lernen, daß sie nicht wohlwollender Natur ist, sondern daß nur nach Art der Speise um der Sättigung willen, gleichwie Wölfe das Lamm so lieben den Knaben Verliebte.

Da hast du es ja, Phaidros! Nicht weiter sollst du mich auch nun reden hören, sondern hier soll die Rede ihr Ende haben.

Phaidros: Aber ich dachte ja, sie wäre erst in der Hälfte, und würde nun noch gleiches von dem Nichtverliebten sagen, daß man dem lieber willfahren müsse, indem sie darstellte, was er Gutes an sich hat. Warum also, o Sokrates, hörst du schon jetzt auf?

Sokrates: Hast du denn nicht gemerkt, du Seliger, daß ich schon Verse spreche, nicht mehr nur Dithyramben, und das noch indem ich tadle? Wenn ich nun erst anfinge, den Andern zu loben, was meinst du werde es dann werden? Weißt du wohl, daß ich von den Nymphen, denen du mich recht absichtlich vorgeworfen, ganz vollkommen werde begeistert werden? Ich sage also nur mit einem Worte, daß weshalb wir den einen geschmäht haben, davon dem Andern das entgegenstehende Gute beiwohne. Was bedarf es einer langen Rede? Denn über beide ist genug gesagt, und so mag nun über das Märchen ergehen was recht ist, ich aber gehe über diesen Fluß zurück, ehe ich von dir zu etwas noch ärgerem gezwungen werde.

Phaidros: Nur jetzt noch nicht, Sokrates, bis die Hitze vorübergeht. Oder siehst du nicht, daß die Sonne eben recht im Mittage steht? Sondern laß uns hier bleiben, und über das Gesprochene reden, bis wir, sobald es sich abgekühlt hat, gehen können.

Sokrates: Göttlich bist du, was Reden betrifft, Phaidros, und recht zu bewundern. Denn ich glaube, von allen während deines Lebens gesprochenen Reden hat Niemand mehrere als du ans Licht gebracht, teils selbst redend, teils Andere auf irgend eine Art dazu nötigend. Simmias den Thebaner nehme ich aus, die Übrigen übertriffst du bei weitem. Auch jetzt wieder scheinst du mir Ursach geworden zu sein, daß eine Rede muß gesprochen werden.

Phaidros: Keinen Krieg verkündigst du mir hiemit. Aber wie doch und was für eine Rede?

Sokrates: Als ich im Begriff war, du Guter, durch den Fluß zu gehen, hat sich mir das göttliche und das gewohnte Zeichen gemeldet, das mich immer abhält wenn ich etwas tun will und eine Stimme glaubte ich von dorther zu hören, die mir wehrte, von dannen zu gehen, bevor ich mich gereiniget, als habe ich etwas gesündiget gegen die Gottheit. Nun bin ich auch ein Wahrsager, kein großer zwar, sondern nur wie die, welche schlecht schreiben, soviel ich für mich selbst brauche. Daher also kenne ich schon genau die Versündigung. Wie ein weissagendes Wesen, Freund, ist doch auch die Seele. Denn mich beunruhigte etwas schon lange als ich noch die Rede sprach, und ich ängstete mich nach dem Ibykos, ob ich nicht gegen Götter frevelnd eitelen Ruhm von den Menschen tauschte. Nun aber weiß ich die Versündigung.

Phaidros: Welche meinst du denn?

Sokrates: Eine arge Rede, Phaidros, eine sehr arge hast du selbst hergebracht, und auch mich zu reden gezwungen.

Phaidros: Wieso doch?

Sokrates: Eine einfältige und auch etwas ruchlose; und welche ärgere könnte es wohl geben?

Phaidros: Keine gewiß, wenn du Recht hast.

Sokrates: Wie denn? Hältst du den Eros nicht für der Aphrodite Sohn und einen Gott?

Phaidros: Das sagt man von ihm.

Sokrates: Nicht aber Lysias sagt es, noch auch deine Rede, welche durch meinen von dir bezauberten Mund ist gesprochen worden. Wenn also, wie es doch ist, Eros ein Gott und die Liebe etwas göttliches ist, so kann sie ja nicht etwas übles sein. Die vorigen Reden aber sprachen beide von ihr, als wäre sie dieses. Hiedurch also sündigten sie gegen den Eros; nächstdem aber ist auch ihre Einfalt sehr artig, daß sie ohne irgend etwas gesundes oder wahres gesagt zu haben sich ein Ansehn geben, als wären sie etwas, wenn sie vielleicht einige Leutlein hintergehend sich geltend machen bei ihnen. Ich also, Freund, muß mich reinigen. Es gibt aber für die in Dichtungen über die Götter sündigenden eine alte Reinigung, von welcher Homeros nichts wußte, Stesichoros aber. Denn als er der Augen beraubt ward wegen Schmähung der Helena, blieb ihm nicht wie dem Homeros die Ursach unbekannt, sondern als ein den Musen Vertrauter erkannte er sie, und dichtete sogleich sein „Unwahr ist diese Rede, denn nie bestiegst du die zierlichen Schiffe, noch kamst du je zur Feste von Troja", und nachdem er den ganzen sogenannten Widerruf gedichtet, ward er als ld wieder sehend. Ich nun will eben hierin weiser sein als er. Denn ehe mir noch etwas übles begegnet wegen Schmähung des Eros, will ich versuchen, ihm den Widerruf zu entrichten mit entblößtem Haupt und nicht wie vorher mit verhülltem aus Scham.

Phaidros: Angenehmeres als dieses, Sokrates, konntest du mir gar nicht sagen.

Sokrates: Und du siehst es doch ein, mein guter Phaidros, wie schamlos die beiden Reden gesprochen haben, die letzte sowohl als die aus dem Buche gelesene? Denn hätte ein edler Mann von sanftem Gemüt und der einen eben solchen liebt oder je zuvor geliebt hat, uns zugehört, als wir sagten, daß Liebhaber über Kleinigkeiten großen Zwist erregten, und den Lieblingen abgünstig wären und verderblich: meinst du nicht, er würde glauben solche zu hören, die unter Bootsknechten aufgewachsen nie eine anständige Liebe gesehen? und daß viel fehlen würde, daß er uns beistimmen sollte in dem, worin wir die Liebe tadelten?

Phaidros: Vielleicht wohl beim Zeus, o Sokrates.

Sokrates: Aus Scham also vor diesem, und aus Furcht vor dem Eros selbst will ich mit einer trinkbaren Rede gleichsam den Seegeschmack des zuvorgehörten hinunterspülen. Ich rate aber auch dem Lysias aufs baldigste dafür zu schreiben, daß man dem Liebenden eher als dem Nichtliebenden, wenn sonst alles gleich ist, willfahren müsse.

Phaidros: Sei nur versichert, daß es gewiß so geschehen soll. Denn hast du des Liebhabers Lob gesprochen, so muß notwendig Lysias von mir genötiget werden, auch hierüber eine Rede zu schreiben.

Sokrates: Das glaube ich gern, so lange du bleibst wer du bist.

Phaidros: Fasse dir also Mut und rede.

Sokrates: Wo ist mir aber der Knabe, zu dem ich sprach? damit er auch dieses höre, und nicht etwa unbelehrt voreilig dem Nichtliebenden willfahre.

Phaidros: Dieser ist dir immer ganz nahe zugegen, so oft du willst.

Sokrates: So wisse denn, schöner Knabe, daß die vorige Rede von dem Myrrhinusier Phaidros herrührte, dem Sohne des Pythokles; die ich aber jetzt sprechen will, ist von dem Stesichoros aus Himera, dem Sohne des Euphemos. So aber muß sie gesprochen werden: Unwahr ist jene Rede, welche behauptet, daß wenn ein Liebhaber da sei, man vielmehr dem Nichtliebenden willfahren müsse, weil nämlich jener wahnsinnig sei, dieser aber bei Sinnen. Denn wenn freilich ohne Einschränkung gölte, daß der Wahnsinn ein Übel ist, dann wäre dieses wohl gesprochen: nun aber entstehen uns die größten Güter aus einem Wahnsinn, der jedoch durch göttliche Gunst verliehen wird. Denn die Prophetin zu Delphi und die Priesterinnen zu Dodone haben im Wahnsinn vieles Gute in besonderen und öffentlichen Angelegenheiten unserer Hellas zugewendet, bei Verstande aber kümmerliches oder gar nichts. Wollten wir auch noch die Sibylla anführen, und was für andere sonst noch durch begeistertes Wahrsagen Vielen vieles für die Zukunft vorhersagend geholfen, so würden wir langweilen mit Erzählung allgemein bekannter Dinge. Dies aber ist wert es anzuführen, daß auch unter den Alten die, welche die Namen festgesetzt, den Wahnsinn nicht für etwas schändliches oder für einen Schimpf hielten, weil sie sonst nicht der edelsten Kunst, durch welche die Zukunft beurteilt wird, eben diesen Namen einflechtend die Wahnsagekunst benannt hätten; sondern dafür haltend, er sei etwas Schönes, wenn er durch göttliche Schickung entsteht, in dieser Meinung haben sie den Namen eingeführt. Und denn die Neueren erst haben ungeschickterweise das R hineingesetzt statt des N, und sie Wahrsagekunst geheißen. Eben so haben sie jene andere von Besonnenen vermittelst der Vögel und anderer Zeichen angestellte Erforschung der Zukunft, da diese mit Bewußtsein menschlichem Dafürhalten Einsicht und Wissenschaft verschaffen, das Wißsagen genannt, welches jetzt die Neueren mit dem breiten Doppellaut prunkend in Weissagen verwandelt haben. So viel heiliger und ehrenvoller nun jenes Wahrsagen ist als dieses Weissagen, dem Namen nach und der Sache nach, um so viel vortrefflicher ist auch nach dem Zeugnis der Alten ein göttlicher Wahnsinn als eine bloß menschliche Verständigkeit. Eben so hat auch von Krankheiten und den schwersten Plagen wie sie ja aus altem Zorn einigen Geschlechtern verhängt waren, ein Wahnsinn eingegeben und ausgesprochen denen er Not war, Errettung gefunden, welcher zu Gebeten und Verehrungen der Götter fliehend und dadurch reinigende Gebräuche und Geheimnisse erlangend, jeden seiner Teilhaber für die gegenwärtige und künftige Zeit sicherte, dem auf rechte Art Wahnsinnigen und Besessenen die Lösung der obwaltenden Drangsale erfindend. Die dritte Eingeistung und Wahnsinnigkeit von den Musen ergreift eine zarte und heilig geschonte Seele aufregend und befeuernd, und in festlichen Gesängen und andern Werken der Dichtkunst tausend

Taten der Urväter ausschmückend bildet sie die Nachkommen. Wer aber ohne diesen Wahnsinn der Musen in den Vorhallen der Dichtkunst sich einfindet, meinend, er könne durch Kunst allein genug ein Dichter werden, ein solcher ist selbst ungeweiht, und auch seine, des Verständigen Dichtung, wird von der des Wahnsinnigen verdunkelt. Soviel und noch mehreres kann ich rühmen von des Wahnsinnes, der von den Göttern kommt, herrlichen Taten. So daß wir eben dieses ja nicht scheuen wollen, noch uns irgend eine Rede irren lassen, die uns das einängstiget, daß wir vor dem Verzückten den Besonnenen vorziehen sollen als Freund; sondern erst wenn sie dieses noch zu jenem erwiesen soll sie den Preis davon tragen, daß nämlich nicht zum Heil die Liebe dem Liebenden wie dem Geliebten von den Göttern gesendet wird. Wir aber haben das Gegenteil zu erweisen, daß zur größten Glückseligkeit die Götter diesen Wahnsinn verleihen. Und dieser Beweis wird den Vernünftlern unglaublich sein, den Weisen aber glaubhaft. Zuerst nun muß über der Seele Natur, der göttlichen sowohl als menschlichen, durch Betrachtung ihres Tuns und Leidens richtige Einsicht vorangehn. Der Anfang des Erweises ist dieser. Jede Seele ist unsterblich. Denn das stets Bewegte ist unsterblich, was aber anderes bewegt, und selbst von anderem bewegt wird, und also einen Abschnitt der Bewegung hat, hat auch einen Abschnitt des Lebens. Nur also das sich selbst Bewegende, weil es nie sich selbst verläßt, wird auch nie aufhören bewegt zu sein, sondern auch allem was sonst bewegt wird, ist dieses Quelle und Anfang der Bewegung. Der Anfang aber ist unentstanden. Denn aus dem Anfang muß alles Entstehende entstehen, er selbst aber aus nichts. Denn wenn der Anfang aus etwas entstände, so entstände nichts mehr aus dem Anfang. Da er aber unentstanden ist, muß er notwendig auch unvergänglich sein. Denn wenn der Anfang unterginge könnte weder er jemals aus etwas anderem, noch etwas anderes aus ihm entstehen, da ja alles aus dem Anfange entstehen soll. Demnach also ist der Bewegung Anfang das sich selbst Bewegende; dies aber kann weder untergehen noch entstehen, oder der ganze Himmel und die gesamte Erzeugung müßten zusammenfallend still stehen, und hätten nichts, woher bewegt sie wiederum könnten entstehen. Nachdem sich nun das sich von selbst Bewegende als unsterblich gezeigt hat, so darf man sich auch nicht schämen eben dieses für das Wesen und den Begriff der Seele zu erklären. Denn jeder Körper, dem nur von außen das Bewegtwerden kommt, heißt unbeseelt, der es aber in sich hat aus sich selbst, beseelt, als sei dieses die Natur der Seele. Verhält sich aber dieses so, daß nichts anders das sich selbst Bewegende ist als die Seele, so ist notwendig auch die Seele unentstanden und unsterblich. Von ihrer Unsterblichkeit nun sei dieses genug; von ihrem Wesen aber müssen wir dieses sagen, daß wie es an sich beschaffen sei, überall auf alle Weise eine göttliche und weitschichtige Untersuchung ist, womit es sich aber vergleichen läßt, dies eine menschliche und leichtere. Auf diese Art also müssen wir davon reden. Es gleiche daher der zusammengewachsenen Kraft eines befiederten Gespannes und seines Führers. Der Götter Rosse und Führer nun sind alle selbst gut und guter Abkunft, die andern aber vermischt. Zuerst nun zügelt bei uns der Führer das Gespann, demnächst ist von den

Rossen das eine gut und edel und solchen Ursprungs, das andere aber entgegengesetzter Abstammung und Beschaffenheit. Schwierig und mühsam ist daher natürlich bei uns die Lenkung. Woher ferner die Benennungen sterblicher und unsterblicher Tiere müssen wir auch versuchen zu erklären. Alles was Seele ist waltet über alles unbeseelte, und durchzieht den ganzen Himmel verschiedentlich in verschiedenen Gestalten sich zeigend. Die vollkommene nun und befiederte schwebt in den höheren Gegenden, und waltet durch die ganze Welt; die entfiederte aber schwebt umher bis sie auf ein starres trifft, wo sie nun wohnhaft wird, einen erdigen Leib annimmt, der nun durch ihre Kraft sich selbst zu bewegen scheint, und dieses Ganze, Seele und Leib zusammengefügt, wird dann ein Tier genannt, und bekommt den Beinamen sterblich; unsterblich aber nicht aus irgend erwiesenen Gründen, sondern wir bilden uns ohne Gott weder gesehen zu haben noch hinlänglich zu erkennen ein unsterbliches Tier, als auch eine Seele habend und einen Leib habend, aber auf ewige Zeit beide zusammen vereiniget. Doch dieses verhalte sich wie es Gott gefällt, und auch nur so sei hiemit davon geredet. Nun laßt uns die Ursach von dem Verlust des Gefieders, warum es der Seele ausfällt, betrachten. Es ist aber diese: Die Kraft des Gefieders besteht darin, das schwere emporhebend hinaufzuführen, wo das Geschlecht der Götter wohnt. Auch teilt es vorzüglich der Seele mit von dem was des göttlichen Leibes ist. Das Göttliche nämlich ist das Schöne, Weise, Gute und was dem ähnlich ist. Hievon also nährt sich und wächst vornehmlich das Gefieder der Seele, durch das mißgestalte aber, das böse und was sonst jenem entgegengesetzt ist, zehrt es ab und vergeht. Der große Herrscher im Himmel Zeus nun seinen geflügelten Wagen lenkend ziehet der erste aus, alles anordnend und versorgend, und ihm folget die Schar der Götter und Geister in eilf Zügen geordnet. Denn Hestia bleibet in der Götter Hause allein. Alle andern aber, welche zu der Zahl der zwölfe als herrschende Götter geordnet sind, führen an in der Ordnung, die Jedem angewiesen ist. Viel herrliches nun gibt es zu schauen und zu begehen innerhalb des Himmels, wozu der seligen Götter Geschlecht sich hinwendet jeder das seinige verrichtend. Es folgt aber wer jedesmal will und kann: denn Mißgunst ist verbannt aus dem göttlichen Chor. Wenn sie aber zum Fest und zum Mahle gehen, und gegen die äußerste unterhimmlische Wölbung schon ganz steil aufsteigen: dann gehen zwar der Götter Wagen mit gleichem wohlgezügeltem Gespann immer leicht, die andern aber nur mit Mühe. Denn das vom schlechten etwas an sich habende Roß, wenn es nicht sehr gut erzogen ist von seinem Führer, beugt sich zum Boden hinunter und drückt mit seiner ganzen Schwere, woraus viel Beschwerde und der äußerste Kampf der Seele entsteht. Denn die unsterblich genannten zwar, wenn sie an den äußersten Rand gekommen sind, wenden sich hinauswärts, und stehen so auf dem Rücken des Himmels, und hier stehend reißt sie der Umschwung mit fort, und sie schauen, was außerhalb des Himmels ist. Den überhimmlischen Ort aber hat noch nie einer von den Dichtern hier besungen, noch wird ihn je einer nach Würden besingen. Er ist aber so beschaffen, denn ich muß es wagen ihn nach der Wahrheit zu beschreiben, besonders auch da ich von der Wahrheit zu reden habe. Das farblose, gestaltlose, stofflose, wahrhaft seiende Wesen hat nur der Seele Führer, die Vernunft, zum Beschauer, um welches her das Geschlecht der wahrhaften Wissenschaft jenen Ort einnimmt. Da nun Gottes Verstand sich von unvermischter Vernunft und Wissenschaft nährt, wie auch jeder Seele, welche soll was ihr gebührt aufnehmen: so freuen sie sich das wahrhaft Seiende wieder einmal zu erblicken, und nähren sich an Beschauung des Wahren, und lassen sich wohlsein bis der Umschwung sie wieder an die vorige Stelle zurückgebracht. In diesem Umlauf nun erblicken sie die Gerechtigkeit selbst, die Besonnenheit und die Wissenschaft, nicht die, welche eine Entstehung hat, noch welche wieder eine andere ist, für jedes andere von den Dingen, die wir wirkliche nennen, sondern die in dem was wahrhaft ist befindliche wahrhafte Wissenschaft, und so auch von dem andern das wahrhaft seiende erblickt die Seele, und wenn sie sich daran erquickt hat, taucht sie wieder in das Innere des Himmels, und kehrt nach Hause zurück. Ist sie dort angekommen: so stellt der Führer die Rosse zur Krippe, wirft ihnen Ambrosia vor, und tränkt sie dazu mit Nektar. Dieses nun ist der Götter Lebensweise. Von den andern Seelen aber konnten einige, welche am besten dem Gotte folgten und nachahmten, das Haupt des Führers hinausstrecken in den äußeren Ort, und so den Umschwung mit vollenden, geängstet jedoch von den Rossen und kaum das Seiende erblickend; andere erhoben sich bisweilen und tauchten dann wieder unter, so daß sie im gewaltigen Sträuben der Rosse einiges sahen, anderes aber nicht. Die übrigen allesamt folgen zwar auch dem droben nachstrebend, unvermögend aber werden sie im unteren Raume mit herumgetrieben, nur einander tretend und stoßend, indem jede sucht der andern zuvorzukommen. Getümmel entsteht nun, Streit und Angstschweiß, wobei durch Schuld schlechter Führer viele verstümmelt werden, vielen vieles Gefieder beschädiget; alle aber gehen nach viel erlittenen Beschwerden unteilhaft der Anschauung des Seienden davon, und so davon gegangen halten sie sich an scheinbare Nahrung. Weshalb aber so großer Eifer der Wahrheit Feld zu schauen wo es ist; nämlich die dem edelsten der Seele angemessene Weide stammt her aus jenen Wiesen, und des Gefieders Kraft, durch welches die Seele gehoben wird, nährt sich hievon, und dieses ist das Gesetz der Adrasteia, daß, welche Seele als des Gottes Begleiterin etwas erblickt hat von dem Wahrhaften, diese bis zum nächsten Auszuge keinen Schaden erleide, und wenn sie dies immer bewirken kann, auch immer unverletzt bleibe. Wenn sie aber unvermögend es zu erreichen nichts sieht, sondern ihr ein Unfall begegnet, und sie dabei von Vergessenheit und Trägheit übernommen niedergedrückt wird, und so das Gefieder verliert und zur Erde fällt; dann ist ihr gesetzt, in der ersten Zeugung noch in keine tierische Natur eingepflanzt zu werden, sondern die am meisten geschaut habende in den Keim eines Mannes, der ein Freund der Weisheit und der Schönen werden wird, oder ein den Musen und der Liebe dienender; die zweite in den eines verfassungsmäßigen Königes oder eines kriegerischen und herrschenden; die dritte eines Staatsmannes oder der ein Hauswesen regiert und ein gewerbetreibendes Leben führt; die vierte in einen Freund ausbildender Leibesübungen oder der sich mit der

Heilung des Körpers beschäftigen wird, die fünfte wird ein wahrsagendes und den Geheimnissen gewidmetes Leben führen; der sechsten wird ein dichterisches oder sonst mit der Nachahmung sich beschäftigendes gemäß sein; der siebenten ein ländliches oder handarbeitendes; der achten ein sophistisches oder volkschmeichlendes; der neunten ein tyrannisches. Unter allen diesen nun erhält wer gerecht gelebt ein besseres Teil, wer ungerecht ein schlechteres. Denn dorthin, woher jede Seele kommt, kehrt sie nicht zurück unter zehntausend Jahren, denn sie wird nicht befiedert eher als in solcher Zeit, ausgenommen die Seele dessen, der ohne Falsch philosophiert oder nicht unphilosophisch die Knaben geliebt hat. Diese können im dritten tausendjährigen Zeitraum, wenn sie dreimal nach einander dasselbe Leben gewählt, also nach dreitausend Jahren befiedert heimkehren. Die übrigen aber, wenn sie ihr erstes Leben vollbracht, kommen vor Gericht. Und nach diesem Gericht gehen einige in die unterirdischen Zuchtörter, wo sie ihr Recht büßen; andere aber in einen Ort des Himmels enthoben durch das Recht leben dort dem Leben gemäß, welches sie in menschlicher Gestalt geführt. Im tausendsten Jahre aber gelangen beiderlei Seelen zur Verlosung und Wahl des zweiten Lebens, welches jede wählt wie sie will. Dann kann auch eine menschliche Seele in ein tierisches Leben übergehen, und ein Tier, das ehedem Mensch war, wieder zum Menschen. Denn eine, die niemals die Wahrheit erblickt hat, kann auch niemals diese Gestalt annehmen, denn der Mensch muß nach Gattungen ausgedrücktes begreifen, welches als Eines hervorgeht aus vielen durch den Verstand zusammengefaßten Wahrnehmungen. Und dieses ist Erinnerung von jenem, was einst unsere Seele gesehen, Gott nachwandelnd und das übersehend, was wir jetzt für das wirkliche halten, und zu dem wahrhaft Seienden das Haupt emporgerichtet. Daher auch wird mit Recht nur des Philosophen Seele befiedert: denn sie ist immer mit der Erinnerung soviel möglich bei jenen Dingen, bei denen Gott sich befindend eben deshalb göttlich ist. Solcher Erinnerungen also sich recht gebrauchend, mit vollkommener Weihung immer geweiht, kann ein Mann allein wahrhaft vollkommen werden. Indem er nun menschlicher Bestrebungen sich enthält, und mit dem göttlichen umgeht, wird er von den Leuten wohl gescholten als ein verwirrter, daß er aber begeistert ist, merken die Leute nicht. Und hier ist nun die ganze Rede angekommen von jener vierten Art des Wahnsinns, an welchem derjenige, der bei dem Anblick der hiesigen Schönheit jener wahren sich erinnernd neubefiedert wird, und mit dem wachsenden Gefieder aufzufliegen zwar versucht, unvermögend aber und nur wie ein Vogel hinaufwärts schauend, und was drunten ist gering achtend, beschuldiget wird seelenkrank zu sein, daß nämlich diese unter allen Begeisterungen als die edelste und des edelsten Ursprungs sich erweiset, an dem sowohl der sie hat, als auch dem sie sich mitteilt, und daß, wer dieses Wahnsinns teilhaftig die Schönen liebt, ein Liebhaber genannt wird. Nämlich, wie bereits gesagt, jede Seele eines Menschen muß zwar ihrer Natur nach das Seiende geschaut haben, oder sie wäre in dieses Gebilde nicht gekommen; sich aber bei dem hiesigen an jenes zu erinnern, ist nicht jeder leicht, weder denen, die das dortige nur kümmerlich sahen, noch denen, welche nachdem sie hieher gefallen ein Unglück betroffen, daß sie irgendwie durch Umgang zum Unrecht verleitet, das ehedem geschaute Heilige in Vergessenheit gestellt; ja wenige bleiben übrig, denen die Erinnerung stark genug beiwohnt. Diese nun, wenn sie ein Ebenbild des dortigen sehen, werden sie entzückt, und sind nicht mehr ihrer selbst mächtig, was ihnen aber eigentlich begegnet, wissen sie nicht, weil sie es nicht genug durchschauen. Denn der Gerechtigkeit, Besonnenheit, und was sonst den Seelen köstlich ist, hiesige Abbilder haben keinen Glanz, sondern mit trüben Werkzeugen können auch nur Wenige von ihnen mit Mühe jenen Bildern sich nahend des Abgebildeten Geschlecht erkennen. Die Schönheit aber war damals glänzend zu schauen, als mit dem seligen Chore wir dem Jupiter, Andere einem andern Gotte folgend des herrlichsten Anblicks und Schauspiels genossen und in ein Geheimnis geweiht waren, welches man wohl das allerseligste nennen kann, und welches wir feierten, untadelig selbst und unbetroffen von den Übeln, die unserer für die künftige Zeit warteten, und so auch zu untadeligen, unverfälschten, unwandelbaren, seligen Gesichten vorbereitet und geweihet in reinem Glanze, rein und unbelastet von diesem unserm Leibe, wie wir ihn nennen, den wir jetzt eingekerkert wie ein Schaltier mit uns herumtragen. Dieses möge der Erinnerung geschenkt sein, um derentwillen es aus Sehnsucht nach dem damaligen jetzt ausführlicher ist geredet worden. Was nun die Schönheit betrifft, so glänzte sie wie gesagt schon unter jenen wandelnd, und auch nun wir hieher gekommen haben wir sie aufgefaßt durch den hellsten unserer Sinne aufs hellste uns entgegenschimmernd. Denn das Gesicht ist der schärfste aller körperlichen Sinne, vermittelst dessen aber die Weisheit nicht geschaut wird, denn zu heftige Liebe würde entstehen, wenn uns von ihr ein so helles Ebenbild dargeboten würde durch das Gesicht, noch auch das andere liebenswürdige; nur der Schönheit aber ist dieses zu Teil geworden, daß sie uns das hervorleuchtendste ist und das liebreizendste. Wer nun nicht noch frisches Andenkens ist, oder schon verderbt, der wird auch nicht heftig von hier dorthin gezogen zu der Schönheit selbst, indem er was hier ihren Namen trägt, erblickt; so daß er es auch nicht anschauend verehrt, sondern der Lust ergeben gedenkt er sich auf tierische Art zu vermischen und roher Weise sich ihm nahend fürchtet er sich nicht noch scheut sich widernatürlich der Lust nachzugehen. Wer aber noch frische Weihung an sich hat, und das damalige vielfältig geschaut, wenn der ein gottähnliches Angesicht erblickt oder eine Gestalt des Körpers, welche die Schönheit vollkommen darstellen: so schaudert er zuerst, und es wandelt ihn etwas an von den damaligen Ängsten, hernach aber betet er sie anschauend an wie einen Gott und fürchtete er nicht den Ruf eines übertriebenen Wahnsinnes, so opferte er auch, wie einem heiligen Bilde oder einem Gotte, dem Liebling. Und hat er ihn gesehen, so überfällt ihn wie nach dem Schauder des Fiebers Umwandlung und Schweiß und ungewohnte Hitze. Durchwärmt nämlich wird er, indem er durch die Augen den Ausfluß der Schönheit aufnimmt, durch welchen sein Gefieder gleichsam begossen wird. Ist er nun durchwärmt, so schmilzt um die Keime des Gefieders hinweg, was schon seit lange verhärtet sie verschloß und hinderte hervorzutreiben. Fließt aber Nahrung zu, so schwillt der Kiel des Gefieders, und treibt hervorzutreten aus der Wurzel überall an der Seele, denn sie war ehedem ganz befiedert. Hiebei also gährt alles an ihr und sprudelt auf, und was die Zahnenden an ihren Zähnen empfinden, wenn sie eben ausbrechen, Jucken und Reiz im Zahnfleisch, eben das empfindet auch die Seele dessen, dem das Gefieder hervorzubrechen anfängt, es gährt in ihr, und juckt sie, und kitzelt sie, wenn sie das Gefieder heraustreibt. Wenn sie also auch die Schönheit des Knaben sehend und die davon ausströmenden und sich losreißenden Teile, die deshalb Reize heißen, in sich aufnehmend den Reiz befruchtet und erwärmt wird: so hat sie Linderung der Schmerzen und ist froh. Ist sie aber getrennt von ihm und wird trocken: so hemmen wieder die Mündungen jener Auswege, wo das Gefieder durchbricht, indem sie sich zusammenschrumpfend schließen, den Trieb des Gefieders. Dieser also mit dem Reiz eingeschlossen hüpft wie die schlagenden Adern, und sticht überall gegen die ihm bestimmten Öffnungen, so daß die ganze Seele von allen Seiten gestachelt umherwütet und sich abängstet; hat sie aber wieder Erinnerung des Schönen, so frohlockt sie. Da nun beides so mit einander vermischt ist, bangt sie sich über einen so widersinnigen Zustand, und aus dieser Unruhe gerät sie in Geistesverwirrung, und bei diesem Wahnsinn kann sie weder des Nachts schlafen, noch bei Tage irgendwo ausdauern, sondern sehnsüchtig eilt sie immer dahin, wo sie den, der die Schönheit besitzt, zu erblicken hofft. Hat sie ihn nun gesehen, und sich neuen Reiz zugeführt: so löst sich wieder auf, was vorher verstopft war; sie erholt sich, indem Stiche und Schmerzen aufhören, und kostet wieder für den Augenblick jene süßeste Lust. Daher sie auch gutwillig den Schönen nicht verläßt, noch irgend Jemand werter achtet als ihn, sondern Mutter, Brüder und Freunde sämtlich vergißt, den fahrlässiger Weise zerrütteten Wohlstand für nichts achtet, und selbst das Anständige und Sittliche, womit sie es sonst am genauesten nahm, gänzlich hintansetzend ist sie bereit, wie nahe es nur sein kann, dem Gegenstande ihres Verlangens zu dienen und bei ihm zu ruhen. Denn nächst ihrer Verehrung hat sie auch in dem Besitzer der Schönheit den einzigen Arzt gefunden für die unerträglichsten Schmerzen. Diesen Zustand nun, o schöner Knabe zu dem ich rede, nennen die Menschen Liebe, wie er aber bei den Göttern heißt, dieses hörend wirst du vielleicht der Neuheit wegen lächeln. Es haben nämlich einige Homeriden, wie ich glaube, unter ihren unbekannten Gedichten zwei Verse auf die Liebe, von denen der eine sehr leichtfertig ist und gar nicht eben wohllautend. Sie singen nämlich so „Sterblichen nun heißt dieser der Gott der geflügelten Liebe: Göttern der Flügler, dieweil er mit Macht das Gefieder heraustreibt.“ Dies nun steht dir frei zu glauben oder auch nicht; dennoch aber ist eben jenes in Wahrheit der Zustand der Liebenden und seine Ursache. Wer nun aus des Zeus Begleitern davon ergriffen wird, kann stärker die Schmerzen des Flügelbenannten ertragen. Wenn aber die des Ares Diener waren und mit diesem wandelten, von der Liebe gefangen werden, und in etwas glauben beleidigt zu sein von dem Geliebten, diese sind blutdürstig und bereit sich selbst und den Liebling hinzuopfern. Und eben so nach Art jedes andern Gottes, zu dessen Zuge Jemand gehörte, diesen nämlich nach Vermögen ehrend und nachahmend lebt jeder, so lange er noch unverdorben ist, und lebt das hiesige erste Dasein durch, und in diesem Sinne geht er auch um mit seinen Geliebten und den übrigen, und verhält sich gegen sie. So erwählt auch jeder sich nach seiner Gemütsart eine Liebe zu einem Schönen, und als wäre nun jener sein Gott selbst, bildet er ihn aus, und schmückt ihn wie ein heiliges Bild, um ihn zu verehren, und ihm begeisterte Feste zu feiern. Die also dem Zeus angehören, suchen daß ihr Geliebter ein der Seele nach dem Zeus ähnlicher sei. Daher sehen sie zu, wo einer philosophisch und anführend ist von Natur; und wenn sie einen gefunden und liebgewonnen, so tun sie alles, damit er ein solcher auch wirklich werde. Wenn sie also sich nie zuvor dieser Sache befleißiget: so werden sie nun kräftig darin arbeitend lernen, woher sie nur können, und auch selbst nachforschen. Und indem sie bei sich selbst nachspüren, gelingt es ihnen die Natur ihres Gottes aufzufinden, weil sie genötiget sind angestrengt auf den Gott zu schauen, und indem sie ihn in der Erinnerung auffassen, nehmen sie begeistert von ihm Sitten und Bestrebungen an, soweit einem Menschen von einem Gotte etwas zu überkommen möglich ist, und dieses dem Geliebten zuschreibend hängen sie ihm noch mehr an; und wenn sie vom Zeus schöpfen wie die Bacchantinnen, so gießen sie es auf des Geliebten Seele, und machen ihn, wie sehr es nur möglich ist, ähnlich ihrem Gotte. Welche aber der Here folgten, die suchen einen königlichen, und wenn sie ihn gefunden, tun sie mit ihm in allen Stücken eben so. So auch die Verehrer des Apollon und jedes Gottes suchen sich ihren Knaben dem Gotte ähnlich geartet, und wenn sie ihn gefunden haben, dann leiten sie ihn zu desselben Gottes Lebensweise und Gemütsart, indem sie selbst ihn nachahmen und auch den Liebling überreden und in das Maß fügen, jeder wie sehr er vermag, ohne dem Neide oder unedler Mißgunst Raum zu geben gegen den Geliebten, sondern aufs beste und auf alle Weise zu jeder Ähnlichkeit mit ihnen selbst und dem Gott ihn hinzuleiten versuchend, tun sie es. Eifer also der wahrhaft Liebenden, und Weihung wenn sie erlangt haben wonach sie sich beeifern, wird wie ich sie beschrieben, so schön und beglückend, durch den aus Liebe wahnsinnigen Freund dem Geliebten zu Teil, wenn er ihn erobert hat. Erobert aber wird er, wenn er gefunden ist, auf diese Art. Wie ich im Anfang dieser Erzählung dreifach jede Seele zerteilt habe, in zwei roßgestaltige Teile und drittens in den dem Führer ähnlichen, so bleibe es uns auch jetzt noch angenommen. Von den beiden Rossen, sagten wir weiter, sei eines gut, eines aber nicht. Welches aber die Vortrefflichkeit des guten und des schlechten Schlechtigkeit ist, haben wir nicht erklärt, jetzt aber müssen wir es sagen. Das nun von beiden, welches die bessere Stelle einnimmt, von geradem Wuchse, leicht gegliedert, hochhalsig, mit gebogener Nase, weiß von Haar, schwarzäugig, ehrliebend mit Besonnenheit und Scham, wahrhafter Meinung freund, wird ohne Schläge nur durch Befehl und Worte gelenkt; das andere aber ist senkrückig, plump, schlecht gebaut, hartmäulig, kurzhalsig, mit aufgeworfener Nase, schwarz von Haut, glasäugig und rot unterlaufen, aller Wildheit und Starrsinnigkeit freund, rauh um die Ohren, taub, der

Peitsche und dem Stachel kaum gehorchend. Wenn nun der Führer beim Anblick der liebreizenden Gestalt, die ganze Seele von Empfindung durchglüht, bald überall den Stachel des Kitzels und Verlangens spürt: so hält das dem Führer leicht gehorchende Roß, der Scham wie immer so auch dann nachgebend, sich selbst zurück, den Geliebten nicht anzuspringen; das andere aber scheut nun nicht länger Stachel und Peitsche des Führers, sondern springend strebt es mit Gewalt vorwärts, und auf alle Weise dem Spanngenossen und dem Führer zusetzend nötiget es sie, hinzugehen zu dem Liebling und der Gaben der Lust gegen ihn zu gedenken. Jene beiden widerstreben zwar anfangs unwillig als einer argen und ruchlosen Zunötigung, zuletzt aber, wenn des Ungemachs kein Ende ist, gehen sie dann von jenem fortgerissen, nachgebend und versprechend das gebotene zu tun, und so kommen sie hin und schauen des Lieblings glänzende Gestalt. Indem nun der Führer sie erblickt, wird seine Erinnerung hingetragen zum Wesen der Schönheit, und wiederum sieht er sie mit der Besonnenheit auf heiligem Boden stehen. Dieses erblickend fürchtet er sich, und von Ehrfurcht durchdrungen beugt er sich zurück, und kann sogleich nicht anders als so gewaltig die Zügel rückwärts ziehen, daß beide Rosse sich auf die Hüften setzen, das eine gutwillig, weil es nie widerstrebt, das wilde aber höchst ungern. Indem sie nun weiter zurückgehn, benetzt das eine vor Scham und Bewunderung die ganze Seele mit Schweiß, das andere aber, ist nur erst der Schmerz vom Gebiß und dem Falle vorüber, hat sich kaum erholt, so bricht es zornig in Schmähungen aus, vielfach beide den Führer und den Spanngenossen beschimpfend, daß sie aus Feigheit und Unmännlichkeit Pflicht und Versprechen verlassen hätten; und aufs neue sie wider ihren Willen vorwärts zu gehen zwingend, gibt es kaum nach, wenn sie bitten es bis weiterhin aufzuschieben. Kommt nun die festgesetzte Zeit, so erinnert es jene, die daran nicht zu gedenken sich anstellen, braucht Gewalt, wiehert, zieht sie mit sich fort, und zwingt sie wieder in derselben Absicht dem Geliebten zu nahen. Und wenn sie nicht mehr fern sind, beugt es sich vorn über, streckt den Schweif in die Höhe, beißt in den Zügel, und zieht sie schamlos weiter. Dem Führer aber begegnet nur noch mehr dasselbe wie zuvor, und wie sie an den Schranken zu tun pflegen, beugt er sich hinterwärts, zieht noch gewaltsamer dem wilden Rosse das Gebiß aus den Zähnen, daß ihm die schmähsüchtige Zunge und die Backen bluten, und Schenkel und Hüften am Boden festhaltend, läßt er es büßen. Hat nun das böse Roß mehrmals dasselbe erlitten, und die Wildheit abgelegt, so folgt es gedemütigt des Führers Überlegung, und ist beim Anblick des Schönen von Furcht übermannt. Daher es dann endlich dahin kommt, daß des Liebhabers Seele dem Liebling verschämt und schüchtern nachgeht. Da nun dieser einem Gotte gleich mit jeder Art der Verehrung geehrt wird von einem nicht etwa nur sich so anstellenden Verliebten, sondern der sich wahrhaft in diesem Zustande befindet, und er auch selbst von Natur zur Freundschaft geneigt ist, so leitet er seine Zuneigung zusammen mit der seines Verehrers, wenn er auch ehedem von einigen Spielgefährten oder andern fälschlich wäre überredet worden, welche sagten, es wäre schändlich sich einem Liebenden zu nahen, und er deshalb den Liebenden abgewiesen, so hat doch nun im Verlauf der Zeit die Jugend und das Unvermeidliche herbeigeführt ihn zuzulassen zu seinem Umgange. Denn niemals ist dies bestimmt, daß ein Böser einem Bösen freund, oder ein Guter einem Guten nicht freund werde. Läßt er ihn aber zu, und verstattet ihm Gespräch und Umgang, so wird das nahe erscheinende Wohlwollen des Liebenden den Geliebten entzücken, der bald inne wird, daß seine andern Freunde und Angehörigen auch allzumal ihm so gut als nichts von Freundschaft erweisen im Vergleich des begeisterten Freundes. Läßt er ihn nun so eine Zeitlang gewähren, und ist ihm nahe, dann ergießt sich bei den Berührungen in den Übungsplätzen, und wo sie sonst zusammenkommen, die Quelle jenes Stromes, den Zeus, als er den Ganymedes liebte, Liebreiz nannte, reichlich gegen den Liebhaber, und teils strömt sie in ihn ein, teils von ihm dem angefüllten wieder heraus: und wie ein Wind oder ein Schall von glatten und starren Körpern abprallend wieder dahin, woher er kam, zurückgetrieben wird, so geht auch die Ausströmung der Schönheit wieder in den Schönen durch die Augen, wo der Weg in die Seele geht, zurück, und wenn sie dort angekommen, befeuchtet sie reichlich die dem Gefieder bestimmten Ausgänge, treibt so dessen Wachstum, und erfüllt auch des Geliebten Seele mit Liebe. Er liebt also, wen aber weiß er nicht, ja überhaupt nicht was ihm begegnet weiß er oder kann es sagen, sondern wie einer, der sich von einem Andern Augenschmerzen geholt, hat er keine Ursach anzugeben; denn daß er wie in einem Spiegel in dem Liebenden sich selbst beschaut, weiß er nicht. Und wenn nun jener gegenwärtig ist, so hat auch er gleichwie jener Befreiung von den Schmerzen, ist er aber abwesend, so schmachtet auch er wie nach ihm geschmachtet wird, mit der Liebe Schattenbilde, der Gegenliebe, behaftet. Er nennt es aber und glaubt es auch nicht Liebe sondern Freundschaft, wünscht aber doch eben wie jener nur minder heftig ihn zu sehen, zu berühren, zu umarmen, neben ihm zu liegen, und also, wie zu erwarten, tut er hierauf bald alles dieses. Bei diesem Zusammenliegen nun hat das unbändige Roß des Liebhabers vieles dem Führer zu sagen, und fordert für die vielen Mühseligkeiten einen kleinen Genuß; das des Lieblings hat zwar nichts zu sagen, aber voll brünstigen unbekannten Verlangens umarmt es den Liebhaber, und küßt ihn, und liebkoset ihn als den besten Freund, und wenn sie zusammen liegen, wäre es wohl geneigt, sich nicht zu weigern, ihn an seinem Teile gefällig zu sein, wenn er es zu erlangen wünschte. Der Spanngenoss hingegen mit dem Führer sträuben sich hiergegen mit Scham und Vernunft. Wenn nun die besseren Teile der Seele, welche zu einem wohlgeordneten Leben und zur Liebe der Weisheit hinleiten, den Sieg erlangen: so führen sie hier schon ein seliges und einträchtiges Leben, sich selbst beherrschend und sittsam dasjenige besiegt habend in ihrer Seele, dem schlechtes, und das befreit, dem vortreffliches einwohnt; sterben sie aber, so haben sie, fast schon befiedert und leicht geworden, von den drei wahrhaft olympischen Kampfgängen schon in einem gesiegt, über welches Gut ein noch größeres weder menschliche Besonnenheit dem Menschen verschaffen kann, noch göttlicher Wahnsinn. Wenn sie aber ein minder edles nicht philosophisches doch aber ehrliebendes Leben führen: so finden wohl leicht einmal beim Trunk oder in einem andern unbesorgten Augenblick die beiden unbändigen Rosse die Seelen unbewacht und führen sie zusammen; daß sie das was die Menge für das seligste hält wählen und vollbringen, und haben sie es einmal vollbracht, so werden sie es nun auch in der Folge genießen, aber selten, weil nicht des ganzen Gemütes Zustimmung hat was sie tun. Als Freunde also werden auch diese, obgleich nicht ganz so wie jene, mit einander, während ihrer Liebe und auch wenn sie darüber hinaus sind, leben, überzeugt daß sie die größten Pfänder einander gegeben und angenommen haben, welche frevelhaft wäre jemals wieder ungültig zu machen, und in Feindschaft zu geraten. Am Ende aber gehen sie unbefiedert zwar, doch schon mit dem Triebe sich zu befiedern, aus dem Körper, so daß auch sie nicht geringen Lohn für den Wahnsinn der Liebe davon tragen. Denn in die Finsternis und den unterirdischen Pfad ist denen nicht bestimmt zu geraten, welche schon eingeschritten waren in den himmlischen Pfad, sondern ein lichtes Leben führend mit einander wandelnd glücklich zu sein, und wenn sie wieder befiedert werden, es der Liebe wegen zu gleicher Zeit zu werden. Diese so großen und so göttlichen Vorzüge, o Knabe, wird dir des Liebhabers Freundschaft erwerben. Die Vertraulichkeit aber mit dem Nichtliebenden, welche durch sterbliche Besonnenheit verdünnt auch nur sterbliches und sparsames austeilt, erzeugt in der geliebten Seele jene von der Menge als Tugend gelobte Gemeinheit, und wird ihr Ursach, neuntausend Jahre auf der Erde sich umherzutreiben, und vernunftlos unter der Erde.

Dieses sei dir, geliebter Eros, nach unsern Kräften aufs beste und schönste als Widerruf dargebracht und entrichtet, der übrigens sowohl als auch im Ausdruck des Phaidros wegen etwas dichterisch mußte gefaßt werden. Und möchtest du, dem vorigen Verzeihung diesem aber Beifall schenkend, günstig und gnädig mir die Kunst der Liebe, welche du mir verliehen, im Zorn weder nehmen noch schmälern. Verleihe mir vielmehr noch mehr als jetzt von den Schönen geehrt zu sein. Haben wir aber in der vorigen Rede etwas dir Widerwärtiges gesprochen, Phaidros und ich: so rechne es dem Lysias als Vater dieser Rede zu, und laß ihn solcher Reden sich enthaltend zur Philosophie, zu welcher sich sein Bruder Polemarchos schon gewendet hat, sich hinwenden, damit auch dieser sein Verehrer nicht länger wie jetzt auf beiden Schultern trage, sondern lediglich der Liebe mit philosophischen Reden sein Leben widme.

Phaidros: Ich bete mit dir, Sokrates, daß wofern dies besser für uns ist es so geschehen möge. Deine Rede aber habe ich schon lange bewundert, um wieviel schöner als die erste du sie ausgearbeitet. So daß ich zweifle, ob mir nicht Lysias immer nur gering erscheinen würde, wenn er es auch unternehmen wollte, dieser eine andere gegenüberzustellen. Auch hat ihm erst neulich einer von unsern Staatsmännern dieses zum Schimpf vorgeworfen, und ihn die ganze Schmährede hindurch immer den Redenschreiber genannt. Vielleicht also, daß er sich schon aus Empfindlichkeit des Schreibens enthalten wird.

Sokrates: Gar lächerliche Meinungen, junger Mann, bringst du vor, und sehr weit verfehlst du deinen Freund, wenn du ihn für so schreckhaft hältst. Vielleicht aber glaubst du gar, der, welcher ihm dies als einen Schimpf vorwarf, habe, was er sagte, auch so gemeint wie er es sagte?

Phaidros: Das war wohl offenbar genug, Sokrates. Auch weißt du ja selbst so gut als ich, daß überall die im Staate vermögendsten und geachtetsten sich schämen Reden zu schreiben und Schriften von sich zu hinterlassen, aus Furcht in der Folgezeit den Namen zu bekommen, als wären sie Sophisten gewesen.

Sokrates: Du weißt nur nicht, wie dies zusammenhängt, Phaidros, und außerdem weißt du auch nicht, daß gerade die sich am meisten dünkenden Staatsmänner auch am meisten verliebt sind in das Redenschreiben und Schriftenhinterlassen, da sie ja, wenn sie eine Rede geschrieben, dermaßen ihren Lobern zugetan sind, daß sie gleich vorne namentlich hinschreiben, wer sie jedesmal gelobt.

Phaidros: Wie meinst du dieses? denn ich verstehe es nicht.

Sokrates: Du verstehst nicht, daß anfangs in der Schrift eines Staatsmannes zuerst sein Lober aufgeführt wird?

Phaidros: Wie so?

Sokrates: Es hat gefallen, sagt er, dem Rate oder dem Volke, oder beiden, und der und der hat vorgeschlagen, womit dann der Schriftsteller sein Ich sehr ehrenvoll erwähnt und belobt. Hierauf erst redet er weiter seine Weisheit den Lobern vortragend, und verfaßt bisweilen eine gar lange Schrift. Oder scheint dir so etwas eine ganz andere Sache als eine Rede in Schrift verfaßt?

Phaidros: Mir eben nicht.

Sokrates: Nicht wahr, wenn eine solche stehen bleibt, so geht der Dichter fröhlich aus dem Schauspiel, wenn sie aber ausgelöscht wird, und er also leer ausgeht beim Redenschreiben, und nicht würdig gehalten wird, eine Schrift zu hinterlassen, dann trauert er mit seinen Freunden?

Phaidros: Und gar sehr.

Sokrates: Offenbar also doch nicht als Verächter des Geschäftes, sondern als große Bewunderer.

Phaidros: Ganz gewiß.

Sokrates: Wie aber, wenn ein Redner oder König es dahin bringt, mit dem Ansehen des Lykurgos, oder Solon, oder Dareios ausgerüstet, ein unsterblicher Redenschreiber in seinem Staate zu werden, hält er selbst sich nicht noch lebend für göttergleich, und denken nicht die nach ihm kommenden eben so von ihm, wenn sie seine Schriften betrachten?

Phaidros: Gar sehr.

Sokrates: Glaubst du also, daß einer von diesen, wie sehr er auch dem Lysias abgeneigt sei, ihm dieses zum Schimpf rechne, daß er Reden verfaßt?

Phaidros: Es ist wohl nicht zu glauben nach dem was du sagst, denn er müßte ja seine eigne Neigung beschimpfen.

Sokrates: Das also ist wohl Jedem klar, daß das Redenschreiben an sich nichts Häßliches ist.

Phaidros: Wie sollte es?

Sokrates: Aber das, glaube ich, wird schon schlecht sein, wenn Jemand nicht schön redet und schreibt, sondern häßlich und schlecht.

Phaidros: Offenbar.

Sokrates: Welches ist nun aber die Art und Weise gut zu schreiben oder nicht? Sollen wir hierauf, o Phaidros, den Lysias prüfen, und wer sonst jemals etwas geschrieben hat oder schreiben wird, es sei nun eine Staatsschrift oder eine andere, und in Versen, wie ein Dichter, oder ohne Silbenmaß als ein Undichterischer.

Phaidros: Du fragst, ob wir wollen? Weshalb, so zu sagen, lebte einer denn, wenn nicht für solche Lust? Doch wohl nicht um jener willen, vor welchen man erst Unlust empfinden muß, oder auch hernach keine Lust empfindet, welches fast alle die körperlichen Vergnügungen an sich haben, und deshalb mit Recht niedrige genannt werden.

Sokrates: Muße haben wir ja wie es scheint. Auch dünken mich die Zikaden, wie sie in der Hitze pflegen, über unsern Häuptern singend und sich unter einander besprechend, herabzuschauen. Wenn sie nun auch uns nichts besser als Andere in der Mittagsstunde nicht uns unterredend sähen, sondern aus Trägheit der Seele von ihnen eingesungen schlummernd: so möchten sie mit Recht über uns spotten und denken, ein paar Knechte wären in ihrem Aufenthalt eingekehrt, um wie Schafe, die bei der Quelle Mittag machen, zu schlafen pflegen. Wenn sie uns aber sähen im Gespräch begriffen, uneingesungen bei ihnen als Sirenen vorbeischiffen; dann dürften sie uns die Gabe, welche ihnen von den Göttern für die Menschen verliehen ist, mitteilen zum Beweis ihrer Zufriedenheit.

Phaidros: Was doch für eine haben sie? Denn nie muß ich davon gehört haben.

Sokrates: Nicht fein steht es für einen Musenfreund, dergleichen nicht gehört zu haben. Man sagt nämlich, diese wären Menschen gewesen von denen vor der Zeit der Musen. Als aber diese erzeugt worden und der Gesang erschienen, wären Einige von den damaligen so entzückt worden von dieser Lust, daß sie singend Speise und Trank vergessen, und so ohnvermerkt gestorben wären. Aus welchen nun seitdem das

Geschlecht der Zikaden entsteht, mit dieser Gabe von den Musen ausgestattet, daß sie von der Geburt an keiner Nahrung bedürfen, sondern ohne Speise und Trank sogleich singen bis sie sterben, dann aber zu den Musen kommen und ihnen verkündigen, wer hier jede von ihnen verehrt. Der Terpsichore melden und empfehlen sie die, welche sie in Chören verehren, der Erato, die sie durch Liebesgesänge feiern, und so den übrigen, jeder nach der ihr eigentümlichen Verehrung. Der ältesten aber, Kalliope, und ihrer nächstfolgenden Schwester Urania, als welche vornehmlich unter den Musen über den Himmel und über göttliche und menschliche Reden gesetzt, die schönsten Töne von sich geben, verkündigen sie die, welche philosophisch leben, und ihre Art der Musik ehren. Aus vielen Ursachen also müssen wir etwas reden, und nicht schlafen am Mittage.

Phaidros: Reden also wollen wir.

Sokrates: Wollen wir nun, was wir uns eben vorgesetzt hatten zu untersuchen, wie nämlich man gut und recht schreibe und wie nicht, dieses besprechen?

Phaidros: Gewiß.

Sokrates: Muß nun nicht, wo gut und schön soll geredet werden, des Redenden Verstand die wahre Beschaffenheit dessen erkennen, worüber er reden will?

Phaidros: So vielmehr habe ich immer gehört, lieber Sokrates, wer ein Redner werden wolle habe nicht nötig, was wahrhaft gerecht sei zu lernen, sondern nur was der Volksmenge, welche zu entscheiden hat, so scheint, eben so auch nicht, was wahrhaft gut sei oder schön, sondern nur was so scheinen werde; denn hierauf gründe sich das Überreden, nicht auf der Sache wahre Beschaffenheit.

Sokrates: Nicht zu verwerfen ja soll ein Wort sein, o Phaidros, was die Weisen geredet haben, sondern zu untersuchen, ob nicht etwas Wahres damit gesagt ist. So wollen wir also auch das nun gesagte nicht loslassen.

Phaidros: Ganz recht.

Sokrates: Betrachten wir es demnach so.

Phaidros: Wie denn?

Sokrates: Wenn ich dich überredete, du solltest, um gegen die Feinde zu ziehen, dir ein Pferd anschaffen, wir kennten aber beide kein Pferd, sondern nur soviel wüßte ich von dir, daß Phaidros glaubt, das Pferd sei dasjenige unter den zahmen Tieren, welches die längsten Ohren hat.

Phaidros: Lächerlich, o Sokrates, wäre das.

Sokrates: Das noch nicht, aber wenn ich rechten Fleiß auf die Überredung wendend eine Rede abfaßte, ein Lob auf den Esel, den ich Pferd nennte, und darin ausführte, wieviel wert das Tier wäre zu Hause und im Felde, brauchbar um von ihm herab zu fechten, geschickt das Gepäck zu tragen, und zu vielen andern Dingen nützlich?

Phaidros: Über alle Maße lächerlich wäre dann dieses.

Sokrates: Aber ist es nicht besser, ein lächerlicher als ein gewaltiger und feindseliger Freund zu sein?

Phaidros: Offenbar.

Sokrates: Wenn also der Redekünstler unwissend über das Gute und Böse einen eben so beschaffenen Staat sich vornimmt und ihn zu überreden sucht, nicht etwa einen Esel als ein Pferd anpreisend, sondern ein Übel als ein Gut, und nachdem er die Meinungen des Volkes kennengelernt, ihn nun überredet, Übles zu tun statt des Guten, was für eine Frucht, glaubst du, werde die Redekunst dann ärnten von dem was sie gesäet?

Phaidros: Eben keine sonderliche.

Sokrates: Haben wir aber auch nicht, mein Guter, gröber als sich ziemen will die Kunst der Reden gelästert? Sie aber würde vielleicht sagen, was schwatzt ihr Wunderlichen doch durcheinander? Denn ich zwinge ja keinen der Wahrheit noch unkundigen das Reden zu lernen, sondern gilt mein Rat, so nimmt, wer jene erworben, dann auch mich dazu. Das aber behaupte ich, daß ohne mich auch der das Wahre weiß, nicht verstehen wird kunstmäßig zu überreden. Hätte sie nun nicht ganz recht, wenn sie dieses spräche?

Phaidros: Ich gestehe es.

Sokrates: Wenn nur die gegen sie auftretenden Reden ihr werden gelten lassen, daß sie eine Kunst ist. Denn ich glaube einige herbeikommen und behaupten zu hören, daß sie lügt, und daß sie keine Kunst ist, sondern ein ganz kunstloses Handwerk.

Phaidros: Diese Reden brauchen wir o Sokrates. Bringe sie denn zur Stelle und frage sie aus, was doch und wie sie es meinen.

Sokrates: Kommt also her, ihr hübschen Kinderchen, und überredet den Vater schöner Kinder, Phaidros, daß wenn er nicht gründlich philosophiert, er auch niemals gründlich über irgend etwas reden wird. Phaidros also soll antworten.

Phaidros: Fragt denn.

Sokrates: Ist also nicht überhaupt die Redekunst eine Seelenleitung durch Reden, nicht nur in Gerichtshöfen und was sonst für öffentlichen Versammlungen, sondern dieselbe auch im gemeinen Leben und in kleinen sowohl als großen Dingen, und um nichts vortrefflicher das Richtige, ob es große oder geringfügige Dinge betrifft? Oder was hast du hierüber gehört?

Phaidros: Beim Zeus dieses gar nicht; sondern eigentlich wird nur in Rechtsverhandlungen nach der Kunst gesprochen und geschrieben, dann spricht man auch so in Volksreden, weiteres aber habe ich nicht gehört.

Sokrates: Hast du denn nur von des Nestor und Odysseus Anweisungen zur Redekunst gehört, die sie vor Ilion müßiger Weile ausgearbeitet, von der des Palamedes aber hast du nichts gehört?

Phaidros: Ja, beim Zeus, ich auch nicht von Nestors, wenn du uns nicht den Gorgias als einen Nestor zurichten willst, oder einen Thrasymachos und Theodoros als Odysseus.

Sokrates: Vielleicht; doch diese wollen wir lassen. Du aber sage mir, was tun denn in der Gerichtsstätte die Parteien? Reden sie nicht doch gegen einander? oder wie sollen wir es nennen?

Phaidros: Gerade so.

Sokrates: Über das, was recht ist und unrecht?

Phaidros: Ja.

Sokrates: Wer nun dieses durch Kunst tut, wird der nicht machen, daß dieselbe Sache denselben Menschen jetzt als recht erscheine, und wenn er will auch wieder als unrecht?

Phaidros: Wie anders?

Sokrates: Und so auch in den Volksversammlungen, daß dem Staat dasselbe jetzt gut dünke, jetzt wieder das Gegenteil?

Phaidros: So freilich.

Sokrates: Und wissen wir nicht vom Eleatischen Palamedes, daß er durch Kunst so redet, daß den Hörenden dasselbe ähnlich und unähnlich erscheint, Eins und Vieles, ruhig und bewegt?

Phaidros: Allerdings.

Sokrates: Nicht also nur auf die Gerichtsstätten erstreckt sich die Kunst des Gegenredens und auf die Volksversammlung, sondern wie es scheint für alles was geredet wird, gäbe es, wenn es eine gibt, nur diese eine Kunst, wenn jemand im Stande ist jedes Ding jedem, dem es nur möglich ist, allem möglichen ähnlich darzustellen, und was ein Anderer so verähnlichend verbirgt, ans Licht zu bringen.

Phaidros: Wie eigentlich meinst du dieses?

Sokrates: Also den Forschenden, glaub' ich, erscheint es. Entsteht Täuschung eher zwischen dem, was viel voneinander unterschieden ist oder wenig?

Phaidros: In dem was wenig.

Sokrates: Aber du wirst doch, wenn du immer nur um ein weniges übergehst, leichter Andern unvermerkt zum Gegenteil gelangen, als wenn um vieles.

Phaidros: Wie sollte ich nicht!

Sokrates: Es muß also, wer Andere zwar täuschen will, selbst aber nicht getäuscht werden, die Ähnlichkeit der Dinge und ihre Unähnlichkeit genau kennen.

Phaidros: Notwendig.

Sokrates: Wird er aber wohl im Stande sein, wenn er die wahre Beschaffenheit eines jeden Dinges nicht kennt, die größere oder geringere Ähnlichkeit mit diesem unbekannten in andern Dingen zu unterscheiden?

Phaidros: Unmöglich.

Sokrates: Und nicht wahr? denen, welche sich etwas anders vorstellen als es ist, und sich täuschen, hat sich dies offenbar durch irgend eine Ähnlichkeit eingeschlichen?

Phaidros: So geht es wohl zu damit.

Sokrates: Kann also wohl diese Kunst, immer bei wenigem durch Ähnlichkeiten von dem, was jedesmal wahr ist, abzuleiten, und so zum Gegenteil hinzuführen oder sich selbst davor zu hüten, derjenige besitzen, der nicht erkannt hat, was jedes in Wahrheit ist?

Phaidros: Niemals.

Sokrates: Wer also die Wahrheit nicht weiß, und nur Meinungen nachgejagt hat, der, lieber Freund, wird, wie es scheint, eine gar lächerliche und unkünstliche Redekunst zusammenbringen.

Phaidros: So wird es wohl sein.

Sokrates: Willst du nun, daß wir in des Lysias Rede, die du bei dir hast, und in den von uns Gesprochenen etwas sehen von dem was wir als kunstlos setzen, und was als kunstmäßig?

Phaidros: Sehr gern, zumal wir itzt so trocken hin geredet haben ohne hinreichende Beispiele.

Sokrates: Und recht durch gutes Glück, wie es scheint, sind diese zwei Reden gesprochen worden, welche ein Beispiel enthalten, wie der, welcher das Richtige weiß, spielend in Reden die Zuhörer verleiten kann. Und ich, o Phaidros, schreibe dieses den hier wohnenden Göttern zu. Vielleicht auch, daß die Dienerinnen der Musen, die Sänger über unsern Häuptern uns diese Gabe eingehaucht haben. Denn ich habe doch an keiner Kunst des Redens irgend Anteil.

Phaidros: Dies sei wie du sagst; nur mache deutlich was du meinst.

Sokrates: So komm denn, und lies mir von des Lysias Rede den Anfang.

Phaidros: Von dem, was mich anbetrifft, bist du unterrichtet, und wie ich glaube, es werde uns zuträglich sein, daß dieses zu Stande komme, hast du gehört. Ich wünsche aber, nicht etwa deshalb zu verfehlen, was ich bitte, weil ich nicht zu deinen Liebhabern gehöre. Da eben jene zu gereuen pflegt.

Sokrates: Halt inne! Worin also fehlt dieser und verfährt kunstlos? das sollen wir sagen, nicht wahr?

Phaidros: Ja.

Sokrates: Ist nun nicht dieses Jedem einleuchtend, daß über einige solche Dinge wir einstimmig sind, über andere uneinig?

Phaidros: Ich glaube zwar zu verstehen, was du meinst, doch aber sage es noch deutlicher.

Sokrates: Wenn jemand das Wort Eisen oder Silber ausspricht, denken wir dabei nicht Alle dasselbige?

Phaidros: Gewiß.

Sokrates: Wie aber wenn gerecht oder gut? Wendet sich da nicht der eine hier der andere dorthin, und sind wir nicht uneinig unter einander und mit uns selbst?

Phaidros: Allerdings.

Sokrates: In einigem also stimmen wir überein, in anderem nicht.

Phaidros: So ist es.

Sokrates: In welchen aber von beiden werden wir täuschbarer sein, und in welchen also die Redekunst am meisten vermögen?

Phaidros: Offenbar wo wir unstät sind.

Sokrates: Wer uns also eine Redekunst bringen soll, muß diese beiden zuerst rein und gehörig von einander getrennt haben, und sich eines Kennzeichens beider Gattungen bemächtiget, der, worin die Menge unstät sein muß, und der, worin nicht.

Phaidros: Einen schönen Begriff, o Sokrates, hätte der aufgefaßt, der sich dieses bemächtiget hätte.

Sokrates: Dann, glaube ich, muß er sich, wenn ihm ein bestimmter Fall vorliegt, nicht irren, sondern das genau erkennen, worüber er reden will, zu welcher von beiden Gattungen es gehört.

Phaidros: Wie anders?

Sokrates: Wie also die Liebe, wollen wir sagen, sie gehöre zu den zweifelhaften oder zu den andern?

Phaidros: Zu den zweifelhaften ohne weiteres.

Sokrates: Oder würde sie dir sonst wohl zugelassen haben zu sagen, was du eben von ihr sagtest, erst daß sie ein Verderben wäre für den Geliebten und den Liebenden, und dann wieder, daß sie das größte wäre unter allen Gütern?

Phaidros: Sehr richtig gesprochen.

Sokrates: Aber sage mir auch dieses, denn ich kann mich der Begeisterung wegen dessen nicht mehr recht erinnern, ob ich die Liebe erklärt habe im Anfange der Rede?

Phaidros: Beim Zeus, und nicht zu sagen, wie gut.

Sokrates: Sieh da! wieviel kunstreicher in Reden sind nach dem, was du sagst, die Nymphen des Acheloos, und Pan der Sohn des Hermes, als Lysias der Sohn des Kephalos! Oder sage ich nichts, sondern hat auch Lysias im Anfange seiner Liebesrede uns genötiget, die Liebe für Ein bestimmtes, welches er selbst wollte, anzunehmen und hiernach den ganzen Verfolg seiner Rede angeordnet? Willst du, daß wir seinen Anfang noch einmal lesen?

Phaidros: Wenn du es meinst. Was du jedoch suchst, steht nicht da.

Sokrates: Lies nur, damit ich ihn selbst höre.

Phaidros: Von dem, was mich anbetrifft, bist du unterrichtet, und wie ich glaube, es werde uns zuträglich sein, daß dieses zu Stande komme, hast du gehört. Ich wünsche aber, nicht etwa deshalb zu verfehlen, was ich bitte, weil ich nicht zu deinen Liebhabern gehöre. Da eben jene dann zu gereuen pflegt, was sie Gutes erwiesen haben, sobald ihre Begierde gestillt ist.

Sokrates: Ja, viel scheint freilich zu fehlen, daß dieser das tun sollte, was wir verlangen, der nicht einmal vom Anfang, sondern vom Ende an rückwärts die Rede durchschwimmen will, und da anfängt, wo der Liebhaber schon könnte aufgehört haben zu seinem Liebling zu reden. Oder war dies wieder nichts gesagt, Phaidros, edelster Freund?

Phaidros: Freilich wohl ist das nur das Ende, Sokrates, worüber er redet.

Sokrates: Und wie? alles übrige in der Rede, scheint es nicht unordentlich durcheinander geworfen? oder ist deutlich, daß das Zweite aus irgendeinem Grunde habe das zweite sein müssen? oder irgendeines von den folgenden Stücken? Mir wenigstens scheint der Schreiber, als wüßte er eigentlich nichts, ganz vornehm gesagt zu haben, was ihm eben einfiel. Hast du aber vielleicht irgend eine rednerische Notwendigkeit aufzuzeigen, warum der Mann dieses so in der Ordnung nach einander gestellt hat?

Phaidros: Du bist sehr gut, daß du mir zutrauest, Jenes Arbeit so genau zu beurteilen.

Sokrates: Aber dieses, glaube ich, wirst du doch auch behaupten, daß eine Rede wie ein lebendes Wesen müsse gebaut sein und ihren eigentümlichen Körper haben, so daß sie weder ohne Kopf ist, noch ohne Fuß, sondern eine Mitte hat und Enden, die gegen einander und gegen das Ganze in einem schicklichen Verhältnis gearbeitet sind.

Phaidros: Wie sollte ich nicht?

Sokrates: Betrachte also deines Freundes Rede, ob sie sich so oder anders verhält, und du wirst sie gewiß nicht verschieden finden von jener Aufschrift, welche auf Midas den Phrygier soll gemacht worden sein.

Phaidros: Was für eine Aufschrift und was hat sie besonderes an sich?

Sokrates: Es ist diese: „Eherne Jungfrau bin ich und lieg an dem Grabe des Midas. Bis nicht Wasser mehr fließt, noch erblühn hochstämmige Bäume, Immer verweilend allhier an dem vielbetränеten Denkmal, Daß auch der Wanderer wisse, wo Midas liege begraben." Daß es nun bei diesem keinen Unterschied macht, was zuerst gelesen wird oder zuletzt, dies merkst du doch, glaub' ich.

Phaidros: Du verspottest ja unsere Rede, Sokrates.

Sokrates: So wollen wir, damit du nicht verdrießlich wirst, diese ganz lassen, wiewohl sie noch vielerlei zu enthalten scheint, worauf jemand achtend den großen Nutzen haben kann, daß er es nachzuahmen ja nicht unternehmen wird, und wollen zu den andern Reden gehn. Denn es war etwas in ihnen, was denen wohl zu beachten ziemt, welche über die Redekunst nachdenken wollen.

Phaidros: Welches meinst du denn?

Sokrates: Sie waren doch einander entgegen. Denn sie behaupteten, eine, man müsse dem Verliebten, die andere, man müsse dem Nichtverliebten willfahren.

Phaidros: Und ganz tapfer beide.

Sokrates: Ich glaubte du würdest der Wahrheit gemäß sagen, ganz wahnsinnig. Was sie jedoch suchten, ist eben dieses. Wir behaupteten ja, die Liebe sei eine Art von Wahnsinn, nicht wahr?

Phaidros: Ja.

Sokrates: Und vom Wahnsinn gebe es zwei Arten, die eine aus menschlicher Krankheit, die andere aus göttlicher Aufhebung des gewöhnlichen ordentliches Zustandes.

Phaidros: So war es.

Sokrates: Den göttlichen teilten wir wiederum in vier Teile nach vier Göttern, indem wir den weissagenden Wahnsinn dem Apollon zuschrieben, dem Dionysos den der Einweihungen, den Musen den dichterischen, den vierten aber der Aphrodite und dem Eros, den Wahnsinn der Liebe nämlich, welchen wir für den besten erklärten, und ich weiß nicht mehr wie den Zustand der Liebe abbildend, wobei wir vielleicht etwas richtiges getroffen haben, vielleicht auch anderwärts hin abgeschweift sind, vermischten wir mit einer nicht gar unglaublichen Rede einen mythischen Hymnos, und besangen so gar züchtig und fromm deinen und meinen Herrn, den Eros, den Beschützer schöner Knaben.

Phaidros: Ja, wie es mir gar nicht unerfreulich war zu hören.

Sokrates: Dies laß uns denn daraus nehmen, wie von dem Tadel die Rede herüberkam zum Loben.

Phaidros: Wie meinst du es also?

Sokrates: Mir erscheint alles übrige in der Tat nur im Scherze gesprochen; nur dies beides, was jene Reden durch einen glücklichen Zufall gehabt haben, wenn sich dessen Kraft einer gründlich durch Kunst aneignen könnte, wäre es eine schöne Sache.

Phaidros: Was doch für welches?

Sokrates: Das überall zerstreute anschauend zusammenzufassen in eine Gestalt, um jedes genau zu bestimmen und deutlich zu machen, worüber er jedesmal Belehrung erteilen will, so wie wir jetzt eben von der Liebe erst nach gegebener Erklärung, was sie sei, vielleicht gut, vielleicht auch schlecht geredet haben, wenigstens das bestimmte und mit sich selbst übereinstimmende hatte unsere Rede von daher.

Phaidros: Und welches zweite meinst du, Sokrates?

Sokrates: Eben so auch wieder nach Begriffen zerteilen zu können, gliedermäßig wie jedes gewachsen ist, ohne etwa wie ein schlechter Koch verfahrend, irgend einen Teil zu zerbrechen. Sondern so wie eben unsere beiden Reden das Unverständige der Seele als Einen Begriff insgesamt auffaßten: und so wie aus unserm Leibe, als Einem, zweifache und gleichnamige Teile herauswachsen, welche als rechte und linke bezeichnet werden, eben so den Aberwitz in uns gleichsam gewachsen glaubend nahmen die Reden, die eine sich den links abgeschnittenen Teil und ließ nicht nach ihn weiter zu zerschneiden, bis sie, daß ich so sage, eine linke Liebe darin auffand, welche sie sehr mit Recht schmähen konnte; die andere führte uns zu dem Wahnsinn rechts, und eine jener zwar gleichnamige aber göttliche Liebe darin auffindend und vorzeigend, lobte sie diese als Ursach unserer größten Güter.

Phaidros: Vollkommen richtig.

Sokrates: Hievon also bin ich selbst ein großer Freund, Phaidros, von diesen Einteilungen und Zusammenfassungen, um doch auch reden und denken zu können, und wenn ich einen andern fähig halte zu sehen, was in eins gewachsen ist und in vieles, dem folg' ich wie eines Unsterblichen Fußtritt. Ob ich jedoch diejenigen, welche dieses im Stande sind zu tun, recht oder unrecht bename, mag Gott wissen, ich nenne sie aber bis jetzt Dialektiker. Nun aber sage mir auch, wie man die von dir und Lysias gelernt haben nennen soll? Oder ist eben jenes die Redekunst, deren Thrasymachos und die

Andern sich bedienend selbst Künstler im Reden sind, und auch Andere dazu machen, die ihnen Geschenke wie Königen bringen wollen?

Phaidros: Königliche Männer zwar sind sie, nicht aber dessen kundig, wonach du fragst. Daher dünkst du mich jenes ganz recht zu benennen, indem du es Dialektik nennst, die Rhetorik aber dünkt mich, uns bis jetzt noch entgangen zu sein.

Sokrates: Wie sagst du? Das muß etwas schönes sein, was von jener verlassen doch durch Kunst soll erlangt werden. Indes wollen wir es auf keine Weise verschmähen, du und ich, sondern sagen, was doch nur ist das noch übrig bleibende an der Redekunst.

Phaidros: Mancherlei Dinge, Sokrates, die du ja findest in den über die Redekunst geschriebenen Büchern.

Sokrates: Gar gut erinnerst du mich. Den Eingang zuerst, wie der am Anfang der Rede muß gesprochen werden, dieses meinst du? Nicht wahr, diese Herrlichkeiten der Kunst?

Phaidros: Ja.

Sokrates: Dann kommt zweitens die Erzählung, wie sie es nennen, und die Zeugnisse dabei, drittens die Beweise, viertens die Wahrscheinlichkeiten und noch von einer Beglaubigung und Nebenbeglaubigung, denke ich, redet der vortreffliche Byzantinische Daidalos im Reden.

Phaidros: Den wackern Theodoros meinst du?

Sokrates: Wen sonst? Und daß man eine Widerlegung und Nebenwiderlegung führen müsse in der Anklage sowohl als Verteidigung. Und auch den schönsten Parier Euenos holen wir nicht herbei, der die Vorandeutung zuerst erfunden hat, und das Nebenlob? Ja einige sagen, er habe sich allerlei Nebenschimpf in Verse gebracht dem Gedächtnis zu Liebe. Denn er ist ein kluger Mann. Den Tisias aber und Gorgias wollen wir ganz ruhen lassen, welche zuerst das Scheinbare entdeckt haben, daß es über das Wahre gehe und mehr zu ehren sei, und welche machen, daß das Kleine groß und das Große klein erscheint durch die Kraft der Rede, und vom Neuen auf alte, vom Alten aber auf neue Art sprechen, und welche die Gedrängtheit der Rede, und auch die unendliche Länge über jeden Gegenstand erfunden haben. Als dieses einmal Prodikos von mir hörte, lachte er und sagte, er allein habe gefunden, was für Sätze die Kunst brauche, nämlich weder lange noch kurze, sondern mäßige.

Phaidros: Sehr weise, o Prodikos!

Sokrates: Und vom Hippias wollen wir nicht reden? Ich glaube, dieser Fremdling aus Elis stimmte ihm auch bei.

Phaidros: Warum auch nicht?

Sokrates: Wie aber sollen wir vortragen des Polos Sammlung von Worten, wie die Doppelrederei, die Spruchrederei, die Bildrederei und den Erwerb des Wohlklangs der Lykimnischen Wörter die er jenem geschenkt hat?

Phaidros: Hatte nicht vieles dergleichen auch Protagoras?

Sokrates: Ein gewisses Geradesprechen, mein Sohn, und noch vieles und schönes anderes. Aber in jammertönender von Alter und Armut hergenommener Reden Kunst hat doch offenbar gesiegt des Chalkedoniers Kraft. Auch im Erzürnen der Menge ist dieser Mann gewaltig, und wiederum die erzürnten bezaubernd zu kirren, wie er sagt; und im Verleumden und auch Verleumdungen abwälzen, woher es irgend gehe, ist er der erste. Über das Ende der Rede aber sind sie Alle nur einer Meinung, was nämlich einige die Übersicht, andere wieder anders nennen.

Phaidros: Daß man am Ende noch in kurzem die Zuhörer an alles erinnern soll, was gesagt worden, das meinst du?

Sokrates: Das meine ich, und was du noch sonst etwa zu sagen hast über die Kunst der Reden.

Phaidros: Kleinigkeiten, nicht der Rede wert.

Sokrates: Lassen wir also die Kleinigkeiten; diese Dinge aber laß uns noch einmal besser beim Lichte besehen, was für eine Kunstgewalt, und wann, sie eigentlich haben?

Phaidros: Eine sehr starke doch, o Sokrates, in den Versammlungen des Volks.

Sokrates: Die haben sie freilich. Aber du Wunderlicher, sieh doch auch du zu, ob dir das ganze Gewebe so lose erscheint als mir.

Phaidros: Zeige es nur.

Sokrates: Wenn Jemand zu deinem Freunde Eryximachos oder dessen Vater Akumenos käme, sagend, ich verstehe solche Dinge dem Körper beizubringen, daß ich ihn erhitze wenn ich will, und auch abkühle, und daß ich ihn, wenn es mir gutdünkt, speien mache oder auch abführe, und noch vielerlei dergleichen, und weil ich dieses verstehe, behaupte ich ein Arzt zu sein, auch jeden andern dazu zu machen, dem ich nur diese Kenntnis mitteile; was meinst du werden sie erwidern, wenn sie dieses angehört?

Phaidros: Was sonst, als ihn fragen, ob er auch noch verstände, wem und wann er dies alles antun müsse und in welchem Grade?

Sokrates: Wenn er nun sagte, keinesweges, sondern ich verlange, wer jenes von mir lernt, müsse dieses schon selbst verstehen, wonach du fragst.

Phaidros: Dann, glaube ich, würde er sagen, der Mensch ist toll und glaubt weil er in Büchern oder sonst wo einige Mittelchen gefunden hat, ein Arzt geworden zu sein, da er doch nichts von der Kunst versteht.

Sokrates: Und wie wenn Jemand zum Sophokles oder Euripides käme, sagend, er verstände über geringes ganz lange Reden zu dichten, und auch über wichtiges ganz kurze, auch klägliche wenn er wollte, und im Gegenteil wieder furchtbare und drohende, und was mehr dergleichen, und sich nun einbildete, indem er dies lehre, die tragische Dichtkunst zu lehren?

Phaidros: Auch diese, o Sokrates, würden, glaube ich, Jeden auslachen, welcher glaubte die Tragödie wäre etwas anderes als eine solche Zusammenstellung dieser einzelen Stücke, wie sie einander und dem Ganzen angemessen sind.

Sokrates: Aber nicht unartig, glaube ich, würden sie ihn herunterreißen, sondern wie ein Tonkünstler, wenn er mit einem zusammenträfe, der sich einbildet ein Harmonieverständiger zu sein, weil er verstände eine Saite so hoch und so tief als möglich anzuschlagen, nicht mit Heftigkeit sagen würde: Du erbärmlicher Wicht du bist verrückt; sondern wie es einem Künstler geziemt, sanfter so: Bester Mann, freilich muß auch das wissen, wer ein Tonkünstler werden will, aber dies hindert nicht, daß dennoch einer, der deine Fertigkeit hat, auch nicht das mindeste von der Harmonie verstehen kann, denn du besitzest nur die Vorkenntnisse, welche zur Harmonie notwendig gehören, aber nicht die Harmonie selbst.

Phaidros: Sehr richtig.

Sokrates: So auch würde Sophokles jenem, der sich gegen ihn rühmte, sagen, er habe die Vorkenntnisse zur tragischen Kunst, nicht diese Kunst selbst, und Akumenos die Vorkenntnisse der Heilkunde, nicht die Heilkunde selbst.

Phaidros: Allerdings freilich.

Sokrates: Wie aber? sollen wir glauben der süßredende Adrastos, oder Perikles, wenn sie etwas hörten von den schönen Kunststücken, die wir jetzt durchgegangen sind, dem Kurzreden und Bilderreden, und was wir sonst noch näher gegen das Licht untersuchen wollten, würden etwa unwillig wie ich und du unfeiner Weise ein ungesittetes Wort ausstoßen gegen die, welche dieses geschrieben haben und lehren, als wäre es die Redekunst, oder würden sie die so viel weiseren als wir, dies auch uns verweisen und sagen: O Phaidros und Sokrates, nicht unwillig muß man werden, sondern Nachsicht haben, wenn solche, die überhaupt nicht verstehen mit Begriffen umzugehn, auch nicht vermögend gewesen sind zu bestimmen, was eigentlich die Redekunst ist, und dieses Umstandes wegen, wenngleich sie nur die notwendigen Vorkenntnisse dieser Kunst besitzen, dennoch glaubten die Redekunst selbst erfunden, und so auch wenn sie jenes Jemanden lehrten, ihn vollkommen in der Redekunst unterrichtet zu haben; und wenn sie hingegen daß dies alles auf überredende Art gebraucht und ein Ganzes daraus zusammengesetzt werde, diese Vollkommenheit in die Reden hineinzubringen ihren Schülern, als wäre es eine Kleinigkeit, selbst überlassen?

Phaidros: Allerdings, o Sokrates, scheint es so ohngefähr zu stehen mit der Kunst, welche diese Männer als die Redekunst lehren und in Schriften vortragen, und mir scheinst du ganz wahr gesprochen zu haben. Aber nun die Kunst des wahren und überzeugenden Redners, wie und woher kann sich diese jemand zu eigen machen?

Sokrates: Mit dem Können, so daß einer ein vollkommener Kämpfer wird, wird es wahrscheinlich, ja vielleicht notwendig eben die Bewandtnis haben, wie in andern Dingen. Nämlich wenn du von Natur rednerische Anlage hast, so wirst du ein berühmter Redner werden, sofern du noch Wissenschaft und Übung hinzufügst, an welchem aber von diesen es dir fehlt, von der Seite wirst du unvollkommen sein. Was aber an der Sache Kunst ist, dazu scheint mir die Anleitung nicht auf dem Wege herauszukommen, den Lysias und Thrasymachos gehen.

Phaidros: Aber auf welchem dann?

Sokrates: Perikles, o Bester, mag doch wohl eigentlich unter Allen der Eingeweihteste gewesen sein in die Redekunst.

Phaidros: Wie so?

Sokrates: Alle größeren Künste bedürfen doch etwas von spitzfindigem und hochfliegendem Geschwätz über die Natur. Denn nur hieraus kann jene Würde und Zuversichtlichkeit im Erfolg entstehen, welche Perikles außer seinen Naturgaben sich in so hohem Grade erworben hatte. So denke ich wenigstens, weil er mit dem Anaxagoras, der ja wohl ein solcher war, zusammentraf, und jener hohen Kenntnisse voll ward, und zur Natur des Verstandes und Unverstandes gelangte, wovon ja Anaxagoras so viel Reden machte, hat er von dort her, was ihr nützlich war, in die Redekunst herübergebracht.

Phaidros: Wie meinst du dieses?

Sokrates: Es hat dieselbe Bewandtnis mit der Redekunst wie mit der Heilkunst.

Phaidros: Wie so?

Sokrates: In beiden mußt du, die Natur des Leibes in der einen, der Seele in der andern einteilen, wenn du nicht nur hergebrachterweise und erfahrungsmäßig, sondern nach der Kunst jenem durch Anwendung von Arznei und Nahrung Gesundheit und Stärke verschaffen, dieser durch angeordnete Belehrungen und Sitten, welche Überzeugung und Tugend du willst, mitzuteilen begehrst.

Phaidros: Allem Ansehen nach, o Sokrates, ist es so.

Sokrates: Und glaubst du die Natur der Seele richtig begreifen zu können, ohne des Ganzen Natur?

Phaidros: Wenn man dem Asklepiaden Hippokrates glauben soll, auch nicht einmal die des Körpers ohne ein solches Verfahren.

Sokrates: Sehr schön, o Freund, daß er dieses sagt. Wir müssen aber doch außer dem Hippokrates auch noch die Vernunft fragend untersuchen, ob sie einstimmt.

Phaidros: Das gebe ich zu.

Sokrates: So sieh nun zu, was über die Natur Hippokrates sagt und die richtige Vernunft. Muß man nicht so nachdenken über eines jeden Dinges Natur, zuerst ob das einerlei ist oder vielgestaltig, was wir selbst als Künstler behandeln und auch Andere dazu wollen geschickt machen. Dann daß man, wenn es einerlei ist, seine Kraft untersuche, was für eine es hat von Natur, um auf was für Dinge zu wirken, und was für eine um Einwirkungen und von was für welchen aufzunehmen; wenn es aber mehrere Gestalten hat, diese erst aufzähle, und so von jeder wie vorher von dem einen sehe, was sie ihrer Natur nach ausrichten, und was sie von welchem andern erleiden kann.

Phaidros: So wird es geschehen müssen.

Sokrates: Jedes Verfahren ohne dieses wäre nur wie eines Blinden Wanderung. Aber keineswegs muß, wer irgend einer Sache kunstmäßig nachstrebt, einem Blinden oder Tauben können verglichen werden, sondern offenbar ist, daß wenn Jemand kunstmäßig Reden mitteilt, er auch das Wesen der Natur dessen genau muß zeigen können, dem er seine Reden anbringen will; dieses aber wird doch die Seele sein.

Phaidros: Was sonst?

Sokrates: Gegen diese also ist sein ganzer Kampf gerichtet; denn in ihr will er Überzeugung hervorbringen, nicht wahr?

Phaidros: Freilich.

Sokrates: Offenbar also muß Thrasymachos und wer sonst mit Fleiß eine rhetorische Kunstlehre geben will, zuerst mit aller Genauigkeit lehren und anschaulich machen, ob die Seele eins ist und sich überall ähnlich oder auch nach der Gestalt des Leibes vielartig. Denn dieses behaupten wir, hieße die Natur eines Dinges zeigen.

Phaidros: Allerdings.

Sokrates: Zum andern worauf sie ihrer Natur nach wirkt, und was, und wovon sie und was für Wirkungen erfährt.

Phaidros: Dieses freilich auch.

Sokrates: Drittens nachdem er der Reden wie auch der Seele Arten und ihr verschiedenes Verhalten ordentlich auseinander gesetzt, wird er alle verschiedenen Ursachen durchgehen, jedes mit jedem zusammenhaltend und lehrend, was für eine Seele, durch was für Reden, aus welcher Ursach überredet werden, oder unüberredet bleiben wird.

Phaidros: Am vortrefflichsten, wie es scheint, wäre es freilich so.

Sokrates: Nie wenigstens, o Freund, wird, was auf andere Art gelehrt oder gesprochen wird, kunstmäßig geschrieben und gesprochen sein, weder über einen andern noch über diesen Gegenstand. Aber die du gehört hast und die jetzt rednerische Kunstlehren schreiben, sind listig und verheimlichen daß sie sich gar trefflich auf die Seele verstehen. Ehe sie also nicht auf diese Art reden und schreiben, wollen wir ihnen nicht glauben daß sie kunstmäßig schreiben.

Phaidros: Auf welche Art denn?

Sokrates: Dieses mit bestimmten Worten wirklich auszuführen ist nicht leicht getan; indes will ich, wie man schreiben müsse, wenn es kunstmäßig beschaffen sein soll, soweit es sich tun läßt erklären.

Phaidros: So erkläre es denn.

Sokrates: Da die Kraft der Rede eine Seelenleitung ist, so muß wer ein Redner werden will, notwendig wissen, wie viel Arten die Seele hat. Diese also sind so viele, und eine solche ist jede, wonach denn auch die Menschen Einige solche werden und Andere wieder solche. Ist nun dieses eingeteilt, so gibt es wiederum so und so viele Arten von Reden, und so und so ist jede beschaffen. Solche Menschen nun sind durch solche Reden aus der und der Ursach zu solchen Dingen leicht zu überreden, solche andere aber aus jener Ursache schwer. Hat er nun dieses gehörig begriffen, so muß er ferner, wenn er nun die Sache selbst im Leben ansichtig wird und sie behandelt werden soll, ihr genau mit seiner Wahrnehmung nachgehn können, oder er wird eben nichts weiter wissen, als die Regeln, die er damals gehört hat. Wenn er aber richtig anzugeben weiß, was für ein Mensch wodurch überredet wird, und auch im Stande ist, wenn er ihn antrifft, ihn zu erkennen und sich selbst zu zeigen, dies ist nun ein solcher, und eine solche Natur, von der damals die Rede war, steht nun in der Tat vor dir, bei der du also hier diese Art von Reden anwenden mußt, um sie zu dieser Sache zu überreden, wenn er dies alles inne hat, und dann noch die Zeiten zu beurteilen weiß, wann er reden und innehalten soll, und von den gedrängten Stellen, und den beweglichen Stellen, und was sonst für vorhandene Arten von Verstärkungen der Rede er gelernt hat, von denen er weiß wo sie an ihrer Stelle sind, und wo nicht; dann ist seine Kunst schön und ganz vollendet, eher aber nicht, sondern an welchem auch von diesen Stücken es Jemand ermangeln läßt, wenn er redet oder lehrt oder schreibt, doch aber behauptet nach der Kunst zu reden, dem wer es nicht glaubt ist klüger. Wie nun, wird vielleicht unser Schriftsteller sagen, o Phaidros und Sokrates, scheint euch nun eine so oder eine anders abgehandelte Redekunst annehmungswürdig?

Phaidros: Unmöglich, o Sokrates, eine andere, wiewohl sie auf diese Art als keine geringe Arbeit erscheint.

Sokrates: Wohl wahr. Eben deshalb nun solltest du alles gesagte noch einmal nach allen Seiten umwendend nachsehen, ob sich vielleicht wo ein leichterer oder kürzerer

Weg zu ihr zeigt, damit nicht vergeblich einen langen und beschwerlichen einschlage, wem doch ein kurzer und ebener offensteht. Hast du also etwas hiezu dienliches vom Lysias oder irgend Jemand anderen abgehörtes, so rufe es dir ins Gedächtnis und versuche es vorzutragen.

Phaidros: Der Nachfrage wegen müßte ich wohl etwas haben, aber jetzt habe ich es nicht so bei der Hand.

Sokrates: Willst du also, daß ich dir sage, was ich von Einigen die sich hiemit abgegeben gehört?

Phaidros: Warum nicht?

Sokrates: Sagt man doch, o Phaidros, es sei recht, auch des Wolfes Sache zu verteidigen.

Phaidros: So tue du denn auch so.

Sokrates: Sie behaupten also, man dürfe dieses gar nicht so ernsthaft behandeln, noch von so weitem ausholend ableiten, denn überall, welches wir auch gleich anfänglich gesagt haben, dürfe sich um richtige Einsichten davon was gerecht und gut sei in den Angelegenheiten, oder wer so sei unter den Menschen von Natur oder durch Erziehung, der künftige auch große Redner gar nicht bemühen. Denn ganz und gar kümmere sich vor den Gerichtsstätten Niemand das mindeste um die Wahrheit in diesen Dingen, sondern nur um das Glaubliche, und dieses sei das Scheinbare, worauf also derjenige seine Aufmerksamkeit zu wenden habe, der kunstgerecht reden wolle. Denn bisweilen dürfe er das Geschehene gar nicht einmal sagen, wenn es nicht zugleich auch den Schein für sich hat, sondern nur das Scheinbare in der Anklage sowohl als Verteidigung, und auf alle Weise müsse wer redet nur dem Scheinbaren nachjagen, dem Wahren immerhin Lebewohl sagend; denn jenes überall in der Rede für sich zu haben, das mache die ganze Kunst aus.

Phaidros: Gerade dieses, o Sokrates, wie du es vorgetragen hast, sagen diejenigen, welche sich für Kunstverständige in Reden ausgeben. Ich erinnere mich wohl, daß wir im vorigen ganz kürzlich auch dieses berührt haben; es dünkt aber denen, die sich hiemit abgeben, etwas sehr großes zu sein.

Sokrates: Du hast ja den Tisias selbst fleißig getrieben, so mag uns nun auch Tisias sagen, ob er etwas anders meint unter dem Scheinbaren, als das was die Menge leicht glaubt?

Phaidros: Was könnte es anders sein?

Sokrates: Dieses also ist, wie es scheint, sehr weise und kunstreich ausgedacht, was er schreibt: daß nämlich wenn ein schwacher aber mutiger einen starken aber feigen niederwirft, ihm den Mantel oder sonst etwas wegnimmt, und dann vor Gericht geführt wird, keiner von Beiden die Wahrheit sagen müsse, sondern der Feige müsse sich hüten zu gestehen, daß er von jenem Mutigen allein bezwungen worden, dieser aber müsse dies freilich behaupten, daß sie allein waren, jenes aber vorzüglich gebrauchen: wie sollte also ich ein solcher mich wohl an einen solchen gewagt haben? Dann würde Jener doch seine Feigheit nicht bekennen, und indem er auf eine neue Lüge sönne, vielleicht auch seinem Gegner einen neuen Beweis an die Hand geben. Und eben so beschaffen ist auch in andern Fallen das nach der Kunst gesprochene. Nicht so Phaidros?

Phaidros: Wie anders?

Sokrates: Weh! gar eine verborgene Kunst hat uns offenbar dieser Tisias aufgefunden, oder wer es sonst eigentlich ist und woher am liebsten benannt. Aber, Freund, wollen wir so zu ihm sprechen oder nicht?

Phaidros: Wie denn?

Sokrates: Etwa: O Tisias, schon lange ehe du noch hergekommen bist, haben wir gesagt, daß dieses Scheinbare den Leuten aus einer Ähnlichkeit mit dem Wahren entsteht; die Ähnlichkeiten aber, haben wir eben gezeigt, wird überall der, welcher die Wahrheit in der Sache erkannt hat, am besten zu finden wissen. So daß, wenn du etwas anderes über die Kunst der Reden zu sagen hast, wir es gern anhören wollen; wo nicht, so müssen wir dem jetzt eben abgehandelten glauben, daß wenn nicht Jemand sowohl der Zuhörer verschiedene Naturen aufzuzählen als auch die Gegenstände nach ihren Arten einzuteilen und die einzelen unter einen Begriff zusammenzufassen im Stande ist, er niemals in Reden so kunstreich sein wird, als es dem Menschen möglich ist; daß aber diese niemals einer erlangen kann ohne vielfältige Anstrengung, welcher sich der Vernünftige nicht um mit den Menschen zu reden und zu verhandeln unterziehen soll, sondern nur um den Göttern wohlgefälliges reden zu können und ihnen wohlgefällig alles nach Vermögen auszurichten. Denn nicht seinen Mitknechten, o Tisias, so sagen weisere als wir, muß gefällig zu werden wer Vernunft hat sich bestreben, als nur nebenbei, sondern seinen guten und hohen Gebietern. Darum, wenn der Weg lang ist, so wundere dich nicht: denn großer Dinge wegen wird er uns angemutet, nicht dessen was du denkst. Es wird aber, wie die Rede zeigt, auch dieses, wenn es Jemand will, durch jenes am besten erlangt.

Phaidros: Ganz trefflich dünkt mich dieses gesagt zu sein, o Sokrates, wenn es nur Jemand im Stande wäre.

Sokrates: Aber strebt man nach Schönem, so ist auch schön über sich ergehen lassen was eben erfolgt.

Phaidros: Ja wohl.

Sokrates: Darüber nun was Kunst ist und Kunstlosigkeit im Reden möchte dieses genug sein.

Phaidros: Vollkommen.

Sokrates: Von der Anständigkeit und Unanständigkeit des Schreibens aber, wo angewendet es gut ist, und wo unschicklich, davon wäre noch übrig zu reden. Nicht wahr?

Phaidros: Ja.

Sokrates: Weißt du wohl, wie du eigentlich Gott wohlgefällig das Reden behandeln und davon sprechen mußt?

Phaidros: Keineswegs, du aber?

Sokrates: Eine Sage wenigstens habe ich darüber zu erzählen von den Alten, das Wahre aber wissen nur jene selbst. Könnten wir aber dieses finden, würden wir uns dann noch irgend um menschliche Urteile kümmern?

Phaidros: Lächerliches fragst du! Aber erzähle, was du gehört zu haben behauptest.

Sokrates: Ich habe also gehört, zu Neukratis in Ägypten sei einer von den dortigen alten Göttern gewesen, dem auch der Vogel, welcher Ibis heißt, geheiliget war, er selbst aber der Gott habe Theuth geheißen. Dieser habe zuerst Zahl und Rechnung erfunden, dann die Meßkunst und die Sternkunde, ferner das Brett- und Würfelspiel, und so auch die Buchstaben. Als König von ganz Ägypten habe damals Thamus geherrscht in der großen Stadt des oberen Landes, welche die Hellenen das ägyptische Thebe nennen, den Gott selbst aber Ammon. Zu dem sei Theuth gegangen, habe ihm seine Künste gewiesen, und begehrt sie möchten den andern Ägyptern mitgeteilt werden. Jener fragte, was doch eine jede für Nutzen gewähre, und je nachdem ihm, was Theuth darüber vorbrachte, richtig oder unrichtig dünkte, tadelte er oder lobte. Vieles nun soll Thamus dem Theuth über jede Kunst dafür und dawider gesagt haben, welches weitläufig wäre alles anzuführen. Als er aber an die Buchstaben gekommen, habe Theuth gesagt: Diese Kunst, o König, wird die Ägypter weiser machen und gedächtnisreicher, denn als ein Mittel für den Verstand und das Gedächtnis ist sie erfunden. Jener aber habe erwidert: O kunstreichster Theuth, Einer weiß, was zu den Künsten gehört, ans Licht zu gebären; ein Anderer zu beurteilen, wieviel Schaden und Vorteil sie denen bringen, die sie gebrauchen werden. So hast auch du jetzt als Vater der Buchstaben aus Liebe das Gegenteil dessen gesagt, was sie bewirken. Denn diese Erfindung wird der Lernenden Seelen vielmehr Vergessenheit einflößen aus Vernachlässigung des Gedächtnisses, weil sie im Vertrauen auf die Schrift sich nur von außen vermittelst fremder Zeichen, nicht aber innerlich sich selbst und unmittelbar erinnern werden. Nicht also für das Gedächtnis, sondern nur für die Erinnerung hast du ein Mittel erfunden, und von der Weisheit bringst du deinen Lehrlingen nur den Schein bei, nicht die Sache selbst. Denn indem sie nun vieles gehört haben ohne Unterricht, werden sie sich auch vielwissend zu sein dünken, da sie doch unwissend größtenteils sind, und schwer zu behandeln, nachdem sie dünkelweise geworden statt weise.

Phaidros: O Sokrates, leicht erdichtest du uns ägyptische und was sonst für ausländische Reden du willst.

Sokrates: Sollen doch, o Freund, in des Zeus dodonäischem Tempel einer Eiche Reden die ersten prophetischen gewesen sein. Den damaligen nun, weil sie eben nicht so weise waren als ihr Jüngeren, genügte es in ihrer Einfalt auch der Eiche und dem Stein zuzuhören, wenn sie nur wahr redeten. Dir aber macht es vielleicht einen Unterschied, wer der Redende ist und von wannen. Denn nicht darauf allein siehst du, ob sich so oder anders die Sache verhält.

Phaidros: Mit Recht hast du mich gescholten. Auch dünkt mich mit den Buchstaben es sich so zu verhalten, wie der Thebäer sagt.

Sokrates: Wer also eine Kunst in Schriften hinterläßt, und auch wer sie aufnimmt, in der Meinung daß etwas deutliches und sicheres durch die Buchstaben kommen könne, der ist einfältig genug, und weiß in Wahrheit nichts von der Weissagung des Ammon, wenn er glaubt, geschriebene Reden wären noch sonst etwas als nur demjenigen zur Erinnerung, der schon das weiß, worüber sie geschrieben sind.

Phaidros: Sehr richtig.

Sokrates: Denn dieses Schlimme hat doch die Schrift, Phaidros, und ist darin ganz eigentlich der Malerei ähnlich; denn auch diese stellt ihre Ausgeburten hin als lebend, wenn man sie aber etwas fragt, so schweigen sie gar ehrwürdig still. Eben so auch die Schriften. Du könntest glauben sie sprächen als verständen sie etwas, fragst du sie aber lernbegierig über das Gesagte, so enthalten sie doch nur ein und dasselbe stets. Ist sie aber einmal geschrieben, so schweift auch überall jede Rede gleichermaßen unter denen umher, die sie verstehen, und unter denen, für die sie nicht gehört, und versteht nicht, zu wem sie reden soll, und zu wem nicht. Und wird sie beleidiget oder unverdienterweise beschimpft, so bedarf sie immer ihres Vaters Hülfe; denn selbst ist sie weder sich zu schützen noch zu helfen im Stande.

Phaidros: Auch hierin hast du ganz recht gesprochen.

Sokrates: Wie aber? wollen wir nicht nach einer anderen Rede sehen, der Schwester von dieser, wie die ächte entsteht, und wieviel besser und kräftiger als jene sie gedeiht?

Phaidros: Welche doch meinst du, und wie soll sie entstehen?

Sokrates: Welche mit Einsicht geschrieben wird in des Lernenden Seele, wohl im Stande sich selbst zu helfen, und wohl wissend zu reden und zu schweigen, gegen wen sie beides soll.

Phaidros: Du meinst die lebende und beseelte Rede des wahrhaft Wissenden, von der man die geschriebene mit Recht wie ein Schattenbild ansehen könnte.

Sokrates: Allerdings eben sie. Sage mir aber dieses, ob ein verständiger Landmann den Samen, den er vor andern pflegen und Früchte von ihm haben möchte, recht eigens im heißen Sommer in einem Adonisgärtchen bauen und sich freuen wird ihn in acht Tagen schön in die Höhe geschossen zu sehen? oder ob er dieses nur als ein Spiel und bei festlichen Gelegenheiten tun wird, wenn er es ja tut; jenen aber, womit es ihm ernst ist, nach den Vorschriften der Kunst des Landbaues in den gehörigen Boden säen, und zufrieden sein, wenn was er gesäet im achten Monat seine Vollkommenheit erlangt?

Phaidros: Gewiß so, o Sokrates, würde er dieses im Ernst, jenes, wie du sagtest, nur anders tun.

Sokrates: Und sollen wir sagen, daß wer vom Gerechten, Schönen und Guten Erkenntnis besitzt, weniger verständig als der Landmann verfahren werde mit seinem Samen?

Phaidros: Keinesweges wohl.

Sokrates: Nicht zum Ernst also wird er sie ins Wasser schreiben, mit Tinte sie durch das Rohr aussäend, mit Worten, die doch unvermögend sind, sich selbst durch Rede zu helfen, unvermögend aber auch die Wahrheit hinreichend zu lehren?

Phaidros: Wohl nicht, wie zu vermuten.

Sokrates: Freilich nicht; sondern die Schriftgärtchen wird er nur Spieles wegen, wie es scheint, besäen und beschreiben. Wenn er aber schreibt, um für sich selbst einen Vorrat von Erinnerungen zu sammeln auf das vergeßliche Alter, wenn er es etwa erreicht, und für Jeden, welcher derselben Spur nachgeht: so wird er sich freuen, wenn er sie zart und schön gedeihen sieht; und wenn Andere sich mit andern Spielen ergötzen, bei Gastmahlen sich benetzend und was dem verwandt ist, dann wird jener statt dessen seine Reden spielend durchnehmen.

Phaidros: Ein gar herrliches, o Sokrates, nennst du neben den geringeren Spielen: das Spiel dessen, der von der Gerechtigkeit, und was du sonst erwähntest, dichtend mit Reden zu spielen weiß.

Sokrates: So ist es allerdings, Phaidros. Weit herrlicher aber denke ich ist der Ernst mit diesen Dingen, wenn Jemand nach den Vorschriften der dialektischen Kunst, eine gehörige Seele dazu wählend, mit Einsicht Reden säet und pflanzt, welche sich selbst und dem, der sie gepflanzt, zu helfen im Stande, und nicht unfruchtbar sind, sondern einen Samen tragen, vermittelst dessen einige in diesen, andere in anderen Seelen gedeihend, eben dieses unsterblich zu erhalten vermögen, und den, der sie besitzt, so glückselig machen, als einem Menschen nur möglich ist.

Phaidros: Allerdings ist etwas noch weit herrlicheres, was du hier sagst.

Sokrates: Jetzt erst, Phaidros, können wir auch jenes entscheiden, nachdem wir uns hierüber vereiniget.

Phaidros: Was doch?

Sokrates: Das, was wir eigentlich sehen wollten, und nur dabei hierauf gekommen sind, ob wir nämlich nicht finden könnten, wie wohl dem Lysias das Redenschreiben zur Schande gereiche, und auch wegen der Reden selbst, welche mit Kunst und welche ohne Kunst geschrieben wären. Was nun kunstmäßig ist oder nicht, dünkt mich schon ziemlich deutlich gemacht worden zu sein.

Phaidros: Es dünkte mich auch, erinnere mich aber doch noch einmal.

Sokrates: Nämlich ehe nicht Jemand die wahre Beschaffenheit eines jeden Dinges kennt, worüber er redet und schreibt, es an sich vollständig zu erklären im Stande ist, und nachdem er es erklärt, es auch wieder in seine Unterarten bis zum Unteilbaren zu teilen, und eben so auch mit der Seele Natur bekannt, die einer jeden angemessene Art der Rede herauszufinden versteht, und sie dann so ordnet und ausschmückt, daß er bunten Seelen auch bunte und wohllautreiche Reden gibt, einfachen aber einfache, eher werde er noch nicht vermögend sein, so weit es die Sache erlaubt, mit Kunst das Geschlecht der Reden zu behandeln, weder um zu lehren, noch um zu überreden, wie unsere ganze vorherige Rede gezeigt hat.

Phaidros: Allerdings so ohngefähr war uns dieses erschienen.

Sokrates: Wie aber jenes, ob es etwas schönes ist oder verächtliches, Reden zu sprechen und zu schreiben, und wie betrieben es mit Recht könnte zum Schimpf gerechnet werden oder nicht, hat uns nicht auch dieses schon das eben zuvor besprochene deutlich gemacht?

Phaidros: Welches denn?

Sokrates: Daß wenn, es sei nun Lysias oder ein anderer, jemals etwas geschrieben hat oder schreiben wird, in besonderen Angelegenheiten oder in öffentlichen, indem er Gesetze vorschlägt, also eine Staatsschrift verfaßt, in der Meinung, es sei große Gründlichkeit und Klarheit darin, das gereicht dem Schreibenden zum Schimpf, es mag es ihm nun einer vorrücken oder nicht. Denn Tag und Nacht nicht unterscheiden zu können im Gerechten und Ungerechten, Bösen und Guten, das ist in der Tat unabwendlich das allerschimpflichste, und wenn auch das ganze Volk es lobte.

Phaidros: Gewiß.

Sokrates: Wer aber weiß, daß in einer geschriebenen Rede über jeden Gegenstand vieles notwendig nur Spiel sein muß, und daß keine Rede, gemessen oder ungemessen, sonderlich der Mühe wert geschrieben sei noch auch gesprochen, soviele nämlich ohne tiefere Untersuchung und Belehrung nur des Überredens wegen zusammengearbeitet und gesprochen worden, sondern in der Tat auch die besten unter ihnen nur zur Erinnerung gedient haben für den schon unterrichteten; in denen hingegen, welche gelehrt und des Lernens wegen gesprochen oder wirklich in die Seele hineingeschrieben worden, vom Gerechten, Schönen und Guten, in diesen allein weiß daß etwas wirksames sei und vollkommenes und der Anstrengung würdiges, und daher auch nur solche Reden verdienten, gleichsam seine ächten Kinder genannt zu werden, zuerst die ihm selbsterfunden einwohnt, hernach was etwa für Kinder und Brüder von dieser zugleich in andern Seelen Anderer nach Verhältnis eingewachsen sind, und deshalb alle andern gehen läßt, dieser mag dann wohl ein solcher sein, Phaidros, als ich und du wünschten daß ich und du sein möchten.

Phaidros: Auf alle Weise will und wünsche auch ich mit dir, was du sagst.

Sokrates: Also sei nun unter uns genug gescherzt über das Reden; und du gehe hin und verkündige dem Lysias, daß wir beide zu der Nymphen Quelle und Ruhesitz hinabgestiegen dort Reden gehört, welche uns befahlen, zuerst dem Lysias und wer sonst Reden abfaßt, dann dem Homeros und wer sonst Gedichte, für sich bestehende oder von Gesang begleitete, verfertiget hat, drittens auch dem Solon und wer sonst in bürgerlichen Versammlungen Schriften, die er Gesetze nennt, geschrieben hat, zu sagen, daß wenn er dergleichen abgefaßt, wohl wissend wie sich die Sache in Wahrheit verhält, und im Stande in Erörterung über das Geschriebene eingehend, demselben Hülfe zu leisten, und redend selbst sein Geschriebenes nur als etwas Schlechtes darzustellen, er dann auch nicht mit dem Namen genannt werden müsse, der nur hiervon hergenommen ist, sondern mit einem auf jenes sich beziehenden, woran er ernstlichen Fleiß gewendet.

Phaidros: Was für Namen also willst du ihm erteilen?

Sokrates: Jemand einen Weisen zu nennen, o Phaidros, dünkt mich etwas Großes zu sein, und Gott allein zu gebühren; aber einen Freund der Weisheit oder dergleichen etwas möchte ihm selbst angemessener sein, und auch an sich schicklicher.

Phaidros: Und nicht aus der Weise.

Sokrates: Also wer nichts besseres hat als was er nach langem Hin- und Herwenden, Aneinanderfügen und Ausstreichen abgefaßt oder geschrieben hat, den wirst du mit Recht einen Dichter oder Redenschreiber oder Gesetzverfasser nennen.

Phaidros: Wie anders?

Sokrates: Dieses also verkündige deinem Freunde.

Phaidros: Wie aber du? Was wirst du tun? Denn wir dürfen doch auch deinen Freund nicht vorbeigehen.

Sokrates: Welchen doch?

Phaidros: Isokrates den Schönen; was wirst du dem verkündigen, o Sokrates? Was sollen wir sagen daß er sei?

Sokrates: Jung ist Isokrates noch; was mir aber von ihm ahndet will ich sagen.

Phaidros: Was also?

Sokrates: Er dünkt mich zu gut um ihn mit des Lysias Reden zu vergleichen was seine Naturgabe betrifft, auch von edlerer Mischung des Gemütes, so daß es nichts wunderbares wäre, wenn er bei reiferem Alter teils in den Reden, auf die er jetzt seinen Fleiß wendet, Alle die sich je mit Reden abgegeben weiter als Kinder hinter sich zurückließe, teils auch wenn ihm dieses nicht mehr genügte, ihn zu etwas größerem ein göttlicher Trieb hinführte. Denn von Natur schon, Phaidros, ist etwas philosophisches in der Seele des Mannes. Dieses also will ich im Namen dieser Götter dem Isokrates als meinem Lieblinge verkündigen; du aber jenes als dem deinigen dem Lysias.

Phaidros: Das soll geschehen. Aber laß uns nun gehn, da auch die Hitze gelinder geworden.

Sokrates: Ziemt es sich nicht erst zu diesen zu beten und dann zu gehen?

Phaidros: Warum nicht?

Sokrates: O lieber Pan, und ihr Götter die ihr sonst hier zugegen seid, verleiht mir schön zu sein im Innern, und daß was ich Äußeres habe dem Inneren befreundet sei. Für reich möge ich den Weisen halten, und solche Menge Goldes besitzen, als ein anderer als der Mäßige gar nicht tragen und führen könnte. Bedürfen wir noch etwas anderes, o Phaidros? Ich für mich habe hinreichend gebetet.

Phaidros: Auch für mich bete dieses mit: denn Freunden ist alles gemein.

Sokrates: Laß uns denn gehen.

Lysis

Sokrates erzählt

Ich ging von der Akademia grade nach dem Lykeion den Weg außerhalb der Mauer dicht unter der Mauer hin. Als ich aber an dem Pförtchen war, wo die Quelle des Panops ist, da traf ich den Hippothales, des Hieronymos Sohn, und den Paianier Ktesippos, und mehr andere Jünglinge um sie her gedrängt stehend. Und als Hippothales mich herankommen sah, rief er mich an: Wohin gehst du, o Sokrates, und woher? – Aus der Akademia, sprach ich, gehe ich gerade nach dem Lykeion. – Hieher also, sprach er, zu uns lenkst du nicht ein? es lohnt doch. – Wohin eigentlich, fragte ich, meinst du? und wer sind die ihr? – Hieher, sprach er und zeigte mir der Mauer gegenüber einen eingeschlossenen Platz mit offener Tür; hier halten nicht nur wir uns auf, sondern noch viel andere Schöne. – Was ist aber dieses? und was treibt ihr dort? – Es ist, sagte er, eine ganz neugebaute Palaistra, und meistenteils besteht die Beschäftigung in Gesprächen, von welchen eben wir dir gern mitteilten. – Sehr wohl, sprach ich, werdet ihr daran tun.

Aber wer lehrt hier? – Von dir, sagte er, ein großer Freund und Verehrer, Mikkos. – Beim Zeus, sprach ich, kein schlechter Mann, sondern ein tüchtiger Sophist. – Willst du uns also folgen, sagte er, daß du auch die sehest, welche drinnen sind? – Gern möchte ich hier erst vernehmen, was mir dann werden soll für das Hineingehn, und wer eigentlich der Schöne ist. – Einer von uns, sagte er, hält diesen dafür, der andere jenen. – Welchen denn aber du, o Hippothales? Das sage mir. Auf diese Frage errötete er, und ich sprach weiter, O Sohn des Hieronymus, das darfst du mir nun nicht mehr sagen, ob du einen liebst oder nicht; denn ich sehe nicht allein, daß du liebst, sondern auch daß es schon weit mit dir gekommen ist in dieser Liebe. Übrigens wohl mag ich schlecht sein und wenig nutz; dieses aber ist mir so von Gott verliehen, daß ich gleich erkennen kann Liebende sowohl als Geliebte. – Als er dieses hörte, errötete er noch mehr. Ktesippos aber sagte: Das ist fein, Hippothales, daß du rot wirst, und dich weigerst dem Sokrates den Namen zu sagen, da er doch, wenn er nur kurze Zeit mit dir ist, sich fast tot wird daran hören müssen, wie oft du ihn nennst! Uns wenigstens, o Sokrates, hat er die Ohren schon ganz betäubt und angefüllt mit dem Lysis. Und hat er gar ein wenig getrunken, so ist es uns ganz gewohnt, daß wir auch beim Erwachen aus dem Schlafe noch glauben den Namen des Lysis zu hören. Doch was er so gesprächsweise arges vorbringt, ist noch nicht gar arg: aber wenn er erst anfängt uns mit den Gedichten zu überschwemmen und mit den Reden! Ja was noch ärger ist als alles, so singt er auch auf seinen Geliebten mit wundervoller Stimme, die wir geduldig anhören müssen. Nun aber von dir befragt errötet er nur. – Dieser Lysis, sprach ich, ist also einer von den Heranwachsenden, wie es scheint. Ich schließe es nämlich nur, denn der Name fiel mir nicht auf als ein bekannter, da ich ihn hörte. – Sie nennen ihn eben nicht oft bei seinem Namen, antwortete er, sondern er wird noch nach dem Vater genannt, weil sein Vater sehr bekannt ist. Auch bin ich gewiß, daß der Knabe dir keinesweges unbekannt ist von Gestalt, und an der allein kann man ihn genug wieder erkennen. – So sage denn, sprach ich, wem er angehört. – Es ist des Demokrates von Aixone ältester Sohn. – Schön, sprach ich, o Hippothales! welche edle und in jeder Art herrliche Liebe hast du dir da ausgespürt! So komm denn und laß mich alles hören, was du diesen zu hören gibst, damit ich sehe, ob du auch weißt, wie dem Verliebten gezieme über seinen Liebling zu diesem selbst und auch zu Andern zu reden. – Und darauf, sagte er, gibst du etwas, o Sokrates, was der da sagt? – Willst du etwa, sprach ich, auch läugnen, daß du den nicht liebst, den dieser nennt? – Das nicht, sprach er, aber daß ich weder Gedichte mache auf meinen Liebling noch Reden. – Es ist eben nicht richtig mit ihm, sagte Ktesippos, sondern er faselt und redet irre. – Darauf sagte ich: ich begehre ja, o Hippothales, weder die Verse zu hören noch die Weise, wenn du dergleichen gemacht hast auf den Knaben, sondern nur den Sinn davon, damit ich erfahre, auf welche Art du deinen Liebling behandelst. – Der da wird dir wohl alles sagen, sprach er, denn er weiß es ja genau, und hat es im Gedächtnis, wenn er mich doch, wie er sagt, bis zum Überdruß angehört hat. – Bei den Göttern, sagte Ktesippos, sehr gut weiß ich es, o Sokrates! es ist ja auch lächerlich genug.

Denn daß ein Liebender, und der mehr als jeder andre immer nur auf seinen Knaben denkt, auch gar nichts eignes zu sagen weiß, was nicht jedes Kind ebenfalls sagen könnte, wie sollte das nicht lächerlich sein? Was aber die ganze Stadt erzählt von Demokrates und Lysis des Knaben Großvater und von allen seinen Vorältern, ihren Reichtum, ihre Pferdezucht und ihre Siege in den Pythischen, Isthmischen und Nemeischen Spielen mit dem Viergespann und dem Rennpferde, das bringt er in Gedichte und Reden. Und noch altväterischeres als dieses. Denn die Bewirtung des Herakles schilderte er uns neulich in ich weiß nicht was für einem Gedichte, wie nämlich wegen Verwandtschaft mit dem Herakles ihr Ahnherr den Herakles aufgenommen, selbst auch vom Zeus erzeugt mit der Tochter von dem ersten Stifter jener Zunft, kurz was die alten Mütterchen singen, und viel anderes dergleichen. Solcherlei ist es, was er in Reden und Gedichten vortragend auch uns anzuhören zwingt. – Als ich dies gehört, sagte ich, du lächerlicher Hippothales! ehe du noch gesiegt hast, dichtest du schon und singst auf dich selbst das Lobgedicht? – Auf mich selbst, o Sokrates, sagte er, habe ich doch nie weder gedichtet noch gesungen. – Du meinst es wenigstens nicht. – Aber wie wäre denn das, fragte er? – Auf alle Weise, sagte ich, zielen doch diese Gesänge auf dich. Denn gewinnst du dir einen Liebling solcher Art, so wird dir selbst zur Zierde gereichen, was du gesprochen und gesungen hast, und ein wahres Lobgedicht sein auf dich, als der den Preis davon getragen, weil du einen solchen Liebling erlangt hast: entgeht er dir aber, so wirst du je größeres du lobend gesagt hattest von diesem Liebling, auch nach Verhältnis des Schönen und Guten, so du verfehlst, um desto mehr verspottet werden. Wer also, o Freund, in der Kunst zu lieben ein Meister ist, der lobt den Geliebten nicht eher bis er ihn hat, aus Furcht, wie die Sache ablaufen werde. Überdies auch werden die Schönen, wenn man sie lobt und verherrlicht, voll Einbildung und Hochmut; oder meinst du nicht? – Das wohl, sagte er. – Nicht auch das, je hochmütiger sie sind, desto schwerer sie zu besiegen werden? – Wahrscheinlich. – Was für ein Jäger also dünkt dich der, welcher jagend das Wild so aufscheucht, daß er es ungleich schwerer bekommt? – Ein schlechter offenbar. – So auch durch Reden und Gesänge nicht ankirren sondern wild machen, ist große Unkunde; nicht so? – Mich dünkt es. – Sieh also zu Hippothales, daß du nicht alles dessen schuldig machst durch dein Dichten. Denn ich glaube doch, demjenigen der durch seine Dichtungen sich selbst schadet, wirst du nicht zugestehn wollen, daß er ein guter Dichter sei, da er sich selbst zum Schaden ist. – Nein, beim Zeus, sagte er, das wäre ja große Unvernunft. Aber deshalb eben, o Sokrates, vertraue ich mich dir, und hast du etwas anderes, so rate mir, worüber man denn reden und was man tun muß um dem Geliebten angenehm zu werden. – Nicht leicht, sprach ich, ist das zu sagen: wolltest du aber bewirken, daß er mir selbst zum Gespräch käme, so könnte ich dir vielleicht einen Versuch zeigen, was mit ihm zu reden ist anstatt dessen, was, wie diese sagen, du redest und singst. – Das, sagte er, ist nichts schweres. Denn wenn du nur hier mit dem Ktesippos hineingehst und dich niedersetzest im Gespräch, so glaube ich wird er schon von selbst herzukommen; denn hörbegierig, o Sokrates, ist er vor Allen. Zumal sie nun die Hermaien feiern, sind Knaben und

Jünglinge ohne Unterschied zusammen; er kommt dir also gewiß. Wo nicht, so ist er doch sehr bekannt mit dem Ktesippos durch dessen Vetter Menexenos, der sein vertrautester Freund ist unter allen. Ktesippos also kann ihn rufen, wenn er ja nicht von selbst kommt. – So sprach ich müssen wir es machen; und somit nahm ich den Ktesippos und ging in die Palaistra, die Andern aber gingen hinter uns.

Als wir nun hineintraten, fanden wir dort die Knaben nach vollbrachtem Opfer und fast aller heiligen Dinge Vollendung, alle schön geschmückt mit Knöcheln spielend. Die meisten nun spielten im Vorhofe draußen; einige aber auch in einem Winkel des Auskleidegemachs, spielten grade und ungrade mit gar vielen Knöcheln, die sie aus den Körbchen vorholten. Um diese her standen Andere zusehend, deren einer dann auch Lysis war, welcher dastand unter den Knaben und Jünglingen bekränzt und durch sein Ansehn sich auszeichnend vor Allen, nicht etwa nur schön zu heißen verdienend, sondern schön und edel. Wir nun bogen um und setzten uns gegenüber, denn dort war es ruhig, und redeten etwas mit einander. Lysis aber sah sich häufig um nach uns, und hatte offenbar große Lust, sich zu uns zu gesellen. So lange nun war er bedenklich und verlegen, allein heranzukommen; hernach kam Menexenos währendes Spiels aus dem Vorhofe herein, und als er mich und den Ktesippos gewahr ward, kam er um sich zu uns zu setzen. Als das Lysis sah, folgte er ihm und setzte sich ebenfalls zu uns neben den Menexenos. Darauf nun traten auch die Andern herzu, und auch Hippothales, da er mehrere herumstehen sah, versteckte sich hinter diesen, und stellte sich, wo er glaubte vom Lysis nicht gesehen zu werden, aus Furcht es möchte ihm zuwider sein, und so ganz nahebei hörte er zu. Ich also wendete mich zum Menexenos, und sagte: Welcher von euch, o Sohn des Demophon, ist wohl der Ältere? – Wir streiten darüber, antwortete er. – Auch wohl darüber, sprach ich, könntet ihr streiten, welcher der Vornehmere wäre? – Allerdings. – Gewiß auch welcher der Schönere, eben so? Da lachten sie beide. Keinesweges aber, sprach ich weiter, will ich fragen, welcher der Reichere ist von euch beiden, denn ihr seid ja Freunde, nicht wahr? – Gar sehr, sagten sie. – Und Freunden ist ja alles gemein, wie man sagt. So daß hierin keine Verschiedenheit statt finden kann, wenn ihr anders die Wahrheit sagt von eurer Freundschaft. – Das gaben sie zu. – Und hierauf war ich eben im Begriff zu fragen, welcher wohl der gerechtere und weisere wäre von ihnen. Indem aber kam einer dem Menexenos zu sagen, der Meister der Palaistra riefe nach ihm; es schien mir, als habe er die Opferschau.

Dieser also ging weg; ich aber fragte den Lysis weiter, und sagte: Gewiß, o Lysis, lieben dich dein Vater und deine Mutter sehr? – Allerdings, sagte er. – Also wollten sie auch wohl, daß du so glücklich wärest als möglich? – Wie sollten sie nicht? – Scheint dir aber der glücklich zu sein, welcher dient, und nichts tun darf, wozu er Lust hat? – Beim Zeus, mir nicht, sagte er. – Also wenn die Eltern dich lieben, und wünschen daß zu glücklich seist: so sorgen sie doch gewiß auf alle Weise dafür, daß du ganz zufrieden bist? – Wie sollten sie nicht? sagte er. – Sie lassen dich also tun, was du willst, und schelten dich um nichts, oder verwehren dir etwas zu tun, wozu du Lust hast? – Ja wohl, beim Zeus, wehren sie mir, o Sokrates, und das gar Vieles. – Wie sagst du? sprach ich, Sie wollen, daß es dir wohl gehe und verwehren dir doch zu tun was du willst? Sage mir doch dieses. Wenn du Lust hättest, auf einem von des Vaters Wagen zu fahren, und die Zügel selbst zu führen, wenn Wettlauf gehalten wird, würden sie dich nicht lassen, sondern es dir verwehren? – Beim Zeus, sagte er, sie würden mich doch nicht lassen. – Aber wen denn? – Da ist ein Wagenführer, der bekommt seinen Lohn vom Vater. – Wie sagst du? und einem Mietling erlauben sie eher als dir zu tun was er will mit den Pferden, und geben dem dafür auch noch Geld? – Aber wie anders? sprach er. – Doch das Maultiergespann glaube ich immer werden sie dir erlauben zu regieren, und auch wenn du die Peitsche nehmen und sie schlagen wolltest, würden sie es zugeben. – Woher, sagte er, würden sie es zugeben? – Wie denn, sprach ich, darf Niemand sie schlagen? – Ja freilich, sagte er, der Maultiertreiber. – Und ist der ein Knecht oder ein Freier? – Ein Knecht. – Einen Knecht also, wie es scheint, achten sie höher als dich ihren Sohn, und übergeben ihm das ihrige lieber als dir, und lassen ihn tun was er will, dir aber verwehren sie es? So sage mir doch noch dieses, lassen sie dich wohl dich selbst regieren, oder erlauben sie dir auch dieses nicht? – Wie sollten sie das doch erlauben! sagte er. – Sondern es regiert dich einer? – Hier der Knabenführer, sprach er. – Ist der auch ein Knecht? – Was sonst? unserer wenigstens. – Gewiß, sagte ich, das ist arg, daß du ein Freier von einem Knechte regiert wirst! Was tut aber eigentlich dieser Knabenführer, daß er dich regiert? – Er führt mich eben zum Lehrer. – Und gebieten dir die etwa auch, die Lehrer? – Allerdings ja. – Gar viele Herren und Gebieter setzt dir also dein Vater recht mit Bedacht. Aber doch wenn du nach Hause kommst zur Mutter, läßt diese dich, damit du ihr recht vergnügt seist, alles tun was du willst, es sei nun an der Wolle oder am Weberstuhl, wenn sie webt? Denn gewiß, sie verbietet dir weder die Weberlade anzurühren noch das Schiff, noch was sonst irgend zu ihrer Weberei gehört? – Da lachte er und sagte, beim Zeus, o Sokrates, nicht nur verbietet sie mirs, sondern ich bekäme gewiß Schläge, wenn ich etwas anrührte. – Herakles! sagte ich, hast du auch etwa dem Vater etwas zuleide getan oder der Mutter? – Beim Zeus, sagte er, ich nicht. – Aber weshalb verwehren sie dir so mit Gewalt glücklich zu sein und zu tun was du willst, und halten dich den ganzen Tag über immer unter Jemandes Befehlen, mit einem Wort, daß du fast gar nichts tun kannst, was du möchtest? So daß, wie es scheint, dir weder aller dieser Reichtum etwas nutzt, denn jeder Andere hat ja mehr darüber zu gebieten als du, noch auch diese so vorzügliche Gestalt, denn auch deinen Körper hütet und pflegt ja ein Anderer: du aber, o Lysis, hast über nichts zu gebieten, und kannst nichts tun was du möchtest. – Ich habe eben, sprach er, noch nicht die Jahre dazu, o Sokrates. – Das mag es wohl nicht sein, o Sohn des Demokrates, sagte ich, was dich hindert! Denn dergleichen, glaube ich, überlassen dir doch der Vater sowohl als die Mutter, und warten nicht erst bis du die Jahre habest, zum Beispiel wenn sie etwas wollen vorgelesen haben oder geschrieben, werden sie es, denke ich, dir eher auftragen als irgend Einem im Hause. Nicht so? – Zuverlässig, sagte er. – Und nicht wahr, hier steht dir frei, welchen Buchstaben du willst zuerst zu schreiben und zum zweiten; und ebenso beim Lesen; und wenn du deine Lyra nimmst, glaube ich, wehrt dir weder Vater noch Mutter, welche Saite du willst, höher zu stimmen oder tiefer, und mit dem Finger zu kneipen oder mit dem Plektron zu schlagen. Oder verwehren sie dirs? – Ganz und gar nicht. – Was mag also nur, o Lysis, die Ursach sein, daß sie dir hier nicht wehren, wohl aber in dem, was wir vorher sagten? – Ich glaube, sprach er, weil ich dieses verstehe, jenes aber nicht. – Wohl, antwortete ich, Bester! Nicht also deine Jahre erwartet dein Vater, um dir alles zu überlassen, sondern welchen Tag er glauben wird, du seist klüger als er, an dem wird er dir sich selbst und alles das Seinige überlassen. – Das glaube ich selbst, sagte er. – Wohl, sprach ich, wie aber der Nachbar? hat der nicht dieselbe Regel deinetwegen, wie dein Vater? Meinst du, er wird dir sein Hauswesen zu verwalten überlassen, sobald er glaubt, du verstehest dich besser auf die Haushaltungskunst als er, oder er wird ihm dann noch selbst vorstehen wollen? – Er wird es mir überlassen, meine ich. – Und wie die Athener? glaubst du, sie werden dir nicht ihre Angelegenheiten übergeben, wenn sie merken, daß du Klugheit genug besitzest? – Ich glaube es. – Und beim Zeus, fuhr ich fort, wie wohl der große König? ob er wohl seinem ältesten Sohn, auf den die Regierung von Asien kommt, wenn Fleisch gekocht wird eher erlauben wird alles in die Brühe zu werfen, was er nur hineinwerfen will, als uns, wenn wir nämlich zu ihm kämen, und ihm zeigten, daß wir uns besser verständen als sein Sohn auf die Zubereitung der Speisen? – Uns offenbar, sagte er. – Und jenen zwar würde er auch nicht das mindeste hineinwerfen lassen, uns aber, wollten wir auch ganze Hände voll Salz nehmen, ließe er doch hineinwerfen. – Wie sollte er nicht? – Wie aber wenn sein Sohn an den Augen litte, ließ er ihn wohl an seinem eignen Augen etwas tun, wenn er ihn für keinen Arzt hält, oder verböte er es ihm? – Er verböte es gewiß. – Uns aber, wenn er uns für Arzneikundige hielte, wollten wir ihm auch die Augen aufreißen und mit Asche einstreuen, würde er doch, meine ich, nicht wehren, wenn er glaubte, daß wir es gründlich verständen. – Du hast Recht. – Würde er nicht auch alles andere eher uns überlassen als sich und seinem Sohne, worin nämlich wir ihm weiser zu sein schienen als sie beide? – Notwendig, o Sokrates. – So verhält es sich also, lieber Lysis, sagte ich. Darüber, wovon wir uns richtige Einsichten erworben, wird Jedermann uns schalten lassen, Hellenen und Ausländer, Männer wie Frauen; wir werden darin tun was wir nur wollen, und Niemand wird uns gern hindern, sondern wir werden hierin ganz frei sein, und auch gebietend über Andere, und dieses wird das unsrige sein, denn wir werden Genuß davon haben. Wovon wir aber keinen Verstand erlangt haben, damit wird uns Niemand verstatten zu tun was uns gut dünkt; sondern Alle werden uns hinderlich sein, soviel sie können, nicht die Fremden allein, sondern Vater und Mutter, und wenn uns Jemand noch näher verwandt sein könnte als sie. Vielmehr werden wir selbst was diese Dinge betrifft Andern folgsam sein, und sie werden uns also fremd sein, denn wir werden keinen Genuß von ihnen haben. Räumst du ein, daß es sich so verhalte? – Ich räume es ein. – Werden wir also Jemanden lieb sein, und wird uns Jemand lieben in Hinsicht auf dasjenige, wozu wir unnütz sind? – Nicht füglich, sagte er. – Jetzt also liebt weder dich dein Vater noch sonst Jemand Jemanden in sofern er unbrauchbar ist. – Es ist nicht zu glauben, sagte er. – Wenn du aber verständig wirst, o Sohn, dann werden Alle dir freund und alle dir zugetan sein: denn du wirst brauchbar sein und gut. Wenn aber nicht: so wird weder irgend ein Anderer dir freund sein, noch selbst dein Vater, oder deine Mutter, oder deine Verwandten. Ist es also wohl möglich, o Lysis, sich damit viel zu wissen, worin man noch nichts weiß? – Und wie könnte man, sagte er. – Wenn also du noch des Lehrers bedarfst, weißt du noch nicht? – Richtig. – Also weißt du dich auch nicht viel wenn du doch noch unwissend bist. – Wahrlich, o Sokrates, sagte er, ich glaube auch nicht.

Als ich dies von ihm hörte, sah ich mich um nach dem Hippothales, und beinahe hätte ich mich verredet. Denn ich war schon im Begriff ihm zu sagen: So, o Hippothales, muß man mit dem Liebling reden, ihn demütigend und zur Ordnung bringend, nicht aber ihn aufblähend und verwöhnend. Da ich ihm aber ansah, wie er ganz in Angst und Verwirrung war über das Gesagte, erinnerte ich mich, daß er wollte, Lysis solle nicht einmal merken, daß er dabei stehe. Also begriff ich mich wieder, und hielt mit der Rede an mich, und darüber kam auch Menexenos zurück, und setzte sich neben den Lysis, von welchem Platz er aufgestanden war. Lysis nun gar kindlich und freundlich, sagt mir ganz leise damit es Menexenos nicht höre, Was du mir gesagt hast, o Sokrates, das sage doch auch dem Menexenos. – Ich antwortete, Dieses kannst du ihm ja sagen, o Lysis, denn du hast sehr genau Acht gegeben. – Das freilich, sagte er. – Versuche also, sprach ich, es möglichst im Gedächtnisse zu behalten, damit du ihm Alles genau sagen kannst, solltest du aber etwas davon vergessen haben, so frage mich wieder, sobald du mich nur antriffst. – Wohl, sagte er, so will ich es machen, o Sokrates, aufs allergenauste, verlasse dich darauf. Aber sage ihm etwas anderes, damit ich auch zuhöre, bis es Zeit ist, nach Hause zu gehen. – Ja, das muß ich wohl tun, sprach ich, zumal du es wünschest. Aber sieh auch zu, wie du mir helfen willst, wenn Menexenos drauf ausgeht mich zu widerlegen. Oder weißt du nicht, daß er sehr streitbar ist? – Ja, beim Zeus, sagte er, gewaltig. Deshalb eben will ich, daß du dich mit ihm unterredest. – So, sprach ich, damit ich mich lächerlich mache? – Nein, beim Zeus, sondern damit du ihn etwas züchtigest. – Woher? sprach ich, das ist nicht leicht. Denn er ist ein gewaltiger Mensch, ein Schüler des Ktesippos; und da ist auch er selbst, siehst du ihn nicht? der Ktesippos! – Kümmere du dich um niemand, o Sokrates, sagte er, sondern geh rede mit ihm. – So muß ich wohl anfangen, sprach ich. – Indem wir dieses noch unter uns redeten, fragte Ktesippos: Ihr da, was tut ihr euch da gütlich allein, wovon ihr uns nichts mitteilen wollt? – Allerdings, sagte ich, wollen wir mitteilen. Dieser nämlich versteht etwas nicht, was ich sage, meint aber Menexenos werde es wissen, und heißt mich, diesen fragen. – Warum also fragst du ihn nicht? sagte Ktesippos. – Eben will ich es tun, sprach ich.

Sage mir also, o Menexenos, was ich dich fragen werde. Ich trage nämlich von Kindheit an groß Verlangen nach einer Sache, wie denn Jeder so die seinige hat. Denn einer hat große Lust Pferde zu haben, einer Hunde, einer Geld, einer Ehre. Ich aber bin gegen alle diese Dinge ziemlich gleichgültig, dagegen aber auf den Besitz von Freunden ganz leidenschaftlich, und einen guten Freund zu haben wäre mir lieber als die beste Wachtel oder der beste Hahn von der Welt; ja, beim Zeus, lieber als ein Pferd oder ein Hund; und ich glaube beim Hunde, ich würde allem Golde des Dareios bei weitem den Besitz eines Freundes vorziehn, weit mehr noch als Dareios selbst; so sehr bin ich ein Freundelieb. Indem ich nun euch sehe, dich und den Lysis, bin ich erstaunt und preise euch glücklich, daß euch so jung schon gelungen ist dieses Besitztum schnell und leicht zu erwerben, und du dir diesen so schnell und sehr zum Freunde erworben hast, und dieser wiederum dich. Ich aber bin so weit von der Sache, daß ich nicht einmal dieses weiß, auf welche Art einer des andern Freund wird, sondern eben dieses von dir erfragen will, als einem Kundigen. Sage mir also, wenn einer einen liebt, welcher wird des andern Freund, der Liebende des Geliebten, oder der Geliebte des Liebenden? oder macht das keinen Unterschied? - Mir wenigstens, sagte er, scheint es keinen Unterschied zu machen. - Wie sagst du? sprach ich! beide also werden einander freund, wenn auch nur der eine den andern liebt? - Mich wenigstens, sagt er, dünkt es so. - Wie doch? geschieht es nicht, daß der Liebende nicht wieder geliebt wird von dem den er liebt? - Es geschieht. - Und wie? geschieht es auch, daß der Liebende gehaßt wird? wie doch manchmal die Liebhaber mit den Lieblingen dran zu sein glauben. Denn wiewohl liebend so sehr es nur irgend möglich ist, meinen doch Einige, daß sie nicht wieder geliebt, Andere gar, daß sie gehaßt werden. Oder dünkt dich dieses nicht wahr zu sein? - Sehr wahr, sagte er. - Und in einem solchen Falle, sprach ich, liebt doch der Eine, der Andere wird geliebt? - Ja. - Welcher also von ihnen ist des Andern Freund? der Liebende des Geliebten, mag er nun wieder geliebt werden oder auch gehaßt? oder der Geliebte des Liebenden? Oder ist im Gegenteil keiner von beiden in diesem Falle des Andern Freund, wenn nicht beide einander lieben? - Es hat wohl das Ansehen, als verhielte es sich auf die letzte Art. - Anders also scheint es uns jetzt als es vorher schien. Damals nämlich, daß wenn auch nur der Eine liebt, beide Freunde wären: jetzt aber, daß wenn nicht beide lieben, keiner Freund ist. - So kommt es heraus, sagte er. - Das Liebende ist also auch keinem freund, was nicht wiederliebt? - Es scheint nicht. - Also ist auch der kein Pferdefreund, den seine Pferde nicht wieder lieben, noch auch Wachtelfreund, noch Hundefreund, noch Weinfreund, noch Weisheitsfreund, welchen die Weisheit nicht wiederliebt? Oder liebt zwar Jeder von diesen seinen Gegenstand, ist ihm aber doch nicht freund, sondern der Dichter hat unrichtig gesprochen, welcher sagt: Glücklich, wer, denen er freund ist, Kinder und mutige Pferde, Hunde zur Jagd, Gastfreund' auch in der Ferne besitzt? - Nicht so scheint es mir wenigstens. - Sondern richtig dünkt er dich zu reden? - Ja. - Der Liebende ist also allerdings dem Geliebten freund, wie es scheint, o Menexenos, dieser mag ihn nun lieben oder hassen. So wie auch den Kindern, teils den ganz jungen, welche noch nicht lieben, teils auch denen, welche hassen, wenn sie eben von der Mutter oder dem Vater gezüchtiget worden, dennoch selbst in dieser Zeit, wenn sie hassen, die Eltern über alles in der Welt freund sind. - Mir, sagte er, scheint es so zu sein. - Nicht also der

Geliebte ist Freund nach dieser Rede, sondern der Liebende. – Das ist deutlich. – Also ist auch der Hassende feind, nicht der Gehaßte? – So scheint es. – Viele also lieben die, welche ihnen feind sind, und hassen dagegen die, welche ihnen freund sind, und sind also den Feinden freund und dagegen den Freunden feind, wenn nämlich der Liebende Freund ist, und nicht der Geliebte? Dieses aber ist doch große Unvernunft, lieber Freund, oder vielmehr, glaube ich, gar unmöglich, dem Feinde freund sein und dem Freunde feind? – Sehr recht, sagte er, hast du offenbar, o Sokrates. – Also wenn dieses unmöglich ist, so wäre wohl der Geliebte dem Liebenden freund? – Das leuchtet ein. – Also auch der Gehaßte dem Hassenden feind? – Notwendig. – Wird aber nicht so herauskommen, daß wir notwendig dasselbe zugeben müssen, wie bei dem Vorigen, daß oft einer freund ist dem der ihm nicht freund ist, oft auch dem, der ihm feind ist, wenn Jemand geliebt wird nicht wiederliebend, oder wohl gar hassend; daß auch oft einer feind ist dem der ihm nicht feind ist, sondern wohl gar freund, wenn Jemand gehaßt wird nicht wieder hassend, oder wohl gar liebend? – So scheint es zu werden, sagte er. – Was also sollen wir machen, sprach ich, wenn weder die Liebenden Freunde sein sollen, noch auch die Geliebten, noch auch nur die zugleich Liebenden und Geliebten, sondern wir von Andern außer diesen behaupten sollen, daß sie einander freund werden? – Beim Zeus, sagte er, o Sokrates, ich weiß gar keinen Rat. – Haben wir auch etwa, sprach ich, o Menexenos, unsere Untersuchung überall unrichtig angelegt? – So dünkt es mich wohl, o Sokrates, sagte Lysis, und wie er es gesagt, so errötete er. So daß das Wort ihm schien wider Willen entschlüpft zu sein, weil er mit ganzer Seele darauf achtete, was gesprochen ward. Und so hatte er offenbar auch, als er zuhörte, immer getan.

Ich also, teils weil ich den Menexenos ausruhen wollte, teils auch in der Freude über Jenes Nachdenklichkeit, wechselte um, und die Rede an den Lysis richtend sagte ich: O Lysis, du scheinst mir richtig zu sprechen, denn wenn wir unsere Untersuchung recht angelegt hätten, so würden wir schwerlich so in die Irre geraten sein. Hier also laß uns nicht weitergehen, denn sie ist offenbar gar ein schlimmer Weg diese Untersuchung; sondern wo wir abgelenkt haben, da, glaube ich, müssen wir weiter gehn, und nach den Dichtern untersuchen. Denn diese sind doch gleichsam unsere Väter und Führer in der Weisheit. Sie reden aber so, daß sie sich wahrlich nicht schlecht erklären über Freunde, wer sie sind, sondern der Gott selbst, sagen sie, führe sie einander zu, und mache sie zu Freunden. Es lautet aber dieses bei ihnen wo ich nicht irre so: Wie doch stets den Gleichen ein Gott gesellet zum Gleichen, und ihn bekannt macht. Oder sind dir diese Verse niemals vorgekommen? – Mir wohl, sagte er. – Auch wohl Schriften sehr weiser Männer sind dir vorgekommen, welche eben dasselbe sagen, daß das Ähnliche dem Ähnlichen notwendig immer freund sei. Und dies sind die, welche von der Natur und dem All reden und schreiben. – Richtig, sagte er. – Sprechen sie also wahr? – Vielleicht, sagte er. – Vielleicht, sprach ich, zur Hälfte, vielleicht aber auch ganz, und wir verstehen es nur nicht. Denn uns scheint der Böse dem Bösen, je näher er ihm kommt, und je genauer er mit ihm umgeht, um desto mehr feind werden zu müssen. Denn er beleidigt;

die Beleidigenden aber und Beleidigten können unmöglich Freunde sein. Nicht so? – Gewiß, sagte er. – Auf diese Art also wäre von dem Gesagten die Hälfte nicht wahr, wenn doch die Bösen einander auch ähnlich sind. – Du hast Recht. – Aber mich dünkt, sie wollen nur von den Guten sagen, daß sie einander ähnlich sind und freund; die Bösen aber, was ja auch von ihnen gesagt wird, wären niemals nicht einmal sich selbst ähnlich, sondern veränderlich und nicht zu berechnen. Was aber sich selbst unähnlich ist, und mit sich selbst in Zwiespalt, damit hat es gute Wege, daß es jemals sollte einem andern ähnlich werden und freund. Oder meinst du nicht auch so? – Ich allerdings, sagte er. – Dieses also, o Freund, wollen jene, wie mich dünkt, andeuten, welche sagen das Ähnliche sei dem Ähnlichen freund, daß nämlich nur der Gute und nur dem Guten freund ist, der Böse aber niemals weder mit dem Guten noch mit dem Bösen zu einer wahren Freundschaft gelangt. Stimmst du mit ein? – Er bejahete es. – Das also hätten wir nun, welche Menschen Freunde sind; denn die Rede zeigt ganz deutlich an, es sind die welche gut sind. – So, sagte er, scheint es allerdings. Auch mir, sprach ich; wiewohl eines verdrießt mich daran. Komm also, und um Zeus willen, laß uns betrachten was ich zu sehen glaube. Der Ähnliche ist dem Ähnlichen, sofern er ähnlich ist, freund; und ist ein solcher einem solchen auch nützlich. Oder vielmehr so: jedes Ähnliche, welchen Nutzen kann es jedem Ähnlichen wohl bringen, oder welchen Schaden ihm zufügen, den es nicht auch sich selbst täte? oder überhaupt, was ihm antun, was nicht auch jedes sich selbst antun könnte? Solche Dinge also, wie können sie Anhänglichkeit an einander haben, da sie einander gar keine Hülfe gewähren? Kann es irgendwie sein? – Es kann gar nicht sein. – Und ohne Abhänglichkeit, wie kann etwas freund sein? – Auf keine Weise. – Allein so ist zwar der Ähnliche dem Ähnlichen nicht freund, wohl aber könnte der Gute dem Guten, sofern er gut, nicht sofern er ähnlich ist, freund sein? – Vielleicht. – Wie aber? wird nicht der Gute, in wiefern er gut ist, in sofern auch sich selbst genügen? – Ja. – Der aber sich selbst genügt bedarf keines Andern, soweit dieses Genügen geht? – Wie sollte er? – Der aber keines bedarf, wird auch keinem anhängen? – Freilich nicht. – Der aber keinem anhängt, wird auch keinen lieben? – Nicht füglich. – Und der nicht liebt, ist doch wohl nicht freund? – Nein, offenbar. – Wie also können uns nur überall Gute mit Guten freund werden, welche weder in der Abwesenheit sich nach einander sehnen, denn sie genügen Jeder sich selbst auch einzeln, noch auch vereinigt irgend Nutzen von einander haben? Wie ist zu bewerkstelligen, daß solche einander sehr wert seien? – Auf keine Art, sagte er. – Freunde aber können sie doch nicht sein, wenn sie einander nicht sehr wert sind. – Das ist richtig. – Sieh also zu, o Lysis, wie wir übel ankommen! Werden wir auch etwa um ein Ganzes dabei betrogen? – Wie so, sprach er. – Ich habe schon irgendwann einen sagen gehört, und erinnere mich dessen itzo, daß das Ähnliche dem Ähnlichen, also auch der Gute dem Guten am meisten feind wäre. Ja auch den Hesiodos führte er zum Zeugen an, sagend, daß ja auch ein Töpfer ist feind dem Anderen, Sängern die Sänger, Bettlern der Bettler sogar, und von allem andern zeigte er auf gleiche Weise, daß notwendig das Ähnlichste am meisten mit Neide, Streit und Feindschaft gegen einander erfüllt sein müsse, das Unähnlichste aber mit Freundschaft. Denn dem Reichen sei der Arme genötiget Freund zu sein, und dem Starken der Schwache des Beistandes wegen, und dem Arzt der Kranke, und jeder Unkundige müsse sich anhängen an den Kundigen und ihn lieben. Ja auch noch weiter führte er den Satz aus in einem höheren Sinne behauptend, daß weit gefehlt das Ähnliche sei dem Ähnlichen freund, vielmehr das Gegenteil hievon sich zeige, und das Entgegengesetzte dem Entgegengesetzten am meisten freund sei. Denn dessen begehre ein Jedes, nicht aber des Ähnlichen, das Trockne nämlich des Feuchten, das Kalte des Warmen, das Bittre des Süßen, das Scharfe des Stumpfen, das Leere der Erfüllung und das Volle der Ausleerung, und so alles Andere auf dieselbige Weise. Denn jedes Gegenteil sei Nahrung für sein Gegenteil, von dem Ähnlichen aber habe das Ähnliche gar keinen Genuß. Und zwar, o Freund, dünkte er sich recht wichtig, da er dieses sagte; denn er sprach sehr gut. Euch aber, sprach ich, wie gefällt seine Rede? – Sehr gut, sagte Menexenos, soviel man so hören kann. – Wollen wir also annehmen, daß jedem sein Entgegengesetztes auch am meisten freund ist? – Das wollen wir. – Wohl, sprach ich, ist es auch nicht ungereimt, Menexenos? und werden nicht voller Freuden sogleich die hochweisen streitkundigen Männer auf uns losgesprungen kommen, und uns fragen, ob nicht der stärkste Gegensatz zur Feindschaft die Freundschaft wäre? Was nun sollen wir diesen antworten? Oder müssen wir nicht notwendig zugeben, es sei wahr was sie sagen? – Notwendig. – Ist also, werden sie sagen, Feindschaft der Freundschaft freund, oder Freundschaft der Feindschaft? – Keines von beiden, sprach er. – Aber doch das Recht um Unrecht, oder das Besonnene dem Unbändigen, oder das Gute dem Bösen? – Mir scheint es nicht sich so zu verhalten. – Dennoch aber, sagte ich, wenn der Entgegensetzung wegen eins dem andern freund wird, müssen auch diese freund sein. – Notwendig. – Weder also ist das Ähnliche dem Ähnlichen freund noch das Entgegengesetzte dem Entgegengesetzten. – Es läßt sich nicht so an. – Laß uns aber auch dieses noch sehen: verbirgt sich uns auch nicht die Freundschaft noch mehr, und ist nichts von dem allen, sondern es wird nur so etwa das weder gut noch böse dem Guten freund. – Wie, sagte er, meinst du? – Ja, beim Zeus, sprach ich, ich weiß es nicht, sondern ich bin in der Tat selbst schwindlich von der Verwirrung der Sache; und so wird wohl am Ende nach dem alten Sprichwort das Schöne das Liebe sein. Wenigstens läßt dieses sich an wie etwas gar weiches, glattes, schlüpfriges. Darum auch vielleicht entschlüpft es uns so leicht und entkommt uns, weil es so geartet ist. Ich meine nämlich das Gute sei schön. Meinst du nicht auch? – Ich ebenfalls. – Ich meine also nur gleichsam ahndend, daß dem Schönen und Guten das weder gut noch böse freund ist. In welcher Beziehung aber ich dieses ahnde, das höre. Ich denke mir nämlich dieses als drei verschiedene Gattungen, erst das Gute, dann das Böse, dann das weder gut noch böse. Wie du? – Auch ich, sagte er. – Und daß weder das Gute dem Guten, noch auch das Böse dem Bösen, noch auch das Gute dem Bösen freund ist, wie auch die bisherige Rede nicht zuläßt. Also bleibt, wenn nämlich etwas einem freund sein soll, nur übrig, daß das weder gut noch böse freund sein kann entweder dem

Guten oder solchem wie es selbst ist. Denn dem Bösen kann doch nichts freund sein. – Richtig. – Aber auch nicht das Ähnliche dem Ähnlichen, sagten wir vorhin. Nicht wahr? – Ja. – Also kann auch nicht dem weder gut noch bösen dasjenige freund sein, was eben so ist? – Nein wie man sieht. – Es folgt also, daß allein das weder gut noch böse dem Guten allein kann freund werden. – Notwendig, wie es das Ansehn hat. – Wird uns aber auch, sagte ich, ihr Kinder, das jetzt gesagte richtig führen? Wenn wir zum Beispiel betrachten wollen den gesunden Leib, der bedarf weder der Arzneikunst noch Hülfe; denn er ist sich selbst genug, so daß kein Gesunder einem Arzt freund wird der Gesundheit wegen. Nicht wahr? – Keiner. – Aber der Kranke, glaube ich, der Krankheit wegen? – Wie sollte er nicht? – Und die Krankheit ist doch ein Übel, die Arzneikunst aber etwas Hülfreiches und Gutes? – Ja. – Der Leib aber ist doch sofern er Leib ist weder gut noch böse? – So ist es. – Genötiget aber wird der Leib der Krankheit wegen der Arzneikunde anzuhängen und sie zu lieben? – So scheint es mir. – Das weder bös noch gute also wird freund dem Guten wegen einer bösen Anhaftung? – So folgt es. – Offenbar aber doch ehe es noch durch das ihm anhaftende Böse selbst böse geworden ist. Denn, böse geworden, könnte es doch nicht mehr des Guten begehren und ihm freund sein; denn unmöglich, behaupteten wir, kann das Böse dem Guten freund sein. – Es ist auch unmöglich. – So erwäget denn, was ich sage. Ich sage nämlich, daß Einiges zwar wie das was ihm anhaftet selbst auch so ist, anderes aber nicht. Wie wenn Jemand mit irgend einer Farbe etwas bestreicht, so haftet doch auf dem Bestrichenen das Aufgestrichene. – Allerdings. – Ist aber dann auch das Bestrichene der Farbe nach so wie das darauf befindliche? – Ich verstehe nicht, sagte er. – Aber doch so, sprach ich. Wenn Jemand deine goldfarbigen Haare mit Bleiweiß bestriche, wären sie dann wohl weiß, oder schienen sie nur so? – Sie schienen nur. – Doch aber haftete an ihnen die Weiße. – Ja. – Nichts desto weniger aber wären sie doch nicht weiß, sondern ohnerachtet der anhaftenden Weiße sind sie weder weiß noch schwarz. – Richtig. – Wenn aber, o Freund, das Alter ihnen diese nämliche Farbe mitgeteilt hat, dann sind sie geworden wie das ihnen anhaftende, weiß nämlich wegen des Anhaftens der Weiße. – Wie könnte es anders sein? – Hiernach also frage ich eben, ob das, worauf etwas haftet, immer so ist wie das daran haftende? oder ob nur wenn es auf eine gewisse Weise daran haftet jenes eben so sein wird, wenn aber anders dann nicht? – Das letzte also, sagte er. – Auch das weder gut noch böse ist also bisweilen bei daran haftendem Bösen noch nicht böse, in andern Fällen aber ist es schon ein solches geworden. – Allerdings. – Also wenn es noch nicht böse ist ohnerachtet des daran haftenden Bösen, so erregt eben dieses Anhaften ihm ein Verlangen nach dem Guten; ein bösemachendes Anhaften aber beraubt es dieses Verlangens sowohl als auch der Freundschaft zum Guten. Denn nun ist es kein weder gut noch böses mehr, sondern ein Böses, und das Böse war dem Guten nicht freund. – Freilich nicht. – Dem gemäß könnten wir daher auch sagen, daß die schon Weisen nicht mehr Weisheitsfreunde sind, seien dies nun Götter oder Menschen, noch auch diejenigen ihr freund sind, welche den Unverstand so an sich haben daß sie böse sind;

denn kein Böser und Ungelehriger liebt die Weisheit. Übrig also bleiben diejenigen, welche jenes Übel zwar haben, den Unverstand, noch nicht aber dadurch unverständig und gelehrig geworden, sondern noch der Meinung sind, sie wüßten das nicht, was sie wirklich nicht wissen. Daher auch nur diejenigen philosophieren, welche noch weder gut noch böse sind, alle Bösen aber philosophieren nicht, noch auch die Guten. Denn weder das Entgegengesetzte war dem Entgegengesetzten freund noch das Ähnliche dem Ähnlichen, wie sich gezeigt hatte in unsern vorigen Reden. Oder erinnert ihr euch nicht? – Sehr gut, sagten sie. –

Jetzt also haben wir, sprach ich, o Lysis und Menexenos, ganz sicher ausgefunden was freund ist und was nicht? Wir behaupten nämlich sowohl in Betreff der Seele als des Leibes und überall sei nur das weder gut noch böse wegen Anhaftung eines Bösen freund dem Guten. – Auf alle Weise wollten sie behaupten und einräumen daß es sich so verhalte. – Und auch ich selbst freute mich sehr, als hätte ich wie ein Jäger nun zur Genüge was ich gejagt hatte. Hernach aber kam mir, ich weiß nicht woher, der seltsamste Verdacht, daß wohl Alles nicht wahr wäre, was wir zusammen ausgefunden hatten. Und sehr verdrießlich sagte ich: O weh, Lysis und Menexenos, wir werden wohl nur im Traume den Schatz gehoben haben. – Was ist wieder, fragte Menexenos? – Ich fürchte, sprach ich, wie auf prahlerische Menschen, so sind wir wohl auf eben solche falsche Gedanken über die Freundschaft gekommen. – Woher? fragte er. – Laß es uns so betrachten, sprach ich. Wer freund ist, ist der Jemanden freund oder nicht? – Notwendig, sagte er. – Und um keines Endzwecks willen, auch keiner Ursache wegen? oder wegen etwas und um etwas willen? – Um etwas und wegen etwas. – Ist er nun auch dieser Sache freund, um derentwillen er der andern freund ist, oder ist er ihr weder freund noch feind? – Ich folge dir nicht recht, sagte er. – Kein Wunder, sprach ich. Aber so wirst vielleicht du besser folgen, und, denke ich, auch ich besser wissen was ich meine. Der Kranke, sagten wir eben, ist dem Arzt freund. Nicht wahr? – Ja. – Und zwar der Krankheit wegen um der Gesundheit willen ist er dem Arzte freund? – Ja. – Die Krankheit aber ist etwas böses? – Wie sollte sie nicht? – Die Gesundheit aber, ist die gut oder böse oder keines von beiden? – Gut, sprach er. – Wir sagten also, wie es scheint, der Leib, weder gut noch böse, wäre wegen der Krankheit, das heißt etwas bösen, der Arzneikunst freund. Die Arzneikunst aber ist etwas gutes; und um der Gesundheit willen empfängt die Arzneikunst die Freundschaft; die Gesundheit aber ist gut. Nicht so? – Ja. – Ist er nun der Gesundheit freund oder nicht freund? – Freund. – Der Krankheit aber feind? – Allerdings. – Das weder bös und gute also ist wegen des Bösen und Verhaßten dem Guten freund, um eines Guten willen, dem es freund ist? – So zeigt es sich. – Freund ist man also dem man freund ist um etwas willen, dem man freund ist wegen etwas dem man feind ist. – So sieht es aus. – Gut, sprach ich. Da wir nun hier angekommen sind, Kinder, so laßt uns wohl Acht geben, daß wir nicht betrogen werden. Denn daß nun Freund dem Freunde freund geworden ist, lasse ich gehn, obgleich so das Ähnliche dem Ähnlichen freund wird, welches wir für unmöglich erklärt haben. Dieses aber laßt uns wenigstens erwägen, damit nicht das jetzt angenommene uns betrüge. Der Arzneikunst, sagten wir, ist man freund um der Gesundheit willen? – Ja. – Also ist man auch der Gesundheit freund? – Allerdings. – Wenn aber, so ist man es um etwas willen? – Ja. – Und zwar um etwas willen dem man freund ist, wenn auch dies dem vorhin angenommenen folgen soll. – Allerdings. – Also auch jenem wird man freund sein um eines Andern willen, dem man freund ist? – Ja. – Müssen wir also nicht müde werden, so umher zu gehen, und bei einem Anfange ankommen, der nicht wieder auf eine andere Freundschaft zurückführt, sondern auf jenes selbst geht, dem wir zuerst freund sind, allem andern aber nur um seinetwillen freund zu sein gestehen? – Notwendig. – Dies ist es nun eben, was ich meine, daß nur nicht alles, welchem wir um jenes willen freund zu sein bekennen, als bloßes Schattenbild davon uns betrügt, eigentlich aber nur jenes erste es ist, dem wir wahrhaft freund sind. Wir wollen es nämlich so überlegen: Wenn jemand aus etwas sehr viel macht, wie der Vater den Sohn pflegt allen andern Dingen vorzuziehen; kann nicht ein solcher, eben deshalb, weil ihm der Sohn über Alles geht, sich auch aus etwas Anderem sehr viel machen? Etwa wenn er gewahr würde, Jener habe Schierling getrunken, würde er sich dann nicht sehr viel aus Wein machen, indem er glaubte, dieser könne den Sohn retten? – Was wird er nicht? sagte er. – Ja auch aus dem Gefäß, worin der Wein wäre? – Auch wohl. – Achtet er aber deshalb keines von beiden höher, den tönernen Becher oder seinen Sohn? die drei Maß Wein oder seinen Sohn? Oder verhält es sich nicht vielmehr so. Alle solche Sorgfalt geht eigentlich gar nicht auf dasjenige, was um eines Andern willen herbeigeschafft wird, sondern auf jenes, um deswillen das Andere alles herbeigeschafft wird. Wenn gleich wir öfters sagen, wir machen uns viel aus Gold und Silber, mag das doch demohnerachtet nicht das wahre sein; sondern woraus wir uns viel machen, das ist jenes, was sich als das zeigt, um dessentwillen wir das Gold und alles andere Erworbene erwerben. Wollen wir dies behaupten? – Allerdings. – Also auch von dem Freunde gilt dasselbe? Denn wovon wir sagen, daß wir ihm um eines Andern willen freund sind, das benennen wir offenbar nur mit einem fremden Wort, freund aber mögen wir in der Tat wohl nur jenem sein, in welchem alle diese sogenannte Freundschaften endigen. – So wird es sich wohl verhalten, sagte er. – Dem also, welchem wir in Wahrheit freund sind, sind wir es nicht um eines Andern willen, dem wir auch freund wären? – Richtig. – Dieses also ist abgemacht, wem wir freund sind, sind wir es nicht um eines Andern willen, dem wir es auch sind. Aber sind wir wohl dem Guten freund? – Mich dünkt es. – Wird also wegen des Bösen das Gute geliebt, und es verhält sich so: wenn von jenen drei eben erwähnten Gattungen, dem Guten, dem Bösen und dem weder gut noch bösen, die beiden andern gesetzt werden, das Böse aber aus dem Wege geschafft wird, und nichts mehr berühren kann, weder Leib noch Seele, noch etwas anderes von dem, was wie wir sagten an und für sich weder gut noch böse ist, wäre dann wohl das Gute uns gar nichts mehr nutz, sondern wäre unnütz geworden? Denn wenn uns nichts mehr schadete, so bedürften wir auch nirgends keiner Hülfe. Und so würde alsdann offenbar, daß wir nur des Bösen wegen dem Guten anhingen und es liebten, weil nämlich das Gute die Arznei ist wider das Böse, das Böse aber die Krankheit. Gibt es nun keine Krankheit mehr, so bedarf man auch keiner Arznei. Ist es wohl so beschaffen mit dem Guten, und wird es wohl so des Bösen wegen geliebt von uns, die wir mitten inne sind zwischen dem Bösen und Guten, hat aber selbst an und für sich gar keinen Nutzen? – Es hat das Ansehn, sprach er, sich so zu verhalten. – Jenes erste also, in welchem sich alle übrigen Dinge endigten, denen wir um eines Andern willen freund waren, hat mit allen diesen gar keine Ähnlichkeit. Denn allen diesen nannten wir uns freund um eines Andern willen, dem wir freund waren; jenes eigentliche aber scheint diesen ganz entgegengesetzt geartet zu sein, indem sich zeigte, daß wir ihm freund sind wegen etwas dem wir feind sind. Würde aber dieses letztere fortgeschafft, so würden wir ihm wie es scheint nicht mehr freund sein. – Mich dünkt nicht, sprach er, nach dem wenigstens, was eben gesagt wird. – Ob man wohl, sprach ich, um Zeus willen, wenn auch alles Böse untergegangen ist, dann nicht hungern wird und nicht dursten, und nichts anderes der Art? Oder wird zwar Hunger sein, wenn doch Menschen und andere Tiere sein sollen, aber er wird nicht verderblich sein; und so auch der Durst und die andern Begierden, nur nicht böse werden sie sein, da ja das Böse untergegangen ist. Oder ist es eine lächerliche Frage, was alsdann sein wird und nicht sein? Denn wer weiß es? Dieses aber wissen wir doch, daß auch jetzt schon wer hungert Schaden davon haben kann, auch Nutzen davon haben kann, nicht wahr? – Allerdings. – Nicht auch wer durstet oder etwas anderes dergleichen begehrt, begehrt es bisweilen sich zum Nutzen, bisweilen zum Schaden, bisweilen ohne eins von beiden? – Gewiß. – Also wenn auch das Böse unterginge, wie käme das was nicht böse ist dazu mit dem Bösen zugleich unterzugehn? – Auf keine Weise. – Die weder gut noch bösen Begierden werden also bleiben, wenn auch das Böse untergeht? – Das leuchtet ein. – Ist es aber wohl möglich etwas zu begehren und zu lieben, ohne dem freund zu sein was man begehrt und liebt? – Mich dünkt es nicht. – Also auch wenn das Böse untergegangen ist, wie es scheint, werden wir einigen freund sein? – Ja. – Nicht doch, wenn das Böse die Ursach der Freundschaft war, könnte wohl nach Untergang des Bösen nichts mehr einem Andern freund sein; denn ist eine Ursach weggenommen, so kann unmöglich das noch statt finden, wovon dieses die Ursach war. – Du hast Recht. – Darüber aber waren wir einig, daß wer einem freund ist es auch liebe, und zwar wegen etwas, und wir glaubten damals wenigstens, das weder gut noch böse liebe so des Bösen wegen das Gute? – Richtig. – Jetzt aber, wie es scheint, zeigt sich wieder eine andere Ursach des Liebens und Geliebtwerdens? – So scheint es. – Ist nun in der Tat, wie wir jetzt sagten, das Begehren die Ursach der Freundschaft, und das Begehrende dem freund was es begehrt, dann wann es begehrt? alles aber, was wir zuvor sagten vom freund sein war nur Geschwätz wie ein langes zurechtgelegtes Machwerk. – So wird es wohl sein, sagte er. – Aber, sprach ich, das Begehrende begehrt doch das, was ihm fehlt. Nicht wahr? – Ja. – Wem also etwas fehlt, das ist dem freund, was ihm fehlt? – Mich dünkt. – Jedem aber fehlt das, was ihm entzogen ist? – Wie anders? – Auf das Angehörige also, wie es scheint, geht Liebe und Freundschaft und Verlangen, wie sich zeigt, o Menexenos und

Lysis? – Sie stimmten ein. – Ihr beide also, wenn ihr gegenseitig Freunde seid, müßt irgendwie von Natur einander angehören. – Offenbar, sagten sie. – Und auch sonst ihr Kinder, sprach ich, wo einer des andern begehrt und liebt, er würde ihn weder begehren noch lieben, noch ihm freund sein, wenn ihm nicht der Geliebte angehörig wäre überhaupt der Seele nach oder wegen irgend einer Gesinnung, Art und Eigenschaft. – Gewiß, sagte Menexenos; Lysis aber schwieg. Wohl, sprach ich. Das von Natur angehörige also müssen wir, wie sich zeigt, notwendig lieben? – So folgt es, sagte er. – Notwendig also muß auch der echte Liebhaber, und der sich nicht nur so anstellt, wiedergeliebt werden von seinem Liebling? – Diesem nun wollten Lysis und Menexenos kaum Bejahung zuwinken. Hippothales aber wechselte alle Farben vor Freude. – Da sagte ich in der Absicht den Satz noch näher zu betrachten: Ja wenn das Angehörige von dem Ähnlichen irgend verschieden wäre, o Menexenos und Lysis, dann wäre hiemit etwas gesagt über die Freundschaft, was sie ist. Wenn aber das Ähnliche und das Angehörige dasselbe ist, so ist es doch nicht so leicht unsern vorigen Satz wegzuwerfen, daß nämlich das Ähnliche dem Ähnlichen, soweit seine Ähnlichkeit geht, unnütz ist. Zu dem unnützen aber als freund sich zu bekennen, ist Frevel. Wollt ihr also, da wir gleichsam berauscht sind von der Rede, daß wir nachgeben und behaupten, das Angehörige sei etwas anderes als das Ähnliche? – Allerdings. – Wollen wir nun auch weiter sagen, das Gute sei Jedem angehörig, das Böse aber Jedem fremdartig? oder das Böse sei dem Bösen angehörig, und dem Guten das Gute, und dem weder gut noch bösen das weder gut noch böse? – Sie meinten auf die letzte Art schiene ihnen jedes Jedem angehörig zu sein. – Da sind wir also, sprach ich, ihr Kinder, wieder in die vorher verworfenen Gedanken von der Freundschaft hineingeraten. Denn so wird der Ungerechte dem Ungerechten und der Böse dem Bösen nicht weniger freund sein als der Gute dem Guten. – So scheint es, sagte er. – Wie aber, wenn wir sagten, das Gute und das Angehörige sei einerlei, wird dann nicht der Gute dem Guten allein freund sein? – Gewiß. – Aber auch dieses glaubten wir uns selbst widerlegt zu haben. Oder erinnert ihr euch nicht? – Sehr gut erinnern wir uns. – Was haben wir also nun noch an dem Satz? Offenbar wohl nichts. Ich bitte euch daher, wie vor Gericht die Redner pflegen, das Gesagte alles noch einmal zurückzurufen. Wenn nämlich weder die Geliebten noch die Liebenden, noch die Ähnlichen noch die Unähnlichen, noch die Guten noch die Angehörigen, noch was wir sonst durchgenommen haben, denn ich erinnere es mich nicht mehr alles vor der großen Menge; wenn also nichts von allem diesem der Gegenstand der Freundschaft ist, so weiß ich meines Teils nicht mehr was ich sagen soll.

Dieses gesprochen, war ich im Begriff, einen anderen von den Älteren in Bewegung zu setzen. Da kamen aber eben wie schlimme Geister die Knabenführer herbei, der des Menexenos sowohl als der des Lysis mit deren Brüdern an der Hand, und riefen sie ab, sie sollten nach Hause gehn, denn es war schon spät. Zuerst zwar wollten wir und die Umstehenden sie forttreiben; da sie sich aber nichts um uns kümmerten, sondern in sehr schlechtem Hellenisch brummten und schalten, und doch immer wieder riefen: so glaubten wir, zumal sie an den Hermaien ein wenig mochten getrunken haben, daß nichts mit ihnen würde auszurichten sein; und lösten, gezwungen von ihnen, die Gesellschaft auf. Doch sagte ich noch als sie schon gingen: Diesmal, o Lysis und Menexenos, haben wir uns lächerlich gemacht, ich der alte Mann und ihr. Denn diese wenn sie nun gehen, werden sagen, wir bildeten uns ein Freunde zu sein, nämlich ich rechne auch mich mit zu euch; was aber ein Freund sei, hätten wir noch nicht vermocht auszufinden.

Protagoras

Ein Freund · Sokrates

Freund: Woher erscheinst du uns, Sokrates? oder versteht es sich von der Jagd auf des Alkibiades Schönheit? Wahrlich auch ich fand den Mann erst neulich, als ich ihn sah, noch recht schön; aber ein Mann ist er doch, Sokrates, unter uns gesagt, und dem der Bart schon überall hervorwächst.

Sokrates: Nun und was ist das mehr? Lobst du nicht den Homeros, welcher das die holdesten Reize der Jugend nennt, wenn nun der Bart aufkeimt? Und dieser eben erfreut sich jetzt Alkibiades.

Freund: Aber was nun? Kommst du von ihm? und wie zeigt sich der Jüngling gegen dich?

Sokrates: Sehr gut, dünkt es mich, und zumal heute. Denn gar vieles hat er zu meiner Verteidigung geredet; auch komme ich grade von ihm. Etwas wunderbares aber muß ich dir sagen, nämlich obgleich er zugegen war, habe ich doch wenig auf ihn geachtet, ja ihn nicht selten ganz vergessen.

Freund: Was kann doch so großes zwischen dir und ihm gewesen sein? Denn einen andern schöneren hast du doch hier in der Stadt wohl nicht angetroffen.

Sokrates: Und zwar einen weit schöneren.

Freund: Was sagst du? einen Einheimischen oder Fremden?

Sokrates: Einen Fremden.

Freund: Und von wannen?

Sokrates: Von Abdera.

Freund: Und so schön dünkte dich der Fremde, daß er dir schöner erschien als der Sohn des Kleinias?

Sokrates: Wie sollte denn nicht, du kluger Freund, das weisere als das schönere erscheinen?

Freund: So bist du wohl eben mit einem Weisen zusammen gewesen, und kommst uns von daher?

Sokrates: Und zwar mit dem Weisesten unter denen wenigstens die jetzt leben; wenn du den Protagoras für den Weisesten hältst.

Freund: O was du sagst! Protagoras ist bei uns eingewandert?

Sokrates: Seit drei Tagen schon.

Freund: Und eben aus seiner Gesellschaft kommst du?

Sokrates: Nachdem ich gar vieles mit ihm gesprochen und von ihm gehört.

Freund: Warum also läßt du nicht den Knaben dort aufstehn, und setzest dich hieher, um uns eure Verhandlungen zu erzählen, wenn dich nichts hindert?

Sokrates: Sehr gern sogleich, und werde euch noch Dank wissen, wenn ihr zuhört.

Freund: Wahrlich auch wir dir, wenn du erzählst.

Sokrates: Beiden geschieht also erwünschtes. So höret denn. Diese vergangene Nacht, noch am ersten grauen Morgen, pochte Hippokrates, der Sohn des Apollodoros, des Phason Bruder gewaltig mit dem Stock bei mir an die Türe, und als ihm einer geöffnet hatte, stürmte er sogleich herein, und rief mir mit lauter Stimme: Sokrates wachst oder schläfst du? Ich ihn an der Stimme erkennend entgegnete: Das ist ja Hippokrates! Du bringst doch nichts Neues? – Nichts wenigstens, sagte er, als Gutes. – Das möge wahr sein, sprach ich, was gibt es aber? und weshalb bist du so frühe schon hier? – Protagoras ist hier, sagte er, indem er zu mir herantrat. – Seit vorgestern, sprach ich, und du hast es jetzt erst erfahren? – Bei den Göttern, sagte er, gestern Abend. Zugleich tappte er nach dem Bette, setzte sich mir zu Füßen und fuhr fort. Gestern Abend also ganz spät, als ich aus Oinoe zurückkam. Satyros der Bursche war mir entlaufen; ich wollte dir auch sagen, daß ich ihm nachsetzen würde, über etwas anderem aber entfiel es mir wieder. Als ich nun zurück war, nach der Mahlzeit erst, da wir uns eben zur Ruhe legen wollten, sagte mir der Bruder, Protagoras ist da. Zuerst wollte ich sogleich zu dir gehen, hernach aber dünkte es mich doch schon zu spät in der Nacht zu sein. Nun aber bin ich, sobald nur nach solcher Ermüdung der Schlaf mich verlassen wollte, aufgestanden und hieher gegangen. – Ich nun, der ich sein mutiges und eifriges Wesen kenne, fragte: Was hast du denn aber? tat dir Protagoras etwas zu Leide? – Da sagte er lachend: Ja bei den Göttern, Sokrates, daß er allein weise ist, und mich nicht dazu macht. – Nun, beim Zeus, sprach ich, wenn du ihm nur Geld gibst und ihn überredest, wird er dich auch wohl weise machen. – Wollte doch Zeus und alle Götter, rief er aus, es beruhte nur hierauf, so ließ ich es weder an dem meinigen ermangeln, noch an der Freunde Beistand. Aber eben deshalb komme ich jetzt zu dir, damit du meinetwegen mit ihm redest. Denn ich selbst bin nicht nur zu jung, sondern habe auch den Protagoras noch niemals weder gesehen noch gesprochen, denn ich war noch ein Kind, als er das erstemal hieher kam. Aber alle, o Sokrates, loben ja den Mann, und sagen, er wäre der kunstreichste im Reden. Warum aber gehen wir nicht gleich zu ihm, damit wir ihn noch zu Hause treffen? Er wohnt, wie ich gehört habe, bei dem Kallias, dem Sohne des Hipponikos. Laß uns doch gehen. – Da sagte ich: Jetzt gleich, mein Guter, laß uns noch nicht dorthin gehen, denn es ist noch zu früh; sondern laß uns aufstehn, und komm in den Hof hinaus, da wollen wir auf und abgehend verweilen bis es Tag wird, und dann gehen. Ohnedies hält sich Protagoras viel zu Hause, darum sei guten Mutes, wir wollen ihn wohl finden. Somit standen wir auf, und gingen im Hofe umher. Ich nun wollte gern des Hippokrates Stärke versuchen, betrachtete mir ihn daher recht, und fragte ihn: Sage mir, Hippokrates, zum Protagoras willst du jetzt, um ihm Geld für dich zu entrichten, hingehn; aber als zu wem willst du doch hingehn? und um was doch zu werden? Wie wenn du zu deinem Namensverwandten, dem Hippokrates von Kos, dem Asklepiaden, gehen wolltest, dem Lehrgeld für dich zu bezahlen, und es fragte dich Jemand: Sage mir, Hippokrates, dem Hippokrates willst du Lehrgeld entrichten: als wem doch? Was würdest du antworten? – Ich würde sagen, sprach er, als einem Arzte. – Und um was doch zu werden? – Ein Arzt, sagte er. – Oder wenn du zum Polykleitos von Argos oder zum Pheidias hier aus Athen zu gehn im Sinne hättest, um ihnen Lehrgeld für dich zu entrichten, und es fragte dich Jemand: Als wem gedenkst du denn dem Polykleitos oder dem Pheidias dieses Geld zu entrichten? Was würdest du antworten? – Ich würde sagen als Bildhauern. – Und um was doch selbst zu werden? – Offenbar ein Bildhauer. – Gut, sprach ich. Nun aber gehen wir zum Protagoras, ich und du, und sind bereit ihm Lehrgeld für dich zu bezahlen, wenn das unsrige dazu hinreicht, und wir ihn um diesen Preis überreden können, wo nicht, auch noch das unserer Freunde daran zu wenden. Wenn uns nun Jemand in solchem Eifer über diese Sache sehend fragte: Sagt mir doch, Sokrates und Hippokrates, als wem gedenkt ihr dem Protagoras dieses Geld zu geben? Was würden wir antworten? mit was für einem andern Namen hören wir den Protagoras noch genannt, wie den Pheidias einen Bildhauer und den Homeros einen Dichter? was hören wir ähnliches vom Protagoras? – Einen Sophisten, o Sokrates, sagte er, nennen sie den Mann. – Also als einem Sophisten wollen wir ihm das Geld entrichten gehn? – Freilich. – Wenn dich nun Jemand auch das noch fragte: Und um was doch selbst zu werden gehst du zum Protagoras? – Da sagte er errötend, denn der Tag schimmerte schon etwas, so daß ich es deutlich sehen konnte: Wenn es sich damit wie mit dem vorigen verhält, so ist es offenbar um ein Sophist zu werden. – Und du, sprach ich, um der Götter willen, würdest du dich nicht schämen, den Hellenen dich als einen Sophisten darzustellen? – Beim Zeus, Sokrates, sagte er, wenn ich reden soll wie ich denke, ja. – Vielleicht aber, Hippokrates, ist gar nicht deine Meinung, daß dein Unterricht bei dem Protagoras ein solcher sein solle, sondern so wie der war bei deinem Sprachlehrer, deinem Musiklehrer und deinem Lehrer in den Leibesübungen. Denn in dem Allen nahmst du Unterricht nicht als Kunst, um ein Gewerbe daraus zu machen, sondern als Übung, wie es einem von freier Herkunft, der sich selbst leben will, geziemt. – Allerdings, sagte er, dünkt mich der Unterricht beim Protagoras mehr von dieser Art zu sein. – Weißt du also wohl, was du jetzt zu tun im Begriff bist, oder merket du es nicht? sagte ich. – Was meinst du denn? – Daß du im Begriff stehst deine Seele einem Sophisten, wie du sagst, zur Bearbeitung zu übergeben, was aber ein Sophist eigentlich ist, sollte mich wundern wenn du es wüßtest. Und doch wenn dir dieses unbekannt ist, weißt du auch nicht, wem du deine Seele übergibst, ob einem guten oder einem schlechten Dinge. – Ich glaube wenigstens, sagte er, es zu wissen. – So sage denn, was glaubst du ist ein Sophist? – Ich meines Teils, sagte er, wie auch schon der Name besagt, der welcher sich auf Kluges versteht. – Aber, sprach ich, dieses kann man auch von Malern und Zimmerleuten sagen, daß sie die sind, welche sich auf Kluges verstehen. Wenn uns aber Jemand weiter fragte, auf was für Kluges verstehen sich denn die Maler, so würden wir ihm sagen, auf das zur Verfertigung von Bildern gehörige und so auch im übrigen. Wenn uns aber Jemand fragte: Und der Sophist, auf was für Kluges denn der? Was würden wir ihm antworten, was zu verfertigen er verstehe? was würden wir sagen, daß er sei? – O Sokrates, er verstehe gewaltig zu machen im Reden. – Vielleicht, sprach ich, sagten wir dann etwas richtiges, aber hinreichend doch nicht. Denn die Antwort bedarf uns noch einer Frage, nämlich im Reden worüber denn der Sophist gewaltig macht? So wie der Musikmeister doch auch wohl seine Schüler gewaltig macht im Reden, darüber nämlich, worin er ihn auch sachverständig macht, über die Musik. Nicht wahr? – Ja. – Gut, also der Sophist, im Reden worüber macht denn der gewaltig? Offenbar über das, worauf er sich auch versteht? – So sollte man denken. – Was ist also dasjenige, worin er selbst, der Sophist, sachverständig ist, und auch seinen Schüler dazu macht? – Beim Zeus, sagte er, weiter weiß ich dir nun nichts zu sagen. – Darauf sprach ich: Wie nun? weißt du also welcher Gefahr du gehst deine Seele preiszugeben? Oder würdest du wenn du deinen Körper einem anvertrauen solltest auf die Gefahr, ob er gestärkt werden würde oder verdorben, dann wohl erst vielfach überlegen, ob du ihn ihm anvertrauen wollest oder nicht, und zur Beratung deine Freunde herbeirufen und deine Verwandte, mehrere Tage lang der Sache nachdenkend: was du aber weit höher als deinen Körper achtest, und demgemäß alle deine Angelegenheiten gut oder schlecht gehen müssen, je nachdem es gestärkt wird oder verdorben, die Seele, hierüber hast du dich weder deinem Vater noch deinem Bruder mitgeteilt, noch irgend einem von uns, deinen Freunden, ob du diesem eben angekommenen Fremdling anvertrauen sollst oder nicht deine Seele; sondern nachdem du gestern Abend von ihm gehört, wie du sagst, kommst du heute mit dem frühesten Morgen, nicht etwa um noch darüber irgend Gespräch und Beratung zu pflegen, ob du dich selbst ihm hingeben sollst oder nicht, sondern ganz bereit schon, dein und deiner Freunde Vermögen daran zu wenden, also als wäre dieses schon fest beschlossen, daß du auf alle Weise dich mit dem Protagoras einlassen mußt, welchen du doch weder kennst, wie du sagst, noch auch jemals gesprochen hast; sondern du nennst ihn nur einen

Sophisten, was aber ein solcher Sophist eigentlich ist, dem du dich selbst übergeben willst, darin zeigst du dich ganz unwissend. – Als er dieses angehört, sagte er: So hat es freilich das Ansehn, o Sokrates, nach dem was du sagst. – Ist etwa, Hippokrates, der Sophist ein Kaufmann oder Kleinkrämer in solchen Waren, von welchen die Seele sich nährt? Mir wenigstens scheint er ein solcher. – Aber wovon nährt sich die Seele, Sokrates? – Von Kenntnissen doch wohl, sprach ich. Daß also nur nicht der Sophist uns betrüge, Freund, was er verkauft uns anpreisend, wie Kaufleute und Krämer mit den Nahrungsmitteln für den Körper tun. Denn auch diese verstehen selbst nicht, was wohl von den Waren, welche sie führen, dem Körper heilsam oder schädlich ist, loben aber alles, wenn sie es feil haben; noch auch verstehen es die, welche von ihnen kaufen, wenn nicht einer etwa ein Arzt ist, oder ein Vorsteher der Leibesübungen. Ebenso auch die, welche mit Kenntnissen in den Städten umherziehen, und Jedem der Lust hat davon verkaufen und verhökern, loben freilich alles was sie feil haben; vielleicht aber, mein Bester, mag auch unter ihnen so Mancher nicht wissen, was wohl von seinen Waren heilsam oder schädlich ist für die Seele, und eben so wenig wissen es die, welche von ihnen kaufen, wenn nicht etwa einer darunter in Beziehung auf die Seele ein Heilkundiger ist. Verstehst du dich nun darauf was hievon heilsam oder schädlich ist, so kannst du unbedenklich Kenntnisse kaufen vom Protagoras sowohl als von jedem Anderen; wo aber nicht, so siehe wohl zu, du Guter, daß du nicht um dein teuerstes würfelnd ein gefährliches Spiel wagst. Denn überdies noch ist weit größere Gefahr beim Einkauf der Kenntnisse als bei dem der Speisen. Denn Speisen und Getränke, die du vom Kaufmann oder Krämer eingehandelt hast, kannst du in andern Gefäßen davontragen, und ehe du sie essend oder trinkend in deinen Leib aufnimmst, sie zu Hause hinstellen, und auch dann noch einen Sachverständigen herbeirufend beratschlagen, was davon du essen und trinken sollst und was nicht, und wieviel und wann; so daß es bei dem Einkauf nicht viel bedeutet mit der Gefahr. Kenntnisse aber kannst du nicht in einem andern Gefäß tragen, sondern hast du den Preis bezahlt, so mußt du sie in deine Seele selbst aufnehmend lernen, und hast deinen Schaden oder Vorteil schon weg, wenn du gehst. Dies also laß uns wohl überlegen, und zwar mit Älteren als wir sind: Denn wir sind noch zu jung um eine so wichtige Angelegenheit zu entscheiden. Jetzt indes, wie wir einmal unsern Sinn darauf gesetzt haben, laß uns immer hingehn und den Mann hören; haben wir ihn aber gehört, dann auch mit Anderen uns besprechen. Denn Protagoras ist auch nicht allein dort, sondern auch Hippias von Elis, und ich glaube auch Prodikos von Keos und viele andere gar weise Männer. Dies beschlossen gingen wir. Und als wir in den Vorhof kamen, standen wir still, und sprachen noch über eine Sache, die uns unterweges eingefallen war. Um nun diese nicht abzubrechen, sondern zu Ende zu bringen ehe wir hineingingen blieben wir im Vorhofe stehen und sprachen bis wir einig waren untereinander. Dies dünkt mich mochte der Türsteher, ein Verschnittener, etwa gehört haben, und er scheint wohl wegen der Menge der Sophisten Allen die das Haus besuchen sehr unhold zu sein. Als wir daher anpochten, und er aufmachte und uns ansichtig ward, rief er aus: Ha, schon wieder Sophisten! er hat nicht Muße; und somit schlug er die Tür ohne Umstände mit beiden Händen recht tüchtig wieder zu, und wir pochten eben aufs neue. Darauf gab er uns durch die verschlossene Türe zur Antwort: Leute, habt ihr denn nicht gehört, daß er nicht Muße hat? – Aber guter Mann, sprach ich, weder kommen wir zum Kallias noch sind wir Sophisten. Gib dich also zufrieden, wir sind nur gekommen um den Protagoras zu besuchen, und so melde uns hinein. Darauf öffnete uns der Mensch endlich mit genauer Not die Türe.

Als wir nun hineintraten, fanden wir den Protagoras im bedeckten Gange herumwandelnd. Mit ihm wandelten hintereinander auf der einen Seite Kallias der Sohn des Hipponikos, und sein Halbbruder von mütterlicher Seite Paralos der Sohn des Perikles, und Charmides der Sohn des Glaukon: auf der andern Seite aber der andere Sohn des Perikles Xanthippos, und Philippides der Sohn des Philomelos, und Antimoiros von Menda, der gepriesenste unter allen Schülern des Protagoras, der auch ordentlich auf die Kunst bei ihm lernt, um selbst ein Sophist zu werden. Die übrigen hinter diesen folgenden, Zuhörer nur des Gesprochenen, waren größtenteils Fremde, deren Protagoras aus allen Städten, die er durchzieht, mitbringt, kirrend sie mittelst der Töne Gewalt, wie Orpheus, und sie folgen ihm auf den Ton, die Gekirrten; indes befanden sich doch auch einige Einheimische unter dem Chor. Diesen Chor nun betrachtend ergötzte ich mich besonders daran, wie artig sie sich in Acht nahmen, niemals dem Protagoras vorn im Wege zu sein, sondern wenn er mit seinen Begleitern umwendete, wie ordentlich und geschickt diese Hörer zu beiden Seiten sich teilten, und sich dann im Kreise herumschwenkten, um fein artig immer hinten zu sein. Jenem zunächst erblickte ich, spricht Homeros, den Hippias von Elis in dem bedeckten Gange gegenüber auf einem Sessel sitzend. Um ihn herum saßen auf Bänken: Eryximachos der Sohn des Akumenos, und Phaidros der Myrrhinusier, und Andron der Sohn des Androtion, und einige Fremde, teils Landsleute von ihm, teils andere. Sie schienen über die Natur und die Himmelserscheinungen allerlei Fragen aus der Sternkunde dem Hippias vorzulegen, und er auf seinem Throne sitzend ging mit jedem seine Frage durch, und gab seine Entscheidung. Auch den Tantalos schaut' ich; Prodikos nämlich der Keier war auch angekommen, und befand sich in einem Gemach, welches Hipponikos ehedem als Vorratskammer gebraucht hatte, jetzt aber hatte Kallias wegen Menge der Einkehrenden auch dieses ausgeleert und zum Gastzimmer gemacht. Prodikos nun lag noch dort eingehüllt in Decken und Felle, und zwar in sehr viele wie man sah. Auf den nächsten Polstern um ihn her saßen Pausanias der Kerameer, und neben ihm ein noch kaum halb erwachsener Jüngling schöner und edler Natur, wie ich glaube, von Gestalt aber gewiß sehr schön; mich dünkt gehört zu haben, daß man ihn Agathon nannte, und es sollte mich nicht wundern, wenn er der Liebling des Pausanias wäre. Dieser Jüngling also und die beiden Adeimante, der Sohn des Kepis, und der des Leukolophides, nebst einigen andern zeigten sich da. Wovon sie aber sprachen, konnte ich von draußen nicht vernehmen, wiewohl sehr begierig den Prodikos zu hören, denn gar weise und göttlich dünkt mich der Mann zu sein. Allein die Tiefe seiner Stimme verursachte in dem Gemach ein dumpfes Getöse, das alles Gesprochene unvernehmlich machte. Und wir waren nur eben eingetreten, als hinter uns noch herein kamen: Alkibiades, der Schöne wie du sagst und auch ich glaube, und Kritias der Sohn des Kallaischros. Wir nun verweilten nach unserm Eintritt ein wenig, um dies alles zu beschauen; dann gingen wir zum Protagoras heran, und ich sagte: Protagoras, zu dir kommen wir um etwas, ich und hier Hippokrates. – Wollt ihr etwa, fragte er, allein mit mir sprechen, oder hier mit den übrigen? – Uns, sprach ich, macht es keinen Unterschied, höre aber weshalb wir kommen und überlege es dann selbst. – Was ist es denn also, fragte er, weshalb ihr hergekommen seid? – Dieser Hippokrates, sagte ich, ist hier einheimisch, der Sohn des Apollodoros von einem großen und glänzenden Geschlecht, und auch er selbst dünkt mich, was seine natürlichen Anlagen betrifft, es mit seinen Altersgenossen wohl aufnehmen zu können, und Lust zu haben ein ausgezeichneter Mann in unserer Stadt zu werden; und eben dieses glaubt er am besten zu erreichen, wenn er mit dir sein könnte. Ob du nun meinst hierüber mit uns allein sprechen zu müssen oder vor Andern, das überlege dir selbst. – Sehr mit Recht, Sokrates, sprach er, bist du besorglich um mich. Denn ein Fremdling der die großen Städte durchreiset, und dort die vorzüglichsten Jünglinge überredet, dem Umgang mit andern Verwandten und Mitbürgern, Alten und Jungen entsagend, sich zu ihm zu halten, weil sie durch den Umgang mit ihm besser werden würden, ein solcher muß freilich auf seiner Hut sein. Denn nicht wenig Mißgunst entsteht hieraus und Übelwollen und Nachstellungen aller Art. Daher auch behaupte ich, daß die sophistische Kunst zwar schon sehr alt ist, daß aber diejenigen unter den Alten, welche sie ausübten, aus Furcht vor dem Gehässigen derselben einen Vorwand genommen und sie versteckt haben, einige hinter der Poesie, wie Homeros, Hesiodos und Simonides, andere hinter Mysterien und Orakelsprüchen, wie Orpheus und Musaios, ja einige habe ich bemerkt bedienten sich dazu sogar der Kunst der Leibesübungen, wie Ikkos der Tarentiner, und auch jetzt noch einer, der ein Sophist ist so gut als irgend einer, Herodikos der Selymbrianer, ursprünglich aber aus Megara. Die Musik hat Agathokles euer Landsmann zum Vorwande genommen, der ein großer Sophist ist, so auch Pythokleides von Keos und viele andere. Alle diese, wie gesagt, haben aus Furcht des Neides sich jener Künste zum Deckmantel bedient. Ich aber will mich hierin ihnen allen nicht gleich stellen, glaube auch daß sie das nicht ausgerichtet haben was sie wollten, diejenigen nämlich nicht getäuscht, welche in einem Staate mächtig sind, um derentwillen eben solche Vorwände gesucht werden; denn der große Haufe, daß ich es kurz heraus sage, merkt überall nichts, und singt nach, was Jene ihm vorsagen. Wenn nun Jemand heimlich davonlaufen will und nicht kann, sondern entdeckt wird; so ist schon das Unternehmen sehr töricht, und muß die Menschen notwendig noch mehr aufbringen; denn neben allem andern halten sie dann einen solchen auch noch für einen Ränkemacher. Daher habe ich den ganz entgegengesetzten Weg eingeschlagen und sage grade heraus, daß ich ein Sophist bin, und die Menschen erziehen will, und halte diese Vorsicht für besser als jene, sich lieber dazu zu bekennen, als es zu leugnen. Und noch einige andere beobachte ich, so daß mir, es sei mit Gott gesprochen, noch nicht übles um deswillen widerfahren ist, daß ich mich für einen Sophisten ausgebe, obgleich ich diese Kunst schon viele Jahre lang treibe; wie ich denn überhaupt schon hoch in Jahren bin, und es keinen unter euch gibt, dessen Vater ich nicht dem Alter nach sein könnte. So daß es mir weit lieber ist, wenn ihr etwas wünscht, daß ihr vor Allen die hier zugegen sind eure Sache anbringt. – Darauf sprach ich, denn ich merkte wohl, er wollte den Prodikos und Hippias sehen lassen, und damit groß gegen sie tun, daß wir als seine Verehrer hingekommen wären: Warum rufen wir also nicht gleich auch den Prodikos und Hippias und die bei ihnen sind, damit sie uns auch hören? – O ja, sagte Protagoras. – Wollt ihr also, sprach Kallias, so wollen wir eine Sitzung veranstalten, damit ihr euch niederlassen und mit einander verhandeln könnt. – Das waren wir sehr zufrieden; und hoch erfreut, daß wir die weisen Männer sollten reden hören, legten wir selbst Hand an, und machten Bänke und Polster da zurecht, wo Hippias saß, denn da standen schon die Bänke. Darüber kamen auch Kallias und Alkibiades, den Prodikos, den sie aus seinem Lager aufgestört hatten, und seine Gesellschaft herbeiführend.

Als wir uns nun alle gesetzt hatten, hub Protagoras an. Nun also, Sokrates, da auch diese Männer alle hier sind, so trage jetzt vor, wessen du vorhin erwähntest gegen mich wegen dieses Jünglinges. – Ich sagte also: Mein Anfang, o Protagoras, ist derselbe wie vorher, wegen dessen warum ich gekommen bin. Hier dieser Hippokrates nämlich trägt großes Verlangen nach deinem näheren Umgange; was ihm aber eigentlich daraus herkommen wird, wenn er sich zu dir hält, dies möchte er, wie er sagt, gern vorher vernehmen. Das ist unsere Rede. – Darauf nahm Protagoras das Wort, und sprach: Junger Mann, es wird dir also geschehen, wenn du dich zu mir hältst, daß du schon an dem ersten Tage, den du bei mir zubringst, besser geworden nach Hause gehen wirst, und an dem folgenden ebenfalls, und so alle Tage zum besseren fortschreitest. – Als ich das gehört hatte, sprach ich: Dieses ist nichts wunderbares gesagt, Protagoras, sondern ganz natürlich. Denn auch du, wiewohl so alt und so weise, wenn dich jemand lehrte, was du noch nicht wüßtest, würdest besser werden. Aber nicht also; sondern so wie wenn Hippokrates, sein Verlangen plötzlich ändernd, nun verlangte sich zu dem kürzlich hier angekommenen jungen Manne zu begeben, zu dem Zeuxippos von Herakleia, und er nun zu diesem käme, und von ihm dasselbe hörte, was du jetzt sagst, daß er an jedem bei ihm zugebrachten Tage besser werden und Fortschritte machen würde, und ihn weiter fragte, in wiefern, sagst du, daß ich besser werden und worin Fortschritte machen werde? ihm Zeuxippos gewiß antworten würde in der Malerei; oder wie wenn er zum Orthagoras von Thebä sich begebend, von diesem dasselbe hörte wie von dir, und er ihn dann weiter fragte, worin er denn besser werden würde durch seinen Umgang, dieser ihm gewiß sagen würde im Flötenspielen: Eben so sage doch auch du dem jungen Manne und mir, der ich an seiner Stelle frage, Hippokrates soll, wenn er sich zum Protagoras hält, schon an dem ersten Tage, den er bei ihm zubringt, besser nach Hause gehen, und so täglich Fortschritte machen, in wiefern, Protagoras, und worin? – Und nachdem Protagoras mich ausgehört hatte, sagte er: Du fragst sehr gut, Sokrates, und mir macht es Freude, denen die gut fragen zu antworten. Wenn also Hippokrates zu mir kommt, wird ihm das nicht begegnen, was ihm bei einem andern Sophisten begegnen würde. Die andern nämlich mißhandeln die Jünglinge offenbar. Denn nachdem diese den Schulkünsten eben glücklich entkommen sind, führen jene sie wider ihren Willen wiederum zu Künsten, und lehren sie Rechnen, und Sternkunde, und Meßkunde, und Musik, – wobei er den Hippias ansah, – bei mir aber soll er nichts lernen, als das weshalb er eigentlich kommt. Diese Kenntnis aber ist die Klugheit in seinen eignen Angelegenheiten, wie er sein Hauswesen am besten verwalten, und dann auch in den Angelegenheiten des Staats, wie er am geschicktesten sein wird, diese sowohl zu führen als auch darüber zu reden. – Folge ich wohl, sagte ich darauf, deiner Rede? Du scheinst mir nämlich die Staatskunst zu bezeichnen, und zu verheißen, du wolltest zu tüchtigen Männern für den Staat die Männer bilden? – Eben dieses, sagte er, ist das Anerbieten, wozu ich mich erbiete. – Gewiß eine schöne Kunst, sprach ich, besitzest du, wenn du sie besitzest, denn zu dir soll nichts anderes geredet werden als ich denke. Ich nämlich, Protagoras, meinte, dieses wäre nicht lehrbar; dir aber, da du es sagst, weiß ich nicht wie ich nicht glauben sollte. Weshalb ich aber denke, dies sei nicht lehrbar, noch könne ein Mensch es dem andern verschaffen, das muß ich billig sagen. Ich halte nämlich, wie auch wohl alle Hellenen tun, die Athener für weise, und nun sehe ich, wenn wir in der Gemeinde versammelt sind, und es soll im Bauwesen der Stadt etwas geschehen, so holen sie die Baumeister zur Beratung über die Gebäude; wenn im Schiffswesen, dann die Schiffbauer und in allen andern Dingen eben so, welche sie für lehrbar und lernbar halten. Will sich aber ein Anderer unterfangen ihnen Rat zu geben, von dem sie glauben, daß er kein Kunstverwandter in dieser Sache ist, sei er auch noch so schön und reich und vornehm: so nehmen sie ihn doch nicht an, sondern lachen ihn aus und betreiben Lärm bis er entweder heruntergelärmt von selbst wieder abtritt, oder die Gerichtsdiener ihn herunterziehen oder herausschaffen auf Geheiß der Prytanen. Und in allem, wovon sie glauben, daß es auf Kunst beruhe, verfahren sie so. Wenn aber über Verwaltung der Stadt etwas zu ratschlagen ist, so steht Jeder auf und erteilt ihnen seinen Rat: Zimmermann, Schmied, Schuster, Krämer, Schiffsherr, Reiche, Arme, Vornehme, Geringe, einer wie der andere, und niemand macht einem Vorwürfe darüber, wie im vorigen Falle, daß er ohne dies irgendwo gelernt zu haben, oder seinen Meister darin aufzeigen zu können, sich nun doch unterfangen wolle Rat zu geben. Offenbar also glauben sie, dies sei nicht lehrbar. Und nicht nur das versammelte Volk denkt so, sondern auch zu Hause für sich sind unsere verständigsten und vortrefflichsten Mitbürger nicht im Stande, diese Tugend welche sie besitzen Andern mitzuteilen. Perikles zum Beispiel, der Vater dieser beiden jungen Männer, hat sie in Allem, was von Lehrern abhing, vortrefflich unterrichten lassen; aber in dieser Sache, worin er selbst weise ist, unterrichtet er sie weder selbst, noch hat er sie einem Andern übergeben, sondern sie laufen ganz frei herum und weiden allein, ob sie irgendwo von selbst etwas von dieser Tugend antreffen möchten. Wenn du noch mehr willst, derselbe Perikles ist Vormund von Kleinias, dem jüngern Bruder dieses Alkibiades hier, und aus Besorgnis, daß er von dem Alkibiades möchte verdorben werden, trennte er ihn von diesem, und gab ihn in das Haus des Ariphron, um ihn dort erziehen zu lassen, der aber gab ihn ihm zurück ehe sechs Monate um waren, weil er nicht wußte, was er mit ihm anstellen sollte. Und so kann ich dir sehr viele Andere nennen, welche selbst treffliche Männer, dennoch niemals irgend einen besser gemacht haben, weder von ihren Angehörigen noch sonst. Ich meines Teils also, Protagoras, halte hierauf Rücksicht nehmend nicht dafür, die Tugend sei lehrbar. Nun aber ich dich dieses behaupten höre, lenke ich um und denke, du werdest wohl Recht haben, weil ich von dir halte, du habest vieles in der Welt erfahren, vieles gelernt, und manches auch selbst erfunden. Kannst du uns also deutlicher zeigen, daß die Tugend lehrbar ist, so wolle es nicht vorenthalten, sondern zeige es. – Gut, Sokrates, sagte er, ich will es auch nicht vorenthalten. Aber wie soll ich es euch zeigen, indem ich ein Märchen erzähle wie Ältere wohl Jüngeren zu tun pflegen, oder indem ich eine Abhandlung vortrage? – Viele nun der umher sitzenden sagten, er möchte es vortragen, auf welche Weise er selbst am liebsten wollte. – So dünkt es mich denn anmutiger, sagte er, euch ein Märchen zu erzählen.

Es war einst eine Zeit, wo es Götter zwar gab, sterbliche Geschlechter aber gab es noch nicht; nachdem aber auch für diese die vorherbestimmte Zeit ihrer Erzeugung gekommen war, bildeten die Götter sie innerhalb der Erde aus Erde und Feuer auch das hinzumengend, was von Erde und Feuer gemengt ist. Und als sie sie nun ans Licht bringen sollten, übertrugen sie dem Prometheus und Epimetheus, sie auszustatten, und die Kräfte unter sie, wie es jedem zukomme, zu verteilen. Vom Prometheus aber erbat sich Epimetheus, er wolle verteilen, und, sagte er, wenn ich ausgeteilt, so komme du es zu besichtigen. Und so nachdem er ihn beredet, verteilte er. Bei der Verteilung nun verlieh er Einigen Stärke ohne Schnelligkeit, die Schwächeren aber begabte er mit Schnelligkeit; Einige bewaffnete er, Anderen, denen er eine wehrlose Natur gegeben, ersann er eine andere Kraft zur Rettung. Welche er nämlich in Kleinheit gehüllt hatte, denen verlieh er geflügelte Flucht oder unterirdische Behausung, welche aber zu bedeutender Größe ausgedehnt, die rettete er eben dadurch, und so auch verteilte er alles übrige ausgleichend. Dies aber ersann er so aus Vorsorge, daß nicht eine Gattung gänzlich verschwände. Als er ihnen nun des Wechselverderbens Entfliehungen zu Stande gebracht, begann er ihnen auch gegen die Zeiten vom Zeus leichte Gewöhnung zu ersinnen durch Bekleidung mit dichten Haaren und starken Fellen, hinreichend um die Kälte, aber auch vermögend die Hitze abzuhalten, und außerdem zugleich jedem, wenn es zur Ruhe ging, zur eigentümlichen und angewachsenen Lagerbedeckung dienend. Und unter den Füßen versah er einige mit Hufen und Klauen, andere mit Haaren und starken blutlosen Häuten. Hiernächst wies er dem einen diese, dem anderen jene Nahrung an, dem einen aus der Erde die Kräuter, dem anderen von den Bäumen die

Früchte, einigen auch verordnete er zur Nahrung anderer Tiere Fraß. Und diesen letzteren verlieh er dürftige Zeugung, dagegen den von ihnen verzehrten eine vielerzeugende Kraft dem Geschlecht zur Erhaltung. Wie aber Epimetheus doch nicht ganz weise war, hatte er unvermerkt schon alle Kräfte aufgewendet was er diesem tun sollte. In dieser Ratlosigkeit nun kommt ihm Prometheus die Verteilung zu beschauen, und sieht die übrigen Tiere zwar in allen Stücken weislich bedacht, den Menschen aber nackt, unbeschuhet, unbedeckt, unbewaffnet, und schon war der bestimmte Tag vorhanden, an welchem auch der Mensch hervorgehn sollte aus der Erde an das Licht. Gleichermaßen also der Verlegenheit unterliegend, welcherlei Rettung er dem Menschen noch ausfände, stiehlt Prometheus die kunstreiche Weisheit des Hephaistos und der Athene, nebst dem Feuer, – denn unmöglich war, daß sie einem ohne Feuer hätte können angehörig sein oder nützlich, – und so schenkt er sie dem Menschen. Die zum Leben nötige Wissenschaft also erhielt der Mensch auf diese Weise, die bürgerliche aber hatte er nicht. Denn diese war beim Zeus, und dem Prometheus stand in die Feste, die Behausung des Zeus, einzugehen nicht mehr frei, auch waren furchtbar die Wachen des Zeus. Aber in das dem Hephaistos und der Athene gemeinschaftliche Gemach wo sie ihre Kunst übten geht er heimlich hinein, und nachdem er so die feurige Kunst des Hephaistos und die andere der Athene gestohlen, gibt er sie dem Menschen. Und von da an genießt nun der Mensch Behaglichkeit des Lebens; den Prometheus aber hat hernach, so wie erzählt wird, die Strafe für diesen Diebstahl um des Epimetheus willen ergriffen. Da nun aber der Mensch göttlicher Vorzüge teilhaftig geworden, hat er auch zuerst, wegen seiner Verwandtschaft mit Gott das einzige unter allen Tieren, Götter geglaubt, auch Altäre und Bildnisse der Götter aufzurichten versucht, dann bald darauf Töne und Worte mit Kunst zusammengeordnet, dann Wohnungen und Kleider und Beschuhungen und Lagerdecken und die Nahrungsmittel aus der Erde erfunden. So ausgerüstet wohnten die Menschen anfänglich zerstreut, Städte aber gab es nicht. Daher wurden sie von den wilden Tieren ausgerottet, weil sie in jeder Art schwächer waren, als diese, und die verarbeitende Kunst war ihnen zwar zur Ernährung hinreichende Hülfe, aber zum Kriege gegen die Tiere unwirksam; denn die bürgerliche Kunst hatten sie noch nicht, von welcher die kriegerische ein Teil ist. Sie versuchten also sich zu sammeln, und sich zu erretten durch Erbauung der Städte; wenn sie sich aber gesammelt hatten, so beleidigten sie einander, weil sie eben die bürgerliche Kunst nicht hatten, so daß sie wiederum sich zerstreuend auch bald wieder aufgerieben wurden. Zeus also für unser Geschlecht, daß es nicht etwa gar untergehn möchte, besorgt, schickt den Hermes ab, um den Menschen Scham und Recht zu bringen, damit diese der Städte Ordnungen und Bande würden der Zuneigung Vermittler. Hermes nun fragt den Zeus, auf welche Art er doch den Menschen das Recht und die Scham geben solle. Soll ich, so wie die Künste verteilt sind, auch diese verteilen? Jene nämlich sind so verteilt: Einer, welcher die Heilkunst inne hat, ist genug für viele Unkundige, und so auch die andern Künstler. Soll ich nun auch Recht und Scham eben so unter den Menschen aufstellen, oder soll ich sie unter Alle verteilen? Unter Alle, sagte Zeus, und Alle sollen Teil daran haben; denn es könnten keine Staaten bestehen, wenn auch hieran nur Wenige Anteil hätten, wie an anderen Künsten. Und gib auch ein Gesetz von meinetwegen, daß man den, der Scham und Recht sich anzueignen unfähig ist, töte wie einen bösen Schaden des Staates. Auf diese Art also, Sokrates, und aus dieser Ursach glauben alle anderen und auch die Athener, daß wenn von der Tugend eines Baumeisters die Rede ist oder eines andern Künstlers, alsdann nur Wenigen Anteil zustehe an der Beratung; und wenn Jemand außer diesen Wenigen dennoch Rat geben will, so dulden sie es nicht, wie du sagst, und zwar ganz mit Recht, wie ich sage. Wenn sie aber zur Beratung über die bürgerliche Tugend gehen, wohin Alles auf Gerechtigkeit und Besonnenheit ankommt, so dulden sie mit Recht einen Jeden, weil es Jedem gebührt, an dieser Tugend doch Anteil zu haben, oder es könnte keine Staaten geben. Dieses, Sokrates, ist hievon die Ursach. Nimm aber auch noch diesen Beweis hinzu, damit du nicht etwa glaubest nur damit überlistet zu werden, daß wirklich alle Menschen annehmen, ein Jeder habe Anteil an der Gerechtigkeit und der übrigen bürgerlichen Tugend. In anderen Dingen nämlich, wie du selbst sagst, wenn Jemand behauptet, im Flötenspiele vortrefflich zu sein, oder in irgend einer anderen Kunst, worin er es nicht ist, verlachen ihn die Leute entweder oder werden unwillig, und seine Angehörigen gehen hin und stellen ihn zur Rede als einen Verwirrten. In Sachen der Gerechtigkeit aber und der übrigen bürgerlichen Tugend, wenn sie auch sehr wohl wissen, daß einer ungerecht ist, er selbst aber wollte hierüber gegen sich selbst die Wahrheit reden vor vielen Menschen: so würden sie eben dieses, was sie in jenem Falle für vernünftig hielten, nämlich die Wahrheit zu sagen, in diesem für eine Verrücktheit erklären, und behaupten, ein Jeder müsse wenigstens behaupten er sei gerecht, möge er es nun sein oder nicht, oder er wäre verrückt, wenn er sich die Gerechtigkeit nicht zuschriebe; als ob notwendig ein jeder Mensch auf irgend eine Art Anteil an ihr haben müsse, oder gar nicht unter Menschen leben. Daß sie also mit Recht einen Jeden als Ratgeber in Sachen dieser Tugend annehmen, weil sie nämlich glauben, daß ein Jeder Anteil an ihr habe, das habe ich hiedurch gezeigt. Daß sie aber dennoch nicht glauben man habe sie von Natur, oder sie komme ganz von selbst, sondern sie sei allerdings lehrbar, und durch Fleiß habe sie Jeder erlangt, der sie erlangt habe, das will ich dir demnächst zu beweisen suchen. Nämlich über ein Übel, wovon Jeder glaubt, wer es hat habe es von Natur oder durch ein Unglück, erzürnt sich Niemand, oder schilt oder belehrt oder bestraft die mit dergleichen behaftet sind, damit sie etwa aufhören möchten, so zu sein, sondern man bemitleidet sie; wie die Häßlichen, die Kleinen, die Schwächlichen, wer wäre wohl so unverständig gegen solche etwas dergleichen zu tun? weil man nämlich weiß, glaube ich, daß in diesen Dingen das Gute und das Entgegengesetzte den Menschen von Natur oder durch Zufall kommt. Von was für Gutem sie aber glauben, daß es der Mensch durch Fleiß, Übung und Unterricht erlange, wenn Jemand das nicht hat, sondern das entgegengesetzte Böse, darüber entstehen dann die Erzürnungen und die Bestrafungen und die Ermahnungen. Wovon eins nun auch die

Ungerechtigkeit ist und die Gottlosigkeit, und überhaupt alles der bürgerlichen Tugend entgegengesetzte. Hier also schilt und zürnt einer auf den andern offenbar als werde diese allerdings durch Achtsamkeit und Unterricht erworben. Denn wenn du bedenken willst das Bestrafen der Unrechttuenden, was damit wohl gemeint ist, so wird schon dieses dich lehren, daß alle Menschen glauben die Tugend sei zu erwerben. Denn Niemand bestraft die welche Unrecht getan haben darauf seinen Sinn richtend und deshalb, weil einer eben Unrecht getan hat, außer wer sich ganz vernunftlos wie ein Tier eigentlich nur rächen will. Wer aber mit Vernunft sich vornimmt einen zu strafen, der bestraft nicht um des begangenen Unrechts willen, denn er kann ja doch das Geschehene nicht ungeschehen machen, sondern des zukünftigen wegen, damit nicht auf ein andermal wieder, weder derselbe noch einer der diesen bestraft gesehen hat, dasselbe Unrecht begehe. Und indem er dieses beabsichtiget, denkt er doch wohl, daß die Tugend kann angebildet werden; denn der Ablenkung wegen straft er ja. Dieser Meinung sind also Alle zugetan, welche Strafen verhängen von Volks wegen und zu Hause. Es strafen und züchtigen ja aber sowohl die übrigen Menschen den, von welchem sie glauben er habe unrecht getan, als auch nicht minder die Athener, deine Mitbürger; so daß hieraus zu schließen auch die Athener zu denen gehören, welche annehmen, die Tugend könne gelehrt werden und durch allerlei Anstalten hervorgebracht. Daß also ganz mit Recht deine Mitbürger es annehmen, wenn auch ein Schmied und Schuster ihnen Rat erteilen in bürgerlichen Dingen, und daß sie dennoch glauben, die Tugend könne gelehrt und erworben werden, dieses, Sokrates, ist dir nun hinlänglich erwiesen, wie es mir scheint. Jetzt ist noch der Zweifel übrig, den du vorher hegtest von wegen der vortrefflichen Männer, warum nämlich wohl diese ihre Söhne in Allem, was von Lehrern abhängt, unterrichten und weise machen, in der Tugend aber, worin sie selbst sich auszeichnen, sie nicht besser machen als Andere. Hierüber nun, Sokrates, will ich dir nicht mehr eine Erzählung vorlegen, sondern die Gründe. Erwäge die Sache so. Gibt es oder gibt es nicht etwas gewisses, was notwendig alle Bürger an sich haben müssen, wenn es einen Staat geben soll? Denn hiedurch wird dieser Zweifel gelöset, den du hegst, oder sonst durch nichts. Denn wenn es so etwas gibt und wenn dieses Etwas nicht die Zimmerkunst ist noch die Schmiedekunst noch die Töpferkunst, sondern die Gerechtigkeit und die Besonnenheit und das Frommsein, und was ich Alles in Eins zusammengefaßt die Tugend eines Mannes nennen möchte, wenn diese das ist, was Alle an sich haben müssen, und mit dieser ein Jeder, der sonst etwas lernen und verrichten will, Alles verrichten muß, ohne sie aber nichts; oder wer sie nicht an sich hat, sei es Mann oder Kind oder Weib, wird belehrt und gezüchtiget, bis er durch die Züchtigung besser geworden ist, wer aber auf die Züchtigung und Belehrung nicht merkt, als ein Unheilbarer aus dem Staate herausgetrieben oder getötet; wenn es sich so verhält, und wenn bei so bewandten Sachen deine vortrefflichen Männer ihre Söhne in allem Andern unterrichten lassen, hierin aber nicht: so sieh doch zu, wie wunderlich diese trefflichen Männer sein müssen. Denn daß sie es für lehrbar halten zu Hause und öffentlich im

Staate, das haben wir gezeigt. Und obgleich es gelehrt und angebildet werden kann, sollten sie ihren Söhnen wohl alles Andere lehren lassen, worauf nicht der Tod oder eine andere Strafe gesetzt ist, wenn sie es nicht wissen; weshalb aber ihren Söhnen der Tod als Strafe bevorsteht oder die Verweisung, wenn sie es nicht gelernt haben, noch zur Tugend gebildet worden sind, und außer dem Tode die Einziehung der Güter, und daß ich es kurz sage, das Verderben des ganzen Hauses, dieses sollten sie ihnen nicht lehren lassen und nicht alle Sorgfalt daran wenden? Man muß ja wenigstens glauben, Sokrates, daß sie es tun. Schon von der zartesten Kindheit anfangend, solange sie leben, belehren und ermahnen sie ein Kind, sobald es nur versteht was zu ihm geredet wird, sowohl die Wärterin als die Mutter, der Knabenführer und der Vater selbst beeifern sich darauf, daß der Knabe aufs beste gedeihe, indem sie ihn bei jeder Handlung und Rede belehren und ihm zeigen, dies ist recht, jenes ist unrecht, dies gut, jenes schlecht, dies fromm, jenes gottlos, dies tue, jenes tue nicht; und wenn er gutwillig gehorcht, gut; wo nicht, so suchen sie ihn wie ein Holz, das sich geworfen und verbogen hat, wieder grade zu machen durch Drohungen und Schläge. Hernach wenn sie ihn in die Schule schicken, schärfen sie dem Lehrer weit dringender ein, für die Sittsamkeit der Kinder zu sorgen als für ihr Lesen und ihr Spiel auf der Lyra. Die Lehrer also haben hierauf Acht, und auch wenn die Kinder nun Lesen gelernt haben, und auch das Geschriebene schon verstehen wie vorher nur den Ton: so geben sie ihnen auf den Bänkchen die Gedichte der trefflichsten Dichter zu lesen, und lassen sie sie einlernen, in denen viele Zurechtweisungen enthalten sind und Erläuterungen, auch Lob und Verherrlichung alter trefflicher Männer, damit der Knabe sie bewundernd nachahme, und sich bestrebe auch ein solcher zu werden. Die Musikmeister eben so sehen auf Sittsamkeit, und daß die Knaben nicht Unfug treiben. Überdies wenn sie nun die Lyra spielen gelernt haben, lehren diese ihnen wiederum anderer vortrefflicher Dichter, nämlich der liederdichtenden, Gedichte, welche sie den Gesangweisen unterlegen, und arbeiten dahin Zeitmaß und Wohlklang den Seelen der Kinder geläufig zu machen, damit sie milder werden, und indem sie Maß und Ton halten, auch geschickter zum Reden und Handeln. Denn überall bedarf das Leben der Menschen richtiges Zeitmaß und Zusammenstimmung. Über das alles schicken sie sie noch zum Meister der Leibesübungen, damit sie dem Körper nach besser ausgebildet auch der richtigen Gesinnung dienen können, und nicht nötig haben sich feigherzig zurückzuziehn wegen des Körpers Untüchtigkeit, es sei nun im Kriege oder bei andern Geschäften. Und dieses nun führt am besten aus, wer es am besten vermag; am besten aber vermögen es die Reichsten, deren Kinder auch am frühesten in ihrer Jugend anfangen die Lehre zu suchen, und am spätesten damit aufhören. Wenn sie dann aber ihre Lehrer verlassen, so nötiget wiederum die Stadt sie, die Gesetze zu lernen und nach diesen zu leben, wie nach einer Vorschrift, damit sie nicht eignem Gutdünken folgend etwas Ungeschicktes beginnen; sondern recht eigentlich wie der Sprachlehrer den Kindern, die noch nicht schreiben können, die Buchstaben mit dem Griffel vorschreibt, und ihnen dann die Tafel hingibt und ihnen befiehlt, diese Züge, wie er sie ihnen vorgeschrieben hat, nachzuziehen, eben so schreibt die Stadt die Gesetze vor von trefflichen alten Gesetzgebern ausgedacht, und befiehlt ihnen nach diesen zu regieren und sich regieren zu lassen. Wer aber hievon abweicht, den züchtiget sie, und diese Züchtigung heißt bei euch und an vielen andern Orten, gleichsam weil die Strafe den Menschen wieder weise macht, eine Weisung. Da nun sowohl zu Hause als von Staats wegen so viele Sorgfalt auf die Tugend gewendet wird, wie kannst du dich noch wundern, Sokrates, und Zweifel hegen, ob sie lehrbar sei? Darüber ist sich nicht zu wundern, sondern vielmehr wenn sie nicht lehrbar wäre. Weshalb aber mißraten viele Söhne vortrefflicher Männer? Das erfahre nun auch. Dies nämlich ist nichts wunderbares, wenn ich anders im vorigen richtig gesagt habe, daß in dieser Sache, nämlich der Tugend, wenn es Staaten geben soll, niemand unwissend sein darf. Wenn dieses sich so wie ich sage verhält, es verhält sich aber allerdings und auf alle Weise so: so erwäge einmal die Sache an irgendeiner andern Kunst und Geschicklichkeit, an welcher du am liebsten willst. Wenn es keinen Staat geben könnte, wofern wir nicht alle Flötenspieler wären, wie gut eben jeder könnte, und wenn hierin Jeder den andern unterrichtete zu Hause und im öffentlichen Leben, und den schlechtspielenden tadelte, und ihm dies nicht neidisch vorenthielte, so wie jetzt keiner dem Andern das Gerechte und Gesetzmäßige vorenthält oder verbirgt, wie es wohl in andern Künsten geschieht; – denn Jedem von uns glaube ich nützt die Gerechtigkeit und Tugend der Andern, deshalb lehrt Jeder so gern den Andern das Gerechte und Gesetzmäßige; – wenn nun eben so im Flötenspielen Jeder dem Andern alle Bereitwilligkeit und Dienstfertigkeit erzeigte ihn zu unterrichten: glaubst du, Sokrates, sagte er, daß dann mehr die Söhne guter Flötenspieler gute Flötenspieler werden würden als die Söhne der schlechten? Ich glaube es nicht, sondern wessen Sohn die besten Anlagen zum Flötenspieler hätte, der würde zu einem ausgezeichneten gedeihen, wessen es aber daran fehlte, der würde unberühmt bleiben, und oft würde der Sohn eines guten Flötenspielers ein schlechter werden, und der eines schlechten ein guter; aber Alle würden doch ordentliche Flötenspieler sein in Vergleich mit den Ununterrichteten, die gar nichts vom Flötenspiel verstehen. So glaube nun auch jetzt, daß selbst derjenige, welcher sich dir als der ungerechteste zeigt von Allen, die unter Gesetzen und mit Menschen auferzogen sind, dennoch gerecht ist, und wirklich ein ausübender Künstler in dieser Sache, wenn du ihn mit solchen Menschen vergleichen solltest, die gar keine Erziehung haben, keine Gerichtshöfe, keine Gesetze, und überall keinen Zwang, der sie zwingt sich in allen Stücken der Tugend zu befleißigen, sondern die solche Wilde wären, wie sie uns im vorigen Jahre der Dichter Pherekrates am Bakchosfest aufgestellt hat. Wahrlich, wenn du dich unter solchen Menschen befändest, wie die Menschenfeinde in jenem Chore, würdest du sehr zufrieden sein, wenn du auch nur einen Eurybatos oder Phrynondas anträfest, und würdest jammern aus Sehnsucht nach der Schlechtigkeit der hiesigen Menschen. Nun aber bist du verwöhnt, Sokrates, weil eben Alle Lehrer der Tugend sind, Jeder so gut er kann, und siehst deshalb nirgends einen. Eben als wenn du nachfragtest, wo es wohl einen Lehrer im hellenisch sprechen gäbe, würdest du auch keinen einzigen finden. Ja ich glaube nicht einmal, wenn du nachfragtest, wer wohl die Söhne unserer Handwerker in der Kunst unterrichtete, die sie bereits von ihrem Vater, so weit er es im Stande war, und von seinen kunstverwandten Freunden gelernt haben. Wer unterrichtet diese wohl noch besonders? Ich glaube, es würde nicht leicht sein, Sokrates, ihren Lehrer aufzuzeigen, dagegen der noch ganz unkundigen sehr leicht. So ist es in der Tugend und in allen andern Dingen. Also wenn einer auch nur um ein weniges besser als wir versteht, sie in der Tugend weiter zu bringen, muß man es gern annehmen. Von welchen nun auch ich glaube einer zu sein und besser als andere Menschen mancherlei zu verstehen, wodurch einer gut und trefflich wird, wohl wert der Belohnung, die ich dafür fordere und noch größerer, nach dessen Meinung selbst der gelernt hat. Daher ich auch diese Art meine Belohnung zu bestimmen eingerichtet habe. Wenn nämlich jemand bei mir gelernt hat und er will, so gibt er mir den Preis, den ich fordere, wo nicht, so geht er in den Tempel und schwört dort, wie hoch er die erworbenen Kenntnisse schätze und soviel gibt er dann. Somit, Sokrates, sagte er, habe ich dir durch Geschichte und Gründe erwiesen, daß die Tugend allerdings lehrbar ist, und daß auch die Athener sie dafür halten und daß es dennoch nicht zu verwundern ist, wenn die Söhne guter Väter schlecht und schlechter gut werden. Denn auch die Söhne des Polykleitos von gleichem Alter mit dem Paralos und Xanthippos hier sind nichts im Vergleich mit ihrem Vater und so auch andere anderer Künstler. Diesen aber darf man hieraus noch keinen Vorwurf machen, sondern man muß Gutes von ihnen hoffen, denn sie sind jung.

Protagoras nun, nachdem er sich so und so ausführlich vor uns gezeigt hatte, hörte auf zu reden; ich aber, auf lange Zeit bezaubert, sah noch immer auf ihn, als würde er weiterreden, lüstern zu hören. Da ich aber merkte, daß er wirklich aufgehört hatte, sammelte ich mich sozusagen endlich mit Mühe, wendete mich zu dem Hippokrates und sagte: Wie danke ich dir, Sohn des Apollodoros, daß du mich aufgefordert hast, hieher zu gehn! Denn gar viel ist es mir wert, das gehört zu haben vom Protagoras, was ich gehört habe. Bis jetzt nämlich glaubte ich, es wären nicht menschliche Bemühungen, wodurch die Guten gut werden; nun aber bin ich davon überzeugt. Ausgenommen eine Kleinigkeit ist mir im Wege, was offenbar Protagoras leicht noch dazu lehren wird, da er ja dieses viele gelehrt hat. Denn wenn sich jemand über eben dieses mit einem von unsern Volksrednern bespräche, könnte er solche Reden vom Perikles oder einem von den andern Meistern im Reden auch wohl hören; aber wenn einer etwas weiter fragt, so wissen sie wie die Bücher nichts weiter weder zu antworten noch selbst zu fragen; aber wenn einer auch nur ein Weniges von dem gesagten fragt, dann, wie Metall, worauf einer geschlagen, lange forttönt, wenn es nicht einer anrührt; ebenso auch diese Redner, um weniges gefragt, dehnen eine meilenlange Rede. Unser Protagoras aber versteht zwar ebenfalls lange und schöne Reden zu halten, wie eben die Tat gezeigt, er versteht aber auch, sowohl gefragt im kurzen zu antworten, als auch selbst fragend die Antwort abzuwarten und aufzunehmen und hierauf sind nur wenige ausgerüstet. Jetzt also,

Protagoras, fehlt mir noch ein Weniges, um alles zu haben, wenn du mir dieses beantworten möchtest. Du sagst, die Tugend sei lehrbar, und ich, wenn ich irgend einem Menschen glaube, glaube ich gewiß dir. Was mir aber aufgefallen ist, als du sprachst, das ergänze mir noch in meiner Seele. Du sagtest nämlich, Zeus habe den Menschen die Gerechtigkeit geschickt und die Scham und wiederum erwähntest du vielfältig in deiner Rede der Gerechtigkeit und Besonnenheit und Frömmigkeit und dieses alles, als ob es zusammen genommen eins wäre, die Tugend. Eben dieses also setze mir doch genauer auseinander, ob die Tugend eins zwar ist, doch aber Teile von ihr sind die Gerechtigkeit und die Besonnenheit und die Frömmigkeit, oder ob alles, was ich jetzt genannt habe, nur verschiedene Namen sind für eine und dieselbe Sache. Das ist es, was ich noch vermisse. – Sehr leicht, sagte er, ist dies ja zu beantworten, Sokrates, daß von der Tugend, die eins ist, dieses Teile sind, wonach du fragst. Ob wohl auf die Art, sprach ich, wie die Teile des Gesichtes Teile sind, Mund und Nase und Augen und Ohren? Oder so wie die Teile des Goldes gar nicht unterschieden sind eins vom andern und vom Ganzen als durch Größe und Kleinheit? – Auf jene Art scheint es mir, Sokrates, wie die Teile des Gesichtes sich zum ganzen Gesicht verhalten. – Besitzen denn auch die Menschen, fragte ich, von diesen Teilen der Tugend der eine den, der andere jenen, oder muß notwendig, wer einen hat, auch alle haben? – Keineswegs, sprach er, denn viele sind ja tapfer, aber ungerecht, und gerecht, weise aber nicht. – Also dies sind auch Teile der Tugend, fragte ich, Weisheit und Tapferkeit? – Freilich vor allen Dingen, sprach er, und der größte sogar ist die Weisheit unter diesen Teilen. – Und jeder von ihnen sagte ich, ist etwas anderes als der andere? – Ja. – Hat auch jeder seine eigene Verrichtung, wie im Gesicht das Auge nicht ist wie die Ohren noch seine Verrichtung dieselbe und überhaupt kein Teil wie der andere ist, weder der Verrichtung nach noch sonst, ist nun eben so auch von den Teilen der Tugend keiner wie der andere, weder an sich selbst noch auch seine Verrichtung? Oder muß nicht offenbar die Sache sich so verhalten, wenn sie doch unserm Beispiel ähnlich sein soll? – Sie verhält sich auch so, Sokrates, sagte er. – Darauf sprach ich: Also ist keiner von den anderen Teilen der Tugend wie die Erkenntnis, oder wie die Gerechtigkeit oder wie die Besonnenheit oder wie die Frömmigkeit? – Nein, sagte er. – Wohlan also, sprach ich, laß uns zusammen sehen, welcherlei doch jedes von ihnen ist. Zuerst so. Ist die Gerechtigkeit etwas bestimmtes, oder ist sie nicht etwas bestimmtes? Mir scheint sie so etwas zu sein, wie denn dir? – Auch mir, sagte er. – Wie nun? Wenn einer mich und dich fragte: Sagt mir doch, Protagoras und Sokrates, dieses, was ihr jetzt eben genannt habt, die Gerechtigkeit, ist sie eben dieses gerecht oder ungerecht? Würde ich ihm freilich antworten, gerecht; du aber, was für eine Stimme würdest du geben, dieselbe mit mir oder eine andere? – Dieselbe, sagte er. – Die Gerechtigkeit also ist eben das wie gerecht sein, würde ich sagen dem Fragenden zur Antwort. Du auch? – Ja, sagte er. – Wenn er uns nun nach diesem fragte: Sagt ihr nicht auch, daß es eine Frömmigkeit gibt? Würden wir es doch bejahen, glaube ich? – Freilich, sagte er. – Sagt ihr auch, daß diese etwas bestimmtes ist? Sollen wir es zugeben oder nicht? – Auch dies bejahte er. –

Sagt ihr nun, daß diese von Natur eben das ist wie gottlos sein, oder fromm? Ich, sprach ich, würde unwillig werden über die Frage und sagen: Rede nicht dergleichen, lieber Mensch! Wie wollte denn irgend etwas anderes fromm sein, wenn die Frömmigkeit selbst nicht fromm wäre! Und wie du? Würdest du nicht so antworten? – Allerdings, sagte er. – Wenn er nun hierauf spräche fragend: Wie habt ihr doch vor kurzem gesagt? Habe ich euch etwa nicht recht vernommen? Mich dünkt, ihr sagtet, die Teile der Tugend verhielten sich so gegeneinander, daß keiner von ihnen wäre wie der andere? So würde ich ihm sagen: Übrigens hast du wohl recht gehört, daß du aber glaubst, ich hätte dieses auch gesagt, das hast du verhört. Denn, Protagoras hier hat dies geantwortet, ich aber nur gefragt. Wenn er nun fragte: Spricht dieser wahr, Protagoras? Du also sagst, kein Teil der Tugend sei wie der andere? Deine Rede ist dies? Was würdest du ihm antworten? – Natürlich, sagte er, mich dazu bekennen. – Was also, Protagoras, werden wir, dieses eingestanden, ihm antworten, wenn er uns weiter fragt: Also ist die Frömmigkeit nicht wie gerecht sein und die Gerechtigkeit nicht wie fromm, sondern wie nicht fromm und die Frömmigkeit wie nicht gerecht, also ungerecht und jene gottlos? Was werden wir ihm antworten? Ich meines Teils für mich wenigstens würde sagen, daß die Gerechtigkeit allerdings fromm sei und die Frömmigkeit gerecht; und auch für dich, wenn du es mir zuließest, würde ich das nämliche antworten, daß die Gerechtigkeit entweder dasselbe ist mit der Frömmigkeit oder ihr doch so ähnlich, als nur irgend möglich und also auf alle Weise die Gerechtigkeit wie die Frömmigkeit, und die Frömmigkeit wie die Gerechtigkeit. Sieh also zu, ob du mir verbietest, so zu antworten oder ob es dich ebenso dünkt? – Keineswegs, sprach er, dünkt mich dieses unbedingt so zu sein, daß man zugeben müsse, die Gerechtigkeit sei Frommes und die Frömmigkeit Gerechtes, sondern mich dünkt wohl noch etwas verschiedenes darin zu sein. Doch was liegt daran, sprach er? Wenn du willst, soll uns auch die Gerechtigkeit fromm und auch die Frömmigkeit gerecht sein. – Das ja nicht! sagte ich. Ich begehre gar nicht, daß ein solches Wenn du willst und Wie du meinst untersucht werde, sondern ich und du. Das Ich und Du sage ich aber in der Meinung, der Satz selbst werde am besten geprüft werden, wenn man dieses Wenn ganz herausläßt. – Aber doch, sprach er, ist ja die Gerechtigkeit der Frömmigkeit ähnlich; denn auch jedes Ding ist jedem Dinge gewissermaßen ähnlich. Sogar ist auf eine Art das Weiße dem Schwarzen ähnlich und das Harte dem Weichen und was sonst einander am meisten entgegengesetzt zu sein scheint, und auch das, wovon wir vorher sagten, jedes habe eine eigene Verrichtung und eines sei nicht wie das andere, die Teile des Gesichtes sind einander doch auch gewissermaßen ähnlich und eins ist wie das andere, so daß du auf diese Art auch das beweisen könntest, wenn du wolltest, daß alles einander ähnlich ist. Aber es ist nicht recht, Dinge, die etwas Ähnliches haben, gleich ähnlich zu nennen, und die etwas Unähnliches haben, unähnlich, auch wenn sie gar wenig Ähnliches und Unähnliches haben. – Darüber verwundert, sagte ich zu ihm: Verhält sich denn bei dir das Gerechte und das Fromme so gegeneinander, daß es ein wenig Ähnliches mit einander hat? – Nicht ganz so, sprach er, aber doch auch nicht so, wie du zu glauben scheinst. – Ei nun, sprach ich weil dir dieses ungelegen zu sein scheint, wollen wir dieses nun lassen und dies andere von dem, was du sagtest, in Betracht ziehen.

Du nennst doch Etwas Unsinnigkeit? – Er sagte ja. – Ist nicht davon ganz das Gegenteil die Weisheit? – Mich dünkt es so, sagte er. – Und wenn die Menschen richtig und wie es heilsam ist handeln, scheinen sie dir dann besonnen zu sein, wenn sie so handeln, oder wenn entgegengesetzt? – Alsdann sind sie besonnen, sagte er. – Nicht wahr, durch die Besonnenheit sind sie besonnen? – Natürlich. – Und nicht wahr, die nicht richtig handelnden handeln unsinnig und sind nicht besonnen, indem sie so handeln? – Das dünkt mich ebenso, sagte er. – Das Gegenteil ist also das unsinnig handeln vom besonnenen? – Er gab es zu. – Nicht wahr, was unsinnig getan wird, wird durch Unsinnigkeit und was besonnen durch Besonnenheit getan? – Das räumte er ein. – Nicht wahr, wenn etwas mit Stärke getan wird, das wird stark getan und wenn mit Schwäche schwach? – So schien es ihm. – Und was mit Schnelligkeit schnell, was mit Langsamkeit langsam. – Er bejahte. – Und also, wenn etwas ebenso getan wird, wird es auch von demselben getan, wenn aber entgegengesetzt, dann auch von dem entgegengesetzten. – Er stimmte bei. – Wohlan, sagte ich, gibt es etwas Schönes? – Er räumte es ein. – Und ist diesem noch irgendetwas entgegengesetzt außer dem Häßlichen? – Nichts weiter. – Und wie? Gibt es etwas Gutes? – Es gibt. – Ist diesem etwas entgegengesetzt außer dem Bösen? – Nichts weiter. – Und wie? Gibt es etwas hohes in der Stimme? – Er bejahte es. – Ist diesem nichts anderes entgegengesetzt außer dem tiefen? – Nein, sagte er. – Also, sprach ich, jedem einzelnen von diesen entgegengesetzten ist auch nur eins entgegengesetzt und nicht viele? – Dazu bekannte er sich. – Komm denn, sprach ich, laß uns zusammenrechnen, was wir eingestanden. Haben wir eingestanden, daß einem nur eins entgegengesetzt ist, mehreres aber nicht? – Das haben wir eingestanden. – Und das, was auf entgegengesetzte Art getan wird, auch durch Entgegengesetztes getan wird? – Er bejahte. – Und haben wir eingestanden, daß was unsinnig getan wird, auf entgegengesetzte Art getan wird, als was besonnen? – Er bejahte es. – Und daß, was besonnen getan wird, durch Besonnenheit verrichtet wird, was aber unsinnig durch Unsinnigkeit? – Er räumte es ein. – Also da es auf entgegengesetzte Art getan wird, muß es auch durch entgegengesetztes verrichtet werden? – Ja. – Es wird aber das eine durch Besonnenheit und das andere durch Unsinnigkeit verrichtet? – Ja. – Auf entgegengesetzte Art? – Freilich. – Also auch durch entgegengesetztes? – Ja. – Entgegengesetzt also ist die Unsinnigkeit der Besonnenheit? – Das ist klar. – Erinnerst du dich wohl, daß im vorigen von uns eingestanden war, die Unsinnigkeit sei der Weisheit entgegengesetzt? – Das gestand er. – Und daß einem nur eins entgegengesetzt sei? – Das behauptete ich. – Welche von unsern beiden Behauptungen wollen wir nun aufgeben, Protagoras? Die, daß einem nur eins entgegengesetzt ist, oder jene, als wir sagten, die Besonnenheit wäre etwas anderes als die Weisheit? Und beide wären Teile der Tugend? Und außerdem, daß jede etwas anderes wäre, wären sie auch einander unähnlich, sie selbst und ihre Verrichtungen, wie die Teile des Gesichts? Welches von beiden wollen wir nun aufgeben? Denn zugleich können diese beiden Behauptungen nicht sehr musikalisch vorgetragen werden, denn sie stimmen nicht und klingen nicht zusammen. Wie können sie auch zusammen klingen, wenn notwendig eins nur einem entgegengesetzt ist, mehreren aber nicht, der Unsinnigkeit aber, welche eins ist, sich sowohl die Weisheit als die Besonnenheit entgegengesetzt zeigt? Ist es so, Protagoras, fragte ich, oder anders wie? – Er gestand es sehr ungern. – So wären diese also wohl eins, die Besonnenheit und die Weisheit? Vorher aber zeigten sich uns die Gerechtigkeit und die Frömmigkeit fast als dasselbe? Komm also, sprach ich, Protagoras, laß uns nicht müde werden, sondern nun das Übrige auch noch durchnehmen. Scheint dir ein Mensch, welcher Unrecht tut, wohl darin besonnen zu sein, daß er Unrecht tut? – Ich würde mich ja schämen, o Sokrates, sagte er, dieses zuzugeben, obgleich die meisten Menschen es wohl sagen. – Soll ich also an jene meine Rede richten oder an dich? – Wenn du willst, sagte er, so rede zuerst gegen jenen Satz der meisten. – Gut, sprach ich, mir verschlägt es nichts, wenn du nur antwortest, ob übrigens du selbst dieses annimmst oder nicht. Denn ich will eigentlich nur den Satz prüfen, aber es ereignet sich dann wohl, daß dabei auch ich, der Fragende und der Antwortende geprüft werden. – Zuerst nun zierte sich Protagoras und klagte, es wäre ein gar beschwerlicher Satz; endlich aber bequemte er sich doch zu antworten. – Komm also, sprach ich, antworte mir von Anfang an. Dünken dich einige Menschen, indem sie Unrecht tun, besonnen zu sein? – Es soll so sein, sagte er. – Unter dem Besonnensein aber meinst du, daß sie sich wohl besinnen? – Er bejahte es. – Und sich recht besinnen heißt, daß sie sich wohl beraten in dem, was sie Unrecht tun? – Das soll gelten, sagte er. – Obwohl, fragte ich, wenn sie sich wohlbefinden beim Unrechttun oder wenn übel? – Wenn sie sich wohlbefinden. – Nimmst du nun an, daß einiges gut ist? – Das sage ich. – Ist etwa, sprach ich, dasjenige gut, was den Menschen nützlich ist? – Ja, auch beim Zeus, sagte er, manches, was den Menschen nicht nützlich ist, nenne ich wenigstens doch gut. – Und mich dünkte Protagoras schon ganz verdrießlich zu sein und sich zu ängstigen und zu sträuben gegen das Antworten; und da ich ihn in dieser Verfassung sah, nahm ich mich in acht und fragte nur ganz bedächtig weiter. Meinst du nur, sprach ich, was keinem Menschen nützlich ist, oder auch was ganz und gar nicht nützlich ist, und nennst du auch solche Dinge gut? – Keineswegs, sagte er, aber ich kenne sehr viele Dinge, welche zwar dem Menschen völlig unnütz sind, Speisen, Getränke, Arzneien und sonst tausenderlei; andere sind ihm nützlich; wiederum andere sind dem Menschen zwar keines von beiden, wohl aber den Pferden, andere wieder nur den Ochsen, andere den Hunden, noch andere keinem von allen diesen, wohl aber den Bäumen; ja einiges ist wiederum für die Wurzeln der Bäume gut, für die Zweige aber schädlich, wie zum Beispiel der Mist um die Wurzeln gelegt allen Pflanzen heilsam ist, wolltest du ihn aber auf die Triebe oder auf die jungen Zweige legen, so würde alles verderben. So ist auch das Öl allen Pflanzen sehr schädlich, und auch den Haaren der anderen Tiere sehr verderblich, nur denen des Menschen nicht, denn diesen ist es zum Wachstum beförderlich und so auch seinem übrigen Körper. Und so schillert das Gute und verwandelt sich immer wieder, daß auch dieses hier für die äußeren Teile des Körpers zwar sehr gut ist, dasselbige aber den inneren sehr übel. Daher verbieten auch alle Ärzte den Kranken das Öl, bis auf etwas weniges an dem was sie genießen, nur so viel eben hinreicht um das Widrige zu dämpfen, was verschiedene Speisen sonst für die Empfindungen, die wir durch die Geruchswerkzeuge bekommen, an sich haben würden.

Als er dies gesagt, erhoben die Anwesenden ein Geräusch von Beifallsbezeugungen, wie schön er spräche. Ich aber sagte, o Protagoras, ich bin ein sehr vergeßlicher Mensch, und wenn Jemand so lange spricht, vergesse ich ganz wovon eigentlich die Rede ist. So wie nun, wenn ich etwas taub wäre, du glauben würdest, wenn du anders mit mir reden wolltest, lauter sprechen zu müssen als mit anderen: so auch jetzt, da du mit einem Vergeßlichen zu tun hast, beschneide mir die Antworten und mache sie etwas kürzer, wenn ich dir anders folgen soll. – Wie heißest du mich denn kurz antworten? etwa kürzer soll ich dir antworten, sagte er, als nötig ist? – Keinesweges, sprach ich. – Also so viel als nötig ist? – O ja, sagte ich. – Soll ich dir also so viel antworten als ich für nötig halte, oder so viel als du? – Ich habe doch gehört, sprach ich, du besäßest die Geschicklichkeit und teiltest sie auch Andern mit, über dieselbe Sache sowohl lange zu reden, wenn du willst, so daß dir die Rede niemals abreißt, als auch wiederum so kurz, daß sich niemand kürzer fassen kann als du. Willst du nun mit mir ein Gespräch führen, so bediene dich gegen mich der andern Art zu reden, der Kurzrednerei. – O Sokrates, sagte er, schon mit vielen Menschen habe ich den Kampf des Redens bestanden, hätte ich aber das getan, was du von mir verlangst, nämlich immer auf die Art das Gespräch geführt, wie mein Gegner es mich führen hieß, so würde ich gewiß keinen Einzigen überwunden haben, und Protagoras würde keinen Namen haben unter den Hellenen. – Ich aber, denn ich merkte wohl, daß er sich in seinen vorigen Antworten gar nicht gefallen hatte, und daß er gutwillig nicht würde der Antwortende sein wollen im Gespräch, glaubte daß für mich in dieser Zusammenkunft nichts mehr zu tun wäre, und sagte: Aber Protagoras, auch ich bin ja nicht erpicht darauf, daß unsere Unterhaltung anders als es dir recht ist geführt werde; sondern wenn es dir gelegen sein wird so Gespräch zu führen, wie ich dir folgen kann, dann will ich mit dir reden. Denn du, wie man von dir rühmt und du auch selbst sagst, verstehst beides sowohl in langen Reden als in kurzen die Unterhaltung zu führen; denn du bist eben ein weiser Mann, ich aber weiß nun einmal mit diesen langen Reden gar nicht umzugehn, wiewohl ich sehr wünschte auch das zu verstehen. Also solltest du, der du beides kannst, uns nachgeben, damit eine Unterhaltung zu Stande käme. Nun aber du nicht willst, und auch ich nicht länger Zeit habe, und es nicht abwarten könnte, wenn du deine Reden so in die Länge zögest, denn ich muß anders wohin: so gehe ich; wiewohl auch dieses hörte ich gewiß gern von dir. Und mit diesen Worten stand ich auf, um fortzugehen; aber so wie ich aufstand ergriff mich Kallias mit einer Hand bei der Rechten, und mit der andern hielt er mich hier beim Mantel und sagte: Wir werden dich nicht loslassen, Sokrates, denn wenn du uns fortgehst wird es mit unseren Gesprächen gar nicht mehr dasselbe sein. Ich bitte dich also bei uns zu bleiben; denn ich weiß keinen, den ich lieber hören möchte als dich und den Protagoras mit einander reden. Sei also uns Allen gefällig. – Ich erwiderte, ich war aber schon aufgestanden um zu gehen: Immer, Kallias, habe ich an deiner Liebe zur Wissenschaft meine Freude gehabt, und so lobe und liebe ich sie auch jetzt. So daß ich dir gern willfahren würde, wenn du etwas mögliches bätest; nun aber ist es, wie wenn du mich bätest mit dem Krison aus Himera, unserm stärksten Wettläufer, oder mit irgend einem andern Wettläufer oder Eilboten zu laufen und gleichen Schritt mit ihnen zu halten, ich dir dann sagen würde, mir wäre es noch weit lieber als dir, wenn ich diesen nachkommen könnte im Laufen; aber ich kann doch nicht. Ist es dir also lieb mich und den Krison zusammen laufen zu sehen, so bitte diesen, daß er nachlasse; denn ich kann nicht geschwind laufen, er aber kann langsam. Wünschest du also mich und den Protagoras zusammen zu hören, so bitte diesen, wie er mir vorher geantwortet hat in kurzen Worten und auf das was ich fragte, so auch jetzt noch mir zu antworten; wo aber nicht, welches soll denn die Weise der Gespräche sein? Denn ich wenigstens habe immer geglaubt, dies wären zwei ganz verschiedene Dinge, Gespräch mit einander führen, und Reden halten. – Aber sieh nur, Sokrates, sagte er, Protagoras scheint doch Recht zu haben, wenn er verlangt, ihm solle erlaubt sein zu sprechen, wie er will, und dir, wie du willst. – Darauf nahm Alkibiades das Wort und sagte: Du hast Unrecht Kallias! denn Sokrates gesteht ja mit der Langrednerei nicht Bescheid zu wissen, und räumt darin dem Protagoras den Vorzug ein: aber ein ordentliches Gespräch recht zu führen, dem Andern Rede zu stehen und ihn dann auch wieder auszufragen, darin sollte es mich sehr Wunder nehmen, wenn er irgend Jemand den Vorzug einräumte. Gesteht nun Protagoras seiner Seits, daß er schlechter ist im Gesprächführen als Sokrates, so ist Sokrates zufrieden; will er sich ihm aber gegenüberstellen, wohl, so mag er auch ordentlich in Frage und Antwort mit ihm sprechen, nicht aber nach jeder Frage eine lange Rede ausspinnen, der Frage ausweichen, und anstatt den Andern zum Worte zu lassen immer weiter reden, bis die mehresten unter den Zuhörern vergessen haben, was die Frage eigentlich betraf. Denn für den Sokrates verbürge ich mich, daß er es nicht vergessen wird, ob er gleich scherzt und sagt, er sei vergeßlich. Mir also scheint, was Sokrates sagt, billiger; denn Jeder muß seine Meinung kund geben. – Nach dem Alkibiades war es glaube ich Kritias welcher sagte: O Prodikos und Hippias, Kallias freilich dünkt mich sehr für den Protagoras zu sein, Alkibiades aber ist auch immer rechthaberisch wenn er worauf seinen Sinn gesetzt hat. Uns aber ziemt es für keinen von Beiden Partei zu nehmen, weder den Sokrates noch den Protagoras, sondern nur insgemein Beide zu bitten uns die Unterhaltung nicht in der Mitte abzubrechen. – Als er dies gesagt, sprach Prodikos: Sehr richtig dünkst du mich zu sprechen, Kritias. Denn die bei einer solchen Unterredung gegenwärtigen müssen zwar beide Unterredner insgemein anhören, nicht aber beide gleich, denn das ist nicht einerlei. Nämlich sie müssen zwar beide insgemein anhören, nicht aber beiden gleiches gewähren, sondern dem Weiseren mehr, dem Unweiseren weniger. Auch ich, o Protagoras und Sokrates, bitte euch beide nachzugeben, und über eure Sätze zu streiten, aber nicht zu zanken, denn streiten können auch Freunde mit Freunden in allem Wohlmeinen, aber zanken nur die, welche uneinig und auch feindselig gegen einander sind. Und auf diese Art wird unsere Unterhaltung am schönsten fortgehen. Denn ihr, die Sprechenden, werdet so am meisten von uns, den Hörenden, geachtet werden, nicht gelobt; geachtet nämlich wird man in den Seelen der Hörenden ohne Betrug, gelobt aber mit Worten von Solchen die oft gegen ihre Überzeugung unwahres reden: wir aber, die Hörenden, werden so am meisten Vergnügen davon haben, nicht Genuß, denn Vergnügen hat auch wer etwas erlernt und Gedanken auffaßt mit der Seele selbst, Genuß aber nur wer etwas ißt oder sonst eine angenehme Empfindung durch den Körper selbst empfängt. – Mit dieser Rede fand Prodikos bei den mehrsten Anwesenden großen Beifall. Nach dem Prodikos aber sprach Hippias der weise. Ich denke, sagte er, ihr versammelten Männer, daß wir Verwandte und Befreundete und Mitbürger von Natur sind nicht durch das Gesetz. Denn das Ähnliche ist dem Ähnlichen von Natur verwandt, das Gesetz aber, welches ein Tyrann der Menschen ist, erzwingt vieles gegen die Natur. Für uns also wäre es schändlich die Natur der Sache zwar zu kennen, uns aber dennoch, obgleich die weisesten unter den Hellenen, und eben deshalb in dieser Stadt als dem Hauptsitz Hellenischer Weisheit, und in diesem Hause als dem angesehensten und glänzendsten dieser Stadt versammelt, dieser Würde nicht würdig zu zeigen, sondern wie die gemeinsten Menschen untereinander uns zu veruneinigen. Ich bitte und rate euch daher, o Protagoras und Sokrates, von uns als euern Schiedsrichtern in der Mitte zusammengeführt euch zu vereinigen, so daß weder du diese strengste Art des Gespräches forderst, die allzugedrungene Kürze, wenn sie dem Protagoras nicht angenehm ist, sondern den Reden ein wenig die Zügel nachlassest, damit sie sich mutiger und in schöneren Bewegungen zeigen können, noch auch Protagoras alle Segel beisetze, um mit vollem Winde das Land ganz aus dem Gesicht verlierend in die hohe See der Reden zu entfliehen, sondern daß ihr euch beide in einem mittleren Durchschnitt haltet. Folget mir daher und macht es so, daß ihr einen Kampfrichter und Aufseher und Vorsitzer erwählet, welcher darauf halte, daß Jeder von euch das gehörige Maß in seinen Reden beobachte. – Das gefiel den Anwesenden, und sie lobten ihn alle, und Kallias versicherte er würde mich nicht loslassen, und sie baten einen Aufseher zu erwählen. Ich sagte also, es würde schimpflich sein einen Kampfrichter für unser Gespräch zu bestellen; denn wenn der gewählte schlechter wäre als wir, so wäre es nicht richtig, daß der Schlechtere über Bessere die Aufsicht führe. Wenn er uns ähnlich wäre, wäre es auch so nicht richtig; denn der Ähnliche würde auch ähnliches wie wir tun, so daß er ganz zum Überfluß würde gewählt sein. Aber ihr werdet freilich einen Besseren als wir sind erwählen. Einen in der Tat weiseren als unser Protagoras, ist euch, glaube ich, unmöglich zu wählen. Werdet ihr aber einen wählen, der nichts besser ist, von dem ihr es aber behauptet, so ist auch das für diesen hier schimpflich, daß ihr ihm wie einem gemeinen

Menschen einen Aufseher bestellt, denn mir für mein Teil gilt es gleich. Dies aber will ich tun, damit wie ihr es wünscht Unterhaltung und Gespräch zwischen uns zu Stande komme. Wenn Protagoras nicht antworten will: so mag er fragen und ich will antworten, und dabei versuchen ihm zu zeigen, wie ich meine, daß der Antwortende antworten müsse. Nachdem aber ich geantwortet habe wieviel nur er hat fragen gewollt, soll auch er wiederum gleichermaßen mir Rede stehen; und zeigt er sich nicht geneigt auf das erfragte selbst zu antworten, dann wollen ich und ihr ihn insgemein bitten, wie ihr jetzt mich, uns die Unterhaltung nicht zu zerstören. Und es braucht deshalb nicht Einer Aufseher zu sein, sondern ihr Alle könnt insgemein die Aufsicht führen. Alle waren der Meinung, so müßte es gehalten werden. Und Protagoras wollte zwar gar nicht recht, ward aber doch genötigt zu versprechen, daß er fragen, und wenn er genug gefragt hätte, auch wiederum Rede stehen und in der Kürze antworten wollte. Er fing also an zu fragen, ohngefähr so.

Ich glaube, sprach er, o Sokrates, daß es ein wichtiges Stück der Unterweisung ist für einen Mann, in Gedichten stark zu sein. Dies besteht aber darin, daß er im Stande ist, das von den Dichtern gesagte zu verstehen was gut gedichtet ist und was nicht, auch es erklären und wenn er gefragt wird, Rechenschaft geben zu können. So soll auch jetzt zwischen uns die Frage noch ferner von derselben Sache sein, worüber wir jetzt sprechen ich und du, nämlich von der Tugend, nur zunächst in Beziehung auf ein Gedicht, dies soll der ganze Unterschied sein. Simonides sagt doch irgendwo zum Skopas dem Sohne des Thessalier Kreon: Ein trefflicher Mann zu werden schon wahrhaftig ist schwer, ein kernfester von Hand und Fuß und Sinn und tadellos gebildeter. Kennst du das Lied, oder soll ich es dir ganz hersagen? – Ich sagte, es ist nicht nötig, denn ich kenne es, und gar viel habe ich mich gemüht um das Lied. – Schön, sprach er. Glaubst du also, daß dies gut und richtig gedichtet ist oder nicht? – Sehr, sagte ich, gut und auch richtig. – Dünkt dich das denn gut gedichtet, wenn der Dichter sich selbst widerspricht? – Nicht gut, sagte ich. – Überlege es dir noch besser, sprach er. – Aber mein Guter, ich habe es hinlänglich bedacht. – Weißt du also, sprach er, daß er weiterhin im Gedicht irgendwo sagt: Auch ist mir nicht abgemessen genug das Pittakeische Wort obwohl von einem weisen Manne gesprochen: schwer ist es, sagt er, tugendlich sein. Bedenkst du wohl, daß er derselbige Mann dieses sagt, und auch jenes vorige? – Ich weiß wohl, sagte ich. – Dünkt dich denn, sprach er, dieses mit jenem übereinzustimmen? – Mir scheint es, sagte ich. Zugleich aber ward mir bange, was er sagte, möchte doch etwas sein, und ich fragte: Also dir erscheint es nicht so? – Wie sollte auch wohl derjenige mit sich selbst übereinstimmend erscheinen, der dieses beides sagt, zuerst selbst annimmt, es sei schwer in Wahrheit ein trefflicher Mann zu werden, nachdem er aber etwas weiter vorgerückt ist im Gedicht, dies wieder vergißt und den Pittakos, der ganz dasselbe sagt wie er, daß es schwer sei tugendlich sein, darüber tadelt, und ihm nicht beistimmen will, da er doch ganz das nämliche wie er selbst behauptet. Wenn er nun den tadelt, der dasselbe wie er sagt, so ist doch offenbar, daß er sich selbst auch tadelt. So daß entweder das erste oder das andere nicht richtig ist. Als er das gesagt, erregte er wieder Geräusch und Beifall von Vielen der Zuhörer. Mir aber wurde zuerst, wie von einem guten Faustkämpfer tüchtig getroffen, ganz dunkel vor den Augen und schwindlich, als er das sagte und die Andern das Geräusch des Beifalls erhoben. Hernach aber wendete ich mich, damit ich doch dir wenigstens die Wahrheit sage, um Zeit zu gewinnen zum Nachdenken, was der Dichter wohl meinte, zum Prodikos, rief ihn auf und sagte: Prodikos, dein Landsmann ist ja Simonides, du bist schuldig dem Manne beizustehen. Ich werde dich also dünkt mich zu Hülfe rufen, wie Homeros erzählt, daß Skamandros vom Achilleus bedrängt den Simoeis zu Hülfe gerufen und gesagt habe: Bruder wohlan! die Gewalt des Mannes da müssen wir beid' jetzt bändigen. Dergestalt rufe auch ich dich herbei, damit Protagoras uns den Simonides nicht ganz werf' in den Staub. Überdies auch bedarf des Simonides Verteidigung deine Kunst, durch welche du das Wollen und Begehren unterscheidest, daß das nicht einerlei ist, und was du nur eben wieder Vieles und Schönes gesagt hast. Sieh doch also auch hier zu, ob du derselben Meinung bist wie ich. Mir nämlich scheint es nicht, als ob Simonides sich selbst widerspräche. Du aber, Prodikos, eröffne zuerst deine Meinung. Dünkt dich das Werden und das Sein einerlei oder zweierlei? – Zweierlei beim Zeus, sagte Prodikos. – Hatte nun nicht, sprach ich, in der ersten Stelle Simonides seine eigene Meinung dahin geäußert, daß ein trefflicher Mann in Wahrheit zu werden schwer sei? – Du hast ganz recht, sagte Prodikos. – Und Pittakos, fuhr ich fort, den er tadelt, sagt gar nicht wie Protagoras glaubt dasselbe, sondern etwas Anderes. Denn Pittakos erklärt gar nicht das für das schwere tugendlich werden, wie Simonides, sondern das, Sein. Und wie unser Prodikos sagt, o Protagoras, so ist Werden und Sein gar nicht das nämliche, ist aber Werden und Sein nicht dasselbe, so hat auch Simonides nicht sich selbst widersprochen. Vielleicht würde auch Prodikos und mancher Andere sagen, nach dem Hesiodos sei gut zu werden zwar schwer, denn vor die Tugend hätten die Götter den Schweiß gestellt, wäre aber einer erst zum Gipfel gelanget, alsdann werde sie leicht, wie schwer sie zuvor auch gewesen zu erlangen. – Als Prodikos dies hörte, lobte er mich. Protagoras aber sagte: Deine Verteidigung, Sokrates, hat noch schlimmere Gebrechen als was du verteidigst. – Dann, sprach ich, habe ich schlechte Arbeit gemacht, und bin wohl ein lächerlicher Arzt, wenn ich durch meine Behandlung die Krankheit verschlimmere. – Aber so verhält es sich, sagte er. – Und wieso? fragte ich. – Großer Unverstand, sprach er, wäre ja das von dem Dichter, wenn er es so für etwas geringes hielte die Tugend zu besitzen, was unter allem das schwierigste ist, wie alle Menschen glauben. – Darauf sprach ich: Beim Zeus, recht zur gelegenen Zeit ist Prodikos uns zugegen bei der Verhandlung. Denn es mag wohl, o Protagoras, des Prodikos Weisheit eine göttliche sein schon seit lange her, habe sie nun vom Simonides angefangen oder noch weit eher. Du aber wiewohl so vieles Anderen kundig bist dieser offenbar unkundig, nicht wie ich kundig weil ich ein Schüler des Prodikos bin. Auch jetzt dünkst du mich nicht zu merken, daß auch dieses „Schwer" Simonides vielleicht gar nicht so gemeint hat, wie du es meinst, sondern wie Prodikos mich immer schilt wegen des Furchtbaren, wenn ich dich oder einen andern lobend sage, Protagoras ist doch gar ein weiser und furchtbarer Mann, fragt, ob ich mich denn nicht schäme etwas Gutes furchtbar zu nennen, denn das Furchtbare, sagt er, ist böse, kein Mensch redet ja jemals von furchtbarem Reichtum oder furchtbarem Frieden oder furchtbarer Gesundheit, sondern von furchtbarer Krankheit, furchtbarem Kriege, furchtbarer Armut, so daß das Furchtbare böses ist. Vielleicht nun verstehen eben so die Keer und mit ihnen Simonides unter Schwer entweder das Böse oder sonst etwas was du nicht weißt. Laß uns also den Prodikos fragen, denn es ist ja billig über des Simonides Sprache ihn zu befragen; was doch, o Prodikos, hat Simonides mit dem Schwer gemeint? – Böses, sagte er. – Und deswegen, Prodikos, sprach ich, tadelt er auch wohl den Pittakos, welcher sagt Schwer ist es tugendlich sein, als ob er ihn hätte sagen gehört Böse ist es tugendlich sein. – Was sonst, sagte er, glaubst du denn habe Simonides sagen gewollt als eben dieses, und daß er dem Pittakos vorwerfen will, er wisse die Worte nicht zu unterscheiden, wie denn dieser auch ein Lesbier war, ein in barbarischer Mundart auferzogener. – Du hörst doch, Protagoras, sprach ich, was Prodikos sagt; hast du etwas dagegen zu sagen? – Darauf sagte Protagoras: Weit gefehlt, Prodikos, daß es sich so verhalten sollte. Sondern das weiß ich ganz gewiß, daß Simonides unter Schwer eben das verstanden hat, was wir Andern darunter verstehn, nämlich nicht das Böse, sondern das was nicht leicht ist, sondern nur durch viele Mühe zu erlangen. – Auch ich glaube, sprach ich, daß Simonides dieses gemeint hat, und daß auch Prodikos es recht gut weiß, er scherzt aber und scheint dich versuchen zu wollen, ob du imstande sein wirst deinem Satz beizustehen. Denn daß Simonides unter dem Schweren nicht das Böse versteht, davon ist gleich das folgende ein deutlicher Beweis, wo er sagt: Gott allein mag diese Ehre besitzen. Denn hätte er gesagt Böse ist es tugendlich sein; so konnte er ja unmöglich hernach sagen dies komme Gott allein zu, und Gott allein dies als Vorzug beilegen. Oder Prodikos müßte einen ganz ruchlosen Simonides meinen und gar nicht einen Keischen. Aber was mir Simonides zu meinen scheint in diesem Liede, das will ich dir sagen, wenn du doch einen Versuch von mir sehen willst, ob ich was du nennst in Gedichten stark bin; wenn du aber willst, will ich es von dir hören. – Protagoras nun, als er mich dies sagen hörte, sagte: Wenn du willst, Sokrates. – Prodikos und Hippias aber drangen sehr darauf und die andern auch. – So will ich denn, sprach ich, was mich von diesem Liede dünkt, versuchen euch darzulegen. Nämlich die älteste und meiste Philosophie unter den Hellenen ist in Kreta und Lakedaimon. Auch die meisten Sophisten sind dort zu Lande, aber sie verläugnen es und stellen sich unwissend, damit sie nicht bekannt dafür werden, daß sie die übrigen Hellenen an Weisheit übertreffen, eben wie jene Sophisten von welchen Protagoras vorher sagte, sondern damit sie das Ansehen haben als überträfen sie sie nur im Fechten und in der Tapferkeit, weil sie glauben, wenn bekannt würde, worin ihre Stärke bestehe, würden sich eben darauf Alle befleißigen. Nun aber indem sie das wahre verborgen gehalten, haben sie in andern Städten Lakonisierenden getäuscht, daß diese um ihnen nachzuahmen sich die Ohren einschlagen, nicht anders als mit Kampfriemen gehen, sich ganz den Leibesübungen ergeben und kurze Mäntel tragen, als ob hierdurch die Lakedaimonier die Hellenen beherrschten. Die Lakedaimonier aber, wenn sie einmal in Ruhe ihren Sophisten zuhören wollen, und es schon satt haben sich nur heimlich bei ihnen zu versammeln, veranstalten sie eine Fremdenaustreibung jener Lakonisierenden sowohl als wer sonst noch von Fremden sich bei ihnen aufhält, und besuchen dann ihre Sophisten den Fremden unvermerkt. Sie aber lassen von ihren Jünglingen keinen in andere Städte reisen, wie auch die Kreter nicht, damit sie nicht verlernen was sie ihnen lehren. Und in diesen beiden Staaten gibt es nicht nur Männer, welche sich ihrer Kenntnisse rühmen, sondern auch Frauen. Daß ich aber dies Alles mit Wahrheit sage, und die Lakedaimonier auch zur Philosophie und zum Reden am besten unterrichtet sind, das könnt ihr hieraus abnehmen. Wenn sich Jemand auch mit dem schlechtesten Lakedaimonier einläßt, er wird finden, daß dieser sich lange Zeit in seinen Reden ganz schlecht zeigt, hernach aber wo es sich trifft im Gespräch schießt er auf ihn ein tüchtiges ganz kurzes zusammengedrängtes Wort wie ein gewaltiger Bogenschütze, so daß wer mit ihm spricht nicht besser als ein Kind gegen ihn erscheint. Eben dieses nun haben sowohl von den Neueren einige eingesehen als auch von den Alten, daß das Lakonisieren weit mehr in der Liebe zur Weisheit besteht als in der Liebe zu den Leibesübungen, wohl wissend, daß solche Sprüche reden zu können nur dem vollkommen Unterrichteten gegeben ist. Unter diesen nun waren auch Thales von Miletos, Pittakos von Mytilene, Bias von Priene, unser Solon, Kleobulos von Lindos, Myson von Chenä, und als der siebente wurde zu diesen gezählt der Lakedaimonier Chilon. Alle diese waren Nacheiferer, Verehrer und Lehrlinge der Lakedaimonischen Künste. Denn Jeder kann ihre Weisheit wissen, daß sie von dieser Art ist, kurze denkwürdige Sprüche die ein jeder geredet hat. Diese haben auch gemeinschaftlich Musterstücke ihrer Weisheit dem Apollon und seinem Delphischen Tempel gewidmet, darauf schreibend was in aller Munde ist, das „Kenne dich selbst“ und „Nichts zu viel“. Weshalb sage ich nun dieses? weil das die Weise der Alten war in der Philosophie, solche lakonische Kurzrednerei. Und so ging auch dieser Spruch des Pittakos herum von den Weisen vielgepriesen: Schwer ist es tugendlich sein. Simonides nun, auch dem Ruhm der Weisheit nachtrachtend, gedachte, wenn er diesen Spruch niederwerfen könnte wie einen berühmten Fechter und überwinden, müßte auch er berühmt werden unter seinen Zeitgenossen. Gegen diesen Spruch also, und aus dieser Ursach, diesem nachstellend ihn zu unterdrücken, hat er das ganze Lied gedichtet wie es mir scheint. Laßt es uns einmal betrachten, ob ich wohl recht habe. Denn gleich der Anfang des Liedes müßte als unsinnig erscheinen, wenn er überhaupt nur hätte sagen wollen, daß es schwer wäre ein trefflicher Mann zu werden und hätte doch dieses Schon hineingebracht. Denn dies muß ohne den mindesten Grund hineingeworfen zu sein scheinen, wenn man nicht annimmt Simonides sage es wie im Streit gegen den Spruch des Pittakos. Was nämlich Pittakos sagt, Schwer ist es tugendlich sein, dieses bestreitend sagt er: Nein sondern schon ein trefflicher Mann zu werden ist schwer, o Pittakos, wahrhaftig. Nicht etwa ein in

Wahrheit trefflicher; denn dieses Wahrhaftig sagt er nicht in der Beziehung, als ob es Einige gäbe die wahrhaft trefflich sind und wieder Andere, die zwar trefflich sind, aber nicht in Wahrheit trefflich, denn das wäre ja offenbar einfältig und nicht vom Simonides; sondern man muß annehmen dieses Wahrhaftig sei eine Wortversetzung in dem Liede, und so ohngefähr der Spruch des Pittakos hinzuzudenken, als wenn wir den Fall setzten, Pittakos selbst redete und Simonides antwortete, und jener sagte: O ihr Leute, schwer ist es tugendlich sein; und dieser antwortete: O Pittakos, du redest nicht richtig; denn nicht zu sein, sondern schon zu werden ein trefflicher Mann, kernfest an Hand und Fuß und Sinn und tadellos gebildet ist wahrhaftig schwer. Auf diese Art ist das Schon vernünftig hineingebracht und das Schwer steht hinten wie es sich gebührt; und auch alles folgende bestätiget, daß es so gemeint ist. Denn vielfältig könnte man von jedem Einzelen in diesem Liede gesagten zeigen, wie schön es gedichtet ist, denn es ist alles sehr anmutig und bedeutsam; allein es wäre weitläuftig es so durchzugehen; aber den ganzen Umriß desselben laßt uns durchgehn und die Absicht, daß sie auf alle Weise eine Widerlegung dieses Pittakeischen Spruches ist durch das ganze Lied. Denn er sagt hierauf, nachdem er noch einiges beigebracht, wie wenn er den Satz ausführte, daß schon ein trefflicher Mann zu werden wahrhaftig schwer ist, doch aber möglich auf einige Zeit wenigstens; wenn man es aber geworden ist, auch in dieser Verfassung zu bleiben und ein trefflicher Mann fortdauernd zu sein, wie du sagst, Pittakos, das ist unmöglich und nicht dem Menschen angemessen, sondern Gott allein darf diese Ehre besitzen. Dem Menschen aber ist nicht möglich nicht schlecht sein, welchen ein ratloses Unglück niederwirft. Wen wirft nun ein ratloses Unglück nieder bei der Regierung eines Schiffes? Offenbar doch nicht den Unkundigen, denn der ist schon immer niedergeworfen. So wie nun niemand den Liegenden niederreißen kann, sondern den Stehenden zwar kann man niederreißen, daß er ein Liegender wird, den Liegenden aber nicht: so kann auch nur den, der sich sonst wohl zu raten weiß, ein ratloses Unglück niederwerfen, den immer ratlosen aber nicht. Und den Steuermann kann ein heftiger Sturm der ihn überfällt ratlos machen, den Landmann schlechte Witterung die eintritt, und ähnliches auch den Arzt. Denn dem Vortrefflichen kann es begegnen einmal schlecht geworden zu sein, wie auch ein anderer Dichter bezeugt, welcher sagt: Auch wohl ein Trefflicher ist nun schlecht, dann wieder zu rühmen; dem Schlechten aber begegnet nicht es einmal gewesen zu sein, sondern ihm ist notwendig es immer zu sein, so daß der wohlberatene, weise und treffliche, wenn ihn ratloses Unglück niederwirft, nicht anders kann als schlecht sein; du aber, Pittakos, sagst: Schwer ist es tugendlich sein. Es ist aber tugendlich werden schon schwer, jedoch möglich; sein aber unmöglich. Denn jeglicher Mann wer gut gehandelt ist gut, schlecht aber wenn schlecht. Was ist nun im Lesen das gute Handeln? und was macht einen Mann gut hierin? Offenbar die Erlernung davon. Und welches Guthandeln macht einen guten Arzt? Offenbar die Erlernung des Behandelns der Kranken. Schlecht aber wer schlecht. Wer kann denn ein schlechter Arzt werden? Offenbar der, von welchem zuerst gesagt werden kann, daß er ein Arzt ist, und dann daß er ein guter Arzt ist. Denn der kann auch ein schlechter werden. Wir aber, die der Arzeneikunst Unkundigen, wir können niemals durch schlecht handeln weder Ärzte werden, noch Zimmerleute, noch irgend etwas anderes, und wer kein Arzt werden kann indem er schlecht handelt, der auch offenbar kein schlechter. So auch kann der treffliche Mann wohl auch einmal schlecht werden, es geschehe aus Schuld der Zeit, aus Ermüdung oder durch Krankheit oder irgend einen andern Zufall; denn dies ist ja das einzige Schlechthandeln, der Erkenntnis beraubt sein: der schlechte Mann aber kann nie schlecht werden, denn er ist es immer, sondern wenn er schlecht werden soll, muß er erst gut geworden sein. So daß auch diese Stelle des Liedes darauf abzweckt zu zeigen, ein trefflicher Mann zu sein es unausgesetzt immer bleibend sei nicht möglich, trefflich aber werden könne einer und schlecht auch eben derselbe; am weitesten aber gedeihen und die trefflichsten sind, welche die Götter lieben. Dieses alles ist gegen den Pittakos gesagt, und auch das folgende im Liede macht dies noch deutlicher. Er sagt nämlich: Darum will ich auch nie was nicht sein kann suchend, vergeblich unerfüllter Hoffnung ein Teil der Zeit hinwerfen, einen tadellosen Mann unter Allen die wir der weitbewohnten Erde Früchte brechen. Find' ich ihn, dann verkünd' ich es euch. So heftig und durch das ganze Lied fällt er aus gegen den Spruch des Pittakos. Alle daher lobe ich und liebe, wer nichts schlechtes vollbringt, aus freier Wahl; der Notwendigkeit jedoch sträuben sich auch Götter nicht. Auch dies ist wieder gegen dasselbe gesagt. Denn so ununterrichtet war Simonides nicht, daß er gesagt hätte, er lobe diejenigen, die nichts böses aus freier Wahl tun, als gäbe es welche, die aus freier Wahl böses tun. Ich wenigstens glaube dieses, daß kein weiser Mann der Meinung ist, irgend ein Mensch fehle aus freier Wahl, oder vollbringe irgend etwas Böses und Schlechtes aus freier Wahl, sondern sie wissen wohl, daß Alle welche Böses und Schlechtes tun, es unfreiwillig tun. Daher auch Simonides nicht dessen der nicht aus freier Wahl Böses tut Lobredner zu sein behauptet, sondern dieses aus freier Wahl bezieht sich auf ihn selbst. Er glaubte nämlich ein guter und edler Mann zwinge oft sich selbst Jemandes Freund und Lobredner zu werden, wie ja manchem begegne einen unliebenswürdigen Vater zu haben oder Mutter oder ein solches Vaterland oder sonst etwas dergleichen. Schlechte Menschen nun die so etwas beträfe, sähen es fast gern und verbreiteten tadelnd und anklagend die Schlechtigkeit der Eltern oder des Vaterlandes, damit sie selbst von den Menschen nicht ihrer Vernachlässigung wegen möchten angeklagt, und ihnen dies zur Schande angerechnet werden, daß sie sie vernachlässigen. Weshalb sie sie auch wohl über die Gebühr tadeln und noch selbstgemachte Mißhelligkeiten zu allem unvermeidlichen hinzufügen. Gute Menschen aber suchten dergleichen zu verbergen, und zwängen sich noch zum Lobe, und wenn sie erzürnt wären gegen Eltern oder Vaterland wegen erlittenen Unrechtes, ermahnten sie sich selbst und versöhnten sich, indem sie sich noch nötigten die Ihrigen zu lieben und zu loben. Und oft auch meine ich hat Simonides selbst geglaubt einen Tyrannen oder einen Andern solchen zu loben und zu preisen nicht aus freier Wahl, sondern gezwungen.

Dieses sagt er daher auch dem Pittakos: Ich, o Pittakos, tadle dich nicht etwa deshalb, weil ich tadelsüchtig wäre. Denn mir genügt wer nicht schlecht ist noch gänzlich tatenlos, kundig des Staat fördernden Rechts ein gesunder Mann. Nicht will ich ihn tadeln, denn nicht bin ich ein Gerntadler; unzählig sind ja die Geschlechter der Toren, so daß wenn einer liebt zu tadeln, er genug haben kann, wenn er jene tadelt. Alles ist schön dem nichts schlechtes ist beigemischt. Dies meint er nicht so als ob er sagte: alles ist weiß, dem nichts schwarzes ist beigemischt, denn das wäre ja lächerlich auf alle Weise, sondern er will sagen, daß er selbst sich auch an dem mittelmäßigen genügen läßt, so daß er es nicht tadle. Und ich suche nicht, sagt er, einen tadellosen Mann unter allen die wir der weitbewohnten Erde Früchte brechen. Find' ich ihn dann verkünd' ich es euch. So daß ich deshalb keinen loben will, sondern es genügt mir wenn sich einer in der Mitte hält und nichts schlechtes tut. Daher werde ich Alle loben und lieben, und hier bedient er sich gar der Mundart der Mytilener, als sagte er ausdrücklich zum Pittakos dieses: Alle daher lobe ich und liebe, wer nichts Schlechtes vollbringt, (und hier muß man inne halten bei dem vollbringt,) aus freier Wahl, denn es gibt auch die ich wider Willen lobe und liebe. Dich nun, wenn du auch nur mittelmäßig wahr und verständig gesprochen hättest, o Pittakos, hätte ich nimmer getadelt, nun aber täuschest du dich zu sehr und über die wichtigsten Dinge und glaubst doch Wahres gesagt zu haben, deshalb tadle ich dich.

In dieser Meinung, o Prodikos und Protagoras, sprach ich, dünkt mich Simonides dieses Lied gedichtet zu haben. – Darauf sagte Hippias: Sehr gut, Sokrates, dünkt mich, hast auch du dieses Lied erklärt; indes habe auch ich darüber eine ganz schöne Rede, welche ich euch vortragen will, wenn ihr wollt. – O ja, sprach Alkibiades, hernach nämlich. Jetzt aber muß erst noch, wie Protagoras und Sokrates übereingekommen sind, entweder wenn Protagoras noch etwas fragen will, Sokrates antworten, oder wenn jener dem Sokrates antworten will, dieser fragen. Ich sagte darauf, Für meinen Teil überlasse ich dem Protagoras welches ihm lieber ist; will er indes, so wollen wir Lieder und Gedichte beiseite lassen, worüber ich dich aber zuerst fragte, Protagoras, das möchte ich gern mit dir untersuchend zu Ende bringen. Denn mich dünkt über Gedichte sprechen habe allzu viel Ähnlichkeit mit den Gastmahlen ungebildeter und gemeiner Menschen. Denn auch diese, weil sie sich nicht selbst mit einander unterhalten können beim Becher noch durch ihre eigne Stimme und Rede aus Unbildung, verteuern sie die Flötenspielerinnen und mieten für vieles Geld die fremde Stimme der Flöte und unterhalten sich durch deren Stimme. Wo aber gute und edle und unterrichtete Zecher zusammen kommen, da findest du keine Flötenspielerin noch Tänzerin noch Lautenschlägerin, sondern du findest sie sich unter einander genug zur Unterhaltung ohne diese Possen und Tändeleien durch ihre eigene Stimme jeden an seinem Teile bald redend bald hörend ganz sittsam, und sollten sie auch sehr vielen Wein getrunken haben. So bedürfen auch solche Unterhaltungen, wie die gegenwärtige, wenn Männer darin begriffen sind, wie die meisten unter uns sich zu sein rühmen, keiner fremden

Stimme und keiner Dichter, welche man nicht einmal befragen kann über das, was sie sagen, so daß auch die, welche ihrer in ihren Reden erwähnen, teils sagen, dies habe der Dichter gemeint, teils wieder etwas anderes, indem sie von einer Sache reden, welche sie nicht auszumitteln vermögen; sondern solcher Unterhaltung entschlagen sie sich und unterhalten sich selbst durch sich selbst, indem sie sich in eignen Reden einander versuchen und versuchen lassen. Solche dünkt mich sollten ich und du lieber nachahmen, und die Dichter bei Seite setzend aus uns selbst mit einander reden, um die Wahrheit und uns zu erforschen. Willst du mich also noch weiter fragen, so bin ich bereit mich dir als Antwortender zu stellen; willst du aber, so stelle du dich mir, um den Gegenstand dessen Erörterung wir abgebrochen haben, zu Ende zu führen. – Hierauf und was ich weiter hinzufügte, erklärte sich Protagoras nicht, welches von beiden er tun wollte. Daher sagte Alkibiades zum Kallias sich wendend: Wie ist es, Kallias? Dünkt dich auch nun Protagoras recht zu tun, indem er nicht erklären will ob er Rede stehen will oder nicht? Mich dünkt nicht, sondern entweder setze er die Unterredung fort, oder er sage daß er sie nicht fortsetzen will, damit wir wissen, woran wir mit diesem sind, und Sokrates sich dann mit einem andern unterreden könne, oder welcher andere sonst Lust hat mit einem andern. Hierauf, beschämt wie es mir schien, da Alkibiades so sprach und Kallias ihn bat und fast alle Anwesende mit, bequemte sich Protagoras endlich wieder zum Gespräch, und hieß mich ihn fragen, indem er antworten wollte.

Ich fing also an und sagte: Glaube nur nicht, Protagoras, daß ich irgend etwas anderes wollend mich mit dir unterrede, als nur das worüber ich eben Zweifel habe erforschen. Denn ich glaube, daß Homeros gar Recht hat, wenn er sagt: Wo Zween wandeln zugleich, da bemerket der Ein' und der Andre; denn so sind alle Menschen besser gerüstet zu jeder Handlung und Rede und Untersuchung. Doch der Einzele, ob er bemerket, geht er dennoch sogleich umher, und suchet bis er einen findet, dem er es vorzeige, und mit dem er es sich recht begründe. So wie auch ich eben deshalb so gern mit dir rede, lieber als mit einem andern; weil ich glaube daß du am besten sowohl alles Andere, worüber ein rechtlicher Mann wohl nachdenken mag, auseinandersetzen kannst, als auch besonders das, was die Tugend betrifft. Denn wer auch anders als du, der du nicht nur selbst glaubst gut und edel zu sein, wie Andere die selbst zwar ganz rechtliche Männer sind, aber keinen Andern dazu machen können: sondern du bist sowohl selbst ein trefflicher Mann als auch im Stande Andere zu trefflichen Männern zu machen, und vertrauest so sehr dir selbst, daß da auch Andere diese Kunst verbergen, du dich selbst öffentlich dazu ausrufend vor allen Hellenen unter dem Namen eines Sophisten dich zum Lehrer in der Tugend und Vollkommenheit anbietest, als der erste, der dafür Bezahlung zu erhalten begehrt. Wie sollte man also nicht dich herbeirufen zu solcher Dinge Untersuchung und dich befragen und sich mit dir beraten? Gewiß man kann auf keine Weise anders. Und so wünsche ich auch jetzt, daß du das, worüber ich dich zuerst befragte, teils mir von Anfang wieder in Erinnerung bringen, teils es weiter mit mir untersuchen wollest. Es war aber, wie ich glaube, die Frage diese, ob Weisheit und

Besonnenheit und Tapferkeit und Gerechtigkeit und Frömmigkeit, ob dies nur fünf verschiedene Namen für Eine Sache sind, oder ob jedem dieser Namen auch ein eigener Begriff unterliegt und eine eigne Sache die jede ihre besondere Verrichtung haben, so daß die eine nicht ist wie die andere. Du nun hattest gesagt es wären nicht nur verschiedene Namen für Eines, sondern jeder dieser Namen sei einer besonderen Sache untergelegt, und diese alle wären Teile der Tugend, nicht wie die Teile des Goldes einander und dem Ganzen ähnlich sind, dessen Teile sie sind, sondern wie die Teile des Gesichtes dem Ganzen, dessen Teile sie sind, und auch sich untereinander unähnlich, und jeder seine besondere Verrichtung habend. Dünkt dich nun dieses noch eben so wie vorher, so sage es; wo aber anders, so erkläre dieses. Denn ich will dich nicht verantwortlich machen, wenn du jetzt etwas anderes behauptest, indem es mich gar nicht wundern sollte, wenn du damals um mich zu versuchen jenes gesagt hättest. – So sage ich dir denn, Sokrates, sprach er, dies alles sind freilich Teile der Tugend, und die vier anderen sind einander auch sehr nahe, die Tapferkeit aber ist von ihnen allen gar sehr unterschieden. Daß ich aber richtig rede kannst du hieraus erkennen. Du wirst nämlich viele Menschen finden, welche sehr ungerecht sind und sehr ruchlos, sehr unbändig und sehr unverständig, tapfer aber ganz ausgezeichnet. – Halt doch, sagte ich, denn was du da sagst, ist wohl wert, daß wir es betrachten. Nennst du die Tapfern dreist oder etwas anderes? – Und auch keck zufahrend worauf die Meisten sich fürchten zu gehen. – So komm denn! sagst du die Tugend sei etwas Schönes? und als in etwas Schönem erbietest du dich in ihr zum Lehrer? – Und zwar das Schönste allerdings, sagte er, wenn ich anders nicht von Sinnen bin. – Ob etwa, sprach ich, einiges an ihr schlecht ist und anderes schön? oder alles schön? – Alles durchaus schön so sehr als immer möglich. – Weißt du auch wohl, welche dreist ins Wasser springen? – O ja, die Schwimmer. – Weil sie es verstehen, oder aus einer anderen Ursach? – Weil sie es verstehen. – Und wer ficht im Kriege dreist zu Pferde? die Reiter oder die Unberittenen? – Die Reiter. – Und wer mit kurzen Schilden? die Leichtbewaffneten oder Andere? – Jene, sagte er, und überhaupt sind auch in allen andern Dingen, wenn du darauf hinaus willst, die Kundigen dreister als die Unkundigen, und nachdem sie es gelernt haben dreister als sie selbst waren ehe sie es gelernt hatten. – Hast du auch schon solche gesehen, fragte ich, die aller dieser Dinge unkundig waren, und doch zu allem dreist? – O ja, sagt er, und sehr dreist. – Sind wohl diese Dreisten auch tapfer? – Dann wäre ja, sagte er, die Tapferkeit etwas sehr schlechtes, denn diese sind toll. – Was sagst du denn von den Tapfern? sprach ich, nicht daß sie die Dreisten sind? – Auch jetzt noch, sagte er. – Also diese, sprach ich, die auf solche Art dreist sind, scheinen nicht tapfer zu sein, sondern toll? Und vorher dort, waren welche die weisesten auch die Dreistesten, und wenn die Dreistesten, auch die Tapfersten? Und so wäre ja nach dieser Rede die Weisheit die Tapferkeit? – Nicht richtig, sagte er, trägst du vor, o Sokrates, was ich gesagt und dir geantwortet habe. Gefragt von dir, ob die Tapfern dreist wären, habe ich dies bejaht, ob aber die Dreisten auch tapfer sind, das wurde ich gar nicht gefragt. Denn wenn du mich das gefragt hättest, würde ich gesagt haben, nicht Alle. Daß aber die Tapfern nicht dreist wären, und ich diese meine Behauptung mit Unrecht behauptet hätte, hast du nirgends erwiesen. Hernach zeigst du von den einer Sache kundigen, daß sie dreister darin sind, als sie selbst vorher waren, und so auch dreister als andere Unkundige, und deshalb meinst du nun sei Weisheit und Tapferkeit dasselbe. Wenn du es so herumholen willst, kannst du auch glauben, Stärke sei Weisheit. Denn zuerst wenn du mich mit einer solchen Wendung fragtest, ob nicht die Starken kraftvoll sind, so würde ich Ja sagen, und dann ob nicht die des Fechtens kundigen kraftvoller sind als die unkundigen, und auch nachdem sie es gelernt kraftvoller als sie selbst waren ehe sie es lernten, so würde ich es ebenfalls bejahen. Nachdem ich nun dieses zugegeben, könntest du dann eben diesen Beweis anwendend sagen, daß nach meinem Geständnis Weisheit Stärke wäre. Aber ich gebe ja keineswegs weder in diesem Falle zu, daß die Kraftvollen stark, jedoch daß die Starken kraftvoll sind, nämlich nicht, daß Kraft und Stärke einerlei ist; denn jene, die Kraft, entsteht auch aus Kenntnis, ja auch aus Wahnsinn oder aus Gemütsbewegung, die Stärke aber aus der guten Natur und der Wohlgenährtheit des Körpers. Noch auch in unserm Falle, daß Dreistigkeit und Tapferkeit einerlei ist, so daß zwar folgt die Tapfern sind dreist, jedoch nicht, daß die Dreisten auch alle tapfer sind. Denn Dreistigkeit entsteht dem Menschen auch aus Kunst oder aus Tollheit oder aus Gemütsbewegung, wie die Kraft; die Tapferkeit aber entsteht aus der Gutartigkeit und Wohlgenährtheit der Seele. – Sagst du denn, Protagoras, sprach ich, daß einige Menschen gut leben und Andere schlecht? – Er sagte ja. – Dünkt dich nun wohl ein Mensch gut zu leben, wenn er gequält und gepeinigt lebt? – Nein. – Wie aber wenn er nach einem vergnügten Leben seinen Lauf beschließt, dünkt dich dieser nicht gut gelebt zu haben? – Dann wohl, sagte er. – Also vergnügt leben ist gut, unangenehm leben aber böse? – Wenn man nämlich, sagte er, am Schönen Vergnügen findend lebt. – Wie doch, Protagoras? Nennst auch du, wie die meisten, einiges Angenehme böse und Peinliches gut? Ich meine nämlich in wiefern es angenehm ist, ob es in sofern nicht gut ist; nicht wenn etwa anderes daraus entsteht? und auf der andern Seite wiederum das Peinliche ob es nicht in sofern peinlich auch böse ist? – Ich weiß nicht, Sokrates, sagte er, so unbedingt wie du fragst ob ich antworten soll, daß alles Angenehme gut ist und das Peinliche böse. Vielmehr dünkt es mich nicht nur in Beziehung auf die gegenwärtige Antwort sicherer, sondern auch für mein ganzes übriges Leben, wenn ich antworte, daß es einiges gibt unter dem Angenehmen was nicht gut, und wiederum unter dem Unangenehmen einiges was nicht böse ist, anderes was so ist, und drittens noch anderes was keins von beiden ist, weder gut noch böse. – Angenehm aber, sprach ich, nennst du doch womit Lust verbunden ist, oder was Lust macht? – Allerdings, sagte er. – Dieses nun meine ich, ob es nicht in wiefern angenehm auch gut ist, nach der Lust selbst fragend, ob die nicht gut ist? – Darauf sagte er: Laß uns zusehn, Sokrates, wie du ja immer sagst, und wenn die Untersuchung zur Sache zu gehören scheint, und sich zeigt, daß das Gute und Angenehme einerlei ist, so wollen wir es einräumen, wo aber nicht, so wollen wir es dann schon bestreiten. – Willst nun, sprach ich, du die Untersuchung führen? oder soll ich sie führen? – Es ist billig, antwortete er, daß du sie führst, denn du leitest ja das Gespräch. – Vielleicht also, sagte ich, wird es uns auf diese Art offenbar werden. So wie nämlich Jemand der einen Menschen aus der Gestalt in Absicht auf seine Gesundheit oder sonst eine körperliche Beschaffenheit untersuchen sollte, wenn er nichts von ihm sähe als das Gesicht und die Hände, gewiß zu ihm sagen würde, komm her, entblöße mir auch die Brust und den Rücken, und zeige sie mir, damit ich dich genauer betrachten kann: so ohngefähr vermisse auch ich etwas bei unserer Untersuchung, und möchte, nachdem ich gesehen, wie du über das Angenehme und Gute denkst, dir eben so sagen: Komm her, Protagoras! enthülle mir von deiner Gesinnung auch noch dieses, was du von der Erkenntnis hältst, ob du auch hierüber so denkst wie die meisten Menschen oder anders? Die meisten nämlich denken von der Erkenntnis so ohngefähr, daß sie nichts starkes leitendes und beherrschendes ist, und achten sie auch gar nicht als ein solches, sondern daß gar oft, wenn auch Erkenntnis im Menschen ist, sie ihn doch nicht beherrscht, sondern irgend sonst etwas, bald der Zorn, bald die Lust, bald die Unlust, manchmal die Liebe, oft auch die Furcht, so daß sie offenbar von der Erkenntnis denken wie von einem elenden Wicht, daß sie sich von allem andern herumzerren läßt. Dünkt nun dich so etwas von ihr, oder vielmehr sie sei etwas Schönes, das wohl den Menschen regiere? und wenn einer Gutes und Böses erkannt habe, werde er von nichts anderem mehr gezwungen werden, irgend etwas anderes zu tun als was seine Erkenntnis ihm befiehlt, sondern die richtige Einsicht sei stark genug dem Menschen durchzuhelfen? – So dünkt es mich, antwortete er, wie du jetzt sagst, Sokrates, und zudem wäre es, wenn für irgend einen andern, gewiß auch für mich unziemlich zu behaupten, daß Weisheit und Erkenntnis nicht das mächtigste wäre unter allem menschlichen. – Wohl gesprochen von dir, sagte ich, und sehr wahr. Du weißt aber doch, daß die meisten Menschen mir und dir nicht glauben, sondern sie sagen, daß Viele, welche das Bessere sehr gut erkennen, es doch nicht tun wollen, obgleich sie könnten, sondern etwas anderes tun. Und so Viele ich gefragt habe, was doch die Ursach wäre hiervon, haben mir Alle gesagt, von der Lust überwunden oder der Unlust, oder von irgend einem unter den Dingen deren ich vorhin erwähnte bezwungen, täten die das, die es tun. – Sagen doch wohl, sprach er, die Leute, o Sokrates, noch viel anderes unrichtiges. – So komm denn, und versuche mit mir die Leute zu überreden, und zu belehren, was für ein Zustand das ist, was sie nennen von der Lust überwunden werden, und um deswillen das Bessere nicht tun, denn erkannt habe man es ja. Vielleicht nämlich, wenn wir ihnen nur sagten: Ihr habt Unrecht Leute und ihr irrt euch, möchten sie uns fragen, O Sokrates und Protagoras, wenn dieser Zustand nicht darin besteht von der Lust überwunden zu werden, was ist er denn, und wie erklärt ihr ihn? Sagt es uns doch! – Aber o Sokrates, sagte Protagoras, was sollen wir denn die Meinung der Leute in Betrachtung ziehen, welche sagen was ihnen einfällt? – Ich glaube nur, sprach ich, daß uns dies etwas helfen wird, um zu entdecken, wie sich die Tapferkeit eigentlich zu den übrigen Teilen der Tugend verhalte. Bleibst du also noch bei dem eben beschlossenen, daß ich führen soll, so folge mir auch dahin, wo ich glaube, daß sich uns die Sache am deutlichsten darstellen wird. Willst du aber nicht, so will ich es gut sein lassen, wenn dir das lieber ist. – Nein sagte er, du hast recht, bringe es nur zu Ende, wie du es angefangen hast. – Noch einmal also, sprach ich, wenn sie uns fragten: Wie erklärt ihr also das was wir nannten zu schwach sein gegen die Lust? so würde ich zu ihnen sagen: Hört denn! Protagoras und ich, wir wollen versuchen, es euch zu erklären. Ihr meint doch darunter nichts anderes, als was euch in solchen Dingen begegnet, wie daß ihr oft von Speise und Trank und Wollust als dem Angenehmen bezwungen, wiewohl ihr wißt, daß es schlecht ist, es dennoch tut? – Das würden sie bejahen. – Nicht wahr, dann würden wir sie wieder fragen, ich und du: Aber in wiefern sagt ihr, daß diese Dinge schlecht sind? etwa eben deshalb, weil sie diese Lust für den Augenblick gewähren, und also jedes für sich angenehm sind? oder weil sie in der folgenden Zeit Krankheit und Mangel herbeiführen, und viel anderes der Art bewirken? Oder sollten sie auch, wenn sie nichts dergleichen in der Folge bewirken, sondern nur Vergnügen machen, dennoch etwas böses sein, weil sie was einer auch treibe ihn vergnügt machen und auf welche Art es auch sei? Sollen wir glauben, Protagoras, daß sie uns etwas anderes antworten werden, als diese Dinge wären nicht wegen der Lust, welche sie für den Augenblick gewähren, böse, sondern allerdings wegen der hernach entstehenden Krankheiten und des Übrigen? – Ich glaube, sagte Protagoras, daß die Leute so antworten werden. – Und was Krankheit bringt, bringt Unlust, was Armut bringt, bringt Unlust? Das würden sie zugeben denke ich? – Protagoras war auch der Meinung. – Also scheinen euch, ihr Leute, wie ich und Protagoras behaupten, diese Dinge aus keiner andern Ursach böse zu sein, als weil sie selbst in Pein endigen und euch anderer Lust berauben? Das würden sie doch zugeben? So schien es uns beiden. Wenn wir sie nun auch nach dem entgegengesetzten fragten: Ihr Leute, die ihr wiederum sagt, daß manches Peinliche gut ist, meint ihr damit nicht dergleichen wie die anstrengenden Leibesübungen, die Feldzüge, die Behandlungen der Ärzte mit Brennen und Schneiden, Arzneinehmen und Fasten, daß dergleichen gut ist aber peinlich? so würden sie das bejahen? – So schien es ihm auch. – Ob ihr sie nun wohl deshalb gut nennt, weil sie für den Augenblick die heftigsten Qualen und Schmerzen verursachen? oder weil in der Folge Gesundheit daraus entsteht und Wohlbefinden des Körpers und Rettung der Staaten und sonst Herrschaft und Reichtum? Sie würden das letztere bejahen wie ich glaube. – Er glaubte es ebenfalls. – Sind also diese Dinge aus einer andern Ursache gut, als weil sie in Lust endigen und in der Unlust Anwendung und Vertreibung? oder habt ihr ein anderes Ziel anzugeben in Beziehung auf welches ihr sie gut nennt als nur Lust oder Unlust? Ich glaube sie werden kein anderes angeben. – Auch ich glaube es nicht, sagte Protagoras. – Also jaget ihr doch der Lust nach als dem Guten, und die Unlust flieht ihr als das Böse? Das würden sie zugeben? – So dünkte es ihn auch. – Dies also haltet ihr eigentlich für böse, die Unlust, und die Lust für gut; wenn ihr doch behauptet das Wohlbefinden selbst sei in dem Fall böse, wenn es größere Lust raubt als es selbst enthält, oder größere Unlust herbeiführt als seine eigene Lust nicht war. Denn wenn ihr in einer andern Hinsicht das Wohlbefinden für böse hieltet und in Beziehung auf ein anderes Ziel: so würdet ihr uns denn auch wohl sagen können, aber ihr werdet es nicht können. – Ich glaube auch nicht daß sie es können, sagte Protagoras. – Ist es nun nicht wiederum mit dem Übelbefinden selbst die nämliche Sache? Alsdann nennt ihr selbst das Übelbefinden gut, wenn es entweder noch größere Unlust als die es selbst in sich hat, entfernt, oder größere Lust als die Unlust war, bereitet? Denn wenn ihr auf etwas anderes sähet, indem ihr das Übelbefinden gut nennt, als was ich sage: so würdet ihr es uns wohl sagen können, aber ihr werdet es nicht können. – Ganz recht, sagte Protagoras. – Weiter also, sprach ich, wenn ihr mich fragtet ihr Leute: Warum sagst du hierüber soviel und von allen Seiten? so würde ich antworten: Habt schon Nachsicht mit mir; denn erstlich ist es überhaupt nicht leicht zu zeigen, was das eigentlich sei, was ihr nennt von der Lust überwunden werden, und dann beruht grade hierauf der ganze Beweis. Es steht euch aber auch jetzt noch frei zu widerrufen, falls ihr etwa zu sagen wißt, das Gute sei noch etwas anders als die Lust, und das Böse noch etwas anders als die Unlust. Oder ist euch das genug, euer Leben angenehm hinzubringen ohne Unlust? Wenn euch nun das genug ist, und ihr nichts anderes zu sagen wißt, was gut oder böse wäre was sich nicht hierin endigte, so hört nun das weitere. Nämlich ich sage euch wenn sich dies so verhält, wird das nun eine lächerliche Rede, wenn ihr sagt, daß oftmals der Mensch, obgleich das Böse erkennend, daß es böse ist, es dennoch tut, ohnerachtet ihm frei stände es nicht zu tun, weil er von der Lust getrieben wird und betäubt; und ihr dann auch wieder sagt, daß der Mensch, das Gute erkennend, es dennoch nicht zu tun pflegt der augenblicklichen Lust wegen und von dieser überwunden. Daß dies lächerlich ist, wird euch ganz klar werden, sobald wir uns nur nicht mehr der vielerlei Namen zugleich bedienen wollen des Angenehmen und Peinlichen und des Guten und Bösen, sondern da sich gezeigt hat, daß dieses nur zweierlei ist, es auch nur mit zwei Worten bezeichnen wollen, zuerst überall durch gut und böse, und dann wieder überall durch angenehm und peinlich. Dieses also festgestellt sagen wir, daß der Mensch das Böse erkennend, daß es böse ist, es dennoch tut. Wenn uns nun Jemand fragt, Warum denn? so werden wir sagen, weil er überwunden ist. Wovon denn? wird uns jener fragen; wir aber dürfen nicht mehr sagen, Von der Lust, denn die Sache hat nun einen andern Namen bekommen, und statt Lust heißt sie Gutes. Wir antworten also jenem und sagen: Weil er überwunden ist. Wovon denn? fragt er. Von dem Guten werden wir beim Zeus sagen müssen. Ist nun der welcher uns fragt ein Spötter, so wird er lachen und sagen, das ist doch wahrhaftig eine lächerliche Sache, was ihr da sagt, daß ein Mensch das Böse, indem er erkennt daß es böse ist, und da er es nicht tun muß, dennoch tut, weil er vom Guten überwunden ist! Von einem Guten, wird er fragen, welches wert oder welches nicht wert war jenes Böse zu überwinden? Offenbar werden wir zur Antwort sagen müssen: Von einem welches dessen nicht wert war; denn sonst hätte der nicht gefehlt von dem wir sagen, daß er zu schwach war gegen die Lust. Und weshalb, wird er vielleicht sprechen, ist denn das Böse des Guten, oder das Gute des Bösen unwert? etwa wegen etwas anderen als weil das eine größer und das andere kleiner ist? oder das eine mehr und das andere weniger ist? wir werden nichts anderes angeben können. Offenbar also, wird er sagen, meint ihr unter diesem überwunden werden, daß Jemand für geringeres Gute mehr Böses erhält. So demnach auf diese Art. Nun laßt uns für dieselben Dinge wieder jene Namen zurückrufen, das Angenehme und Unangenehme, und laßt uns sagen, Der Mensch tut, vorher sagten wir das Böse, nun aber wollen wir sagen das Unangenehme, erkennend daß es unangenehm ist, überwunden aber von dem Angenehmen; offenbar nämlich von einem solchen, welches nicht wert war zu siegen. Und welche andere Schätzung gibt es denn für Lust gegen Unlust als den Überschuß oder das Untermaß der einen gegen die andere, das heißt, je nachdem eine größer ist oder kleiner als die andere, mehr oder weniger, stärker oder schwächer? Denn wenn Jemand sagen wollte: Aber, Sokrates, ein großer Unterschied ist doch auch zwischen dem augenblicklich Angenehmen und dem erst für die künftige Zeit Angenehmen und Unangenehmen, so werde ich ihn fragen, Liegt er in etwas anderem als in Lust und Unlust? auf keine Weise ja in etwas anderem. Sondern wie ein des Abwägens kundiger lege das Angenehme zusammen und das Unangenehme zusammen und auf der Waage, das Entfernte und das Nahe abschätzend sage dann welches das größere ist. Denn wenn du Angenehmes gegen Angenehmes wägst, mußt du immer das mehrere und größere nehmen, wenn Unangenehmes gegen Unangenehmes das kleinere und geringere; wenn aber Angenehmes gegen Unangenehmes mußt du, wenn das Unangenehme vom Angenehmen übertroffen wird, es sei nun das nähere von entfernterem oder das entferntere von näherem, die Handlung verrichten, darin sich dieses Verhältnis findet; wird aber in einer das Angenehme vom Unangenehmen übertroffen, die mußt du nicht verrichten. Verhält es sich etwa anders hiermit ihr Leute? würde ich sagen; ich weiß, sie würden nichts anderes zu sagen wissen. – So dünkte es ihn auch. – Wenn sich nun dies so verhält, so beantwortet mir doch folgendes, werde ich sagen. Erscheint eurem Gesicht dieselbe Größe von nahem größer, von weitem aber kleiner, oder nicht? – Das werden sie bejahen. – Und die Dicke und die Menge eben so? Und derselbe Ton von nahem stärker, von weitem aber schwächer? – Sie werden ja sagen. – Wenn nun unser Wohlbefinden darauf beruhte, daß wir große Linien zögen und zu erlangen suchten, kleine aber vermieden und nicht zögen: was würde sich dann zeigen als das Heil unseres Lebens? die Kunst zu messen oder die Gewalt des Scheins? Oder würde nicht die letzte uns gewiß irre führen und machen, daß wir oft das unterste wieder zu oberst kehren müßten in derselben Sache, und wieder andere Entschließungen fassen in unserer Hervorbringung und Auswahl des Großen und Kleinen? die Meßkunst hingegen dieses Trugbild unwirksam machen, und durch deutliche Bezeichnung des Wahren der Seele, welche dann bei der Wahrheit bliebe, Ruhe verschaffen und auf diese Art unserm Leben Heil bringen? Würden die Leute bekennen, daß in diesem Falle die Meßkunst uns Heil bringen müßte, oder würden sie eine andere nennen? – Die Meßkunst, gestand er. – Wie aber wenn das Heil unseres

Lebens auf der Wahl grader und ungrader Zahlen beruhte, von beiden wann es recht wäre das größere zu wählen, und wann das kleinere im Vergleich jeder Art mit sich selbst sowohl als mit der andern, sie möchten nun nahe sein oder fern, was würde dann das Heil unseres Lebens sein? Nicht auch eine Erkenntnis? Und wäre sie nicht, da sie ja auf Überschuß und Untermaß geht, eine messende Kunst? und da auf Grades oder Ungrades kann sie wohl eine andere sein als die Rechenkunst? Würden uns das die Leute eingestehen oder nicht? – Auch Protagoras glaubte, sie würden es eingestehen. – Gut, ihr Leute. Da sich nun aber gezeigt hat, daß das Heil unseres Lebens auf der richtigen Auswahl von Lust und Unlust beruht, der mehreren oder wenigeren, größeren oder kleineren sowohl nahen als fernen: zeigt sich zuerst nicht auch diese als ein Messen, da sie Überschuß, Untermaß und Gleichheit gegenseitig zu untersuchen hat? – Notwendig ja. Und wenn sie ein Messen ist, so ist sie notwendig eine Kunst und Erkenntnis? – Dem werden sie beistimmen. – Was für eine Kunst und Erkenntnis sie nun sein wird, wollen wir hernach sehn, daß es aber eine Erkenntnis ist, soviel ist jetzt hinreichend zu dem Beweise, den ich und Protagoras zu führen haben über das, wonach ihr uns gefragt habt. Ihr fragtet uns nämlich, wenn ihr euch dessen erinnert damals als wir Beide mit einander einverstanden waren, es gebe nichts stärkeres als die Erkenntnis, und wo sie nur wäre, herrschte sie auch überall über die Lust und alles andere, ihr aber behaupten wolltet die Lust herrsche oftmals auch über den erkennenden Menschen, wir aber euch dies nicht zugeben wollten, damals fragtet ihr uns, O Protagoras und Sokrates, wenn dieser Zustand das nicht ist, daß man von der Lust überwunden wird, so sagt uns doch, was er denn ist, und wie ihr ihn erklärt? Wenn wir euch nun damals gleich gesagt hätten, er wäre eben Unverstand, so würdet ihr uns ausgelacht haben; jetzt aber wenn ihr uns auslachen wollt, müßt ihr euch selbst mit auslachen, denn ihr habt selbst eingestanden, wer bei der Wahl der Lust und Unlust, das heißt des Guten und Bösen fehle, der fehle aus Mangel an Erkenntnis, und nicht nur an Erkenntnis, sondern noch weiter habt ihr ja zugegeben, daß es eine messende sei. Eine ohne Erkenntnis verfehlte Handlung aber, wißt ihr wohl selbst, wird aus Unverstand so verrichtet, so daß also dieses zu schwach sein gegen die Lust der größte Unverstand ist; für welchen eben dieser Protagoras ein Arzt zu sein behauptet, so auch Prodikos und Hippias. Weil ihr aber meint, es sei etwas anderes als Unverstand, so geht ihr weder selbst zu diesen Lehrern hierin, den Sophisten, noch schickt ihr eure Söhne zu ihnen, als ob es nicht lehrbar wäre; sondern euer Geld so hegend, und es diesen nicht gebend, handelt ihr schlecht als Hausväter und als Staatsbürger. Dieses also würden wir den Leuten geantwortet haben.

Nun aber frage ich nächst dem Protagoras auch euch beide, Hippias und Prodikos, denn gemeinschaftlich soll eure Rede sein, ob ihr glaubt, daß ich wahr rede oder unwahr? – Alle hielten das Gesagte für über die Maßen richtig. – Ihr gebt also zu, sprach ich, daß das Angenehme gut ist und das Peinliche böse. Aber hier des Prodikos Unterscheidung der Worte verbitte ich. Du magst nun das, was ich meine, angenehm nennen oder erfreulich oder vergnügend oder wie und woher du sonst dieses zu benennen vorziehst, bester Prodikos, beantworte mir nur dieses in Beziehung auf das was ich will. – Lachend gab es nun Prodikos zu und die andern auch. – Wie aber, ihr Männer, sprach ich, ist es hiemit, die hierauf sich beziehenden Handlungen auf das schmerzlos und angenehm leben, sind die nicht alle auch schön? und ist nicht jede schöne Tat gut und nützlich? – Das schien ihnen ebenso. – Wenn nun, sprach ich, das Angenehme gut ist, so wird ja niemand, – er wisse nun oder glaube nur, daß es etwas besseres, als er tut, und auch ihm mögliches, gibt, – noch jenes tun, da das Bessere in seiner Macht steht; und dieses zu schwach sein gegen sich selbst ist also nichts anders als Unverstand, und das sich selbst beherrschen nichts anderes als Weisheit. – Dem gaben Alle Beifall. – Wie nun? nennt ihr das Unverstand falsche Meinungen zu haben und sich zu täuschen über wichtige Dinge? – Auch dem stimmten Alle bei. – Ist es nicht auch so, daß Niemand aus freier Wahl dem Bösen nachgeht, oder dem was er für böse hält? und daß das, wie es scheint, gar nicht in der Natur des Menschen liegt, dem nachgehn zu wollen, was er für böse hält anstatt des Guten, wenn er aber gezwungen wird von zwei Übeln eins zu wählen, niemand das größere nehmen wird, wenn er das kleinere nehmen darf? – Dieses alles kommt uns Allen einem vor wie dem andern. – Wie nun? sprach ich, nennt ihr etwas Angst und Furcht? und zwar dasselbe was ich? Deinetwegen sage ich das Prodikos, ich verstehe nämlich darunter die Erwartung eines Übels, ihr mögt das nun Angst nennen oder Furcht. – Protagoras und Hippias sagten, das wäre Angst und Furcht; Prodikos hingegen, Angst wäre es, Furcht aber nicht. – Es ist daran nichts gelegen, Prodikos, sprach ich; sondern nur hieran, wenn das vorhergesagte seine Richtigkeit hat, ob dann irgend ein Mensch dem wird nachgehen wollen, wovor er sich ängstigt, wenn er auch nach etwas Anderem kann; oder ob dies dem eingestandenen zu Folge unmöglich ist. Denn wovor sich Jemand ängstiget, das ist eingestanden halte er für böse, und was er für böse hält, dem will Niemand weder nachgehn noch es auch mit seinem guten Willen hinnehmen. – Auch das bejaheten Alle. – Ist nun dieses so festgestellt, sagte ich, o Prodikos und Hippias, so mag sich doch hier unser Protagoras verteidigen über das was er zuerst geantwortet hat, wie es wohl richtig sein kann. Nicht was er ganz zuerst sagte, denn damals behauptete er, von fünf Teilen der Tugend, die es gäbe, sei keiner wie der andere, und jeder habe seine eigene Verrichtung; dies meine ich nicht, sondern was er hernach behauptet hat. Denn hernach sagte er wieder, die viere wären einander zwar sehr nahe, der eine aber, nämlich die Tapferkeit, unterschiede sich gar sehr von den übrigen. Und erkennen, sprach er, könnte ich dies hieraus. Du wirst nämlich Menschen finden, Sokrates, die sehr ruchlos sind und sehr ungerecht, und sehr unbändig und unverständig, tapfer aber ganz ausgezeichnet, woraus du denn schließen kannst, daß die Tapferkeit von den übrigen Teilen der Tugend sehr weit unterschieden ist. Und ich verwunderte mich gleich damals höchlich über diese Antwort, noch mehr aber hernach, seitdem ich dieses mit euch abgehandelt habe. Ich fragte ihn also, ob er sagte, die Tapfern wären dreist, und er sagte: Und auch keck zufahrend. Erinnerst du dich, sprach ich, Protagoras, daß du dies geantwortet hast? Er gestand es ein. So komm denn, sprach ich, und sage uns, worauf meinst du denn, daß die Tapfern so keck zufahren? etwa auf das nämliche worauf auch die Feigen? – Nein, sagte er. – Also auf etwas anderes? – Ja, sagte er. – Gehen etwa die Feigen auf das Unbedenkliche los, die Tapferen aber auf das Furchtbare? – So sagen die Leute, Sokrates, antwortete er. – Schon recht, sprach ich, aber darnach frage ich nicht, sondern du, worauf du sagst, daß die Tapfern keck zufahren, ob sie auf das Furchtbare zufahren, indem sie es selbst für furchtbar halten, oder auf das nicht furchtbare? – Aber dies, sagte er, ist ja in dem, was du gesprochen, so eben als unmöglich erwiesen worden. – Auch darin hast du ganz recht, sagte ich; so daß, wenn dieses richtig erwiesen ist, Niemand dem nachgeht was er für furchtbar hält, da ja das sich selbst nicht beherrschen können als ein Unverstand erfunden wurde. – Das gab er zu. – Aber auf das, wozu man guten Mut hat, geht wieder ein Jeder los, die Feigen wie die Tapferen, und auf diese Art gehen also beide auf dasselbe los, die Feigen und die Tapferen. – Aber dennoch, sagte er, sind das ganz entgegengesetzte Dinge, Sokrates, worauf die Feigen und worauf die Tapferen losgehen. Gleich zum Beispiel in den Krieg wollen die Einen sehr leicht gehn, die anderen wollen nicht. – Indem es, sagte ich, schön ist hinzugehen oder schlecht? – Schön, sagte er. – Wenn also schön, sprach ich, dann auch gut, haben wir schon vorher eingestanden; denn wir gestanden, daß alle schönen Handlungen auch gut wären. – Das ist richtig, und immer habe auch ich so gedacht. – Sehr wohl, sprach ich. Aber welche von beiden behauptest du wollen nicht zu Felde gehen, wenn es schön und gut ist? – Die Feigen, sagte er. – Und, sprach ich, wenn es schön und gut ist, wird es auch angenehm sein? – Das ist wenigstens eingeräumt worden, sagte er. – Wissentlich also wollen die Feigen doch nicht hingehen nach dem Schöneren, Besseren und Angenehmeren? – Aber auch hiedurch, wenn wir es eingeständen, sagte er, zerstörten wir unsere vorigen Eingeständnisse. – Und wie der Tapfere, fragte ich, geht der nicht nach dem Schöneren, Besseren und Angenehmeren? – Notwendig, sagte er, ist dies anzunehmen. – Also überhaupt, wenn die Tapfern sich fürchten, ist das keine schlechte Furcht, und wenn sie dreist sind, ist das keine schlechte Dreistigkeit? – Ganz recht, sagte er. – Und wenn nicht schlecht, ist dann beides nicht schön? Das gab er zu. – Und wenn schön auch gut? – Ja. – Werden also nicht im Gegenteil die Feigen und Verwegenen und Tollkühnen sich mit einer schlechten Furcht fürchten, und mit einer schlechten Dreistigkeit dreist sein? – Das gab er zu. – Und können sie wohl zu dem schlechten und bösen aus einer andern Ursach dreist sein als aus Unkenntnis und Unverstand? – So muß es sich verhalten, sagte er. – Und wie? dasjenige, wodurch die Feigen feig sind, nennst du das Feigheit oder Tapferkeit? – Feigheit, versteht sich, sagte er. – Und haben wir nicht gesehen, daß sie eben durch die Unkenntnis dessen, was furchtbar ist, feige sind? – Allerdings, sprach er. – Also durch diese Unkenntnis sind sie feige? – Er gab es zu. – Und wodurch sie feige sind, das räumst du ein ist die Feigheit? – Er sagte ja. – Also wäre ja wohl die Unkenntnis dessen was furchtbar ist, und was nicht, die Feigheit? – Er winkte zu. – Aber der Feigheit, sagte ich, ist doch die Tapferkeit entgegengesetzt? – Er bejahte es. – Ist nun nicht die Kenntnis von dem was furchtbar ist und was nicht der Unkenntnis darin entgegengesetzt? – Auch hier winkte er noch zu. – Und die Unkenntnis davon war die Feigheit? – Hier winkte er nur mit großer Mühe noch zu. – So ist demnach die Weisheit in dem was furchtbar ist und was nicht die Tapferkeit, weil sie der Unkenntnis davon entgegengesetzt ist. – Darauf wollte er mir nun nicht einmal mehr zuwinken, und schwieg ganz still. – So Protagoras? sprach ich. Du bejahst weder noch verneinest was ich dich frage? – Bringe es nur allein zu Ende, sagte er. – Nur Eins, sprach ich, will ich dich noch fragen, ob dich auch jetzt noch, wie vorher, einige Menschen sehr unverständig dünken, zugleich aber ausgezeichnet tapfer? – Du scheinst, sagte er, etwas besonderes darein zu setzen, Sokrates, daß ich dir antworten soll. So will ich dir denn gefällig sein, und sagen, daß nach dem, was wir mit einander festgestellt haben, dieses unmöglich zu sein scheint. – Keinesweges, sprach ich, frage ich alles dieses aus irgend einer andern Absicht, als um zu ergründen, wie es sich wohl eigentlich verhält mit der Tugend, und was sie wohl selbst ist die Tugend. Denn soviel weiß ich, wäre dies nur erst ausgemacht, so würde auch jenes bald entschieden sein, worüber ich und du Jeder eine lange Rede gehalten haben, ich behauptend die Tugend sei nicht lehrbar, du sie sei lehrbar. Und der jetzige Ausgang unseres Gesprächs scheint mir ordentlich wie ein Mensch uns anzuklagen und auszulachen, und wenn er reden könnte sagen zu wollen: Ihr seid wunderliche Leute, Sokrates und Protagoras! du, der du im Vorigen behauptest die Tugend sei nicht lehrbar, dringst jetzt auf das was dir zuwider ist, indem du zu zeigen suchst, daß alles Erkenntnis ist, die Gerechtigkeit, die Besonnenheit und die Tapferkeit, auf welche Weise denn die Tugend am sichersten als lehrbar erscheinen würde. Denn wenn die Tugend etwas anderes wäre als die Erkenntnis, wie Protagoras zu behaupten unternahm, so wäre sie sicherlich nicht lehrbar. Jetzt aber, wenn sie sich als Erkenntnis offenbaren wird, worauf du dringst, Sokrates, wäre es ganz wunderbar, wenn sie nicht sollte lehrbar sein. Protagoras wiederum, der damals annahm sie sei lehrbar, scheint jetzt das Gegenteil zu betreiben, daß sie eher fast alles andere sein soll nur nicht Erkenntnis, und so wäre sie doch am wenigsten lehrbar. Ich nun, Protagoras, indem ich zusehe, wie schrecklich uns dieses alles durcheinander geschüttelt wird, das unterste zu oberst, bin voll Eifers die Sache zur Klarheit zu bringen, und ich wünschte, nachdem wir dies durchgegangen, könnten wir auch weiter zurückgehen auf die Tugend selbst, was sie wohl ist, und dann wieder diese Untersuchung aufs neue anfangen ob sie lehrbar ist oder nicht, damit nicht etwa jener Epimetheus, der Hintennachdenker, uns auch in unsern Untersuchungen hinterlistig betrüge, wie er uns schon in der Verteilung schlecht behandelt hat, wie du sagst. Auch in jener Geschichte hat mir Prometheus, der Vorausdenker besser gefallen, und eben weil ich es mit ihm halte, und auf mein ganzes Leben im Voraus Bedacht nehmen möchte, beschäftige ich mich mit diesen Dingen, und wenn du nur wolltest, möchte ich sie, wie ich auch gleich Anfangs sagte, am liebsten mit dir gemeinschaftlich untersuchen. – Darauf sagte Protagoras: Ich meines Teils, Sokrates, lobe gar sehr deinen Eifer sowohl als deine Art das Gespräch durchzuführen; denn auch im übrigen denke ich kein übler Mensch zu sein, neidisch aber zumal am wenigsten unter allen Menschen. Wie ich denn auch von dir schon zu Mehreren gesagt, daß unter allen mit denen ich zusammentreffe, ich dich ganz vorzüglich schätze, von allen deines Alters zumal, und ich füge hinzu es wird mich gar nicht wundern, wenn du einst unter die berühmten wegen ihrer Weisheit gehören wirst. Hierüber nun wollen wir, wenn du willst, ein andermal weiter sprechen; jetzt ist es Zeit auch zu etwas Anderem zu schreiten. – Gut, sagte ich, so wollen wir es halten, wenn du meinst. Denn auch für mich ist es schon lange Zeit dorthin zu gehn, wovon ich schon sagte, und nur um Kallias dem Schönen gefällig zu sein, habe ich bis jetzt hier verweilt. Diese Reden wurden gewechselt, und so gingen wir.

Laches

Lysimachos • Melesias • Nikias • Laches • Die Söhne des Lysimachos und Melesias • Sokrates

Lysimachos: Gesehen habt ihr nun, o Nikias und Laches, den Mann in ganzer Rüstung fechten; weshalb aber wir, ich und Melesias, euch genötiget haben mit uns ihm zuzusehen, dies sagten wir gleich damals nicht, wollen es aber jetzt sagen. Denn wir glauben zu euch ja freimütig reden zu dürfen. Denn es gibt freilich welche, die einen hiermit nur auslachen; und wenn Jemand sie zu Rate zieht, so sagen sie nicht was sie denken, sondern den Fragenden erratend reden sie etwas anderes gegen ihre Meinung. Euch aber hielten wir nicht nur tüchtig zu der Sache Beurteilung, sondern auch, daß nachdem ihr sie beurteilt, ihr aufrichtig sagen werdet, was ihr denkt, und so haben wir euch mit zu unserer Beratung genommen, über das was wir euch eröffnen wollen. Worüber ich aber schon so lange so vieles vorrede, das ist folgendes. Diese hier sind unsere Söhne, der da ist dessen, nach seinem Großvater Thukydides genannt; der meinige aber hier führt ebenfalls den großväterlichen Namen meines Vaters, denn er heißt Aristeides. Für diese nun haben wir beschlossen so gut als möglich zu sorgen, und nicht, wie die Meisten es machen, nun sie halb erwachsen sind, sie gehn und tun zu lassen was sie wollen, sondern vielmehr nun erst recht anzufangen die möglichste Sorgfalt auf sie zu wenden. Da wir nun wissen, daß auch ihr Söhne habt: so glauben wir, wenn irgend Jemand, werdet gewiß ihr darauf gesonnen haben, auf welche Art behandelt sie am besten gedeihen werden. Solltet ihr aber etwa nicht sehr auf diese Sache gedacht haben: so wollen wir euch ermahnen, sie nicht zu vernachlässigen, und euch auffordern gemeinschaftlich mit uns Sorge zu tragen für die Söhne. Weshalb wir nun dieses beschlossen, o Laches und Nikias, müßt ihr hören, wenn es auch etwas ausführlicher sein sollte. Wir nämlich speisen zusammen, ich und Melesias, und unsere Knaben mit uns. Wie ich nun gleich Anfangs gesagt, wir wollen freimütig zu euch reden. Jeder von uns nämlich hat von seinem Vater zwar viele schöne Taten zu erzählen, teils welche sie im

Kriege getan haben, teils welche im Frieden, sowohl der Bundesgenossen Angelegenheiten verwaltend als auch der Stadt; eigne Taten aber von sich selbst hat keiner von Uns den Jünglingen zu erzählen. Deswegen also schämen wir uns vor diesen, und klagen auch unsere Väter an, daß sie uns nachdem wir herangewachsen nach Gutdünken leben ließen, selbst aber nur fremde Angelegenheiten verwalteten. Diesen Jünglingen aber halten wir das Beispiel vor, und sagen ihnen, daß wenn sie sich vernachlässigen und uns nicht gehorchen, sie auch werden unberühmt bleiben, würden sie aber Fleiß anwenden, so könnten sie vielleicht der Namen sich wert machen, welche sie führen. Sie nun versprechen zu gehorchen, und wir denken darauf, was diese wohl lernen und üben müssen, um recht tüchtige Männer zu werden. Da hat uns also einer auch auf diese Kunst gewiesen, daß sie es wohl einem Jünglinge anständig wäre in ganzer Rüstung fechten, und hat uns dazu diesen gerühmt, welchen ihr eben gesehen habt sich in seiner Kunst zeigen, und uns geheißen ihm zuzuschauen. Wir aber glaubten, wir müßten nicht nur selbst kommen ihn zu sehen, sondern auch euch mitnehmen als Mitzuschauer zunächst, dann aber auch als Mitberater und Teilnehmer, wenn ihr wollt, an der Sorge für die Söhne. Dieses ist, weshalb wir uns mit euch zusammentun wollten. Jetzt also ist eure Sache Rat zu erteilen, sowohl wegen dieser Kunst, ihr mögt nun meinen daß sie erlernt werden müsse oder nicht, als auch übrigens wenn ihr uns für einen jungen Mann eine Kunst anzurühmen habt oder eine Wissenschaft, so auch wegen eurer Gemeinschaft mit uns, zu sagen was ihr tun wollt.

Nikias: Ich meines Teils, o Lysimachos und Melesias, lobe nicht nur eure Gesinnung, sondern bin auch bereit mit euch gemeine Sache zu machen; ich glaube aber dasselbe auch von Laches.

Laches: Und ganz richtig glaubst du, o Nikias. Denn was Lysimachos eben sagte von seinem und des Melesias Vater, das scheint mir sehr richtig bemerkt zu sein, nicht nur über jene, sondern auch über uns, und Alle, welche die öffentlichen Geschäfte verwalten, indem Allen fast dieses begegnet, was er sagt, sowohl was ihre Kinder betrifft als alle andere eignen Angelegenheiten, daß diese nämlich hintangesetzt und nachlässig betrieben werden. Dieses also war sehr gut gesagt, o Lysimachos; daß du aber uns zu Mitberatern wegen der Erziehung dieser Jünglinge berufest, den Sokrates hier aber nicht berufest, darüber wundere ich mich, da er zuförderst dein Zunftgenosse ist, demnächst aber sich immer da aufhält, wo etwas von dem zu finden ist was du suchst für die Jünglinge, irgendeine anständige Wissenschaft oder Kunst.

Lysimachos: Wie sagst du, o Laches? Läßt Sokrates sich dergleichen irgend angelegen sein?

Laches: Allerdings, o Lysimachos.

Nikias: Dieses kann auch ich bezeugen nicht minder als Laches. Denn auch mir selbst hat er nur neulich einen Mann zugeführt, als Lehrer für meinen Sohn in der Tonkunst, des Agathokles Schüler, den Damon, einen gar vortrefflichen Mann in der Tonkunst nicht nur, sondern auch sonst wie brauchbar du willst zum lehrreichen Umgang für solche Jünglinge.

Lysimachos: Gar wenig, o Sokrates, Nikias und Laches, sind wir, die wir so alt sind, mehr bekannt mit den Jüngeren, da wir gar viel zu Hause bleiben unseres Alters wegen. Wenn also auch du, o Sohn des Sophroniskos, diesem deinem Zunftgenossen etwas gutes zu raten hast, so rate. Auch geziemt es dir so, da du schon vom Vater her mir befreundet bist; denn immer waren ich und dein Vater Freunde und Vertraute, und er ist eher gestorben als er einen Zwist mit mir gehabt hätte. Überdies kommt mir jetzt eine Erinnerung von dem was diese sagen. Denn wenn die Knaben zu Hause unter einander reden, erwähnen sie oft des Sokrates und rühmen ihn sehr, noch nie indes habe ich sie befragt, ob sie wohl den Sohn des Sophroniskos meinen. Sagt also, ihr Kinder, ist dieses der Sokrates dessen ihr immer erwähnt?

Knaben: Allerdings, o Vater, ist es dieser.

Lysimachos: Sehr gut, bei der Here, o Sokrates, daß du so deinem Vater, dem trefflichen Manne, Ehre bringst, schon an sich besonders aber auch weil nun das deinige auch uns eignen wird, so wie das unsrige dir.

Laches: Wahrlich, o Lysimachos, lasse ja den Mann nicht los. Ich meines Teils habe ihn auch anderswo schon gesehen nicht nur seinem Vater Ehre bringen, sondern auch seinem Vaterlande. Denn bei der Flucht vor Delion ging er mit mir zurück, und ich versichere dich, wenn die Übrigen sich hätten so beweisen wollen, unsere Stadt wäre damals bei Ehren geblieben, und hätte nicht einen so schmählichen Sturz erlitten.

Lysimachos: O Sokrates, dieses ist ein schönes Lob, welches dir jetzt erteilt wird von glaubwürdigen Männern zumal in dem, weshalb sie dich loben. Sei also versichert, daß es mich freut dieses zu hören, deines guten Rufes wegen, und zähle mich zu denen welche dir am meisten wohlwollen. Und schon eher zwar hättest du von selbst fleißig zu uns kommen sollen und uns zu den deinigen rechnen: nun aber von heute an, da wir einander bekannt geworden, tue ja nicht anders, sondern halte dich zu uns, und lerne auch du uns kennen und diese Jüngeren, damit auch Ihr unsere Freundschaft fortsetzet. Dies tue also von selbst, und auch wir wollen dich dessen öfter wieder erinnern. Darüber aber, wovon wir anfingen, was sagt ihr? was dünkt euch? ist die Kunst den Jünglingen ersprießlich in der ganzen Rüstung fechten zu lernen oder nicht?

Sokrates: Sowohl hierin, o Lysimachos, will ich versuchen dir zu raten, wenn ich nur kann, als auch alles Andere, wozu du mich einladest, will ich tun. Das schicklichste aber dünkt mich zu sein, daß ich als der Jüngste von diesen und der Unerfahrenste zuerst sie höre, was sie meinen, und von ihnen lerne, wenn ich aber etwas anderes habe außer dem von ihnen gesagten, dann erst es ihnen vortrage, und sie und dich überzeuge. Also, o Nikias, warum redest du nicht zuerst unter uns?

Nikias: Nichts hindert mich, o Sokrates. Mich nämlich dünkt auch diese Kunst zu verstehen könne jungen Männern in vieler Art nützlich sein. Denn schon deshalb, daß sie unterdes nicht eine andere Beschäftigung treiben, von denen welche junge Leute zu lieben pflegen in der Muße, sondern diese wodurch doch ihr Körper notwendig an Stärke gewinnen muß, ist sie gut, denn diese Leibesübung ist nicht schlechter als irgend eine andere, noch geringere Anstrengungen erfordernd; zugleich aber gehört sie für einen anständigen Mann vor allen andern diese und das Reiten. Denn auf den Kampf, worin wir ja Künstler sein sollen, und den wir wirklich zu bestehen haben, üben sich doch nur die, welche sich mit diesen im Kriege zu handhabenden Werkzeugen üben. Ferner kann diese Kunst ihnen auch vorteilen in der Schlacht selbst, wenn sie in geschlossener Ordnung fechten sollen mit vielen andern. Ihr größter Nutzen jedoch zeigt sich erst dann, wenn die Glieder sich trennen und schon der Einzele gegen den Einzelen entweder verfolgend den sich verteidigenden zusetzen, oder auch fliehend gegen den, der ihn angreift, sich selbst verteidigen soll. Alsdann kann wohl nicht leicht, wer dieses versteht, von Einem bezwungen werden, vielleicht auch nicht von Mehreren, sondern dürfte überall die Oberhand haben. Ferner fodert dies auch auf zum Streben nach einer andern edlen Kunst. Denn Jeder, welcher gelernt hat in voller Bewaffnung zu fechten, wird auch Verlangen tragen nach der verwandten Kunst der Schlachtordnung, und wer diese erlangt hat und sich darin hervorgetan, der wird dann gewiß zu allem, was sonst dem Heerführer nötig ist, fortschreiten. Und so ist schon offenbar, wie anständig und einem Manne höchst nützlich zu lernen und zu üben die hieran hängenden Künste und Kenntnisse sind, zu denen diese der Anfang sein kann. Noch ein nicht Geringes aber wollen wir hinzufügen, daß nämlich diese Kenntnis einen Jeden im Kriege um nicht weniges dreister und tapferer als er sonst wäre machen wird. Auch das wollen wir nicht verschmähen zu sagen, obgleich es Menschen geringfügiger dünken möchte, daß durch sie auch ein Mann in besserem Anstande sich zeigt, grade da, wo er durch seinen Anstand den Feinden noch furchtbarer erscheint. Mich also, o Lysimachos, dünkt, wie ich sage, daß die Jünglinge dieses erlernen müssen, und auch weshalb es mich dünkt habe ich hiemit ausgesprochen. Was aber Laches etwa anderes hierüber meint, wünsche ich nun selbst auch zu hören.

Laches: Zwar ist es bedenklich, o Nikias, von welcher Kunst es auch sei, zu sagen, daß man sie nicht lernen solle. Denn auch alles zu wissen scheint gut zu sein, und so auch dieses Fechterstück, wenn es eine Kunst ist, wie diejenigen die es lehren behaupten, und eine solche wie Nikias sagt muß man lernen. Ist es aber keine Kunst, sondern betrügen uns nur, die es zu lehren verheißen, oder ist es zwar eine Kunst, jedoch zu gar keinem ernsthaften Gebrauch, wozu sollte man sie denn wohl lernen? Ich spreche aber hierüber so in der Hinsicht, weil ich glaube dieses würde, wenn es etwas wäre, den Lakedaimoniern nicht entgangen sein, denen ja nichts anderes fast anliegt im Leben, als dasjenige zu lernen und zu üben, was gelernt und geübt ihnen Übermacht verschaffen kann über Andere im Kriege. Wäre es ihnen aber auch entgangen, so würde doch den

Lehrern dieser Kunst eben das nicht entgangen sein, daß Jene am meisten unter allen Hellenen sich dieser Dinge befleißigen, und daß wer von ihnen deshalb geachtet wäre, auch bei den andern desto mehr Geld gewinnen müßte, eben wie ein Tragödiendichter der bei uns geachtet ist. Denn gewiß wer eine Tragödie schön gedichtet zu haben glaubt, der wird nicht rund um Attika in andern Städten herumziehend sie zur Schau geben, sondern er kommt geradezu hieher und stellt sie bei uns zur Schau, wie billig. Diese Fechtkünstler aber sehe ich, daß sie Lakedaimon für ein unzugängliches Heiligtum halten und es auch nicht mit der Fußspitze betreten, sondern sich lieber bei allen andern zeigen, am liebsten aber bei denen, welche selbst gestehen, daß Viele ihnen überlegen sind, was den Krieg betrifft. Ferner, o Lysimachos, bin ich schon mit nicht gar Wenigen von diesen zusammen gewesen bei der Tat selbst, und habe gesehen was sie wert sind. Aber auch daraus können wir dieses beurteilen, daß, recht als müßte es so sein, niemals irgend einer von diesen Fechtkünstlern ein berühmter Mann geworden ist im Kriege, da doch sonst überall die berühmten aus denen herkommen, welche sich jeder Sache besonders befleißigen, diese aber wie es scheint sind hierin vor allen andern sehr unglücklich gewesen. Ja auch diesen Stesilaos, den ihr mit mir vor einer so großen Volksmenge sich zeigen gesehn habt und so vieles von sich rühmen als er gerühmt hat, den habe ich anderwärts schon besser gesehen ganz der Wahrheit nach, wo er sich wahrhaft zeigte, aber eben nicht gern. Als nämlich das Schiff, auf welchem er sich befand, mit einem Frachtschiff zusammenstieß, so focht er mit einem Sichelspeer, einem sonderlichen Gewehr, wie auch er sonderlich war vor den Übrigen. Sonst nun verdient wohl nichts von dem Manne erzählt zu werden, doch aber diese Erfindung mit der Sichel an dem Speer wie sie ablief. Indem er nämlich damit herumfocht faßte er irgendwo an dem Takelzeug des Schiffes, und blieb hängen. Nun zog Stesilaos daran um ihn loszumachen und konnte nicht. Die Schiffe aber gingen einander vorbei. Anfangs nun lief er längs dem Schiffe seinen Speer festhaltend ihm nach, als aber jenes Schiff schon vorüber war vor dem seinigen und ihn nun mitzog, weil er seinen Speer halten wollte, so ließ er den Speer allmählig nach durch die Hand, bis er nur noch die äußerste Spitze am untern Ende hielt. Da war nun groß Gelächter und Geklatsch unter denen auf dem Frachtschiff schon über diese Stellung, hernach aber als ihm einer einen Stein vor die Füße auf das Verdeck warf, und er den Speer losließ, dann konnten auch die auf dem Kriegsschiffe das Lachen nicht mehr halten, als sie an, dem Frachtschiffe hängen sahen jenen Sichelspeer. Vielleicht also kann zwar dennoch etwas an der Sache sein, wie auch Nikias sagt, was ich aber daran gefunden habe war nicht besser als dieses. Wie ich also schon anfangs sagte, hat er so wenigen Nutzen wenn es eine Kunst ist, oder ist es gar keine, und sie geben es nur dafür aus: so ist es wohl nicht der Mühe wert, es zu lernen. Daher nun dünkt mich, wenn ein Feiger glaubte, dieses verstehen zu müssen und sich dadurch dreist machen ließe, so würde nur um so offenbarer werden was für einer er war; wenn aber ein Tapferer der würde, von allen Menschen beobachtet, auch wenn er nur um ein Weniges fehlte, großen Tadel davon tragen; denn neiderweckend ist es sich einer solchen Wissenschaft zu rühmen. So daß wer nicht, ich weiß nicht wie sehr, sich auszeichnet vor Andern in der Tapferkeit, unmöglich vermeiden kann lächerlich zu werden, wenn er sich dafür ausgibt diese Wissenschaft zu besitzen. Solche Bewandtnis dünkt es mich zu haben, o Lysimachos, mit dem Bestreben um diese Kunst. Du mußt aber, wie ich dir gleich sagte, auch den Sokrates hier nicht loslassen, sondern ihn bitten Rat mitzuteilen, was ihn dünkt von der vorliegenden Sache.

Lysimachos: Darum bitte ich dich allerdings, o Sokrates; zumal unsere Beratung mir gleichsam noch eines Schiedsrichters zu bedürfen scheint. Denn wenn diese beiden übereinstimmten, so würde es dessen weniger bedürfen; nun aber, wie du siehst, Laches für die entgegengesetzte Seite gestimmt hat als Nikias, so ist es sehr dienlich auch dich noch zu hören, welchem von den Männern du beistimmst.

Sokrates: Wie also, o Lysimachos? welches von beiden die meisten unter uns billigen, das willst du annehmen?

Lysimachos: Wie sollte es einer denn auch wohl anders machen, o Sokrates?

Sokrates: Würdest auch du, o Melesias, es so machen? Und wenn von Kampfspielen in Beziehung auf deinen Sohn die Frage wäre, auf welches er sich üben sollte, würdest du den Mehresten von uns glauben, oder dem der von einem guten Lehrer in Leibesübungen unterrichtet wäre, und sie eingeübt hätte.

Melesias: Diesem wohl natürlich, o Sokrates.

Sokrates: Dem würdest du wohl mehr glauben als uns allen Vieren?

Melesias: Vielleicht wohl.

Sokrates: Denn nach der Kenntnis der Sache meine ich muß entschieden werden, nicht nach der Zahl, was gut soll entschieden werden.

Melesias: Wie sollte man nicht?

Sokrates: Also auch jetzt müssen wir zuerst dieses untersuchen, ob einer von uns kunstverständig ist in dem worüber wir Rat pflegen, oder nicht, und ist es einer, alsdann diesem folgen, wäre es auch nur Einer, die Andern aber lassen; ist es aber keiner, dann einen andern suchen. Oder glaubt ihr, du und Lysimachos, jetzt nur eine Kleinigkeit zu wagen und nicht vielmehr dasjenige was das größte ist unter allem eurigen? Denn je nachdem die Söhne tüchtig geraten oder im Gegenteil, wird auch das ganze Hauswesen des Vaters so verwaltet werden, wie die Söhne geraten sind.

Melesias: Sehr richtig gesprochen.

Sokrates: Viele Vorsicht muß also hiebei gebraucht werden.

Melesias: Allerdings.

Sokrates: Wie also würden wir was ich eben sagte untersuchen, wenn wir beurteilen wollten, wer von uns im Wettkampfe der kunstverständigste wäre? Nicht wer es gelernt und geübt hat? und wer auch tüchtige Lehrer gehabt hat in eben dieser Kunst?

Melesias: So scheint es mir wenigstens.

Sokrates: Nicht auch noch eher, was denn das eigentlich ist, worin wir nach Lehrern fragen?

Melesias: Wie meinst du dieses?

Sokrates: So wird es vielleicht deutlicher werden. Es dünkt mich nicht, daß wir uns anfänglich darüber verständiget haben, was es eigentlich ist, worüber wir beratschlagen und untersuchen, wer von uns darin kunstverständig ist und dazu gute Lehrer gehabt hat, und wer nicht.

Nikias: Ist denn nicht, o Sokrates, die Frage von dem Fechten in ganzer Rüstung, ob die jungen Männer es lernen sollen oder nicht?

Sokrates: Allerdings freilich, o Nikias; aber wenn einer wegen eines Mittels für die Augen überlegt, ob er es aufstreichen soll oder nicht, glaubst du seine Beratschlagung betreffe dann die Arznei oder die Augen?

Nikias: Die Augen.

Sokrates: Also auch wenn Jemand überlegt, ob er dem Pferde den Zaum anlegen soll oder nicht, und wann, dann beratschlagt er wohl über das Pferd und nicht über den Zaum?

Nikias: Gewiß.

Sokrates: Also mit einem Worte, wenn Jemand etwas eines Anderen wegen überlegt, so betrifft seine Beratung dasjenige, um deswillen er es überlegte, nicht das, was er um des andern willen suchte.

Nikias: Notwendig.

Sokrates: Also müssen wir auch in Absicht des Ratgebers untersuchen, ob er kunstverständig ist in der Behandlung dessen, um deswillen wir unsere Untersuchung anstellten.

Nikias: Freilich wohl.

Sokrates: Und nicht wahr, jetzt sagen wir, daß wir, ob eine Kunst soll gelernt werden, überlegen, um der Seele der Jünglinge willen.

Nikias: Ja.

Sokrates: Ob also Jemand von uns kunstverständig ist in Behandlung der Seele, und geschickt diese gut zu behandeln, und darin gute Lehrer gehabt hat, das müssen wir untersuchen.

Laches: Wie doch, o Sokrates? Hast du noch nie solche gesehen, welche ohne Lehrer kunstreicher geworden sind in manchen Dingen, als mit Lehrern?

Sokrates: Wohl habe ich, o Laches, denen du aber gewiß nicht würdest trauen wollen, wenn sie behaupten gute Künstler zu sein, wofern sie dir nicht ein Werk ihrer Kunst zu zeigen haben, das gut gearbeitet ist, und wohl mehr als eins.

Nikias: Darin hast du sehr Recht.

Sokrates: Auch wir also, o Laches und Nikias, müssen da Lysimachos und Melesias uns zur Beratung ihrer Söhne wegen gerufen haben, deren Seelen sie so trefflich als möglich zu bilden bestrebt sind, ihnen die Lehrer zeigen, welche wir gehabt, welche selbst zuerst tüchtige Männer gewesen und vieler jungen Männer Seelen gut gebildet, hernach auch uns so gelehrt haben; oder wenn einer von uns sagte, einen Lehrer habe er zwar nicht gehabt, so müßte doch auch dieser seine Werke anführen können, und zeigen, welche Athener oder Fremde, Knechte oder Freie durch ihn eingeständlich sind gut geworden. Wenn aber nichts hiervon sich bei uns findet: so müssen wir diese heißen Andere zu suchen, nicht aber an befreundeter Männer Söhnen die Gefahr wagen sie zu verderben und so den härtesten Vorwurf uns zuziehen von denen die uns so nahe sind. Ich nun, o Lysimachos und Melesias, erkläre zuerst was mich betrifft, daß ich keinen Lehrer hierin gehabt habe, wiewohl ich der Sache nachtrachte schon seit meiner Jugend. Allein ich habe nicht den Sophisten ihren Lohn zu bezahlen, welche doch allein verhießen im Stande zu sein mich zu einem trefflichen und edlen Manne zu machen; selbst aber die Kunst zu erfinden bin ich noch unvermögend für jetzo. Wenn aber Nikias oder Laches sie erfunden haben oder gelernt, will ich mich nicht wundern, denn sowohl an Gelde sind sie vermögender als ich, so daß sie sie von andern können erlernt haben, als auch zugleich älter um sie schon erfunden zu haben. Deshalb dünken sie mich wohl tüchtig zu sein einen Menschen zu bilden, sonst würden sie auch nicht so dreist etwas behauptet haben von den Übungen, welche einem Jünglinge nützlich sind oder schädlich, wenn sie nicht sich selbst vertrauten, daß sie es genugsam verständen. Im Übrigen also glaube ich ihnen, nur daß sie verschiedener Meinung sind, wundert mich. Dieses bitte ich dich daher meinerseits, o Lysimachos, so wie eben Laches dir zuredete mich nicht loszulassen sondern zu fragen, so ermahne ich nun dich, doch ja den Laches nicht loszulassen noch auch den Nikias, sondern frage sie und sprich zu ihnen: Sokrates behauptet daß er nichts von der Sache versteht, und nicht tüchtig ist zu entscheiden welcher von euch das Richtige sage, denn er selbst sei weder Erfinder noch Ausgelernter in irgend etwas hieher gehörigem. Ihr aber, o Laches und Nikias, sagt uns doch Jeder, wer der größte Meister ist in der Erziehung der Jünglinge, mit dem ihr umgegangen seid, und ob ihr, was ihr wißt, erlernt habt oder selbst erfunden, und wenn erlernt, wer eines jeden Lehrer gewesen ist und welche sonst noch Künstler derselben Art sind, damit wenn ihr nicht Muße habt vor den Angelegenheiten der Stadt wir zu Jenen gehen können, und sie durch Geschenke oder Bitten oder beides überreden sich unserer und eurer Söhne anzunehmen, damit diese nicht schlecht geratend ihren Voreltern Schande bringen. Wenn ihr aber selbst Erfinder hierin seid, so zeigt uns Beweise, welche Andere ihr schon durch eure Sorgfalt habt zu Edlen und Guten gemacht. Denn wollt ihr etwa jetzt erst anfangen zu erziehen, so möget ihr wohl erwägen, daß ihr nicht am Karier den Versuch macht, sondern an den Söhnen und an eurer Freunde Kindern, damit es euch nicht nach jenem Sprüchwort ergehe vom Töpfer, der beim Fasse anfängt. Saget also, was hievon bei euch zutrifft und zu finden ist, und was nicht. Dieses, o Lysimachos, erforsche von ihnen und laß die Männer nicht los.

Lysimachos: Sehr wahr, ihr Männer, dünkt mich Sokrates gesprochen zu haben. Ob aber ihr Willens seid euch hierüber fragen zu lassen und Rede zu stehen, das müßt ihr selbst beurteilen, o Nikias und Laches. Denn mir und dem Melesias würde es offenbar erfreulich sein, wenn ihr Alles, was Sokrates fragt, ordentlich durchgehen wolltet. Fing doch von Anfang meine Rede damit an, daß wir deshalb euch zur Ratschlagung berufen hätten, weil wir glaubten ihr würdet euch dieses haben angelegen sein lassen, wie zu vermuten war nicht nur an sich schon, sondern noch mehr, weil eure Söhne beinahe dasselbe Alter haben wie die unsrigen zur Erziehung. Wofern ihr also nicht etwas dagegen habt, so sprecht und überlegt gemeinschaftlich mit dem Sokrates gegenseitig euch anhörend und antwortend. Denn auch darin hat er recht gesprochen, daß wir jetzt über das größte beratschlagen unter allem Unsrigen. Seht also zu, ob ihr glaubt so tun zu müssen.

Nikias: O Lysimachos, ich sehe wohl daß du in der Tat den Sokrates nur von seinem Vater her kennst, mit ihm selbst aber nicht umgegangen bist, außer als er noch ein Knabe war wenn er da etwa unter den Zunftgenossen seinen Vater begleitend dir in die Nähe gekommen, sei es im Tempel oder bei einer andern Versammlung der Zunft; seitdem er aber älter geworden hast du den Mann noch gar nicht angetroffen, das ist offenbar.

Lysimachos: Wie so doch, o Nikias?

Nikias: Du scheinst gar nicht zu wissen, daß wer der Rede des Sokrates nahe genug kommt, und sich mit ihm einläßt ins Gespräch, unvermeidlich, wenn er auch von etwas ganz anderem zuerst angefangen hat zu reden, von diesem so lange ohne Ruhe herumgeführt wird, bis er ihn da hat, daß er Rede stehen muß über sich selbst, auf welche Weise er jetzt lebt, und auf welche er das vorige Leben gelebt hat; wenn ihn aber Sokrates da hat, daß er ihn dann gewiß nicht eher herausläßt, bis er dies Alles gut und gründlich untersucht hat. Ich nun bin schon mit ihm bekannt, und weiß, daß man dieses notwendig von ihm leiden muß; ja auch daß es mir selbst begegnen wird weiß ich sehr wohl. Denn gern, o Lysimachos, lasse ich mich ein mit dem Manne, und halte es nicht für etwas übles daran erinnert zu werden, wo wir etwa nicht schön gehandelt haben oder noch handeln; sondern für notwendig, daß derjenige vorsichtiger werden muß für sein nachheriges Leben, der dieses nicht scheut, sondern es wünscht nach des Solons Wort, und gern lernen will so lange er lebt, nicht aber meint, daß das Alter ihm schon von selbst den Verstand mitbringen werde. Mir also ist es weder ungewohnt noch ungewünscht vom Sokrates geprüft zu werden, vielmehr schon lange wußte ich es beinahe, daß von den Knaben nicht die Rede sein würde, wenn Sokrates zugegen wäre, sondern von uns selbst. Wie gesagt also, an meinem Teil hindert nichts, daß wir uns mit dem Sokrates unterreden, wie er es selbst will; den Laches aber befrage wie er hierüber gesonnen ist.

Laches: Sehr einfach, o Nikias, ist meine Weise in Absicht solcher Reden, oder wenn du willst nicht einfach sondern zwiefach; denn ich könnte einem scheinen ein Freund davon zu sein, und auch wiederum ein Feind. Wenn ich nämlich über die Tugend oder über irgend eine Art der Weisheit einen Mann reden höre, der wirklich ein Mann ist und der Reden wert welche er spricht, dann freue ich mich über die Maßen zugleich den Redenden und seine Reden betrachtend, wie beide zusammen gehören und stimmen; und ein solcher scheint mir eigentlich ein musikalischer Mann zu sein der den schönsten Einklang gestimmt, nicht die Leier oder sonst ein Werkzeug des Spiels, sondern wahrhaft zu leben sich gestimmt sein eignes Leben zusammenklingend mit den Worten die Werke, ächt dorisch, nicht jonisch, auch glaube ich nicht phrygisch oder lydisch, sondern nach jener einzigen ächt hellenischen Tonart. Ein solcher also macht mich erfreut, wenn er nur den Mund öffnet, so daß ich Jedem als ein Freund der Reden erscheine, so gern nehme ich von ihm an was er redet. Wer aber hiervon das Gegenteil tut, der ist mir nur um so mehr zuwider, je besser er mir zu reden scheint, und macht daß ich als ein Redefeind erscheine. Von des Sokrates Reden nun habe ich noch keine Erfahrung, sondern zuerst habe ich wie es scheint seine Taten erproben gesollt; und in denen habe ich ihn wohl würdig befunden auch Schönes zu reden mit aller Freimütigkeit. Ward ihm nun auch dieses, so freue ich mich mit ihm und möchte gern von einem solchen geprüft werden und es mich nicht verdrießen lassen zu lernen. Sondern auch ich stimme dem Solon bei, nur noch mit einem Zusatz, ich wünsche nämlich alt zu werden vieles noch lernend, jedoch nur von Guten. Denn dieses mag er mir nachgeben, daß auch der Lehrer selbst ein guter sei, damit ich nicht ungelehrig erscheine ungern lernend. Ob aber der Lehrende jünger ist, oder noch keinen Ruf hat, oder was er von dieser Art sonst an sich hat, das soll mich nicht kümmern. Dir also, o Sokrates, erbiete ich mich, daß du mich sowohl belehrest als prüfest worin du willst, und auch wiederum lernen was ich weiß. So stehest du bei mir seit jenem Tage, an welchem du mit mir die Gefahr bestanden, und einen Beweis deiner Tugend gegeben hast, wie ihn derjenige geben muß der ihn recht geben will. Sage also was du Lust hast und rechne unser Alter dabei für nichts.

Sokrates: Euch, scheint es, werden wir nicht beschuldigen können, daß ihr eures Teils nicht bereit gewesen wäret mit zu beratschlagen und mit zu untersuchen.

Lysimachos: Nun also beruht die Sache auf uns, o Sokrates, denn dich rechne ich für einen der unsrigen. So untersuche nun an meiner Statt zum Besten der Jünglinge, was wir von diesen Männern zu erforschen haben, und pflege Rat mit ihnen im Gespräch. Denn ich vergesse schon Alters wegen gar vieles, was ich im Sinn gehabt hatte zu fragen, und so auch was ich gehört habe; kommen aber gar andere Reden zwischen ein, so behalte ich fast nichts mehr. Ihr also redet und handelt allein dasjenige ab unter euch, was wir euch vorgelegt haben; ich aber will zuhören, und nachdem ich gehört mit dem Melesias dasjenige tun, was euch gut dünkt.

Sokrates: Wir werden wohl, o Nikias und Laches, dem Lysimachos und Melesias gehorchen müssen. Was wir nun so eben uns vorsetzten zu untersuchen, wer nämlich unsere Lehrer gewesen sind in dieser Kunst, oder welche Andere wir schon besser gemacht haben, auch darüber uns selbst zu prüfen wäre gewiß nicht übel; aber ich glaube die folgende Untersuchung wird uns zu demselbigen Ziele führen, und fängt eher fast noch etwas höher hinauf an. Wenn wir nämlich von irgend etwas wissen, daß es einem andern einwohnend dieses besser macht dem es einwohnt, und zugleich im Stande sind zu bewirken, daß es jenem einwohne: so kennen wir doch offenbar eben dieses, worüber wir Rat geben sollen, wie Jemand es am leichtesten und besten erwerben könne. Vielleicht indes versteht ihr noch nicht was ich meine, so aber werdet ihr es besser verstehen. Wenn wir wissen, das Sehen, den Augen einwohnend, mache die besser denen es einwohnt, und zugleich vermögen zu bewirken, daß es den Augen einwohne: so kennen wir doch offenbar das Sehen selbst, was es ist, über welches wir Rat geben sollen, wie Jemand es am leichtesten und besten erwerben möge. Denn wenn wir auch dieses nicht einmal wüßten, was das Sehen ist oder das Hören, so hat es gute Wege, daß wir taugliche Ratgeber und Ärzte sein könnten für Augen und Ohren, auf welche Weise Jemand Gehör und Gesicht am besten erlangen könnte.

Laches: Richtig ist, was du sagst, o Sokrates.

Sokrates: Haben nun nicht, o Laches, auch jetzt diese beiden uns zur Beratung gerufen, auf welche Weise wohl den Seelen ihrer Söhne Tugend beigebracht werden und sie besser machen möge?

Laches: Freilich.

Sokrates: Muß also nicht dieses wenigstens sich bei uns finden, daß wir wissen was die Tugend ist? Denn wenn wir etwa ganz und gar nicht wüßten von der Tugend, was sie eigentlich ist, wie könnten wir wohl Jemanden Rat darüber erteilen, auf welche Weise er sie am besten erwerben möge?

Laches: Wir könnten es ganz und gar nicht, wie mich wenigstens dünkt, o Sokrates.

Sokrates: Behaupten wir also, o Laches, daß wir wissen, was sie ist?

Laches: Freilich wollen wir das.

Sokrates: Wovon wir aber wissen, davon müssen wir doch auch sagen können was es ist?

Laches: Wie sollten wir nicht.

Sokrates: Laß uns aber nicht, o Bester, nach der ganzen Tugend sogleich fragen, denn vielleicht wäre dies Geschäft zu groß, sondern von einem Teile derselben zuerst sehen, ob wir tüchtig sind ihn zu verstehen, so wird uns wahrscheinlich die Untersuchung leichter sein.

Laches: Wohl, o Sokrates, laß es uns so machen, wie du willst.

Sokrates: Welchen also sollen wir wählen von den Teilen der Tugend? Oder nicht wahr den gewiß, auf welchen diese Kunst des Fechtens abzuzwecken scheint? und das scheint sie doch den Leuten auf die Tapferkeit?

Laches: Allerdings so scheint es ihnen.

Sokrates: Dieses also wollen wir zuerst versuchen zu erklären was die Tapferkeit ist; dann aber nach diesem auch überlegen, auf welche Art sie den Jünglingen beizubringen wäre, so weit es nämlich möglich ist sie durch Übung und Unterricht beizubringen. Also versuche nun, wie ich sage, zu beschreiben was die Tapferkeit ist.

Laches: Dieses, o Sokrates, ist beim Zeus nicht schwer zu sagen. Denn wenn Jemand pflegt in Reihe und Glied Stand haltend die Feinde abzuwehren und nicht zu fliehen, so wisse daß ein solcher tapfer ist.

Sokrates: Sehr wohl zwar gesprochen, o Laches; vielleicht aber bin ich, weil ich mich nicht deutlich erklärt, Schuld daran, daß du nicht dasjenige geantwortet hast, was ich im Sinne hatte bei meiner Frage, sondern etwas anderes.

Laches: Wie meinst du dieses, o Sokrates?

Sokrates: Ich will es dir erklären, wenn ich es nur werde im Stande sein. Tapfer freilich ist auch der, den du beschreibst, der im Gliede Stand haltend gegen die Feinde ficht.

Laches: So wenigstens behaupte ich.

Sokrates: Ich gewiß auch. Aber was ist doch der, welcher fliehend gegen die Feinde ficht, und nicht Stand haltend?

Laches: Wie doch fliehend?

Sokrates: Wie ja von den Skythen gesagt wird, daß sie nicht minder fliehend als verfolgend den Feind bekriegen. Und auch Homeros, indem er irgendwo die Pferde des Aeneias lobt, sagt: Dort zu sprengen und dort, verständen sie, in Verfolgungen und in Entfliehung. Ja auch den Aeneias selbst lobt er in dieser Hinsicht daß er sich auf die Furcht verstände, und nennt ihn Meister des Schreckens.

Laches: Und das sehr richtig, o Sokrates, denn er spricht von Wagen, und so auch du meinst das von den Skythen in Beziehung auf die Reuter; denn die Reuter bei ihnen fechten so, das Fußvolk der Hellenen aber so wie ich sage.

Sokrates: Ausgenommen doch wohl, o Laches, das der Lakedaimonier; denn von diesem wird erzählt, als es bei Plataiai auf die Schildträger gestoßen, habe es nicht Stand haltend fechten gewollt, sondern sei geflohen, nachdem aber die Reihen der Perser sich getrennt, habe es umkehrend wie Reuter gefochten, und dadurch in jener Schlacht gesiegt.

Laches: Richtig.

Sokrates: Das ist nun eben was ich meinte, ich wäre Schuld daran, daß du nicht recht geantwortet hast, weil ich dich nicht recht gefragt habe; denn ich wollte nicht nur erfahren, welches die Tapfern im Fußvolke wären, sondern auch in der Reuterei, und in Allem was zum Kriege gehört; und nicht nur die im Kriege, sondern auch die Tapfern in den Gefahren zur See, ferner auch die, welche in Krankheiten und in Armut und in der Staatsverwaltung tapfer sind, ja noch mehr nicht nur die gegen den Schmerz tapfer sind und gegen die Furcht, sondern auch die gegen Begierden und Lust stark sind zu fechten, und sowohl Stand haltend als umwendend. Denn es sind doch Einige, o Laches, auch in diesen Dingen tapfer?

Laches: Gar sehr, o Sokrates.

Sokrates: Tapfer also sind alle diese, aber Einige beweisen in der Lust, Einige in der Unlust, Einige in der Begierde, Einige in der Furcht ihre Tapferkeit: Andere aber dagegen, meine ich, Feigheit eben hierin?

Laches: Allerdings.

Sokrates: Was ist wohl jede von diesen? darnach fragte ich. Noch einmal also versuche zuerst die Tapferkeit zu erklären, was doch seiend sie in allem diesem dasselbige ist. Oder verstehst du noch nicht, was ich meine?

Laches: Noch nicht recht.

Sokrates: Ich meine es so, als wenn ich fragte, was wohl die Geschwindigkeit ist, was sie nämlich sowohl im Laufen ist, als in der Musik, im Reden, im Lernen und in vielen andern Dingen, und fast haben wir sie ja in allem wovon nur der Mühe lohnt zu reden sowohl in den Verrichtungen der Hände als der Füße, des Mundes und der Stimme oder auch des Verstandes. Oder meinst du nicht auch so?

Laches: Allerdings.

Sokrates: Wenn nun Jemand mich fragte, wie erklärst du dieses, o Sokrates, was du in allen Dingen Geschwindigkeit nennst, so würde ich sagen, daß ich die in kurzer Zeit vieles vollbringende Kraft Geschwindigkeit nenne, sowohl in der Stimme als im Lauf und in allen andern Dingen.

Laches: Sehr gut wäre dieses erklärt.

Sokrates: Versuche also auch du, o Laches, so die Tapferkeit zu erklären, welche Kraft wohl seiend dieselbe in der Lust und Unlust und allen andern Dingen, worin wir sagten, daß sie statt habe, sie Tapferkeit genannt wird.

Laches: So dünkt sie mich denn eine gewisse Beharrlichkeit der Seele zu sein, wenn ich doch das in allem sich findende von der Tapferkeit sagen soll.

Sokrates: Das mußt du allerdings, wenn wir uns die Frage wirklich beantworten wollen. Dieses ist mir indes deutlich, daß doch nicht jede Beharrlichkeit, glaube ich, dir als Tapferkeit erscheint. Ich schließe es aber hieraus, das nämlich weiß ich doch, daß du die Tapferkeit unter die vortrefflichen Dinge rechnest.

Laches: Davon halte dich überzeugt, unter die allervortrefflichsten.

Sokrates: Also ist die Beharrlichkeit mit Verstand wohl gut und vortrefflich?

Laches: Allerdings.

Sokrates: Wie aber die mit Unverstand? ist diese nicht im Gegensatz von jener schädlich und verderblich?

Laches: Ja.

Sokrates: Vortrefflich also, wolltest du behaupten, wäre was so schädlich ist und verderblich?

Laches: Keinesweges wäre das recht, o Sokrates.

Sokrates: Also wirst du auch nicht zugeben, daß eine solche Beharrlichkeit Tapferkeit ist, da sie ja nicht vortrefflich ist, die Tapferkeit aber etwas vortreffliches.

Laches: Richtig.

Sokrates: Die verständige Beharrlichkeit also wäre nach deiner Rede Tapferkeit?

Laches: So sieht es aus.

Sokrates: Laß uns also sehen, ist es die in etwas gewissem, oder die in allen Dingen verständige, sie seien groß oder klein. Wie wenn Jemand im Geldausgeben verständig beharrte, wohl wissend, daß er durch das Ausgeben gewinnen wird, möchtest du diesen tapfer nennen?

Laches: Beim Zeus, ich nicht.

Sokrates: Wie aber wenn ein Arzt, den sein Sohn oder sonst ein mit der Lungenentzündung behafteter bäte, er solle ihm zu essen oder zu trinken geben, sich doch nicht erweichen ließe, sondern auf der Weigerung beharrte?

Laches: Keineswegs, auch nicht diese.

Sokrates: Aber einen im Kriege beharrlichen und zum Streite Mut behaltenden, welcher es verständig berechnete, weil er wüßte, daß nicht nur Andere ihm zu Hülfe kommen werden; sondern auch, daß er gegen Wenigere und Schlechtere zu fechten hat, als die zu denen er selbst gehört, und überdies noch mehr durch seinen Standort begünstiget ist, würdest du diesen mit solcher Kenntnis und solchen Hülfsmitteln beharrenden für tapferer erklären, oder den der in dem entgegenstehenden Heere noch Lust hätte Stand zu halten und auszudauern?

Laches: Mich dünkt den im entgegenstehenden Lager, o Sokrates.

Sokrates: Aber dessen Beharrlichkeit ist ja doch unverständiger als die des Andern.

Laches: Das ist wahr.

Sokrates: Und wirst du wohl den mit der Reitkunst in einem Reutergefecht aushaltenden weniger für tapfer erklären als den ohne diese Kunst?

Laches: Mich wenigstens dünkt es so.

Sokrates: Also auch den der mit der Fertigkeit des Schleuderns oder des Bogenschießens oder irgend einer andern beharrt?

Laches: Freilich.

Sokrates: Und welche in den Brunnen springen und im Untertauchen auszuharren denken, oder in sonst etwas dergleichen, wiewohl sie in der Sache nicht stark sind, die, behauptest du, wären tapferer als die, welche stark darin sind?

Laches: Was sollte Einer denn anders behaupten, o Sokrates?

Sokrates: Nichts, wenn er es wirklich so meint.

Laches: Aber ich meine es freilich so.

Sokrates: Doch aber, o Laches, gefährden sich diese und beharren unverständiger als die dasselbe mit der Kunst tun.

Laches: So scheinen sie.

Sokrates: Und hatte sich nicht die unverständige Kühnheit und Beharrung in dem vorigen als schlecht und verderblich gezeigt?

Laches: Freilich wohl.

Sokrates: Die Tapferkeit aber waren wir übereingekommen sei etwas vortreffliches?

Laches: Darin waren wir übereingekommen.

Sokrates: Nun aber behaupten wir wieder, jenes schlechte, die unverständige Beharrung, sei Tapferkeit?

Laches: Das behaupteten wir offenbar.

Sokrates: Dünkt dich also, daß wir etwas richtiges sagen?

Laches: Beim Zeus, o Sokrates, mich nicht.

Sokrates: Wir beide sind also wohl nicht, deiner Rede zufolge, dorisch gestimmt, ich und du, o Laches; die Taten nämlich sind uns nicht im Einklang mit den Reden. Denn in den Taten möchte Einer wohl sagen, wie es scheint, daß wir die Tapferkeit besäßen, in den Reden aber glaube ich wohl nicht, wenn er jetzt unser Gespräch hörte.

Laches: Sehr wahr ist dieses.

Sokrates: Wie also? dünkt es dich gut zu sein, daß es so um uns steht?

Laches: Auch nicht im geringsten.

Sokrates: Willst du also, daß wir dem, was wir behaupten, wenigstens so weit gehorchen?

Laches: Wie weit doch, und welchem?

Sokrates: Der Behauptung, welche zu beharren befiehlt. Wenn du nämlich willst, so wollen auch wir der Untersuchung Stand halten und beharren, damit doch grade die Tapferkeit uns nicht auslache, daß wir sie nicht tapfer suchen, wenn doch vielleicht eben die Beharrung Tapferkeit ist.

Laches: Ich wenigstens bin bereit, o Sokrates, nicht eher abzulassen, ob schon ich ungewohnt bin solcher Reden. Aber es hat mich ordentlich ein Eifer ergriffen über das gesagte, und ich bin ganz unwillig, wie ich, was ich in Gedanken habe, so gar nicht im Stande bin zu sagen. Denn in Gedanken glaube ich es doch zu haben, was die Tapferkeit ist; ich weiß aber nicht, wie sie mir jetzt entgangen ist, daß ich sie nicht ergreifen konnte in der Rede, und heraussagen, was sie ist.

Sokrates: Nicht so, Lieber, der gute Jäger muß nachsetzen und nicht ablassen?

Laches: Auf alle Weise freilich.

Sokrates: Willst du also, daß wir auch den Nikias hier herbeirufen zur Jagd, ob er etwa mehr ausrichten kann als wir?

Laches: Ich will es wohl; warum sollte ich nicht?

Sokrates: Hieher also, Nikias! Guten Freunden, die eine stürmische Fahrt haben in der Untersuchung und nicht vorwärts können, komm zu Hülfe, wenn du etwas vermagst. Denn unser Tun siehst du wie es nichts fördert. Sage du also, was du glaubst daß die

Tapferkeit sei, um dadurch sowohl uns aus der Verlegenheit zu erlösen, als auch dir selbst, was du im Sinne hast durch die Rede noch fester zu begründen.

Nikias: Ihr dünkt mich also schon lange, o Sokrates, die Tapferkeit nicht recht bestimmt zu haben. Denn was ich dich sonst schon sehr richtig habe sagen gehört, das wendet ihr nicht an.

Sokrates: Was doch, o Nikias?

Nikias: Oft habe ich dich sagen gehört, darin wäre Jeder von uns gut, worin er klug ist, worin aber dumm, darin auch schlecht.

Sokrates: Wahr ist, beim Zeus, was du sagst, o Nikias.

Nikias: Also wenn der Tapfere gut ist, ist er offenbar auch klug?

Sokrates: Hast du gehört, o Laches?

Laches: Ich habe wohl, nur verstehe ich eben nicht sehr was er meint.

Sokrates: Ich aber glaube es zu verstehen, nämlich mich dünkt der Mann zu meinen, die Tapferkeit sei irgend eine Klugheit.

Laches: Was doch für eine Klugheit, o Sokrates!

Sokrates: Willst du das nicht von diesem lieber erfragen?

Laches: Das tue ich.

Sokrates: So komm denn, o Nikias, und sage ihm, was doch für eine Klugheit die Tapferkeit sein soll, nach deiner Rede. Denn die des Flötenbläsers ist sie doch nicht?

Nikias: Keinesweges.

Sokrates: Auch nicht dessen, der die Lyra spielt?

Nikias: Eben so wenig.

Sokrates: Also was für eine Erkenntnis ist sie denn und wovon?

Laches: Ganz recht fragst du ihn das, o Sokrates, und er sage also was für eine er behauptet, daß sie sei.

Nikias: Diese, o Laches, die Erkenntnis des gefährlichen und des unbedenklichen im Kriege sowohl als in allen andern Dingen.

Laches: Was für ungereimte Dinge er redet, o Sokrates!

Sokrates: Weshalb meinst du denn das, o Laches?

Laches: Weshalb? Klugheit ist doch wohl etwas ganz anderes als Tapferkeit!

Sokrates: Nein, meint eben Nikias.

Laches: Freilich meint er nein, und eben das ist verwirrt geredet.

Sokrates: So laß uns ihn belehren aber nicht schmähen.

Nikias: Freilich nicht. Aber Laches dünkt mich nur zu wünschen, daß ich mich auch als einen zeigen möchte der Nichts sagt, weil er sich eben als einen solchen gezeigt hat.

Laches: Allerdings, o Nikias, und ich will wenigstens versuchen, es zu beweisen; denn du sagst auch Nichts. Nämlich gleich in Krankheiten, erkennen da nicht die Ärzte das gefährliche? oder scheinen dir die Tapfern es zu erkennen? oder nennst du die Ärzte tapfer?

Nikias: Keinesweges.

Laches: Auch wohl nicht die Landwirte glaube ich; wiewohl das im Ackerbau furchtbare grade diese erkennen, und so auch alle Gewerbetreibende erkennen jeder in seiner Kunst das gefährliche und das unbedenkliche; aber keinesweges sind sie deshalb tapfer.

Sokrates: Was dünkt dich Laches zu sagen, o Nikias? Es sieht doch aus als sagte er etwas.

Nikias: Er sagt auch wohl etwas, aber nur nichts Richtiges.

Sokrates: Wieso?

Nikias: Weil er meint die Ärzte wüßten noch etwas mehr von den Kranken, als daß sie sagen können, was ihnen gesund ist und ungesund; in der Tat aber wissen sie nur dieses. Ob aber Einem eben dieses gefährlich ist, das Gesundsein mehr als das Kranksein, glaubst du, o Laches, daß dies die Ärzte wissen? Oder meinst du nicht, daß es Vielen besser ist von der Krankheit nicht aufzukommen als aufzukommen? Hierüber erkläre dich, behauptest du, daß es für Alle besser ist zu leben, und nicht für Viele besser zu sterben?

Laches: Ich dieses letztere.

Nikias: Welchen also das Sterben dienlich ist, glaubst du daß denen dasselbe gefährlich ist, als welchen das Leben?

Laches: Nicht ich.

Nikias: Und dieses zu erkennen schreibst du den Ärzten zu? oder irgend einem der ein anderes Geschäft treibt, außer dem, der sich auf das gefährliche und unbedenkliche versteht, und welchen eben ich tapfer nenne?

Sokrates: Merkst du nun, o Laches, was er meint?

Laches: O ja, daß er nämlich die Wahrsager tapfer nennt. Denn welcher Andere kann wissen wem besser ist zu leben oder zu sterben? Du selbst aber, o Nikias, welches behauptest du, daß du ein Wahrsager bist? oder weder ein Wahrsager noch auch tapfer?

Nikias: Wie denn? meinst du nun wieder dem Wahrsager komme zu das gefährliche zu erkennen und das unbedenkliche?

Laches: Das meine ich. Wem sonst?

Nikias: Dem weit mehr, welchen ich meine, o Bester. Denn der Wahrsager soll nur die Zeichen dessen erkennen, was geschehen wird, ob einem Tod oder Krankheit oder Verlust des Vermögens bevorsteht, ob Siegen oder Besiegtwerden im Kriege oder in jedem andern Kampf. Was aber einem besser ist von diesen Dingen zu erfahren oder nicht zu erfahren, wie sollte das mehr dem Wahrsager zu beurteilen zukommen als Jedem Andern sonst?

Laches: Nein diesen kann ich nicht begreifen, o Sokrates, was er sagen will. Denn weder ist es der Wahrsager noch der Arzt, noch stellt er sonst einen auf, den er für tapfer erklärt, wo er nicht etwa nur irgend einen Gott dafür erklärt. Mir nun scheint nur Nikias nicht ehrlich gestehen zu wollen, daß er Nichts gesagt hat, sondern er windet sich hin und her, um seine Verlegenheit zu verbergen. Das aber hätten wir auch vorher gekonnt, ich und du, uns so winden, wenn wir gestrebt hätten nicht das Ansehn zu haben, daß wir uns selbst widersprächen. Wenn nun unsere Reden vor Gericht wären, so hätte er vielleicht nicht ganz unrecht es so zu machen; nun aber, weshalb sollte wohl einer in solchem Zusammensein sich unnützerweise mit leeren Worten schmücken?

Sokrates: Das dünkt mich auch zu nichts zu führen, o Laches. Aber laß uns sehen, ob nicht Nikias wirklich glaubt etwas zu sagen, und nicht bloß um zu streiten dieses vorträgt? Laß uns daher ihn noch genauer ausforschen, was er wohl meint; und wenn sich zeigt, daß etwas Richtiges darin liegt, so wollen wir es ihm zugestehen, wo aber nicht, so wollen wir ihn belehren.

Laches: Forsche du also weiter, Sokrates, wenn du willst; denn ich habe, denk ich, schon genug ausgeforscht.

Sokrates: Nichts hindert mich, denn die Nachforschung wird gemeinschaftlich sein für mich sowohl als dich.

Laches: Allerdings.

Sokrates: Sage mir also, o Nikias, oder vielmehr uns, denn ich und Laches haben gemeinschaftliche Sache, die Tapferkeit, sagst du, wäre die Erkenntnis des gefährlichen und des unbedenklichen.

Nikias: Das sage ich.

Sokrates: Und dieses wäre nicht Jedermanns Sache zu erkennen, da ja weder der Arzt noch der Wahrsager es wissen soll, also auch nicht tapfer sein, wenn er nicht jene Erkenntnis besonders erlangt hat. Meintest du es nicht so?

Nikias: So allerdings.

Sokrates: Nach dem Sprüchwort also wird in der Tat nicht jedes Schwein dieses wissen, noch auch tapfer sein.

Nikias: Nein wie ich denke.

Sokrates: Offenbar also, o Nikias, wirst du auch von dem krommyonischen Schwein nicht glauben es sei tapfer gewesen. Und das sage ich nicht scherzend, sondern ich meine, es ist notwendig für den, der dieses behauptet, keinem Tiere Tapferkeit zuzugestehen oder zuzugeben, irgend ein Tier sei so weise, daß was wenige Menschen wissen, weil es schwer einzusehen ist, dieses dennoch ein Löwe oder Tiger oder Eber wissen könne; sondern vielmehr, daß Löwe und Hirsch, Stier und Affe, was Tapferkeit betrifft, gleicher Natur sind, muß derjenige behaupten, der die Tapferkeit so erklärt, wie du sie erklärst.

Laches: Bei den Göttern, und sehr richtig ist, was du sagst, und beantworte uns doch dieses nach der Wahrheit, o Nikias, ob du behauptest weiser als wir wären diese Tiere, denen wir alle zugestehen, daß sie tapfer sind, oder ob du allen widersprechend wagest, sie auch nicht tapfer zu nennen?

Nikias: Niemals, o Laches, werde ich weder ein Tier noch sonst ein Wesen tapfer nennen, was nur aus Unwissenheit das gefährliche nicht fürchtet, sondern furchtlos und töricht nenne ich es. Oder meinst du, ich nenne auch alle Kinder tapfer, welche sich aus Unwissenheit vor nichts fürchten. Sondern ich meine, furchtlos und tapfer ist nicht dasselbe. Denn Tapferkeit und Vorsicht findet sich nur bei sehr Wenigen, denke ich; Verwegenheit aber und Kühnheit und furchtloses Wesen mit Unvorsichtigkeit bei gar vielen Männern sowohl als Frauen und Kindern und Tieren. Das also, was du mit den Meisten tapfer nennst, nenne ich nur kühn, tapfer aber nur, was verständig ist in der Art wie ich sagte.

Laches: Nun sieh nur, o Sokrates, wie schön dieser sich selbst, seiner Meinung nach, durch seine Erklärung schmückt, denen aber Alle zugestehen daß sie tapfer sind, die untersteht er sich dieser Ehre zu berauben.

Nikias: Ganz und gar nicht, o Laches! sei guten Mutes; denn ich behaupte eben, daß du klug bist, und Lamachos wohl auch, weil ihr ja tapfer seid und noch verschiedene andere Athener.

Laches: Ich werde nichts hierauf sagen, obschon ich könnte, damit du nicht etwa sagen mögest, ich wäre ein rechter Aixoneer.

Sokrates: Sage auch nur ja nichts, o Laches. Denn mich dünkt, du merkst noch gar nicht, daß Nikias diese Weisheit von unserem Freunde Damon überkommen hat; Damon aber ist sehr genau bekannt mit dem Prodikos, welcher dafür gilt am besten unter allen Sophisten solche Wörter zu unterscheiden.

Laches: Ja wohl, o Sokrates, ziemt es auch besser einem Sophisten sich mit solchen Dingen zu rühmen, als einem Manne, den die Stadt wert achtet ihr vorzustehen.

Sokrates: Das aber ziemt sich doch auch, du Stolzer, daß der, dem das größte anvertraut wird, auch die größte Weisheit besitze. Mich dünkt daher, es verdient wohl näher erwogen zu werden, worauf doch Nikias eigentlich geht bei seiner Erklärung dieses Wortes der Tapferkeit.

Laches: So untersuche du es denn selbst, o Sokrates.

Sokrates: Das will ich soeben tun, o Bester. Glaube jedoch nicht, daß ich dich losgeben werde aus der Gemeinschaft der Rede, sondern merke wohl auf und erwäge mit was gesagt wird.

Laches: Das soll geschehen, sofern du es nötig findest.

Sokrates: So finde ich es allerdings. Du aber, Nikias, sage uns noch einmal von Anfang an. Du weißt doch, daß wir im Anfang unseres Gesprächs nach der Tapferkeit fragten, als nach einem Teile der Tugend?

Nikias: Sehr gut.

Sokrates: Also auch du hast dieses so beantwortet als einen Teil, so daß es noch andere Teile gibt, welche insgesamt Tugend genannt werden.

Nikias: Wie sonst?

Sokrates: Meinst auch du wohl dieselben die ich meine? Ich nenne nämlich außer der Tapferkeit auch noch die Besonnenheit, und die Gerechtigkeit und einige Andere dergleichen. Nicht auch du?

Nikias: Allerdings.

Sokrates: Halt also; denn hierüber wären wir einig, aber wegen des furchtbaren und des unbedenklichen, laß uns zusehen, damit nicht etwa du darunter etwas Anderes verstehst und wir wieder etwas anderes. Was nun wir darunter verstehen, wollen wir dir anzeigen, wenn aber du nicht einig damit bist, wirst du uns davon belehren. Wir nämlich halten das für gefährlich was Furcht macht, für unbedenklich aber das, was keine Furcht macht, Furcht aber machen weder die vergangenen Übel noch die gegenwärtigen, sondern die, welche erwartet werden; denn Furcht ist die Erwartung eines bevorstehenden Übels. Oder dünkt es eben so nicht auch dich, o Laches?

Laches: Gar sehr eben so, o Sokrates.

Sokrates: Das unsrige also, o Nikias, hörst du, daß wir sagen: künftige Übel wären das gefährliche, das unbedenkliche aber wäre dasjenige Zukünftige was entweder nicht übel ist, oder gut. Du aber, erklärst du dich eben so oder anders hierüber?

Nikias: Eben so ich.

Sokrates: Und die Erkenntnis hievon nennst du Tapferkeit?

Nikias: Ganz recht.

Sokrates: Nun laß uns auch noch das dritte sehn, ob du darin gleicher Meinung bist mit uns.

Nikias: Was doch ist dieses?

Sokrates: Ich will es dir sagen. Es dünkte nämlich mich und diesen, daß wovon immer es eine Erkenntnis gibt, davon gebe es nicht eine eigne für das was geschehen ist zu wissen wie es geschah, und wieder eine eigne für das was geschieht, wie es geschieht, und noch eine andere wie das am besten wirklich werden und geschehen könnte was noch nicht geworden ist, sondern eine und dieselbe. Zum Beispiel was die Gesundheit anbetrifft übersieht für alle Zeiten keine andere als die Arzneikunst, die Eine ist, das geschehende sowohl als das geschehene, und das was geschehen wird wie es geschehen wird. Und gegen das was aus der Erde wächst, verhält sich die Kunst der Landwirtschaft eben so. Und gar was den Krieg betrifft könnt ihr selbst bezeugen, daß die Kriegskunst am besten nicht nur das übrige bedenkt, sondern auch das was geschehen wird, und daß sie auch der Kunst des Wahrsagers nicht glaubt dienen sondern befehlen zu müssen, weil sie nämlich besser versteht was in Beziehung auf den Krieg geschieht und geschehen wird. Eben so verordnet auch das Gesetz, daß nicht der Wahrsager dem Heerführer befehle, sondern der Heerführer dem Wahrsager. Wollen wir dies behaupten, o Laches?

Laches: Wir wollen.

Sokrates: Wie aber du, o Nikias? stimmst du uns bei, daß in Beziehung auf dieselben Dinge auch dieselbe Erkenntnis sowohl das was sein wird als auch das werdende und gewordene verstehe?

Nikias: Ich stimme ein, denn es dünkt mich so, o Sokrates.

Sokrates: Also, o Bester, auch die Tapferkeit ist die Erkenntnis des gefährlichen und des unbedenklichen, wie du behauptest. Nicht wahr?

Nikias: Ja.

Sokrates: Das gefährliche aber und das unbedenkliche war uns auch einstimmig dieses das künftige Gute, jenes das künftige Übel.

Nikias: Ganz recht.

Sokrates: Und daß es nur eine und dieselbe Erkenntnis gebe für einerlei Dinge, sie mögen nun künftig sein oder sich sonst wie verhalten?

Nikias: So ist es.

Sokrates: Nicht also allein des gefährlichen und des unbedenklichen Erkenntnis ist die Tapferkeit. Denn nicht nur auf die künftigen Güter und Übel versteht sie sich, sondern auch auf die, welche da sind und gewesen sind, und wie sie sich immer verhalten mögen, eben wie die übrigen Erkenntnisse.

Nikias: So sieht es aus.

Sokrates: Also etwa ein Dritteil der Tapferkeit, o Nikias, hast du uns angegeben in deiner Antwort, da wir doch nach der ganzen Tapferkeit fragten was sie sei. Und auch jetzt wie es scheint ist nach deiner Rede die Erkenntnis nicht nur des gefährlichen und unbedenklichen, sondern überhaupt die Erkenntnis aller Güter und Übel, wie sich auch jedes verhalte, würde, wie jetzt wieder deine Rede lautet, Tapferkeit sein. So wieder umzuändern, o Nikias, oder wie meinst du?

Nikias: Ich denke so, o Sokrates.

Sokrates: Dünkt dich denn aber, du Wunderbarer, dem noch irgend etwas von der Tugend zu fehlen, welcher Erkenntnis hätte von allen Gütern in jeder Art, wie sie entstehen und entstehen werden und entstanden sind, und eben so auch von den Übeln? Und derjenige glaubst du bedürfe noch irgend Besonnenheit oder Gerechtigkeit oder Frömmigkeit, welchem allein schon eigen ist gegen Götter sowohl als Menschen das gefährliche zu vermeiden und das nicht solche und das gute ins Werk zu richten, und der also weiß sich recht gegen sie zu verhalten?

Nikias: Dies scheint mir etwas gesagt zu sein, o Sokrates.

Sokrates: Nicht also ein Teil der Tugend wäre das jetzt von dir beschriebene, sondern die gesamte Tugend?

Nikias: So sieht es aus.

Sokrates: Wir aber behaupteten doch die Tapferkeit wäre nur einer von den Teilen der Tugend.

Nikias: Das behaupteten wir freilich.

Sokrates: Das jetzt beschriebene aber erscheint nicht so.

Nikias: Es sieht nicht so aus.

Sokrates: Wir haben also nicht gefunden, o Nikias, was die Tapferkeit ist?

Nikias: Wir scheinen nicht.

Laches: Ich aber, o lieber Nikias, glaubte gewiß du werdest sie finden, da du mich so weit übersahest als ich dem Sokrates antwortete. Gar große Hoffnung hatte ich gewiß, daß vermittelst der Weisheit vom Damon her du sie finden würdest.

Nikias: Wahrlich schön, o Laches, daß du das für gar nichts mehr rechnest, daß du selbst dich eben gezeigt hast als ein von der Tapferkeit nichts wissender, sondern nur, ob auch ich ebenfalls als ein solcher erscheinen werde, darauf siehst du, und machst dir nun nichts mehr daraus wie es scheint, wenn nur mit mir, nichts zu wissen von dem, wovon doch einem Manne der sich etwas zu sein dünkt Erkenntnis zu haben geziemt. Du also scheinst mir recht das menschliche zu tun, nicht auf dich selbst zu sehn, sondern nur auf die andern. Ich aber glaube über dasjenige wovon die Rede war schon jetzt mich ganz erträglich erklärt zu haben, und sollte etwas darin noch nicht hinlänglich erklärt sein, es noch in der Folge zu berichtigen mit dem Damon sowohl, den du auslachen zu dürfen glaubst ohne ihn doch jemals gesehen zu haben, als auch mit Anderen. Und wenn ich es recht werde begründet haben will ich es auch dich lehren und es dir nicht vorenthalten, denn du dünkst mich noch gar sehr des Lernens zu bedürfen.

Laches: Du freilich bist sehr klug, Nikias. Dennoch aber gebe ich dem Lysimachos hier und dem Melesias den Rat nach dir und mir, was die Erziehung der Jünglinge betrifft, nicht weiter zu fragen, sondern nur den Sokrates hier, wie ich auch gleich anfangs sagte, ja nicht loszulassen. Denn wenn meine Söhne schon das Alter dazu hätten, würde ich dasselbige auch tun.

Nikias: Dagegen wende auch ich nichts ein, wenn nämlich Sokrates sich der jungen Leute annehmen will, daß sie ja keinen Andern suchen sollen. Wie auch ich den Nikeratos am liebsten ihm übergeben möchte wenn er nur wollte; allein er empfiehlt mir jedesmal Andere, wenn ich ihm davon erwähne, selbst aber will er nicht. Sieh du also zu, o Lysimachos, ob dir Sokrates besser gehorchen wird.

Lysimachos: Das sollte er wohl billig, o Nikias. Denn auch ich möchte ihm gern vieles tun, was ich nicht eben vielen Andern tun würde. Was sagst du also, o Sokrates? Wirst du gehorchen, und mit zu dem Besserwerden der Jünglinge helfen?

Sokrates: Das wäre ja wohl arg, o Lysimachos, irgend Jemanden nicht helfen zu wollen zu seinem Besserwerden. Wenn also in unsern jetzigen Gesprächen ich mich gezeigt hätte als einen Kundigen, diese beiden aber sich als Unkundige, dann möchte es billig sein mich vorzüglich zu diesem Geschäfte zu berufen; nun wir aber Alle auf gleiche Weise in Verlegenheit gewesen sind, wie könnte wohl Jemand Einen von uns besonders vorziehn? Mir meines Teils dünkt das Keinem zu gebühren. Sondern da die Sache sich so verhält, so erwäget ob dies euch ein guter Rat dünkt, den ich geben will. Ich nämlich sage: Ihr Männer, denn keine auszubringende Rede ist es, wir müssen alle gemeinschaftlich zuerst für uns selbst den besten Lehrer suchen den wir bekommen können, denn wir bedürfen seiner, dann aber auch für die jungen Männer, und weder Geld dabei schonen noch sonst etwas. Es aber dabei bewenden zu lassen, wie es jetzt mit uns bewandt ist, das rate ich nicht. Sollte uns aber Jemand auslachen wollen, daß wir so alt schon noch Lehrer besuchen wollen: so dünkt mich müssen wir uns mit dem Homeros schützen, welcher gesagt hat: Nicht gut sei Scham dem darbenden Manne. Auch wir also wollen es gut sein lassen wenn einer etwas sagt, und gemeinschaftlich für uns und für die Jünglinge Sorge tragen.

Lysimachos: Mir meines Teils gefällt, o Sokrates, was du sagst; und ich will so viel ich der älteste bin, so viel auch der bereitwilligste sein mit den jungen Leuten zugleich zu lernen. Das aber tue mir, komme morgen früh zu mir zu Hause und verfehle es ja nicht, damit wir weiter Rat pflegen können über eben diese Sache. Für jetzt aber müssen wir auseinander gehn.

Sokrates: Ja das werde ich tun, o Lysimachos, und morgen früh zu dir kommen, so Gott will.

Charmides

Sokrates erzählt

Ich war nur am Abend zuvor von dem Heere vor Potidaia zurückgekommen, und ging nun nach so langer Abwesenheit mit großem Wohlbehagen wieder an die gewohnten Plätze. So kam ich denn auch in die Palaistra des Taureas, gegenüber dem Tempel der Basilika, und traf dort sehr Viele, einige zwar auch Unbekannte, die meisten aber Bekannte. Und als sie mich so unerwartet hereintreten sahen begrüßten sie mich schon von fern, einer hier der andere dort. Chairephon aber, wie er denn immer heftig ist, aufspringend von seiner Gesellschaft, lief auf mich zu, nahm mich bei der Hand und sagte: O Sokrates, wie bist du doch davongekommen im Gefecht? Kurz ehe wir von dort abreisten, war nämlich ein Gefecht vorgefallen, wovon man hier nur eben erst gehört hatte. – Ich antwortete ihm, so wie du siehst. –Wenigstens, sagte er, ist hieher berichtet worden das Gefecht wäre sehr hitzig gewesen, und viele bekannte Männer darin geblieben. – Und sehr richtig, sprach ich, ist dies berichtet. – Du warst doch, fragte er, bei dem Gefecht. – Ich war dabei. – Hieher also, sprach er, setze dich, und erzähle uns; denn wir haben noch gar nicht alles genau erfahren. – Und somit führte er mich zu sitzen neben den Kritias, den Sohn des Kallaischros. Indem ich mich nun setzte begrüßte ich den Kritias und die Andern, und erzählte ihnen von dem Heere, wonach sich Jeder erkundigte; der Eine fragte dies, der Andere jenes. Als wir aber hievon genug hatten, fragte ich sie wieder meinerseits wie es jetzt hier stände mit der Weisheitsliebe und mit den Jünglingen, ob welche von ausgezeichnetem Verstande oder Schönheit oder beidem sich seitdem hervorgetan hätten. – Kritias, der den Blick nach der Türe gerichtet eben einige Jünglinge Mutwillen mit einander treibend hereinkommen sah, und noch einen großen Haufen hinter ihnen, sagte darauf: Wie es mit den Schönen steht, o Sokrates, das wirst du, dünkt mich, gleich selbst sehen. Denn diese eben hereintretenden sind grade die Vorläufer und Liebhaber dessen, der für den schönsten gehalten wird wenigstens für itzt; gewiß auch ist er selbst schon wo auf dem Wege hieher in der Nähe. – Wer, fragte ich, ist er denn, und wem angehörig? – Auch du kennst ihn wohl, sprach er, er war aber ehe du abreistest noch nicht unter den Jünglingen, Charmides, mein Vetter, meines

Oheims Glaukon Sohn. – Den kenne ich freilich, beim Zeus, sagte ich. Schon damals war er gar nicht übel, wiewohl noch ein Knabe, jetzt, meine ich, muß er schon ein ziemlich herangewachsener junger Mensch sein. – Sogleich, sprach er, wirst du sehen, wie groß und wie schön er geworden ist. Und indem er dieses sagte, trat auch Charmides herein. Auf mich nun, Freund, ist freilich nicht viel zu geben, denn ich bin, wenn Schöne sollen bezeichnet werden, wie Kreide an der weißen Wand. Mir erscheinen eben Alle schön, die in diesem Alter sind. Folglich erschien auch damals jener mir ganz bewundernswürdig von Wuchs und Schönheit. Aber auch die Andern Alle dünkten mich in ihn verliebt zu sein, so waren sie entzückt und verwirrt als er hereinkam. Viele Liebhaber waren auch noch unter denen, die ihm folgten. Und daß es uns Männern so erging, war weniger zu verwundern; allein ich hatte auch auf die Knaben Acht, daß keiner von ihnen anderwärts hinsah, auch nicht der Kleinste, sondern Alle betrachteten wie ein Götterbild nur ihn. Da rief Chairephon mich an, und sagte: Nun Sokrates, wie findest du den Jüngling? Nicht schön von Angesicht? – Über die Maßen, sagte ich. – Und doch, sprach er, wenn er sich entkleiden wollte, würdest du sagen, sein Gesicht sei Nichts, so durchaus schön ist er von Gestalt. Auch die Andern sagten Alle dasselbe wie Chairephon. – Herakles, rief ich darauf, wie unwiderstehlich beschreibt ihr den Mann, wenn nur noch Eine Kleinigkeit sich bei ihm findet! – Welche doch? fragte Kritias. – Wenn er, sprach ich, auch der Seele nach wohlgebildet ist. Und es kommt ihm wohl zu ein solcher zu sein, Kritias, da er von eurem Hause ist. – Er ist auch, sagte der, sehr schön und gut auch hierin. – Warum nun, sprach ich, entkleiden wir ihm nicht eben diese, und betrachten sie eher noch als die Gestalt ? Denn da er schon in diesen Jahren ist wird er sich ja wohl dem Gespräch hergeben. – Und sehr gern, sagte Kritias. Denn nachdenklich ist er, und wie es Andere und ihn selbst dünkt auch sehr dichterisch. – Dieser Vorzug, lieber Kritias, sprach ich, eignet euch schon von lange her wegen der Verwandtschaft mit dem Solon. Aber warum zeigst du mir nicht den Jüngling vor, und rufst ihn her ? Denn selbst wenn er jünger wäre, könnte es doch nicht unanständig für ihn sein mit uns in Deiner Gegenwart zu reden, der du sein Vormund und zugleich Vetter bist. – Sehr wohl gesprochen, sagte er, wir wollen ihn gleich rufen; und zugleich befahl er seinem Diener; geh, rufe den Charmides, und sage, ich wollte ihn einem Arzte vorstellen wegen des Übels, wovon er mir neulich sagte, daß er daran litte. Er klagte mir neulich, sagte Kritias dabei, der Kopf wäre ihm immer so schwer, wenn er des Morgens aufstände. Und was hindert, daß du dich gegen ihn anstellst, als wüßtest du ein Mittel wider den Kopfschmerz? – Nichts, sprach ich, wenn er nur kommt. – Er wird schon kommen, sagte Kritias, welches denn auch geschah. Er kam und verursachte uns großes Gelächter. Denn jeder von uns, die wir saßen, drückte seinen Nebenmann weg um Platz zu machen, damit er sich neben ihn setzen möchte, so daß von denen die am Ende saßen, der eine aufstehn mußte, und der andere platt zur Erde fiel. Als er nun kam, setzte er sich zwischen den Kritias und mich. Und schon hier, Freund, ward ich verlegen, und die vorige Dreistigkeit verging mir, die ich hatte, als ob ich ganz unbefangen und leicht mit ihm würde reden können. Hernach aber, als Kritias ihm sagte, ich wäre der, welcher das Mittel wüßte, und er mich, ich kann gar nicht beschreiben wie, mit seinen Augen ansah und ansetzte als wollte er fragen, und nun Alle in der Palaistra uns ganz im Kreise umringten, da, du Herrlicher, sah ich ihm unter das Gewand und entbrannte, und war nicht mehr bei mir, sondern gedachte, Kydias wäre wohl sehr weise in der Liebe, welcher in Beziehung auf einen schönen Knaben bildlich sagt, es hüte das Reh sich, nicht dem Löwen ins Angesicht kommend zur Beute ergriffen zu werden. Denn ich selbst dünkte mich nun von einem solchen Tiere gefangen. Dennoch als er mich fragte, ob ich das Mittel wider den Kopfschmerz wüßte, brachte ich wiewohl mit Mühe und Not die Antwort heraus, ich wüßte es. – Was, fragte er, ist es denn? – Ich sagte darauf, es wäre eigentlich ein Blatt, aber es gehörte noch ein Spruch zu dem Mittel, wenn man den zugleich spräche, indem man es gebrauchte, machte das Mittel ganz und gar gesund, ohne den Spruch aber wäre das Blatt zu nichts nutz. – So werde ich denn, sprach er, den Spruch von dir abschreiben. – Nur wenn du mich überredest, fragte ich, oder auch wenn nicht? – Da lachte er und sagte: Freilich wenn ich dich überrede, Sokrates. – Schön, sprach ich, auch meinen Namen weißt du? – Das wäre ja übel, sagte er, denn es ist nicht wenig die Rede von dir unter uns Jünglingen; auch erinnere ich mich ja noch, als ich ein Knabe war, dich bei dem Kritias hier gesehen zu haben. – Ganz wohl, sprach ich, tust du daran. Um so freimütiger werde auch ich zu dir reden können von dem Spruch, wie er beschaffen ist, denn vorher war ich verlegen, auf welche Weise ich dir seine Kraft erklären sollte. Sie ist nämlich, o Charmides, von der Art, daß sie nicht nur den Kopf kann gesund machen, sondern wie auch du vielleicht schon von guten Ärzten gehört hast, wenn etwa einer, der an den Augen leidet, zu ihnen kömmt, daß sie sagen, es wäre unmöglich die Heilung der Augen für sich allein zu unternehmen, sondern sie müßten zugleich auch den Kopf behandeln, wenn die Augen sollten hergestellt werden; und wiederum zu glauben, man könnte den Kopf allein für sich behandeln ohne den ganzen Leib, wäre großer Unverstand. Dieser Rede zufolge richten sie nun ihre Verordnung auf den ganzen Leib, und versuchen mit dem Ganzen auch den Teil zu behandeln und zu heilen. Oder hast du nicht bemerkt, daß sie so sprechen und daß es sich so verhält? – Allerdings, sagte er. Dünkt es dich also richtig gesprochen, und nimmst du die Rede an ? – Vor allen andern, sagte er. – Ich nun, da ich ihn Beifall geben hörte, gewann wieder Mut, und bei wenigem regte sich mir die Kühnheit wieder, und die Kräfte wuchsen, und ich sprach: Eben so nun, o Charmides, ist es auch mit diesem Spruch. Gelernt aber habe ich ihn dort im Felde von einem jener Ärzte unter den Zamolxischen Thrakiern, von denen man sagt, sie machten auch unsterblich. Dieser Thrakier nun sagte, in Jenem, was ich eben gesagt habe, hätten die Hellenischen Ärzte ganz recht; aber Zamolxis unser König, sprach er, der ein Gott ist, sagt, so wie man nicht unternehmen dürfe die Augen zu heilen ohne den Kopf, noch den Kopf ohne den ganzen Leib, so auch nicht den Leib ohne die Seele; sondern dieses eben wäre auch die Ursach, weshalb bei den Hellenen die Ärzte den meisten Krankheiten noch nicht gewachsen wären, weil sie nämlich das Ganze verkennten, auf welches man solche Sorgfalt richten müßte, und bei dessen Übelbefinden sich unmöglich irgend ein Teil wohlbefinden könnte. Denn alles, sagte er, entspränge aus der Seele Böses und Gutes dem Leibe und dem ganzen Menschen, und ströme ihm von dorther zu wie aus dem Kopfe den Augen. Jenes also müsse man zuerst und am sorgfältigsten behandeln, wenn es um den Kopf und auch um den ganzen Leib gut solle stehen. Die Seele aber, mein Guter, sagte er, werde behandelt durch gewisse Besprechungen, und diese Besprechungen wären die schönen Reden. Denn durch solche Reden entstehe in der Seele Besonnenheit, und wenn diese entstanden und da wäre, würde es leicht, Gesundheit auch dem Kopf und dem übrigen Körper zu verschaffen. Als er mich daher das Mittel und die Besprechungen lehrte, sprach er, daß dich ja nicht Jemand überrede, mit dieser Arznei seinen Kopf zu behandeln, der dir nicht zuvor auch seine Seele darbietet, um sie mit den Besprechungen von dir behandeln zu lassen. Denn auch itzt, sagte er, ist eben dieses der Fehler bei den Menschen, daß welche unternehmen abgesondert für eins von beiden Ärzte zu sein. Und gar sehr befahl er mir an, daß ich mich ja von Niemand, wäre er auch noch so reich und vornehm und schön, sollte überreden lassen anders zu tun. Ich nun habe ihm geschworen, und muß notwendig gehorchen, werde es also auch. Und du, wenn du nach des Fremdlings Vorschrift zuerst die Seele hergeben willst, um sie zu besprechen mit des Thrakiers Besprechungen, so werde ich auch deinem Kopf das Mittel auflegen; wenn aber nicht, so weiß ich nichts, was ich für dich tun kann, lieber Charmides. – Als nun Kritias dieses hörte, sagte er: Ein guter Fund, o Sokrates, wäre dieser Kopfschmerz für den Jüngling, wenn er genötiget würde, um des Kopfes willen auch der Seele nach besser zu werden. Ich versichere dich jedoch, daß Charmides vor seinen Altersgenossen nicht nur durch seine Gestalt sich auszuzeichnen scheint, sondern auch eben in dem Stücke, wofür du eine Besprechung zu haben behauptest; du behauptest aber für die Besonnenheit, nicht wahr? – Eben dafür, sagte ich. – So wisse denn, sprach er, daß er bei weitem für den Besonnensten unserer Jünglinge gehalten wird, so wie er auch in keinem andern Stücke, so weit nur sein Alter reicht, irgend Einem nachsteht. – Freilich, sagte ich, ist es auch billig, o Charmides, daß du dich in allen dergleichen Dingen vor den Übrigen auszeichnest. Denn ich glaube nicht, daß noch irgend ein anderer hier bei uns leicht würde nachweisen können, aus welcher zwei Athenischen Häuser Vereinigung sich ein besserer und edlerer Abkömmling wahrscheinlich erwarten ließe, als aus der beiden, von welchen du entsprossen bist. Denn euer väterliches Haus von Kritias dem Sohne des Dropides her ist uns durch die Gesänge des Anakreon sowohl, als durch Solons und anderer Dichter Überlieferung angepriesen als ausgezeichnet durch Schönheit und Tugend, und was man sonst zur Glückseligkeit zu rechnen pflegt; und das mütterliche eben so. Denn für schöner und stattlicher als dein Oheim Pyrilampes soll keiner auf dem festen Lande gehalten worden sein, so oft jener an den großen König oder sonst wohin auf das feste Land als Gesandter geschickt worden ist. Und dieses ganze Haus gibt in keinem Stücke jenem anderen etwas nach. Aus solchen entsprossen ist es also billig, daß du in Allem der erste seist. Was man nun sieht von deiner Gestalt, lieber Sohn des Glaukon, damit dünkst du mich keinem von deinen Voraltern Schande zu machen, wenn du aber auch in Absicht auf Besonnenheit und das Übrige nach des Kritias Aussage vollkommen gebildet bist, so hat dich, lieber Charmides, sagte ich, glückselig die Mutter geboren. So demnach steht es: Wenn dir, wie Kritias sagt, die Besonnenheit schon eignet, und du hinlänglich besonnen bist: so bedarfst du ja weder des Zamolxis noch Abaris des Hyperboreers Besprechungen mehr, sondern es kann dir gleich das Mittel für den Kopfschmerz selbst gegeben werden. Wenn dich aber dünkt, es fehle dir noch etwas hieran: so mußt du dich besprechen lassen vor dem Gebrauch des Mittels. Sage mir also selbst, ob du diesem beistimmst, und behauptest, der Besonnenheit schon genug zu haben, oder noch Mangel daran. – Hiebei errötete Charmides, und wurde dadurch zuerst noch schöner vor unsern Augen, denn die Verschämtheit stand seiner Jugend sehr wohl, hernach aber antwortete er auch nicht unedel. Er sagte nämlich, es wäre ihm nicht leicht so im Augenblick das Gefragte weder einzugestehen noch abzuläugnen. Denn, sprach er, wenn ich läugne, besonnen zu sein, so ist es teils widersinnig selbst gegen sich selbst so etwas zu sagen, teils auch zeihe ich dann den Kritias der Unwahrheit, und noch viele Andere, welche mich für besonnen halten, wie er ja sagt; wenn ich es aber behaupte und mich selbst lobe, so kann ich mich dadurch leicht verhaßt machen. So daß ich nicht weiß, was ich dir antworten soll. – Darauf sagte ich, mir scheint das ganz billig, was du sagst, Charmides, und mich dünkt daher, wir sollten gemeinschaftlich untersuchen, ob du das besitzest oder nicht wonach ich frage, damit weder du genötiget werdest etwas zu sagen was du nicht willst, noch auch ich unüberlegt mich an die Heilung mache. Ist es dir also recht, so will ich es wohl mit dir untersuchen, wo nicht, so lassen wir es. – Auf alle Weise, sprach er, ist es mir recht; deswegen also untersuche es, wie du selbst es am besten angreifen zu können meinst. – Auf folgende Art also, sprach ich, wird dünkt mich die Untersuchung der Sache am besten fortgehen. Offenbar nämlich wenn dir die Besonnenheit beiwohnt, mußt du auch etwas von ihr auszusagen wissen. Denn notwendig muß ihr Einwohnen, wenn sie dir einwohnt, eine Empfindung hervorbringen, auf welche dir dann irgend eine Vorstellung von der Besonnenheit sich gründet, was sie wohl ist und worin sie besteht. Oder meinst du nicht so? – Das meine ich wohl, sprach er. – Und dieses, fuhr ich fort, was du meinst, mußt du doch, da du hellenisch reden kannst, auch zu sagen wissen, was es dir erscheint. – Vielleicht, sagte er. – Auf daß wir nun beurteilen können, ob sie dir einwohnt oder nicht, so sage mir, sprach ich, was behauptest du daß die Besonnenheit ist nach deiner Vorstellung? – Anfänglich nun war er bedenklich und wollte gar nicht recht antworten, hernach jedoch sagte er, Besonnenheit dünke ihn zu sein, wenn man alles sittsam verrichte und bedächtig, auf der Straße gehn und sprechen, und alles Andere eben so. Und mich dünkt, sagte er, überhaupt eine gewisse Bedächtlichkeit das zu sein wonach du fragst. – Ist das auch, sprach ich, gut erklärt? Sie sagen freilich, Charmides, von den Bedächtigen, daß sie besonnen sind. Laß uns also zusehen, ob etwas damit gesagt ist.

Sage mir also, gehört die Besonnenheit nicht zu dem Schönen? – Ei freilich, sagte er. – Welches ist nun schöner, beim Sprachlehrer die Buchstaben eben so gut und dabei geschwind schreiben oder bedächtig? – Geschwind. – Und lesen, geschwind oder langsam? – Geschwind. – Und wohl auch geschwind die Lyra spielen, und mit Behendigkeit ringen ist bei weitem schöner als bedächtig und langsam? – Ja. – Wie nun beim Faustkampf und beim Doppelringen, nicht eben so? – Allerdings. – Und im Laufen und Springen und allen andern körperlichen Handlungen, ist da nicht das Behende und Geschwinde auch das Schönere, was aber langsam, mühselig und bedächtig geschieht, das Schlechtere? – So zeigt es sich. – Es zeigt sich uns also, sprach ich, was den Leib betrifft nicht das Bedächtige, sondern das Schnellste und Behendeste als das Schönste. Nicht wahr? – Allerdings. – Die Besonnenheit aber war etwas Schönes? – Ja. – Also wäre, was wenigstens den Leib betrifft, nicht die Bedächtlichkeit besonnener, sondern die Schnelligkeit, wenn doch die Besonnenheit etwas Schönes ist. – So sieht es aus, sprach er. – Wie aber, fuhr ich fort, ist die Gelehrigkeit schöner oder die Ungelehrigkeit ? – Die Gelehrigkeit. – Es besteht aber doch, sprach ich, die Gelehrigkeit im schnell lernen, die Ungelehrigkeit aber im bedächtig und langsam ? – Ja. – Und einen Andern lehren ist das nicht auch schöner geschwind und mit Macht als bedächtig und langsam? – Ja wohl. – Und wie, etwas ins Gedächtnis fassen und sich erinnern ist das schöner bedächtig und langsam oder hurtig und leicht? – Hurtig und leicht. – Und die Geistesgegenwart, ist die nicht eine Behendigkeit der Seele, nicht aber eine Langsamkeit ? – Richtig. – Also auch begreifen was gesagt wird beim Sprachlehrer und beim Musiklehrer und sonst überall, auch das geschieht nicht am bedächtigsten aufs schönste, sondern am schnellsten? – Ja. – Aber gewiß auch in Absicht auf die Nachforschungen der Seele und das Beratschlagen wird nicht der Bedächtigste, denke ich, und der nur mit Mühe sich beratet und etwas ausfindet für lobenswürdig geachtet, sondern der dieses am leichtesten und schnellsten vermag. – So ist es, sagte er. – In allen Dingen also, sprach ich, Charmides, sowohl was die Seele als was den Leib betrifft, erscheint uns das worin sich Kraft und Schnelligkeit zeigt schöner, als das worin Langsamkeit und Bedächtlichkeit. – So kommt es heraus, sagte er. – Also wäre wohl die Besonnenheit nicht eine Bedächtlichkeit, und das besonnene Leben nicht ein bedächtliches nach dieser Rede, da ja das besonnene das schöne sein soll. Denn eins von beiden, entweder gar nirgends oder nur in sehr wenigen Fällen fanden wir die bedächtigen Handlungen in dem Leben schöner, als die schnellen und kräftigen. Und wenn nun auch, mein Lieber, aufs höchste gesagt, nicht wenigere bedächtige Handlungen die schöneren sind als schnelle und behende: so wäre doch auch so nicht das bedächtig handeln mehr Besonnenheit als das schnell und behende, weder im Gehen noch im Lesen, und auch sonst nirgends wäre das bedächtige Leben irgend besonnener als das nichtbedächtige, da wir in unserer Erklärung vorausgesetzt haben, die Besonnenheit gehöre unter das Schöne, und sich uns nun das schnelle nicht minder schön gezeigt hat, als das bedächtige. – Richtig, Sokrates, sagte er, dünkst du mich dieses einzuwenden. –

Noch einmal also, Charmides, sprach ich; und genauer aufmerkend schaue in dich selbst, und beobachte wozu dich die dir einwohnende Besonnenheit macht, und was sie wohl sein muß, um dich hiezu zu machen, und dies alles zusammennehmend sage dann grade und dreist, als was sie dir erscheint. – Hierauf hielt er an sich, und nachdem er sehr wacker die Sache bei sich überlegt hatte, sagte er: Mich dünkt also, die Besonnenheit mache schämen und den Menschen verschämt, und daß also die Besonnenheit ist was die Scham. – Wohl, sprach ich. Gestandest du nicht vorher ein, die Besonnenheit wäre etwas Schönes? – Allerdings, sagte er. – Also sind auch wohl die besonnenen Menschen gute ? – Ja. – Kann nun wohl etwas gut sein, was sie nicht zu guten macht ? – Nicht wohl. – Nicht nur also etwas Schönes ist sie, sondern auch etwas Gutes? –So dünkt es mich. – Wie nun, sprach ich, glaubst du nicht, daß Homeros Recht hat, wenn er sagt: Nicht gut ist Scham dem darbenden Manne? – Ich wohl, sagte er. – Also wie es scheint ist die Scham gut und auch nicht gut? – So zeigt es sich. – Die Besonnenheit aber ist gut, da sie diejenigen zu Guten macht, denen sie beiwohnt, zu Schlechten aber nicht. – Ganz gewiß, so dünkt es mich zu sein wie du sagst. – Nicht also wäre die Besonnenheit Scham, wenn jener zukommt gut zu sein, dieser aber um nichts mehr gut als schlecht. – Dies scheint mir ganz richtig gesagt zu sein, Sokrates. Folgendes aber betrachte dir wie es dich dünken wird von der Besonnenheit.

Eben nämlich erinnere ich mich, was ich schon Einen habe sagen gehört, Besonnenheit sei wenn man das Seinige tue. Überlege also, ob dich der dünkt richtig zu erklären, der dieses sagt. – Du Schlauer, sagte ich darauf, das hast du vom Kritias gehört, oder von einem anderen Weisen. – So muß es wohl, sagte Kritias, von einem Anderen sein, denn von mir wenigstens nicht. – Aber Sokrates, sagte Charmides wieder, was verschlägt es denn, von wem ich es gehört habe? – Nichts, sprach ich. Denn allewege ist nicht darauf zu sehen, wer etwas gesagt hat, sondern ob es richtig gesagt ist oder nicht. – Nun sprichst du wie es sich gehört, sagte er. – Beim Zeus, sprach ich, ob wir aber auch nur finden werden, was dies eigentlich bedeutet, das soll mich wundern; denn es sieht aus wie ein Rätsel. – Weshalb doch ? fragte er. – Weil doch gewiß derjenige es nicht so gemeint hat, wie die Worte lauten, welcher sagt, Besonnenheit sei, wenn man das Seinige tue. Oder glaubst du der Sprachlehrer tue nichts, wenn er schreibt oder liest? – Ich, sagte er, glaube ja. – Meinst du nun, daß der Sprachlehrer immer nur seinen eigenen Namen liest und schreibt und Euch Kinder lehrt ? Oder schriebet und laset ihr der Feinde Namen nicht minder als eure eignen und der Freunde ihre ? – Nicht minder. – Also wäret ihr mit fremden Angelegenheiten beschäftiget und also nicht besonnen, indem ihr dieses tatet? – Keinesweges. – Doch aber tatet ihr nicht das Eurige, wenn doch schreiben ein Tun ist und lesen. – Das ist es gewiß. – Und heilen, lieber Freund, und bauen, und weben, und mit welcher Kunst du immer willst eins von den Werken dieser Kunst verrichten, das ist doch wohl auch ein Tun? – Allerdings. – Wie also, sprach ich, dünkt dich wohl eine Stadt gut verwaltet zu werden unter diesem Gesetz, welches befiehlt, Jeder solle sein eigenes Kleid weben und waschen, und seine eignen Schuhe schneiden und mit Ölschläuchen und Kratzeisen und allem anderen nach demselben Verhältnis das Fremde nämlich ja nicht berühren, sondern Jeder sein eignes machen und verrichten? – Mich dünkt nicht, sagte er. – Aber doch besonnen verwaltet würde sie gut verwaltet? – Wie sonst? sagte er. – Also kann nicht in solchen Dingen und auf solche Art das Seinige tun Besonnenheit sein. – Offenbar nicht. – Also hat der rätselhaft gesprochen, wie es scheint, und ich auch vorher schon sagte, der da sagt, das Seinige tun sei Besonnenheit. Denn so einfältig war er doch wohl nicht. Oder hast du einen albernen Menschen dieses sagen gehört, Charmides? – Keinesweges, sprach er, vielmehr dünkte er mich gar weise zu sein. – Ganz gewiß also, wie mich dünkt, hat er dies nur als ein Rätsel hingeworfen, weil es nämlich schwer ist zu wissen, was das heißen soll, das Seinige tun. – Vielleicht, sagte er. – Was mag also das wohl heißen das Seinige tun? Kannst du es sagen? – Beim Zeus, sagte er, ich weiß es nicht. Aber was hindert, daß vielleicht der, welcher es gesagt hat, auch nicht wußte was er dachte? Und indem er dies sagte, lächelte er, und sah nach dem Kritias hin. Dem Kritias aber war schon lange deutlich anzusehn, wie gepeinigt er war und wie gern er sich gezeigt hätte vor dem Charmides und den Anwesenden, und wie er sich schon vorher nur mit Gewalt zurückgehalten hatte, nun aber konnte er es gar nicht mehr. Daher ich glaube es war ganz gewiß so, wie ich vermutete, daß Charmides diese Antwort über die Besonnenheit vom Kritias gehört hatte. Charmides nun, der nicht Lust hatte, selbst die Antwort zu vertreten, sondern daß jener es tun sollte, reizte ihn nun selbst auf, und deutete auf ihn hin, als wäre er widerlegt. Dies nun hielt er nicht aus, sondern schien ihm sehr böse zu sein, wie ein Dichter dem Schauspieler, der sein Gedicht übel zurichtet, so daß er ihn ansah und sagte: So meinst du Charmides, weil du nicht weißt was jener dachte, welcher sagte: Besonnenheit sei wenn man das Seinige tue, daß deshalb Jener selbst es auch nicht wisse? –

Aber, sprach ich, bester Kritias, das ist wohl nicht zu verwundern, daß dieser es nicht weiß, der noch so jung ist, wohl aber ist zu glauben, daß du es weißt in deinem Alter und bei deinen Beschäftigungen mit diesen Dingen. Wenn du also einräumst, das sei die Besonnenheit, was dieser sagt, und du den Satz übernehmen willst: so möchte ich noch weit lieber mit dir untersuchen, ob das Gesagte wahr ist oder nicht. – Allerdings, sagte er, räume ich es ein und übernehme es. – Sehr wohl getan, sprach ich, und sage mir, ob du auch das was ich eben fragte zugibst, daß alle Handwerker etwas machen? – Ich gewiß. – Meinst du also, daß sie nur das ihrige machen, oder auch Anderer ihres? – Auch Anderer ihres. – Besonnen also sind Leute, die doch nicht nur das ihrige machen? – Was hinderts? sagte er. – Mich freilich nichts, sprach ich, aber sieh doch zu, ob es nicht Jenen hindert, welcher angenommen hatte: Besonnen sein heiße das Seinige tun, wenn er hernach wieder sagt, es hindere nichts, daß auch die, welche Anderer ihres tun, können besonnen sein. – Habe ich denn, sagte er, das eingestanden, daß die Anderer ihres tun besonnen sind? oder habe ich nur zugegeben die es machen? – Sage mir doch, sprach ich, ist denn das bei dir nicht dasselbe, das Tun und das Machen? – Keinesweges doch, sagte er, auch nicht verrichten und machen. Dies habe ich nämlich vom Hesiodos gelernt, welcher sagt: Keine Verrichtung ist Schande. Glaubst du denn, wenn er dergleichen hätte Verrichtungen genannt und verrichten und tun was du jetzt anführtest, er würde behauptet haben, es sei Niemanden Schande Schuhe zu machen oder zu hökern oder sich selbst feil zu haben? Das darf man ja wohl nicht glauben, Sokrates, sondern auch er, glaube ich, hielt Machen für etwas anderes als Verrichten und Tun, und daß etwas zu machen wohl bisweilen Schande wäre, wenn das Schöne nicht dabei ist, keine Verrichtung aber jemals Schande wäre. Denn nur was schön und nützlich gemacht ist, nannte er Werke, und nur ein solches Machen Verrichtungen und Handlungen. Und man muß behaupten, nur dergleichen habe er für das einem Jeden gehörige gehalten, alles schädliche aber für ungehörig. So daß man glauben muß, auch Hesiodos und jeder Andere wer nur vernünftig ist halte den, der das seinige tut, für besonnen. - O Kritias, sprach ich, gleich als du anfingst, habe ich wohl beinahe deine Erklärung verstanden, daß du unter dem einem Jeden gehörigen und seinigen Gutes verständest, und unter den Handlungen was die Gutem machten; denn auch vom Prodikos habe ich tausenderlei dergleichen gehört, wie er die Worte unterscheidet. Ich aber will dir gern gestatten, jedes Wort zu nehmen wie du willst; erkläre dich aber nur, worauf du jedes Wort beziehst, dessen du dich bedienst.

Jetzt also bestimme von vorn noch einmal deutlicher, ob du die Handlung oder Verrichtung oder wie du es sonst nennen willst des Guten, ob du diese Besonnenheit nennst? - Das tue ich, sagte er. - Der also ist nicht besonnen, der das Böse tut, sondern der das Gute? - Und dich, Bester, sprach er, dünkt es nicht so? - Mag es doch, antwortete ich. Denn noch untersuchen wir ja nicht, was ich denke, sondern was du jetzt sagst. - Ich meines Teils jedoch, sagte er, läugne, daß wer nicht Gutes macht, sondern Böses, besonnen ist; wer aber Gutes macht und nicht Böses, der ist besonnen. Denn daß das Tun des Guten Besonnenheit ist, das bestimme ich dir nun ganz deutlich. - Vielleicht hindert auch nichts daß du recht habest, sprach ich; das indessen wundert mich, wenn du glaubst, besonnene Menschen könnten auch wohl nicht wissen, daß sie besonnen sind. - Aber das glaube ich auch nicht, sagte er. - Wurde nicht, fragte ich, vor kurzem von dir gesagt, es stehe nichts im Wege, daß Künstler, auch wenn sie etwas für Andere machen, könnten besonnen sein? - Das wurde gesagt, sprach er; aber was soll dieses? - Nichts. Aber sage mir, dünkt dich ein Arzt, indem er jemanden gesund macht, etwas nützliches zu machen für sich selbst und auch für den, den er heilt? - Mich dünkt er. - Und der tut doch was sich gehört, der dieses tut? - Ja. - Und wer tut was sich gehört ist der nicht besonnen? - Wohl ist er besonnen. - Muß aber wohl jeder Arzt notwendig wissen, wann er mit Erfolg den Kranken behandelt und wann nicht? und so jeder Künstler, wann er Nutzen haben wird von dem Werke welches er verrichtet und wann nicht? - Vielleicht wohl nicht. - Also bisweilen, sprach ich, indem er nützlich handelt oder schädlich, weiß der Arzt selbst nicht wie er handelt; dennoch aber, wenn er nützlich handelt, nach deiner Rede, hat er auch besonnen gehandelt. Oder sagtest du nicht so? - Allerdings. - Also, wie es scheint, bisweilen handelt er zwar besonnen, indem er ja nützlich handelt, und ist also besonnen, weiß aber selbst nicht, daß er besonnen ist. – Aber dieses, o Sokrates, sagte er, kann doch auf keine Weise sein; sondern wenn du meinst, daß etwas von dem, was ich vorher behauptete, hierauf notwendig führe, möchte ich lieber etwas von jenem zurücknehmen, und mich nicht schämen einzugestehen, daß ich mich unrichtig ausgedrückt habe, lieber als daß ich zugeben sollte, irgend ein Mensch, der von sich selbst nicht wisse könne besonnen sein. Vielmehr möchte ich beinahe sagen, eben dieses wäre die Besonnenheit, das Sich selbst kennen, und ganz dem beistimmen, der in Delphi diesen Spruch aufgestellt hat. Denn in solchem Sinne scheint mir dieser Spruch hingestellt zu sein als eine Anrede des Gottes an die Eintretenden, anstatt des Sei fröhlich, als ob nämlich jener Wunsch nicht recht wäre fröhlich zu sein, und wir uns dazu nicht ermuntern müßten, sondern besonnen zu sein. Auf diese Art also begrüßt der Gott die Eintretenden in seinem Tempel ganz anders als die Menschen, nach der Meinung dessen der diese Tafel geweihet hat, wie mich wenigstens dünkt, und spricht zu jedem Eintretenden nichts Anderes als Sei besonnen sagt er ihm. Etwas rätselhaft freilich wie ein Wahrsager drückt er sich aus. Das Kenne dich selbst und Sei besonnen ist also zwar dasselbe, wie jener Spruch behauptet und ich; leicht aber mag Mancher glauben, beides wäre verschieden, und das dünkt mich auch denen begegnet zu sein, welche die folgenden Sprüche aufgestellt haben, das Nichts zu viel und Wer sich verbürgt, dem nahet Verderben. Denn diese haben geglaubt, das Kenne dich selbst wäre ein Rat, nicht aber eine Begrüßung des Gottes für die Eintretenden, und um also auch selbst nicht minder heilsame Ratschläge aufzustellen, haben sie dieses niedergeschrieben und aufgestellt. Weshalb ich nun alles dieses sage, o Sokrates, das ist folgendes.

Das vorige Alles schenke ich dir. Denn vielleicht hast du einiges richtiger darüber gesagt, vielleicht auch ich; recht bestimmt aber war gar nichts von dem, was wir sagten. Jetzt aber will ich dir hierüber Rede stehn, wenn du nicht annimmst, die Besonnenheit sei das Sich selbst kennen. – Aber Kritias, sprach ich, du handelst mit mir, als behauptete ich das zu wissen, wonach ich frage, und als könnte ich also, wenn ich nur wollte, gleich dir bestimmen. So verhält es sich aber nicht, sondern ich suche erst mit dir, was wir uns aufgegeben haben, weil ich es eben selbst nicht weiß. Habe ich es also untersucht, dann will ich wohl sagen ob ich es annehme oder nicht; aber gedulde dich bis ich es untersucht habe. – So untersuche es denn, sagte er. – Ich tue es auch schon, sprach ich. Wenn also die Besonnenheit darin besteht, daß man etwas kennt, so ist sie offenbar eine Erkenntnis und von etwas. Oder nicht? – Das ist sie auch, sagte er, seiner selbst nämlich. – Ist nicht auch die Heilkunde, sprach ich, eine Erkenntnis, des gesunden nämlich? – Allerdings. – Wenn du mich nun; sprach ich, fragtest, die Heilkunde, als die Erkenntnis des gesunden, wozu ist sie uns nützlich, und was bewirkt sie uns: so würde ich antworten, keinen kleinen Vorteil, nämlich die Gesundheit, ein gar schönes Werk bewirkt sie uns, wenn du dies annimmst. – Das nehme ich an. – Und wenn du mich weiter fragtest nach der Baukunst, als der Erkenntnis des Bauens, was für ein Werk ich behauptete, daß die uns bewirkte: so würde ich sagen, Wohnungen. Und so auch mit den übrigen Künsten. Eben so etwas mußt nun auch du von der Besonnenheit, da du behauptest, sie sei die Erkenntnis seiner selbst zu sagen wissen, wenn du gefragt wirst: Kritias, die Besonnenheit als die Erkenntnis seiner selbst, was für ein schönes und ihres Namens würdiges Werk bewirkt sie uns denn? So komm nun und sage es. – Aber Sokrates, sagte er, du untersuchst nicht richtig. Denn diese Erkenntnis ist ihrer Natur nach den übrigen nicht ähnlich, wie auch nicht die übrigen alle unter einander, du aber führst deine Untersuchung als wären sie einander ähnlich. Denn sage mir, sprach er, wo gibt es wohl von der Rechenkunst oder von der Meßkunst ein solches Werk, wie das Haus von der Baukunst oder das Kleid von der Webekunst, oder andere dergleichen Werke, deren einer viele von vielen andern Künsten aufzeigen könnte? Hast du mir etwa auch von diesen ein solches Werk zu zeigen? Das wirst du gewiß nicht haben. – Darauf sagte ich, du hast Recht. Aber das kann ich dir doch aufzeigen, wovon nun eine jede von diesen Erkenntnissen die Erkenntnis ist, was wieder etwas anderes ist als die Erkenntnis selbst. So ist die Rechenkunst die Erkenntnis des graden und ungraden, wie sie sich unter sich und gegen einander in jeder Menge verhalten. Nicht wahr? – Allerdings. – Und ist nicht das Gerade und Ungerade etwas anderes als die Rechenkunst selbst? – Wie sollte es nicht? – Und die Statik ist doch die des schwereren und leichteren Gewichts; das Schwere und Leichte aber ist etwas anderes als die Statik selbst. Gibst du das zu? – O ja. – Sage also auch, wessen Erkenntnis denn die Besonnenheit ist, was etwas anderes ist als die Besonnenheit selbst. – Das ist eben die Sache, Sokrates, sprach er, nun bist du dem auf die Spur gekommen, wodurch die Besonnenheit sich von allen Erkenntnissen unterscheidet, du aber suchst bei ihr eine Ähnlichkeit mit den übrigen. So ist es aber nicht, sondern die übrigen Alle sind eines anderen Erkenntnisse, sie allein aber ist sowohl der andern Erkenntnisse Erkenntnis als auch selbst ihrer selbst. Auch fehlt viel, daß dir das sollte entgangen sein. Aber ich glaube, was du vorher läugnetest, daß du es tätest, das tust du doch, nämlich du gehst nur darauf aus, mich zu widerlegen, und kümmerst dich wenig um das, wovon die Rede ist. – Was machst du doch, sprach ich, daß du denkst, wenn ich auch wirklich dich widerlege, ich täte es um einer andern Ursach willen, als um derentwillen ich auch mich selbst eben so ausfragen würde, ob ich wohl etwas rechtes sage, aus Besorgnis nämlich, daß ich unvermerkt mir einbilden möchte etwas zu wissen was ich doch nicht weiß. Und auch jetzt behaupte ich, daß ich nur dieses tue, die Erklärung nämlich untersuche vorzüglich meiner selbst, vielleicht aber auch der andern guten Freunde wegen. Oder meinst du nicht, daß dieses ein gemeines Gut fast aller Menschen ist, wenn jegliches Ding offenbar wird, wie es sich damit verhält? – Gewiß, sagte er, glaube ich das, o Sokrates. – Getrost also, du Trauter, sprach ich, beantworte das Gefragte wie es dir erscheint, und laß es dir einerlei sein, ob Kritias es ist oder Sokrates der widerlegt wird, sondern habe nur auf die Erklärung Acht, wie die Untersuchung darüber ablaufen wird. – Wohl, sagte er, so will ich es machen;

denn es dünkt mich annehmlich, was du sagst. – So sage denn, sprach ich, wie du es eigentlich meinst mit der Besonnenheit. –

Ich sage also, sprach er, daß sie allein unter allen Erkenntnissen sowohl ihrer selbst als der übrigen Erkenntnisse Erkenntnis ist. – Müßte sie nicht auch, sprach ich, der Unkenntnis Erkenntnis sein, wenn der Erkenntnis? – Allerdings, sagte er. – Der Besonnene also allein wird sich selbst erkennen, und im Stande sein zu ergründen was er wirklich weiß und was nicht; und eben so auch wird er vermögend sein Andere zu beurteilen, was einer weiß und auch zu wissen glaubt, da er es ja weiß, und auch wieder was einer zu wissen glaubt, es aber nicht weiß; sonst aber keiner. Und dies ist also das Besonnensein und die Besonnenheit und das sich selbst kennen, zu wissen was einer weiß und was er nicht weiß. Ist es dieses, was du meinst? – Dies ist es, sagte er. – Noch einmal also, sprach ich, das dritte von den drei guten Dingen, laß uns von Anfang an erwägen, zuerst ob dies wohl möglich ist oder nicht, was einer weiß und nicht weiß zu wissen daß er es weiß und nicht weiß, hernach wenn es auch noch so möglich ist, was für ein Nutzen es uns wohl wäre es zu wissen. – Das müssen wir freilich erwägen, sagte er. – Komm also Kritias, sprach ich, und siehe zu, ob du besseren Rat dafür hast als ich, denn ich habe keinen. Wie so ich aber ratlos bin, soll ich dir das sagen? – Ja wohl, sagte er. – Ist es nicht so, sprach ich, Alles dieses, findet statt, wenn, was du jetzt eben sagtest, es Eine gewisse Erkenntnis gibt, welche von nichts Anderem als von sich selbst und den übrigen Erkenntnissen die Erkenntnis ist, und dieselbe zugleich auch von der Unkenntnis? – Allerdings. – Sieh also, Freund, was wir wunderliches zu behaupten unternehmen! Denn wenn du an andern Dingen dasselbe aufsuchst wird es dich unmöglich zu sein dünken. – Wie doch und wo? – So meine ich. Bedenke nur, ob du glauben kannst es gebe ein Sehen, welches gar nicht ein Sehen derer Dinge ist, die anderes Sehen sieht, sondern nur ein Sehen von sich selbst und anderem Sehen, und vom Nichtsehen ebenfalls, und welches keine Farbe sieht, ob es gleich ein Sehen ist, sich selbst aber und anderes Sehen sieht. Glaubst du, daß es ein solches gibt? – Beim Zeus, ich nicht. – Und wie ein Hören welches keine Stimmen hört, sich selbst aber und anderes Hören und Nichthören? – Auch das nicht. – Und so erwäge überhaupt von allen Empfindungen, ob es dich irgend eine Empfindung anderer Empfindungen und ihrer selbst zu geben dünkt, die aber von dem Allen was andere Empfindungen empfinden nicht empfindet? – Mich dünkt nicht. – Aber glaubst du etwa es gebe ein Verlangen, welches nicht ein Verlangen nach irgend einer Lust ist, sondern nach sich selbst und anderem Verlangen? – Nicht wohl. – Auch wohl kein Wollen denke ich, welches nicht irgend ein Gut will, sondern sich selbst und das andere Wollen will. – Freilich nicht. – Oder möchtest du behaupten es gäbe eine solche Liebe, welche keine Liebe irgend eines Schönen ist, sondern nur ihrer selbst und anderer Liebe? – Ich, sagte er, nicht. Oder hast du schon eine Furcht bemerkt, die nur sich selbst und andere Furcht fürchtet, furchtbares aber nichts fürchtet? – Nichts dergleichen, sagte er. – Aber eine Vorstellung von sich selbst und anderen Vorstellungen, die aber von dem was andere Vorstellungen vorstellen nicht vorstellt? – Niemals. – Eine solche Erkenntnis aber, wie es scheint, wollen wir behaupten daß es gebe, welche keines erkennbaren Gegenstandes Erkenntnis ist, sondern nur ihrer selbst und der andern Erkenntnisse Erkenntnis? – Das behaupten wir freilich. – Ist die nicht seltsam, wenn sie wirklich ist? Denn noch laß uns nicht behaupten, daß sie nicht ist, sondern nur untersuchen ob sie ist. – Richtig gesprochen. – Wohlan denn, diese Erkenntnis ist doch eine Erkenntnis von etwas, und hat eine solche Eigenschaft, vermöge deren sie sich auf etwas bezieht. Nicht wahr? – Allerdings. – Denn auch das größere, behaupten wir, hat eine solche Eigenschaft, daß es ein größeres ist von etwas? – Eine solche hat es. – Nicht wahr, von irgend einem kleineren, wenn es doch größer sein soll? – Notwendig. – Wenn wir nun ein Größeres fänden, welches das größere ist von anderem größeren und von sich selbst, gar nicht aber von etwas unter dem, wovon anderes größere das größere ist, müßte dem nicht auf alle Weise dieses zukommen, wenn es größer ist als es selbst, auch kleiner zu sein als es selbst? oder nicht? – Ganz notwendig Sokrates, sagte er. – Nicht auch wenn etwas das Doppelte ist von dem übrigen Doppelten und von sich selbst, so kann es nur indem es auch die Hälfte ist von sich selbst und dem übrigen zugleich das Doppelte sein? Denn es gibt von nichts Anderem ein Doppeltes als von der Hälfte. – Richtig. – Und was mehr ist als es selbst wird das nicht auch weniger sein, was schwerer ist auch leichter, was älter ist auch jünger, und eben so in allen andern Dingen, was seine Eigenschaft in Beziehung auf sich selbst hat, wird das nicht auch dasjenige an sich haben müssen, worauf die Eigenschaft sich bezieht? Ich meine nämlich dieses: das Gehör sagten wir doch war von nichts Anderem Gehör als von der Stimme, nicht wahr? – Ja. – Also wenn es sich selbst hören soll, so muß es sich selbst eine Stimme habend hören; denn sonst kann es nicht hören. – Ganz unumgänglich. – Und auch wohl das Gesicht, o Bester, wenn es sich selbst sehen soll; muß irgend eine Farbe haben; denn farbloses kann das Gesicht nichts jemals sehen. – Freilich nicht. – Du siehst also, o Kritias, was wir nur durchgegangen sind, so zeigte es sich uns teils gänzlich unmöglich teils gar sehr unglaublich, daß jemals etwas seine Eigenschaft in Beziehung auf sich selbst haben könne. Denn bei Größen und Vielheiten und dergleichen war es ganz und gar unmöglich; oder nicht? – Allerdings. – Vom Gehör und Gesicht aber und ferner von der Bewegung, daß die sich selbst bewegen und die Wärme sich selbst erwärmen sollte und von Allem der Art möchte es Einigen wohl sehr unglaublich scheinen, Anderen aber vielleicht nicht. Ein großer Mann freilich, o Freund, gehört dazu, um im Allgemeinen zu entscheiden, ob gar nichts so geartet ist, seine Eigenschaft auf sich selbst zu beziehen, sondern nur auf ein Anderes, oder ob Einiges so beschaffen ist und Anderes nicht; und wiederum wenn Einiges sie auf sich selbst bezieht, ob hierunter auch die Erkenntnis gehört, von welcher wir alsdann behaupten sie sei die Besonnenheit. Ich nun traue mir nicht zu, daß ich im Stande bin, dieses zu entscheiden; weshalb ich auch, weder ob es möglich ist, daß es so etwas gebe wie eine Erkenntnis der Erkenntnis, mit Gewißheit behaupten kann, noch auch, wenn es wirklich dergleichen gibt, annehmen, daß dieses die Besonnenheit ist, bis ich untersucht habe, ob sie uns auch, wenn sie dieses wäre, etwas nützlich sein würde oder nicht. Denn daß die Besonnenheit etwas Gutes und Nützliches sein müsse, das ahndet mir wohl. Du also, Sohn des Kallaischros, denn du sagest ja, die Besonnenheit sei dieses, Erkenntnis der Erkenntnis und so auch der Unkenntnis, zeige mir zuerst, daß dieses möglich ist was ich itzt eben sagte, und dann nächst dem möglichen auch daß es nützlich ist, und so möchtest du mir vielleicht genügen, daß du dich richtig erklärst über die Besonnenheit, was sie ist. Als nun Kritias dies hörte und mich ratlos sah, dünkte es mich, daß gerade wie denen, welche einen Andern gegenüber gähnen sehen, dasselbige zu begegnen pflegt, so auch er von mir dem ratlosen überwältigt selbst in Ratlosigkeit gefangen war. Da er nun jedesmal Lob einzuärnten pflegt, schämte er sich vor den Anwesenden, und wollte mir weder zugeben, daß er unfähig wäre das auszuführen, wozu ich ihn aufforderte, noch sagte er irgend etwas bestimmtes, sondern suchte nur seine Verlegenheit zu verbergen. Damit wir also doch weiter kämen in der Sache, so sprach ich: Gut, Kritias, wenn dir das recht ist, so wollen wir für jetzt dieses einräumen, es könne wirklich eine Erkenntnis der Erkenntnis geben, und auf ein anderes Mal untersuchen, ob es sich wirklich so verhält oder nicht. Komm aber und sage mir, wenn dies auch ja möglich ist, was ist es deshalb leichter zu wissen was einer weiß und was nicht? Denn dies behaupteten wir ja eigentlich wäre das Sich selbst kennen und das Besonnensein? Nicht wahr? – Allerdings, sagte er, und das folgt ja auch, Sokrates. Denn wenn Einer die Erkenntnis hat welche sich selbst erkennt, so muß er ja auch so sein wie das ist was er hat; so wie einer geschwind ist wenn er Geschwindigkeit hat, und schön wenn Schönheit, und wenn Erkenntnis erkennend, so auch wenn Jemand die Erkenntnis ihrer selbst hat, muß er dann auch sich selbst erkennend sein. – Daran, sprach ich, zweifle ich auch nicht, daß nicht wer das Selbsterkennende hat auch sich selbst erkennen wird, sondern nur, ob wer dieses hat notwendig auch wissen müsse was er weiß und was er nicht weiß. – Weil das einerlei ist, Sokrates, dieses mit jenem. – Vielleicht, sprach ich. Aber ich bin eben leider wohl immer der Alte. Denn ich verstehe schon wieder nicht wie das einerlei sein kann zu wissen was Einer weiß oder nicht weiß und ob er, weiß. – Wie meinst du das, sagte er? – So, sprach ich. Es gebe eine Erkenntnis der Erkenntnis, wird die ein mehreres im Stande sein zu unterscheiden, als daß von zweien das eine eine Erkenntnis ist, das andere keine Erkenntnis? – Nein, sondern gerade soviel. – Ist damit nun dasselbe die Erkenntnis oder Unkenntnis des Gesunden, und die Erkenntnis oder Unkenntnis des Gerechten? – Keinesweges. – Sondern diese sind, glaube ich, eine die Heilkunde, eine die Staatskunde, jene andere aber ist eben nichts weiter als die Erkenntnis? – Wie anders? – Also wenn Jemand nicht auch noch das Gesunde und das Gerechte dazu kennt, sondern nur die Erkenntnis kennt, indem er von dieser allein Erkenntnis hat, so wird er zwar, daß er etwas weiß und irgend eine Erkenntnis hat, wahrscheinlich wissen von sich selbst und von Andern; nicht wahr? – Ja. – Was er aber erkennt, wie soll er das vermittelst dieser Erkenntnis wissen? Denn das Gesunde erkennt er vermöge der Heilkunst, nicht vermöge der Besonnenheit, das Wohlklingende vermöge der Tonkunst, nicht vermöge der

Besonnenheit, das zum Bauen gehörige vermöge der Baukunst, nicht vermöge der Besonnenheit, und so auch alles Übrige. Oder nicht? – Offenbar. – Vermöge der Besonnenheit aber, wenn sie nur die Erkenntnis der Erkenntnisse ist, wie soll er wissen, daß er das Gesunde kennt, oder daß er das zum Bauwesen gehörige kennt? – Auf keine Art. – Und wer dies nicht weiß, der wird doch nicht wissen, was er weiß, sondern nur daß er weiß? – So scheint es. – Das wäre also nicht die Besonnenheit und das Besonnensein zu wissen, was man weiß und was man nicht weiß, sondern wie es scheint nur, daß man weiß und daß man nicht weiß. – So sieht es aus. – Noch auch wird also ein solcher im Stande sein, einen Andern zu prüfen, welcher etwas zu wissen behauptet, ob er das wirklich weiß, was er zu wissen vorgibt, oder ob er es nicht weiß, sondern nur soviel, wie es scheint, wird er erkennen, daß jener irgend eine Erkenntnis hat, wovon aber das wird ihn die Besonnenheit nicht erkennen machen. – Offenbar nicht. – Also auch den der ein Arzt zu sein vorgibt, es aber nicht ist, wird er nicht im Stande sein, von dem der es in der Tat ist zu unterscheiden, noch auch in andern Dingen den Kundigen von dem Unkundigen. Laß es uns hieran uns anschaulich machen. Wenn der Besonnene, oder wer es sonst sein mag, den wahrhaften Arzt erkennen will, und den der es nicht ist, wird er es nicht so machen? Von der Heilkunde wird er nicht mit ihm reden. Denn der Arzt, wie wir sagten, versteht nichts als das gesunde und ungesunde. Oder sagten wir nicht so? – Ja, so. – Von der Erkenntnis aber weiß er nichts, sondern dieses haben wir allein der Besonnenheit zugeschrieben. – Ja. – Also weiß auch von der Heilkunde der Arzt nichts, da ja die Heilkunde eine Erkenntnis ist? – Richtig. – Daß nun der Arzt irgend eine Erkenntnis hat, wird der Besonnene freilich einsehen; unternimmt er aber zu erproben was für eine, muß er dann nicht sehen, wovon sie es ist? Oder ist nicht eben dadurch jede Erkenntnis bestimmt, nicht nur daß sie eine Erkenntnis ist, sondern auch was für eine, daß sie es von etwas ist? – Eben dadurch. – Auch die Heilkunde ist also bestimmt als eine verschiedene von andern Erkenntnissen, dadurch daß sie des gesunden und ungesunden Erkenntnis ist. – Ja. – Also eben hierin muß, wer Jemandes Heilkunst untersuchen will, sie untersuchen, worin sie besteht. Gewiß doch nicht in dem außer ihr, worin sie nicht besteht? – Freilich nicht. – In dem gesunden also und ungesunden muß, wer recht prüft, den Arzt prüfen, in wiefern er heilkundig ist. – So zeigt es sich. – Nämlich doch indem er, was hierin gesprochen oder getan wird, prüft, ob das Gesprochene wahr gesprochen, und das Getane richtig getan ist? – Notwendig. – Könnte nun wohl Jemand ohne Heilkunde eines von beiden gehörig verfolgen? – Gewiß nicht. – Also auch wohl kein Anderer außer der Arzt, auch nicht der Besonnene? Er wäre sonst ein Arzt noch außer der Besonnenheit. – So ist es. Auf alle Weise also, wenn die Besonnenheit nur die Erkenntnis der Erkenntnis ist und der Unkenntnis, wird sie auch nicht im Stande sein, weder den Arzt zu unterscheiden der seine Kunst versteht und den der sie nicht versteht, sondern es nur vorgibt oder sich einbildet, noch auch irgend einen Andern, ob er wirklich das seinige versteht was es auch sei, ausgenommen seinen Kunstverwandten, eben wie die andern Künstler auch. – Offenbar, sagte er. – Welchen

Nutzen also Kritias, sprach ich, hätten wir wohl noch von der so beschaffenen Besonnenheit? Denn wenn, wie wir anfänglich annahmen, der Besonnene wüßte was er weiß und was er nicht weiß, das eine daß er es weiß und das andere daß er es nicht weiß, und auch einen Andern wie es eben hierin mit ihm steht zu beurteilen im Stande wäre: dann wäre es uns, das können wir behaupten, höchst nützlich besonnen zu sein. Denn fehlerfrei würden wir selbst unser Leben durchführen im Besitz der Besonnenheit, und auch alle Übrigen soviel ihrer von uns regiert würden. Denn weder würden wir selbst etwas zu tun unternehmen was wir nicht verständen, sondern diejenigen ausfindend, welche es verstehen, würden wir es ihnen überlassen, noch auch würden wir den übrigen, welche wir regierten, verstatten irgend etwas Anderes zu tun, als das was sie, wenn sie es tun, auch richtig tun werden. Dies wäre aber das, wovon sie die Erkenntnis haben. Und so würde ein durch Besonnenheit verwaltetes Hauswesen wohl verwaltet werden, und eine so regierte Stadt, und alles Andere worüber Besonnenheit herrschte. Denn wenn das Fehlen beseitiget ist, und das Richtighandeln überall obwaltet: so müssen, die in dieser Verfassung sind, notwendig ein schönes und gutes Leben führen, die aber wohlleben müssen glückselig sein. Würden wir nicht dieses, sprach ich, von der Besonnenheit sagen, o Kritias, wenn wir beschreiben wollten, welch ein großes Gut es wäre zu wissen, was einer weiß und nicht weiß? – Allerdings dieses. – Nun aber siehst du doch, sprach ich, daß sich uns nirgends eine solche Erkenntnis gezeigt hat? – Ich sehe es, sagte er. – Hat etwa, sprach ich, die Besonnenheit wie wir sie jetzt gefunden haben, daß man nämlich durch sie die Erkenntnis erkennt und die Unkenntnis, das Gute, daß wer sie besitzt alles was er sonst lernen will leichter lernen, und daß ihm Alles klarer erscheinen wird, weil er neben jedem was er lernt auch noch die Erkenntnis dazu sieht? und daß er auch Andere besser beurteilen wird in dem nämlich was er selbst gelernt hat, die aber ohne dieses Andere beurteilen wollen, werden es schlechter und ungründlicher tun? Ist es etwa dergleichen etwas, Freund, was wir noch von der Besonnenheit vorteilen werden? und wir haben nur etwas größeres im Sinn und suchen etwas größeres in ihr als sie ist? – Vielleicht, sagte er, verhält es sich so. – Vielleicht, sprach ich; vielleicht aber auch haben wir etwas ganz unnützes gesucht. Ich denke nur so, weil mir allerlei wunderliche Dinge einfallen von der Besonnenheit, wenn sie so etwas ist.

Laß uns doch sehen wenn du willst. Eingestanden es sei möglich die Erkenntnis zu erkennen, laß uns auch jenes, was wir anfänglich als die Besonnenheit setzten, das Wissen was einer weiß und was er nicht weiß, auch das laß uns nicht abstreiten sondern zugeben, und dies Alles zugegeben laß uns noch besser überlegen, ob sie uns etwas helfen wird, wenn sie nun diesen ganzen Umfang hat. Denn was wir nur eben sagten, daß die Besonnenheit ein großes Gut sein würde, wenn sie dieses wäre und so der Verwaltung der Hauswesen und Staaten vorstände, das dünkt mich, Kritias, haben wir eben nicht gar löblich ausgesagt. – Wie doch? sprach er. – Weil wir, sagte ich, sehr obenhin behauptet haben, es wäre ein großes Gut für die Menschen, wenn Jeder das täte was er wisse, was er aber nicht wisse Andern überließe die es wissen. – Und dieses, fragte er, hätten wir nicht löblich ausgesagt? – Nein wie mich dünkt. – Wunderliche Dinge in der Tat, sagte er, sprichst du Sokrates. – Beim Hunde, sprach ich, auch mich dünkt es eben so. Das hatte ich auch eben im Sinne, als ich sagte, es fielen mir wunderliche Dinge ein, und wie ich fürchtete, daß wir gar nicht richtig untersuchten. Denn in der Tat, wenn auch die Besonnenheit alles dieses wirklich ist, so dünkt mich gar nicht klar zu sein daß sie uns irgend ein Gut bewirkt. – Wie denn? sprach er; sage doch, damit auch wir sehen was du meinst. – Ich glaube wohl, sagte ich, daß ich fasele; aber doch muß man, was einem vorschwebt, in Betrachtung ziehen und nicht leichtsinnig vorübergehn, wenn einem auch nur im mindesten an sich selbst etwas gelegen ist. – Wohl gesprochen, sagte er. – So höre denn, sprach ich, meinen Traum, ob er aus der Pforte von Horn kommt, oder aus der von Elfenbein. Wenn nämlich die Besonnenheit, sofern sie dasjenige ist, was wir jetzt festgestellt haben, auch noch so sehr über uns herrscht, würde dann nicht überall nach der Erkenntnis verfahren werden, und Keiner der ein Steuermann zu sein behauptete, es aber nicht wäre, uns hintergehen können, noch auch ein Arzt oder Heerführer oder was einer sonst vorgäbe zu wissen was er nicht weiß würde unentdeckt bleiben? Würde uns aber hieraus, wenn es sich so verhielte, wohl etwas anderes entstehn, als daß wir eben gesunder sein werden am Leibe als itzt, und besser aus Gefahren zur See und im Kriege errettet werden, und daß unser Hausgerät, Kleidung, Beschuhung und was sonst hieher gehört, kunstreich wird gearbeitet sein, weil wir uns überall wahrer Künstler bedienten? Ja wenn du willst wollen wir auch noch die Wahrsagerkunst zugeben daß die eine Erkenntnis des Zukünftigen sein werde, und die Besonnenheit soll auch dieser vorstehen, um die Großsprecher abzuwehren, und uns die wahrhaften Wahrsager als Ausleger des Zukünftigen aufzustellen. Daß nun das menschliche Geschlecht also versorgt verständig handeln und leben würde, das begreife ich. Denn die achthabende Besonnenheit würde nicht zulassen, daß sich uns der Unverstand als Mitarbeiter neben einschleichen könnte. Daß wir aber verständig und erkenntnismäßig lebend auch gut leben und glücklich sein würden, das können wir doch nicht einsehn, lieber Kritias. – Aber, sagte er, du wirst doch nicht leicht ein anderes Ziel des Gutlebens finden, wenn das erkenntnismäßig dir zu schlecht ist. – Lehre mich nur noch das Wenige, sprach ich, welcher Erkenntnis gemäß du denn meinst? Etwa der von Schneidung der Schuhe? – Beim Zeus, sagte er, die meine ich nicht. – Oder von Verarbeitung des Metalls? – Keinesweges. – Oder der Wolle, des Holzes und irgend sonst etwas dergleichen? – Auch nicht. – Also, sprach ich, bleiben wir nicht mehr bei der Erklärung, der lebe glückselig, der erkenntnismäßig lebe; denn diesen, obgleich sie erkenntnismäßig leben, willst du doch nicht zugestehen, daß sie glückselig sind; sondern du scheinst mir nur als einen in gewisser Hinsicht erkenntnismäßig lebenden den Glückseligen zu beschreiben; und vielleicht meinst du den, dessen ich nur eben erwähnte, der das Zukünftige Alles wissen soll, den Wahrsager. Meinst du den oder einen andern? – Auch den, sagte er, meine ich, auch Andere. – Welche doch? fragte ich. Nicht etwa den, der außer dem Zukünftigen auch das Vergangene Alles wüßte und das

Gegenwärtige, und dem gar nichts unbekannt wäre? Denn laß uns annehmen, es gäbe einen solchen. Und ich denke doch, du wirst nicht behaupten, daß irgend jemand erkenntnismäßiger lebe als dieser. – Freilich nicht. – Das aber vermisse ich nun noch, welche von seinen Erkenntnissen ihn glückselig macht; oder alle auf gleiche Weise? – Mit nichten auf gleiche Weise. – Aber welche denn vornehmlich? Was doch aus allem Gegenwärtigen, Vergangenen und Zukünftigen weiß er durch diese? Etwa was zum Brettspiel gehört? – Ei was Brettspiel! sagte er. – Oder zum Rechnen? – Keinesweges. – Oder zur Gesundheit? – Schon eher. – Aber jene eigentliche, sprach ich, die ich meine, was erkennt er durch die? – Das Gute, sagte er, und das Böse. – O du böser Mensch! sprach ich, so lange ziehst du mich rund herum, und verbirgst mir, daß nicht das erkenntnismäßig leben überhaupt wohllebend und glückselig macht, auch nicht das nach allen andern Erkenntnissen zusammengenommen, sondern nur das nach dieser einen, welche sich auf das Gute und Böse bezieht! Denn Kritias, wenn du nun diese Erkenntnis wegnimmst von den übrigen Erkenntnissen, wird dann die Heilkunst uns weniger heilen, die Kunst des Schuhmachers uns weniger beschuhen, die des Webers uns weniger bekleiden, und die des Steuermanns uns weniger bewahren, daß wir nicht zur See, so wie die des Heerführers, daß wir nicht im Kriege umkommen? – Um nichts weniger, sagte er. – Aber, lieber Kritias, daß alles dieses gut geschehe und zu unserm Nutzen, das werden wir eingebüßt haben, wenn jene Erkenntnis weggenommen ist. – Richtig. – Aber diese ist doch, wie es scheint, nicht die Besonnenheit, sondern sie ist die deren Geschäft ist uns zu nutzen. Denn sie ist ja nicht die Erkenntnis der Erkenntnis und Unkenntnis, sondern die Erkenntnis des Guten und Bösen, so daß wenn diese die nutzende ist, die Besonnenheit etwas anderes sein muß als nutzend. – Wie? sagte er; die sollte nicht nutzen? Denn wenn doch einmal die Besonnenheit die Erkenntnis der Erkenntnisse ist, und den andern Erkenntnissen vorsteht : so muß sie ja auch dieser sich auf das Gute beziehenden Erkenntnis vorstehen, und uns so doch nutzen. – Macht auch sie uns, sprach ich, etwan gesund und nicht die Heilkunde? und so auch mit den andern Künsten; verrichtet sie die Geschäfte derselben, und nicht vielmehr jede von ihnen das ihrige? Oder haben wir nicht lange schon eingestanden, daß sie nur der Erkenntnisse und Unkenntnisse Erkenntnis wäre, und keiner andern Sache? Nicht so? – Allerdings wohl. – Sie also wird uns nicht die Gesundheit bewirken? – Wohl nicht. – Weil nämlich die Gesundheit für eine andere Kunst gehört. Oder nicht? – Ja für eine andere. – Also auch nicht den Nutzen, Freund, wird sie uns bewirken. Denn auch dieses Geschäft haben wir itzt eben einer andern Kunst beigelegt. Nicht wahr? – Freilich. – Wie kann also die Besonnenheit nützlich sein, wenn sie uns gar keinen Nutzen irgend bewirkt? – Auf keine Weise, Sokrates, scheint es ja. – Du siehst also, Kritias, wie sehr mit Recht ich schon lange Besorgnis hegte, und wohl mit Grund mich selbst beschuldigte, daß ich gar nichts nutzes von der Besonnenheit herausbrächte. Denn gewiß würde nicht, was einstimmig für das Vortrefflichste von allen gehalten wird, uns als etwas unnützes erschienen sein, wenn ich etwas nutz wäre um eine Untersuchung gut zu führen. Nun aber werden wir ja überall geschlagen, und können nicht aufzeigen, was doch wohl dasjenige ist, dem der Wortbildner diesen Namen Besonnenheit beigelegt hat, ohnerachtet wir Vieles eingeräumt haben, was gar nicht herauskam in unserer Rede. Denn zuerst haben wir eingeräumt, es gebe eine Erkenntnis der Erkenntnis, ohnerachtet unsere Rede dies nicht zuließ noch behauptete, es gebe eine; dann haben wir ferner dieser Erkenntnis eingeräumt, daß sie auch die Werke der übrigen Erkenntnisse erkennen sollte, da auch dieses unsere Rede nicht zuließ, um nur den Besonnenen so weit zu bringen, daß er erkennte, was er weiß daß er es weiß, und was er nicht weiß daß er es nicht weiß. Und dieses haben wir in der Tat sehr freigebig eingeräumt, ohne darauf zu sehen wie unmöglich es ist, was einer ganz und gar nicht weiß, dieses doch gewissermaßen zu wissen. Denn daß er es nicht wisse, hatten wir ihm doch eingestanden zu wissen, obgleich wie ich glaube dieses offenbar unvernünftiger ist als irgend sonst etwas. Und dennoch hat die Untersuchung, wie gutmütig und gar nicht hart wir auch gegen sie gewesen sind, die Wahrheit nicht finden können, sondern ihr dergestalt Hohn gesprochen, daß sie uns was wir durch ewiges Zugeben und Zudichten als das Wesen der Besonnenheit aufgestellt hatten, uns dieses zuletzt höchst übermütig als etwas ganz unnützes gezeigt hat. Meinetwegen nun verdrießt es mich weniger, Deinetwegen aber, o Charmides, verdrießt es mich sehr, daß du mit einer solchen Gestalt und überdies von Gemüt so besonnen, dennoch von dieser Besonnenheit gar keinen Nutzen haben sollst, und sie dir nichts helfen soll im Leben. Noch mehr aber verdrießt es mich wegen der Besprechung, die ich von dem Thrakier gelernt habe, daß ich an etwas so gar nichts wertes so viele Mühe gewendet habe, es zu lernen. Auch glaube ich gar nicht, daß es sich wirklich so verhält; sondern nur, daß ich ein schlechter Forscher bin, die Besonnenheit aber gewiß ein großes Gut ist, und du, wenn du es besitzest, sehr glückselig. Sieh also zu, ob du es etwa besitzest und der Besprechung gar nicht bedarfst. Denn besitzest du es, so wollte ich dir lieber raten, mich nur für einen Schwätzer zu halten, der unfähig ist, etwas ordentlich zu suchen im Gespräch, dich selbst aber, je besonnener du bist für desto glückseliger.

Darauf sagte Charmides: Aber beim Zeus, Sokrates, ich weiß ja nicht ob ich sie habe oder ob ich sie nicht habe. Wie sollte ich es auch wohl wissen, da ja nicht einmal Ihr im Stande seid herauszufinden, was sie wohl ist, wie du sagst. Ich meines Teils jedoch glaube dir eben nicht sehr, und meine von mir selbst, Sokrates, daß ich der Besprechung gar sehr bedarf; auch soll von meiner Seite nichts hindern, daß ich mich von dir besprechen lasse alle Tage, bis du sagst es sei genug. – Wohl, sagte Kritias, und wenn du dies tust, Charmides, das wird mir ein Beweis sein, daß du besonnen bist, wenn du dich dem Sokrates hingibst, um dich von ihm besprechen zu lassen, und nicht von ihm lassest weder viel noch wenig. – Gewiß, sagte er, werde ich ihm folgen und nicht von ihm lassen. Es wäre ja auch arg von mir, wenn ich dir meinem Vormunde nicht gehorchte, und nicht täte, was du befiehlst. – Und gar sehr, sagte er, befehle ich es. – So werde ich es denn tun, antwortete Charmides, mit diesem Tage anfangend. – Ihr da, sprach ich, was beratet Ihr

Euch zu tun? – Nichts, sagte Charmides, sondern wir haben uns schon beraten. – Gewalt also, sprach ich, willst du brauchen, und mir nicht einmal eine Wahl lassen? – Ja Gewalt, sagte er, will ich brauchen, zumal es ja dieser befiehlt. Hiergegen nun berate du dich auch, was du zu tun gedenkst. – Da ist ja, sprach ich, weiter kein Rat übrig. Denn dir, wenn du etwas auszuführen unternimmst, und noch gar Gewalt brauchst, wird wohl kein Mensch im Stande sein sich zu widersetzen. – So widersetze du dich denn auch nicht, sagte er. – Ich werde auch nicht, sprach ich.

Euthyphron

Euthyphron • Sokrates

Euthyphron: Was hat sich doch Neues ereignet, o Sokrates, daß du dem Aufenthalt im Lykeion entsagend dich itzt hier aufhältst bei der Halle des Basileus? Denn du hast doch wohl nicht auch einen Rechtsstreit bei dem Basileus, wie ich?

Sokrates: Wenigstens, o Euthyphron, nennen dies die Athener nicht einen Rechtsstreit, sondern eine Staatsklage.

Euthyphron: Was sagst du? eine solche hat Jemand gegen dich eingeleitet? Denn du gegen einen Andern, das kann ich von dir nicht denken.

Sokrates: So ist es auch nicht.

Euthyphron: Sondern ein Anderer gegen dich.

Sokrates: Freilich.

Euthyphron: Wer doch?

Sokrates: Ich kenne den Mann selbst nicht recht, Euthyphron; jung scheint er mir wohl noch zu sein, und ziemlich unbekannt. Man nennt ihn, glaube ich, Melitos, und von Zunft ist er ein Pitthier, wenn du dich etwa auf einen Pitthier Melitos besinnst mit glattem Haar, noch schwachem Bart und Habichtsnase.

Euthyphron: Ich besinne mich nicht; aber was für eine Klage hat er denn gegen dich eingegeben?

Sokrates: Was für eine? die ihm nicht wenig Ehre bringt, dünkt mich. Denn so jung noch sein und schon eine so wichtige Sache verstehn, ist nichts geringes. Nämlich er weiß, wie er behauptet, auf welche Weise die Jugend verderbt wird, und wer sie verderbt. Er mag also wohl ein Weiser sein, und weil er meine Unweisheit inne geworden, als durch welche ich seine Altersgenossen verderbe: so geht er, wie zur Mutter, zum Staat, um mich zu verklagen. Und er allein unter allen öffentlichen Männern scheint mir die Sache recht anzufangen: Denn ganz recht ist es, zuerst für die Jugend zu sorgen, daß sie aufs beste gedeihe; wie auch ein guter Landmann immer zuerst für die jungen Pflanzen sorgt, und hernach für die übrigen. So wahrscheinlich will auch Melitos zuerst uns vertilgen, die wir den frischen Trieb der Jugend verderben, wie er sagt; hernach aber wird er natürlich auch für die Älteren sorgend dem Staat ein Urheber sehr vieler und großer Vorteile werden, wie man ja erwarten muß von dem, der mit einem solchen Anfang anfängt.

Euthyphron: Das wünschte ich wohl, o Sokrates! Allein es graut mir, daß es nur nicht das Gegenteil sei. Denn mich dünkt er recht vom heiligsten Grund aus den Staat mißhandeln zu wollen, da er sich bemüht, dich zu verletzen. Aber sage mir doch, wodurch behauptet er denn, daß du die Jugend verderbest?

Sokrates: Unsinnig genug, mein Guter, wenn man es so hört. Er sagt nämlich, ich erdichtete Götter, und als ein Erdichter neuer Götter, der an die alten nicht glaubt, verklagt er mich eben deshalb wie er sagt.

Euthyphron: Ich verstehe, Sokrates. Weil du immer sagst, das Dämonische sei dir widerfahren; so stellt er diese Klage gegen dich an, als gegen einen Neuerer in göttlichen Dingen, und kommt um dich zu verläumden vor Gericht, weil er weiß, daß dergleichen Verläumdungen sehr leicht Eingang finden bei den Meisten. Denn auch mit mir, wenn ich in der Gemeinde etwas rede von göttlichen Dingen, und ihnen vorhersage was geschehen wird, treiben sie Spott wie mit einem Wahnsinnigen, und doch ist nichts was nicht eingetroffen wäre von Allem was ich vorhersagte. Aber doch sind wir Alle ihnen verhaßt. Aber man muß sich nur nichts um sie kümmern, sondern gerade zu gehn.

Sokrates: Lieber Euthyphron, bespöttelt zu werden, das ist nun eben keine große Sache. Und weiter, wie mich dünkt, kümmern sich die Athener nicht sonderlich um einen, wenn sie ihn auch für noch so gewaltig halten, der nur nicht lehrlustig ist mit seiner Weisheit. Von wem sie aber glauben, er wolle auch Andere zu solchen machen, dem zürnen sie, sei es nun aus Haß, wie du meinst, oder aus was sonst.

Euthyphron: Was dies betrifft, begehre ich gar nicht zu versuchen, wie sie über mich denken.

Sokrates: Weil du eben das Ansehn hast, dich selten zu machen, und Niemanden deine Weisheit lehren zu wollen; ich aber befürchte, daß ich bei ihnen in dem Ruf stehe meiner Menschenliebe wegen, was ich nur weiß verschwenderisch Jedermann zu sagen nicht nur unentgeltlich, sondern auch noch gern etwas dazugebend wenn mich nur Jemand hören will. Wie ich also eben sagte, wenn sie mit mir nur Scherz treiben wollten, wie du behauptest, daß sie es dir machen: so wäre das gar nicht übel, scherzend und lachend vor Gericht zu stehen. Wenn sie aber Ernst machen wollen, so kann wohl Niemand leicht wissen, wie die Sache ablaufen wird, außer Ihr, Wahrsager.

Euthyphron: Wahrscheinlich wird es wohl nichts sein, Sokrates; sondern du wirst deine Sache nach Wunsch ausfechten, und so denke ich auch ich die meinige.

Sokrates: Und was für eine Sache hast denn du, Euthyphron? verfolgst du oder wirst du verfolgt?

Euthyphron: Ich verfolge.

Sokrates: Und wen?

Euthyphron: Einen solchen, daß man mich für rasend halten wird ihn zu verfolgen.

Sokrates: Wie so? kann er etwa fliegen?

Euthyphron: Am Fliegen fehlt ihm wohl viel, da er schon ganz wohlbetagt ist.

Sokrates: Und wer ist es denn?

Euthyphron: Mein eigner Vater.

Sokrates: Dein eigner Vater, o Bester?

Euthyphron: Ganz sicher.

Sokrates: Und welches ist denn die Beschuldigung? worauf geht die Klage?

Euthyphron: Auf Totschlag, Sokrates.

Sokrates: Herakles! Aber die meisten Menschen, Euthyphron, wissen wohl gar nicht, wie dies recht ist? Denn ich glaube wohl nicht daß der erste beste dies richtig tun kann; sondern nur wer schon weit in der Weisheit vorgeschritten ist.

Euthyphron: Weit genug, allerdings beim Zeus, Sokrates.

Sokrates: Es ist also wohl deiner nächsten Angehörigen einer, der durch deinen Vater ums Leben gekommen ist? Oder versteht sich das von selbst: denn eines Fremden wegen würdest du ihn wahrlich nicht als Totschläger verklagen!

Euthyphron: Lächerlich ist es, o Sokrates, daß du meinst, dies mache einen Unterschied, ob der Getötete ein Fremder ist oder ein Angehöriger, und man müsse nicht das allein beachten, ob der Tötende ihn mit Recht getötet hat oder nicht, und wenn mit Recht, ihn gehen lassen, wenn aber nicht, ihn verfolgen, und wenn auch der Totschläger dein Herd- und Tischgenosse ist. Denn gleich groß ist ja die Befleckung, wissentlich mit einem solchen zu leben, ohne daß man sich und ihn durch die Angabe vor Gerichte reiniget. Übrigens war der Tote ein Dienstmann von mir, und als wir des Landbaues wegen auf Naxos waren, tagelöhnerte er dort bei uns. In der Trunkenheit nun erzürnt er sich mit einem unserer Knechte und schlägt ihn tot. Der Vater also läßt ihn an Händen und Füßen gebunden in eine Grube werfen, und schickt einen hieher zum Ausleger sich Rats erholen, was zu tun wäre. Binnen dieser Zeit aber vernachlässigte er den Gebundenen als einen Totschläger, und als ob es nichts wäre, wenn er auch stürbe. Welches ihm dann auch begegnete: denn Frost, Hunger und Fesseln töteten ihn ehe noch der Bote von dem Ausleger zurückkehrte. Dieses nun verdrießt eben den Vater und die übrigen Verwandten, daß ich eines Totschlägers wegen den Vater des Totschlages anklage, da er ihn doch, wie sie sagen, nicht einmal umgebracht hat, und selbst wenn er ihn umgebracht hätte, man doch eines solchen wegen sich nicht viel kümmern dürfe, der ja selbst ein Totschläger war. Denn es sei doch ruchlos, daß der Sohn den Vater des Totschlages anklage. Aber schlecht, o Sokrates wissen sie wie das göttliche sich verhält, was frommes und ruchloses betrifft.

Sokrates: Du aber, um des Zeus willen, o Euthyphron, glaubst so genau dich auf die göttlichen Dinge zu verstehen, wie es sich damit verhält, und auf das fromme und ruchlose, daß du bei diesem Hergang der Sache, wie du ihn berichtet hast, gar nicht besorgst, ob du nicht etwa selbst wiederum, indem du den Vater zu Recht belangst, etwas ruchloses begehest?

Euthyphron: Gar nichts wäre ich ja nutz, o Sokrates, und um nichts wäre Euthyphron besser als die Andern, wenn ich dergleichen nicht alles genau verstände.

Sokrates: So wird es demnach für mich, du bewunderungswürdiger Euthyphron, wohl das Beste sein, daß ich dein Schüler werde, und dem Melitos, noch ehe ich mich auf seine Klage einlasse, eben hierauf Vergleich anbiete, und ihm sage: Auch vorher schon hätte ich es mir sehr angelegen sein lassen das göttliche zu verstehen, nun aber er behauptete, daß ich auf meine eigne Weise grüble, und Neuerungen in göttlichen Dingen aufbringend mich schwer versündige, wäre ich eben dein Schüler geworden. Und wenn du nun, o Melitos, würde ich sagen, zugibst, daß Euthyphron weise ist in diesen Dingen und richtig darüber denkt: so glaube es von mir auch, und verklage mich nicht. Wo aber nicht so melde ihm, meinem Lehrer, die Klage eher an als mir, weil er die alten Leute verderbt, mich und seinen Vater, mich durch Lehre, jenen aber durch Verweis und Strafe. Wenn er mir nun nicht glaubt, noch auch mich von der Klage losläßt, und statt meiner dich angibt: so werde ich vor Gericht eben das sagen, was ich ihm vorher beim Versuch des Vergleiches allein gesagt.

Euthyphron: Ja beim Zeus, Sokrates, wenn er es doch wagen wollte mich anzugeben! ich würde wohl finden, glaube ich, wo er anbrüchig ist, und es sollte weit eher noch vor Gericht von ihm die Rede sein als von mir.

Sokrates: Eben weil ich dies auch weiß, lieber Freund, wünsche ich dein Schüler zu werden. Denn ich weiß ja, wie auch sonst Mancher und so auch dieser Melitos dich nicht einmal zu sehen scheint, mich aber hat er so scharf und leicht überschaut, daß er mich schon der Gottlosigkeit anklagt. So sage mir nun um Zeus willen, was du itzt eben so genau zu wissen behauptetest, worin doch deiner Behauptung nach das Gottesfürchtige und das Gottlose bestehe, sowohl in Beziehung auf Totschlag als auf alles übrige. Oder ist nicht das fromme in jeder Handlung sich selbst gleich, und das ruchlose wiederum allem frommen entgegengesetzt und sich selbst ähnlich, so daß alles was ruchlos sein soll, soviel nämlich seine Ruchlosigkeit betrifft, Eine gewisse Gestalt hat?

Euthyphron: Auf alle Weise freilich, Sokrates.

Sokrates: So sage also, was du behauptest daß das fromme sei, und was das ruchlose.

Euthyphron: Ich sage eben, daß das fromm ist, was ich itzt tue, den Übeltäter nämlich, er habe nun durch Totschlag, oder durch der Heiligtümer Beraubung, oder durch irgend etwas dergleichen gesündiget, zu verfolgen, sei er auch Vater oder Mutter, oder wer sonst immer; ihn nicht zu verfolgen aber ist ruchlos. Denn, o Sokrates, betrachte nur, welchen starken Beweis ich dir anführen werde für diese Vorschrift, daß sie richtig ist; wie ich auch Andern schon gesagt, daß dies ganz richtig wäre, dem Gottlosen nichts durchgehn zu lassen, und wäre er auch was du nur willst. Nämlich die Menschen halten ja selbst den Zeus für den trefflichsten und gerechtesten aller Götter, und von diesem gestehen sie doch, daß er seinen eignen Vater gefesselt, weil der seine Söhne verschluckt ohne rechtlichen Grund; und dieser wiederum habe seinen Vater verschnitten ähnlicher Dinge wegen. Mir aber wollen sie böse sein, daß ich meinen Vater, der auch unrecht getan, vor Gericht belange; und so widersprechen sie sich selbst in dem, was sie sagen in Bezug auf die Götter und auf mich.

Sokrates: Ist etwa eben dies die Ursache, o Euthyphron, weshalb ich mit der Klage verfolgt werde, weil ich nämlich, wenn Jemand dergleichen von den Göttern sagt, es übel aufnehme? und meint man, wie es scheint, daß ich eben hierin fehle? Nun also, wenn auch du dieser Meinung bist, der in solchen Dingen so wohl unterrichtete: so müssen wie es scheint auch wir es zugeben. Denn was wollten wir auch sagen, die wir selbst eingestehen nichts von der Sache zu wissen? Aber sage mir beim Gott der Freundschaft, glaubst du wirklich, daß dieses so gewesen ist?

Euthyphron: Und noch wunderbareres als dieses, o Sokrates, wovon nur die Wenigsten etwas wissen.

Sokrates: Auch Krieg glaubst du also wirklich, daß die Götter haben gegen einander, und gewaltige Feindschaften und Schlachten, und viel dergleichen wie es von den Dichtern erzählt wird, und wie es teils an andern heiligen Orten von guten Malern abgebildet ist, teils auch der Teppich voll ist von solchen Abbildungen, der an den großen Panathenäen in die Akropolis hinaufgetragen wird? Dies alles wollen wir für wahr erklären, Euthyphron?

Euthyphron: Und zwar nicht dieses allein, o Sokrates; sondern wie ich eben sagte noch vieles Andere kann ich dir, wenn du willst, von göttlichen Dingen erzählen, welches vernehmend du, wie ich wohl weiß, erstaunen wirst.

Sokrates: Das soll mich nicht wundern. Allein dies magst du mir ein andermal bei Gelegenheit erzählen. Jetzt aber versuche das, wonach ich dich so eben fragte, mir genauer zu erklären. Denn Freund, du hast mich vorher nicht hinlänglich belehrt auf meine Frage, was wohl das fromme wäre; sondern du sagtest mir nur, dieses wäre fromm, was du jetzt tust, indem du den Vater des Totschlages wegen belangst.

Euthyphron: Und daran habe ich wahr gesprochen, o Sokrates.

Sokrates: Wahrscheinlich. Aber du gibst doch zu, Euthyphron, daß es noch viel anderes frommes gibt?

Euthyphron: Das gibt es auch.

Sokrates: Du erinnerst dich doch, daß ich dir nicht dieses aufgab, mich einerlei oder zweierlei von dem vielen frommen zu lehren, sondern jenen Begriff selbst, durch welchen alles fromme fromm ist. Denn du gabst ja zu, einer gewissen Gestalt wegen die es habe, sei alles ruchlose ruchlos und das fromme fromm. Oder besinnst du dich darauf nicht?

Euthyphron: Sehr wohl.

Sokrates: Diese Gestalt selbst also lehre mich, welche sie ist, damit ich auf sie sehend, und mich ihrer als Urbildes bedienend, was nun ein solches ist in deinen oder sonst Jemandes Handlungen für fromm erkläre, was aber nicht ein solches, davon ausschließe.

Euthyphron: Wenn du es so willst, Sokrates, kann ich es dir auch so erklären.

Sokrates: Gar sehr will ich das.

Euthyphron: Was also den Göttern lieb ist, ist fromm; was nicht lieb, ruchlos.

Sokrates: Sehr schön, o Euthyphron, und so wie ich wünschte, daß du antworten möchtest, hast du itzt geantwortet. Ob indes auch richtig, das weiß ich noch nicht. Allein du wirst mir gewiß auch das noch dazu zeigen, wie es richtig ist, was du sagst.

Euthyphron: Ganz gewiß.

Sokrates: So komm denn, laß uns betrachten, was wir sagen. Was den Göttern lieb ist, und der den Göttern liebe Mensch ist fromm, und das den Göttern verhaßte und der ihnen verhaßte ist ruchlos. Und nicht etwa einerlei, sondern ganz entgegengesetzt ist das fromme dem ruchlosen. Nicht so?

Euthyphron: Allerdings so.

Sokrates: Und gut ist das wohl offenbar gesagt.

Euthyphron: Ich denke: denn es ist so erklärt worden.

Sokrates: Ferner auch, daß die Götter entzweit sind und uneins unter einander, o Euthyphron, und daß es Feindschaft unter ihnen gibt gegen einander, auch das wurde gesagt.

Euthyphron: Das wurde freilich gesagt.

Sokrates: Aus der Uneinigkeit über was für Dinge aber entsteht wohl Feindschaft und Erzürnung? o Bester? Laß uns das so überlegen. Wenn wir uneinig wären, ich und du über Zahlen, welche von beiden mehr betrüge, würde die Uneinigkeit hierüber uns wohl zu Feinden machen, und erzürnt gegen einander? oder würden wir zur Rechnung schreitend sehr bald über dergleichen Dinge uns einigen?

Euthyphron: Ganz gewiß.

Sokrates: Nicht auch wenn wir über Größeres und Kleineres uneinig wären, würden wir zur Messung schreitend sehr bald dem Streit ein Ende machen?

Euthyphron: Das ist richtig.

Sokrates: Und zur Abwägung schreitend würden wir, glaube ich, über leichteres und schwereres entscheiden?

Euthyphron: Wie sollten wir nicht?

Sokrates: Worüber also müßten wir uns wohl streiten, und zu was für einer Entscheidung nicht kommen können um uns zu erzürnen und einander feind zu werden? Vielleicht fällt es dir eben nicht bei: allein laß mich es aussprechen, und überlege, ob es wohl dieses ist, das Gerechte und Ungerechte, das Edle und Schlechte, das Gute und Böse. Sind nicht dies etwa die Gegenstände, worüber streitend und nicht zur völligen Entscheidung gelangend wir einander feind werden, so oft wir es werden, du und ich sowohl als auch alle übrigen Menschen?

Euthyphron: Freilich ist es gerade dieser Streit, Sokrates, und über diese Dinge.

Sokrates: Und wie die Götter, o Euthyphron? Werden sie nicht, wenn sie sich je streiten, sich über eben diese Dinge streiten?

Euthyphron: Ganz notwendig.

Sokrates: Also auch von den Göttern, du teurer Euthyphron, halten Andere Anderes für gerecht nach deiner Rede, und für edel und schlecht, und für gut und böse? Denn sie würden ja nicht in Zwietracht mit einander sein, wenn sie nicht im Streit wären über diese Gegenstände. Nicht wahr?

Euthyphron: Ganz richtig.

Sokrates: Und nicht wahr, was Jeder von ihnen für edel hält und für gut und gerecht, das liebt er auch? und das Gegenteil davon haßt er?

Euthyphron: Allerdings.

Sokrates: Dasselbige aber, wie du sagst, halten die Einen für gerecht, die Andern für ungerecht, welcher Uneinigkeit halber sie sich eben in Zwietracht und Krieg unter einander befinden. Ist es nicht so?

Euthyphron: Gerade so.

Sokrates: Dasselbige also, wie es scheint, wird von den Göttern gehaßt und auch geliebt, und dasselbige also wäre gottgehässig und gottgefällig?

Euthyphron: Das scheint so.

Sokrates: Also wäre ein und dasselbe auch fromm und ruchlos nach dieser Rede?

Euthyphron: So ist es beinahe.

Sokrates: Also hast du doch nicht, was ich fragte, beantwortet, du Wunderlicher. Denn ich fragte nicht nach dem, was dasselbe bleibend fromm und auch ruchlos sein kann; was aber gottgefällig ist, das ist auch gottverhaßt, wie es scheint. So daß nicht zu verwundern ist, o Euthyphron, wenn das was du jetzt tust, indem du deinen Vater zur Strafe ziehst, dem Zeus etwa ganz wohlgefällig ist, dem Kronos aber und dem Uranos verhaßt, oder dem Hephaistos zwar lieb, der Here aber verhaßt, und eben so auch mit andern Göttern, wenn etwa noch sonst einer mit einem andern hierüber uneins ist.

Euthyphron: Allein ich glaube, o Sokrates, daß hierüber kein Gott mit dem andern uneins ist, daß nämlich der nicht Strafe leiden müsse, der einen Andern ungerechter Weise getötet hat.

Sokrates: Wie doch, Euthyphron? Hast du etwa von Menschen jemals einen gehört, welcher das bezweifelt hätte, ob wer ungerechter Weise einen Andern getötet, oder irgend sonst etwas ungerechter Weise getan, auch wohl Strafe leiden müsse?

Euthyphron: Sie hören ja gar nicht auf über dergleichen zu streiten sowohl sonst als auch besonders vor Gericht. Denn nachdem sie noch so viel Unrecht getan, tun und reden sie alles ersinnliche, um nur loszukommen von der Klage.

Sokrates: Gestehen sie denn auch ein, daß sie Unrecht getan, und behaupten, nachdem sie dies eingestanden noch, daß sie doch keine Strafe erleiden dürften?

Euthyphron: Das freilich keinesweges.

Sokrates: Also doch nicht Alles tun und sagen sie. Denn dies, denke ich, unterstehen sie sich nicht zu sagen oder zu bestreiten, daß nicht wenn sie ja Unrecht getan, sie müßten Strafe leiden; sondern sie behaupten nur, glaube ich, sie hätten nicht Unrecht getan. Nicht wahr?

Euthyphron: Darin hast du Recht.

Sokrates: Nicht also jenes bestreiten sie, daß der Unrechthandelnde nicht müsse bestraft werden: sondern nur darüber streiten sie mit einander, wer es denn ist der Unrecht tut, und wodurch, und wann?

Euthyphron: Das ist richtig.

Sokrates: Muß nun nicht dasselbe auch den Göttern begegnen, wenn sie doch in Zwietracht unter einander sind wegen des Gerechten und Ungerechten, wie ja deine Rede besagt, und einige behaupten, sie hätten einander Unrecht getan, andere es läugnen? Denn dieses, du Wunderbarer, wagt doch wohl Niemand, weder Gott noch Mensch zu sagen, daß auch wer wirklich Unrecht getan doch nicht Strafe leiden müsse.

Euthyphron: Ja hierin, o Sokrates, redest du wohl wahr im Ganzen.

Sokrates: Sondern über jegliches einzelne was getan worden ist streiten die, welche streiten, Menschen wie Götter, wenn anders Götter mit einander streiten, weil sie über eine Handlung ungleicher Meinung sind, indem einige sagen, es sei recht gewesen so zu handeln, andere es sei Unrecht gewesen. Ist es etwa nicht so?

Euthyphron: Allerdings.

Sokrates: So komm denn, lieber Euthyphron, und lehre auch mich, damit ich weiser werde, was für einen Beweis hast du denn darüber, daß alle Götter glauben, der sei ungerechter Weise getötet, der als Tagelöhner selbst einen tot geschlagen, und dann von dem Herrn des Erschlagenen gebunden, an diesen Banden noch eher gestorben, als der, welcher ihn gebunden, Erkundigung von den Auslegern eingezogen, was seinetwegen zu tun wäre, und es sei ganz recht, wenn eines solchen wegen der Sohn den Vater des Totschlages beschuldigte und belangte? Komm und versuche mir recht deutlich zu erweisen, daß vor allen Dingen diese Handlung alle Götter für recht halten; und wenn du es mir zur Genüge erweisest, werde ich nie aufhören dich deiner Weisheit wegen zu preisen.

Euthyphron: Das ist nun wohl auch keine geringe Sache, o Sokrates; aber gewiß könnte ich es dir ganz deutlich zeigen.

Sokrates: Ich verstehe, du hältst mich für ungelehriger als die Richter: denn denen willst du doch gewiß deutlich machen, daß das ungerecht ist, und daß alle Götter es hassen.

Euthyphron: Ganz deutlich, Sokrates, wenn sie nur hören werden auf meine Rede.

Sokrates: Sie werden schon zuhören, wenn sie nur finden, daß du gut redest. Aber dies ist mir eingefallen während du sprachst, und ich überlege es bei mir. Wenn mich nun auch Euthyphron noch so gründlich belehrt, daß sämtliche Götter einen solchen Tod für ungerecht halten: was habe ich nun dadurch mehr vom Euthyphron gelernt, was das fromme ist und das ruchlose? Denn gottgehässig wäre nun wohl diese Tat, wie es scheint. Aber nur eben hatte sich gezeigt, daß hiedurch das fromme und ruchlose nicht bestimmt ist, weil nämlich von dem Gottgehässigen sich gezeigt hatte, daß es auch gottgefällig ist. So daß ich dich hievon gern loslasse, Euthyphron, und wenn du willst sollen alle Götter dies für ungerecht halten, und Alle sollen es hassen. Wollen wir aber nun etwa dieses berichtigen in unserer Erklärung, daß was alle Götter hassen ruchlos sein soll, und was Alle lieben fromm, was aber Einige lieben und Andere hassen, das soll auch keins von beiden sein oder beides? Willst du, daß uns nun so die Erklärung gestellt sein soll über das fromme und ruchlose?

Euthyphron: Was hindert uns, Sokrates?

Sokrates: Mich wohl nichts, Euthyphron; aber du überlege dir deinerseits, ob du dies zum Grunde legend mich am leichtesten das lehren kannst, was du versprochen hast.

Euthyphron: Ich möchte allerdings behaupten, das sei das fromme, was alle Götter lieben, und gegenteils was alle Götter hassen sei ruchlos.

Sokrates: Wollen wir nun nicht wieder dieses in Betrachtung ziehen ob es gut gesagt ist, Euthyphron? oder es lassen, und so leicht mit uns selbst und andern zufrieden sein, daß wenn nur Jemand behauptet, etwas verhalte sich so, wir es gleich einräumen und annehmen? oder muß man erst erwägen, was der wohl sagt, der etwas sagt?

Euthyphron: Erwägen muß man es; ich jedoch glaube, dieses ist nun richtig gesagt.

Sokrates: Bald, mein Guter, werden wir es besser wissen. Bedenke dir nämlich nur dieses, ob wohl das fromme, weil es fromm ist, von den Göttern geliebt wird, oder ob es, weil es geliebt wird, fromm ist?

Euthyphron: Ich verstehe nicht was du meinst, Sokrates.

Sokrates: So will ich versuchen es dir deutlicher zu erklären. Wir nennen doch etwas bewegt und bewegend, getrieben und treibend, gesehen und sehend, und Alles dergleichen siehst du doch ein, daß es verschieden ist und auch wie es verschieden ist.

Euthyphron: Dies glaube ich einzusehn.

Sokrates: Gibt es nicht eben so auch ein Geliebtes, und von diesem verschieden das Liebende?

Euthyphron: Wie sollte es nicht?

Sokrates: So sage mir denn, ob das bewegte deswegen, weil es bewegt wird, ein Bewegtes ist, oder wegen etwas anderen?

Euthyphron: Nein, sondern deswegen.

Sokrates: Auch das getriebene also, weil es getrieben wird? und das gesehene, weil es gesehen wird?

Euthyphron: Allerdings.

Sokrates: Nicht also weil es ein Gesehenes ist, deshalb wird es gesehen; sondern im Gegenteil, weil es gesehen wird, deshalb ist es ein Gesehenes. Und nicht weil etwas ein Getriebenes ist, deshalb wird es getrieben; sondern weil es getrieben wird, deshalb ist es ein Getriebenes. Noch auch weil es ein Bewegtes ist, deshalb wird es bewegt; sondern weil es bewegt wird ist es ein Bewegtes. Ist dir nun deutlich, Euthyphron, was ich sagen will? Ich will nämlich dieses sagen, wenn etwas irgendwie wird, oder irgend etwas leidet: so wird es nicht, weil es ein Werdendes ist, sondern weil es wird ist es ein Werdendes;

noch weil es ein Leidendes ist leidet es; sondern weil es leidet, ist es ein Leidendes. Oder gibst du das nicht zu?

Euthyphron: Ich gewiß.

Sokrates: Ist nun nicht auch das geliebte ein etwas Werdendes, oder ein etwas von einem andern Leidendes?

Euthyphron: Freilich.

Sokrates: Auch dieses also verhält sich so wie das bisherige; nicht weil es ein Geliebtes ist, wird es geliebt von denen die es lieben, sondern weil es geliebt wird ist es ein Geliebtes.

Euthyphron: Notwendig.

Sokrates: Was sagen wir also von dem frommen, Euthyphron? Nicht daß es von allen Göttern geliebt wird, wie die Erklärung lautet?

Euthyphron: Ja.

Sokrates: Ob wohl deshalb, weil es fromm ist, oder anders weshalb?

Euthyphron: Nein, sondern deshalb.

Sokrates: Also weil es fromm ist, deshalb wird es geliebt, und nicht weil es geliebt wird, deshalb ist es fromm.

Euthyphron: So scheint es.

Sokrates: Das Gottgefällige hingegen ist doch deswegen weil es von den Göttern geliebt wird das Geliebte und Gottgefällige.

Euthyphron: Wie anders?

Sokrates: Also ist das Gottgefällige nicht das fromme, o Euthyphron, noch auch das fromme das Gottgefällige, wie du sagst, sondern verschieden ist dieses von jenem.

Euthyphron: Wie doch das, Sokrates?

Sokrates: Weil wir doch zugeben, das fromme werde deshalb geliebt, weil es fromm ist, nicht aber, weil es geliebt wird, sei es fromm. Nicht wahr?

Euthyphron: Ja.

Sokrates: Das Gottgefällige aber sei, weil es von den Göttern geliebt wird, eben dieses Geliebtwerdens wegen gottgefällig, nicht aber weil es gottgefällig ist, werde es geliebt.

Euthyphron: Das ist richtig.

Sokrates: Wenn also nun, lieber Euthyphron, das Gottgefällige und das fromme dasselbe wäre: so müßte ja, wenn das fromme um des Frommseins willen geliebt wird, auch das Gottgefällige wegen des Gottgefälligseins geliebt werden; wenn aber das

Gottgefällige wegen des von den Göttern Geliebtwerdens gottgefällig ist, alsdann auch das fromme wegen des Geliebtwerdens fromm sein. Nun aber siehst du, daß beides sich entgegengesetzt verhält, und also auch gänzlich von einander verschieden sein muß. Denn das eine ist, weil es geliebt wird ein solches zum geliebt werden, das andere aber weil es etwas ist zum geliebt werden, wird eben deshalb geliebt. Und es scheint beinahe, o Euthyphron, als wolltest du, gefragt was das fromme ist, das Wesen desselben nicht aufzeigen, sondern nur eine Eigenschaft angeben, die ihm zukommt, daß nämlich dem frommen das eignet, von allen Göttern geliebt zu werden, als was aber ihm dies eignet, das hast du noch nicht gesagt. Ist es dir also genehm, so verbirg es mir nicht, sondern erkläre noch einmal von vorn, was denn an sich seiend das fromme hernach von allen Göttern geliebt wird, oder was ihm sonst zukommt; denn hierüber wollen wir uns nicht streiten. Aber sage nur offen heraus, was denn das fromme ist und das ruchlose.

Euthyphron: Aber ich weiß nicht, wie ich dir sagen soll, was ich denke. Denn wovon wir auch ausgehn, das geht uns ja immer herum, und will nicht bleiben, wohin wir es gestellt haben.

Sokrates: Das wäre ja meines Ahnherrn des Daidalos Kunst, o Euthyphron, was du da beschreibst. Wenn also ich dies gesagt und gesetzt hätte: so würdest du mich wohl verspotten, daß auch mir wegen der Verwandtschaft mit ihm meine Wortgebilde davon gingen, und nicht stehen bleiben wollten, wohin sie einer auch stellt. Nun aber, denn die Grundlagen sind ja dein, brauchen wir einen andern Scherz. Denn dir wollen sie nicht bleiben, wie es dich ja selbst dünkt.

Euthyphron: Mir aber, o Sokrates, scheinen unsere Reden gerade dieses Scherzes zu bedürfen. Denn dies Herumgehen und nicht an Ort und Stelle bleiben habe ich nicht in sie hineingelegt, sondern du, denke ich, der Daidalos. Denn meinetwegen wären sie immer so geblieben.

Sokrates: So scheine ich ja beinahe jenen Mann um soviel zu übertreffen in der Kunst, als er nur sein eigenes konnte in Bewegung bringen, ich aber außer dem meinigen, wie es scheint, auch fremdes. Und das eben ist die rechte Feinheit in meiner Kunst, daß ich wider Willen kunstreich bin. Denn ich wollte ja weit lieber, daß die Reden mir blieben und unbeweglich ständen, als daß ich zu der Weisheit des Daidalos hernach auch den Reichtum des Tantalos bekäme. Doch dem sei genug. Weil du mir aber weichlich zu sein scheinst: so will ich mich mit dir bemühen zu zeigen, wie du mich belehren könnest über das fromme; und werde mir nur nicht vorher müde. Sieh also zu, ob du nicht für notwendig hältst, daß alles fromme auch gerecht sei?

Euthyphron: Allerdings.

Sokrates: Etwa auch alles gerechte fromm? oder alles fromme zwar gerecht, das gerechte aber nicht alles fromm, sondern einiges davon zwar fromm, anderes aber auch anders?

Euthyphron: Ich folge nicht, Sokrates, dem was du sagst.

Sokrates: Du bist ja doch um nicht viel wenigeres jünger, als du auch weiser bist denn ich. Aber, wie ich sage, du bist weichlich aus Überfluß von Weisheit. Allein, du Glücklicher, nimm dich ein wenig zusammen: denn es ist ja gar nicht schwer zu verstehen, was ich meine. Ich meine nämlich das Gegenteil von dem, was jener Dichter gedichtet hat, welcher sagt: Aber den Zeus, ders wirkte, der dies alles geordnet weigerst zu nennen du dich, denn wo Furcht, da immer ist Scham auch. Ich nun weiche ab von diesem Dichter; soll ich dir sagen wie?

Euthyphron: Sage es freilich.

Sokrates: Mich dünkt nicht, wo Furcht ist immer die Scham auch. Denn Viele, denke ich, welche Krankheit, Armut und dergleichen vielerlei fürchten, fürchten dies zwar, aber schämen sich keineswegs dessen, was sie fürchten. Denkst du nicht auch?

Euthyphron: Allerdings.

Sokrates: Wohl aber dünkt mich wo Scham da immer auch Furcht zu sein. Oder gibt es wohl jemand der eine Sache scheuend und sich schämend nicht auch Furcht und Angst hätte vor dem Ruf der Schlechtigkeit?

Euthyphron: Gewiß fürchtet er ihn.

Sokrates: Also ist es nicht richtig zu sagen: Wo nur Furcht ist immer die Scham auch; wohl aber, wo Scham ist immer die Furcht auch. Nämlich größer ist, glaube ich, die Furcht als die Scham: denn die Scham ist ein Teil der Furcht, so wie das ungerade ein Teil der Zahl ist. Wie denn auch nicht überall, wo nur Zahl immer auch ungerades ist, wo aber ungerades ist, da ist immer auch Zahl. Nun folgst du mir doch wohl?

Euthyphron: Vollkommen.

Sokrates: In demselben Sinne nun fragte ich auch dort, ob etwa

wo gerechtes immer auch frommes ist, oder zwar wo frommes immer auch gerechtes, wo aber gerechtes nicht überall frommes, weil nämlich das fromme ein Teil des gerechten ist. Wollen wir dies behaupten oder willst du anders?

Euthyphron: Nein, sondern so, denn es leuchtet mir ein, daß dies richtig ist.

Sokrates: Sieh also auch das folgende. Denn wenn das fromme ein Teil des gerechten ist, so liegt uns ob, wie es scheint, abzufinden, welcher Teil des gerechten das fromme denn ist. Wenn du mich nun über etwas von dem vorigen fragtest, wie was für ein Teil der Zahl wohl das gerade wäre, und welche Zahl dies eigentlich ist, so würde ich sagen es ist die, welche nicht schief ist, sondern gleichschenkelig. Oder meinst du nicht?

Euthyphron: Ich gewiß.

Sokrates: Versuche also auch du eben so mir zu zeigen, was für ein Teil des gerechten das fromme ist, damit ich doch dem Melitos sagen kann, er solle mir nicht länger Unrecht tun und mich der Gottlosigkeit verklagen, indem ich von dir schon vollkommen gelernt hätte, was gottesfürchtig und fromm ist, und was nicht.

Euthyphron: Mich dünkt also, o Sokrates, derjenige Teil des gerechten das gottesfürchtige und fromme zu sein, der sich auf die Behandlung der Götter bezieht; der aber auf die der Menschen ist der übrige Teil des gerechten.

Sokrates: Und sehr schön, o Euthyphron, scheinst du mir dies erklärt zu haben. Nur noch ein Weniges fehlt mir, die Behandlung nämlich verstehe ich noch nicht recht, was für eine du meinst: denn gewiß meinst du nicht, wie man von einer Behandlung anderer Dinge redet, eine solche auch der Götter. Denn wir reden so auch sonst. So zum Beispiel sagen wir, nicht Jedermann wisse Pferde zu behandeln, sondern nur der Reuter. Nicht wahr?

Euthyphron: Allerdings.

Sokrates: Nämlich die Reitkunst ist die Behandlung der Pferde.

Euthyphron: Ja.

Sokrates: Auch Hunde weiß nicht jeder zu behandeln, sondern der Jäger.

Euthyphron: So ist es.

Sokrates: Zur Jägerei nämlich gehört auch die Behandlung der Hunde.

Euthyphron: Ja.

Sokrates: Und die Viehzucht ist die der Ochsen.

Euthyphron: Allerdings.

Sokrates: Und die Frömmigkeit und Gottesfurcht, o Euthyphron, die der Götter. Meinst du so?

Euthyphron: So meine ich es.

Sokrates: Bezweckt aber nicht alle Behandlung ein und dasselbige, sie gereicht nämlich irgendwie zum Besten und zum Vorteil dessen, was man behandelt, wie du wohl siehst, daß die Pferde, von der Reitkunst behandelt und bedient, vorteilen und besser werden. Oder denkst du nicht?

Euthyphron: Ich wohl.

Sokrates: Eben so die Hunde von der Jägerei, die Ochsen von der Rindviehzucht und alles andere gleichermaßen. Oder meinst du, die Behandlung gereiche zum Schaden des Behandelten?

Euthyphron: Ich nicht, beim Zeus.

Sokrates: Sondern zum Nutzen?

Euthyphron: Wie anders?

Sokrates: Ist also auch die Frömmigkeit, da sie die Behandlung der Götter ist, ein Vorteil für die Götter, und macht die Götter besser? Und würdest du das gelten lassen, daß wenn du etwas frommes verrichtest, du dadurch einen der Götter besser machst?

Euthyphron: Beim Zeus, ich nicht!

Sokrates: Auch ich, o Euthyphron, glaube nicht, daß du dies meinst; weit gefehlt! Sondern eben deshalb fragte ich vorher was für eine Behandlung der Götter du wohl meintest, weil ich nicht glaubte, daß du eine solche meintest.

Euthyphron: Und das ganze richtig, o Sokrates, denn ich meine auch nicht eine solche.

Sokrates: Gut. Aber was doch für eine Behandlung der Götter wäre denn die Frömmigkeit?

Euthyphron: Von der Art, o Sokrates, wie man auch sagen kann, daß die Knechte ihre Herren behandeln und bedienen.

Sokrates: Ich verstehe; ein Dienst, wie es scheint, soll sie den Göttern sein?

Euthyphron: Allerdings.

Sokrates: Kannst du mir nun wohl sagen, die Dienstleistung an Ärzte, zu welches Werkes Hervorbringung ist sie wohl behülflich? Zur Hervorbringung der Gesundheit glaubst du doch?

Euthyphron: Gewiß.

Sokrates: Und die Dienstleistung an Schiffbauer, zu welches Werkes Hervorbringung ist die behilflich?

Euthyphron: Offenbar, o Sokrates, zu der des Schiffes.

Sokrates: Und die an Baumeister zu der des Hauses?

Euthyphron: Ja.

Sokrates: So sage denn, o Bester, die Dienstleistung an Götter, zu welches Werkes Hervorbringung mag die behülflich sein? Denn gewiß weißt du es doch, da du behauptest, unter allen Menschen am besten dich auf göttliche Dinge zu verstehen.

Euthyphron: Woran ich auch ganz recht habe, o Sokrates.

Sokrates: So sage denn beim Zeus, welches ist doch jenes vortreffliche Werk, das die Götter hervorbringen, und uns dabei als Diener gebrauchen?

Euthyphron: Sehr viele und schöne gibt es dergleichen, o Sokrates.

Sokrates: Auch so die Heerführer, Freund. Dennoch aber kannst du mir sehr leicht das Wesentliche davon sagen, daß sie nämlich im Kriege den Sieg hervorbringen. Oder nicht?

Euthyphron: Allerdings.

Sokrates: Eben so auch Vieles und Schönes die Landbauer. Dennoch aber ist das Wesentliche davon die Hervorbringung der Nahrung aus der Erde.

Euthyphron: So ist es.

Sokrates: Was also von dem vielen Schönen, so die Götter hervorbringen? was ist das Wesentliche ihrer Hervorbringung?

Euthyphron: Auch vorher schon, o Sokrates, sagte ich dir, es wäre ein zu großes Geschäft, dies alles, wie es sich verhält zu lernen. Soviel sage ich dir indes kurz und gut, daß wenn Jemand versteht, betend und opfernd den Göttern angenehmes zu reden und zu tun, das ist fromm, und das errettet die Häuser der Einzelnen, und das gemeine Wohl der Staaten. Das Gegenteil aber des ihnen angenehmen ist das ruchlose, wodurch auch alles umgestürzt und zerstört wird.

Sokrates: Gewiß weit kürzer, o Euthyphron, konntest du mir, wenn du nur wolltest den Inhalt dessen sagen, wonach ich dich fragte. Daß du aber nicht Lust hast, es mich zu lehren, das ist nun offenbar. Denn auch jetzt, da du eben daran wärest bist du umgewendet, da ich, wenn du dies beantwortet hättest, jetzt vielleicht schon von dir gelernt hätte was Frömmigkeit ist. Jetzt aber, denn der Fragende muß doch dem Befragten folgen, wohin ihn dieser führt, was sagst du wiederum was das Fromme sei und die Frömmigkeit? Nicht eine Wissenschaft des Betens und Opferns?

Euthyphron: Das sage ich.

Sokrates: Heißt nun nicht opfern den Göttern etwas schenken, und beten die Götter um etwas bitten?

Euthyphron: Allerdings, Sokrates.

Sokrates: Die Wissenschaft also von Geschenk und Bitte an die Götter wäre die Frömmigkeit nach dieser Erklärung.

Euthyphron: Sehr schön, o Sokrates, hast du verstanden, was ich meinte.

Sokrates: Ich trage eben große Lust, o Freund, zu deiner Weisheit, und richte alle Gedanken darauf, so daß nichts zur Erde fallen soll, was du sagen wirst. Aber sage mir, was für eine Dienstleistung an die Götter ist dies nun? Man bittet sie, sagst du, und gibt ihnen?

Euthyphron: Das sage ich.

Sokrates: Würde nun nicht das rechte Bitten das sein, wenn wir sie um dasjenige bäten, was wir von ihnen bedürfen?

Euthyphron: Welches sonst?

Sokrates: Und das rechte Geben wiederum, ihnen das, was sie von uns bedürfen, zum Gegengeschenk zu machen? Denn das wäre doch kein kunstmäßiges Schenken, jemanden etwas zu geben, dessen er gar nicht bedarf.

Euthyphron: Ganz richtig, Sokrates.

Sokrates: So wäre also, o Euthyphron, die Frömmigkeit eine Kunst des Handels zwischen Menschen und Göttern?

Euthyphron: Auch das sei sie, wenn es dir lieber ist, sie so zu nennen.

Sokrates: Mir ist es wahrlich um nichts lieber, wenn es nicht richtig ist. Erkläre mir also, welchen Nutzen die Götter wohl haben von den Geschenken, die sie von uns empfangen. Denn was sie geben weiß Jeder; indem wir ja gar nichts Gutes haben, was sie nicht gegeben hätten. Was sie aber von uns empfangen, welchen Nutzen bringt ihnen das? Oder gewinnen wir soviel bei diesem Handel, daß wir alles Gute von ihnen empfangen, sie aber von uns nichts?

Euthyphron: Aber meinst du denn, Sokrates, daß die Götter Vorteil haben von dem was sie von uns empfangen?

Sokrates: Aber was wären denn sonst, o Euthyphron, unsere Geschenke an die Götter?

Euthyphron: Wofür anders hältst du sie als für Ehrenbezeugungen und Ehrengaben, und was ich eben sagte Angenehmes?

Sokrates: Angenehm also, o Euthyphron, ist die Frömmigkeit den Göttern, aber nicht nützlich oder lieb?

Euthyphron: Lieb glaube ich nun meines Teils ganz vorzüglich.

Sokrates: So ist also wiederum, wie es scheint, das Fromme das den Göttern liebe?

Euthyphron: Ganz vorzüglich.

Sokrates: Und dies erklärend wunderst du dich noch, wenn sich zeigt, deine Erklärungen wollen nicht bestehen, sondern wandeln? und willst mich noch beschuldigen, ich der Daidalos, mache sie wandeln, da du doch selbst, weit künstlicher noch als Daidalos, sie gar im Kreise herumgehn machst? Oder merkst du nicht, daß die Rede rund herum gegangen sich nun wieder am alten Orte befindet? Denn du erinnerst dich doch, daß sich uns im vorigen das Fromme und das Gottgefällige nicht als einerlei gezeigt hatte, sondern als verschieden von einander? Oder entsinnst du dich dessen nicht einmal?

Euthyphron: O ja.

Sokrates: Nun aber merkst du nicht, daß du behauptest, was den Göttern lieb ist, sei fromm? wird denn dies etwa nicht das Gottgefällige? oder doch?

Euthyphron: Ganz dasselbe.

Sokrates: Also haben wir entweder vorher etwas fälschlich zugegeben; oder wenn damals gut, so behaupten wir jetzt nicht richtig.

Euthyphron: So scheint es.

Sokrates: Von Anfang an also müssen wir noch einmal erwägen, was denn das fromme ist. Denn ich werde, ehe ich es erfahre, nicht gutwillig abziehn. Aber behandle mich nicht so geringschätzig, sondern nimm deinen Verstand recht zusammen, und sage mir endlich das richtige. Denn wissen mußt du es, wenn irgend ein Mensch, und man muß dich, wie den Proteus, nicht loslassen bis du es sagst. Denn kenntest du nicht ganz bestimmt das fromme und das ruchlose: so hättest du auf keine Weise unternommen um eines Tagelöhners willen einen betagten Vater des Totschlages zu verklagen; sondern sowohl vor den Göttern hättest du dich gefürchtet so etwas zu wagen, falls es doch vielleicht nicht recht getan wäre, als auch die Menschen, hättest du gescheut. Daher weiß ich gewiß, daß du ganz genau zu erkennen meinst, was fromm ist und was nicht. Sage daher, bester Euthyphron, und verbirg nicht was du davon hältst.

Euthyphron: Ein anderes Mal denn, o Sokrates; denn itzt eile ich wohin, und es ist Zeit daß ich gehe.

Sokrates: Was tust du doch, Freund! Du gehst und wirfst mich von der großen Hoffnung herab, die ich hatte, teils der Anklage des Melitos, von dir über das fromme und ruchlose belehrt, glücklich zu entkommen, wenn ich ihm beweisen könnte, daß ich nun schon vom Euthyphron weise gemacht wäre in göttlichen Dingen, und nicht mehr aus Unwissenheit auf meine eigene Weise grübelte oder Neuerungen suchte, teils aber auch mein übriges Leben würdiger zu verleben.

Parmenides

Kephalos erzählt

Als wir von Hause, aus Klazomenai zu Athen angekommen, begegneten wir auf dem Markte dem Adeimantos und Glaukon. Und Adeimantos reichte mir die Hand und sagte: Willkommen Kephalos, und wenn du hier etwas bedarfst das in unserm Vermögen steht: so sage es. – Eben recht deshalb, erwiderte ich, bin ich hier, Euch um etwas zu bitten. – Sage nur, sprach er, deine Bitte. – Darauf sagte ich: Wie heißt doch schon euer Halbbruder von mütterlicher Seite? denn ich entsinne mich dessen nicht, er war aber noch ein Knabe als ich das erste Mal aus Klazomenai herkam, und das ist schon lange her. Sein Vater, glaube ich, hieß Pyrilampes. – Ganz recht, war die Antwort, und er selbst Antiphon. Aber weshalb fragst du eigentlich nach ihm? – Hier, antwortete ich, dies sind Landsleute von mir, sehr wissenschaftliche Männer, und haben gehört selbiger Antiphon habe sehr viel mit einem gewissen Pythodoros einem Freunde des Zenon gelebt, und er habe die Unterredungen, welche einst Sokrates Zenon und Parmenides gehalten, durch oftmaliges Anhören vom Pythodoros im Gedächtnis. – Ganz richtig, entgegnete er. – Diese nun, fuhr ich fort, wünschten wir zu hören. – Das ist nichts schwieriges, antwortete er. Denn noch als ein anwachsender Knabe hat er sie sich zu eigen gemacht, jetzt hingegen beschäftigt er sich wie sein gleichnamiger Großvater, vorzüglich mit der Pferdezucht. Also wenn ihr wollt laßt uns zu ihm gehn; denn er ging nur eben von hier nach Hause, und wohnt ganz nahe bei in Melite. Dies gesprochen gingen wir, und trafen den Antiphon zu Hause, wie er eben dem Schmied einen Zaum zur Ausbesserung übergab. Nachdem er nun diesen abgefertiget und die Brüder ihm gesagt weshalb wir kämen, erkannte er auch mich von meiner ersten Reise her und begrüßte mich. Und als wir ihn baten das Gespräch zu erzählen, machte er zuerst Schwierigkeiten, weil es, sagte er, eine gar mühsame Sache wäre; hernach jedoch erzählte er.

Also Antiphon sagte, Pythodoros habe ihm erzählt, Zenon und Parmenides wären einst zu den großen Panathenäen gekommen. Parmenides nun wäre damals schon hoch bejahrt gewesen, ganz weißhaarig, aber edlen Ansehns, wohl Fünf und Sechszig Jahre alt. Zenon aber wäre etwa Vierzig gewesen, wohlgewachsen und von angenehmem Aussehn, auch hätte er dafür gegolten des Parmenides Liebling gewesen zu sein. Gewohnt hätten sie beim Pythodoros außerhalb der Stadt im Kerameikos, wohin dann auch Sokrates gekommen wäre und mehrere Andere mit ihm, alle begierig die Schrift des Zenon zu hören; denn damals wäre diese zuerst von jenen hergebracht worden. Sokrates aber wäre damals noch sehr jung gewesen. Vorgelesen hätte Zenon selbst, Parmenides aber wäre eben draußen gewesen, und nur noch wenig von der Vorlesung übrig, als er selbst Pythodoros, wie er sagte, von draußen hereingekommen, und mit ihm Parmenides, wie auch Aristoteles, der hernach zu den Dreißigen gehört hat, und nur sehr weniges hätten sie noch gehört von dem Buche. Übrigens hätte er selbst es schon früher vom Zenon gehört:

Nachdem nun Sokrates zu Ende gehört, habe er gebeten, den ersten Satz des ersten Buches noch einmal zu lesen, und als es geschehen, habe er gesagt: Wie, o Zenon, meinst du dieses? Wenn das Seiende vieles wäre: so müßte dieses viele unter einander auch ähnlich sein und unähnlich? Dieses aber wäre unmöglich, denn weder könnte das Unähnliche ähnlich, noch das Ähnliche unähnlich sein? Meinst du es nicht so? – Grade so, habe Zenon gesagt. – Und also, wenn unmöglich das Ähnliche unähnlich sein könnte, und das Unähnliche ähnlich, so könnte ja unmöglich Vieles sein. Denn wenn Vieles wäre, würde ihm jenes unmögliche begegnen. Ist es dieses, was deine Bücher sagen wollen, nichts anders als allem sonst geglaubten zuwider behaupten, daß es nicht Vieles gebe?

und hievon hältst du jedes deiner Bücher für einen Beweis, so daß du auch meinst so viele Beweise geführt zu haben als du einzelne Bücher geschrieben hast. Meinst du es so, oder habe ich es nicht recht begriffen? – Keinesweges habe Zenon gesagt, sondern du hast ganz richtig verstanden, was die ganze Schrift will. – Ich merke also wohl, habe Sokrates gesagt, daß Zenon dir, Parmenides, nicht nur übrigens wünscht in Freundschaft verbunden zu sein, sondern auch vermittelst dieser Schrift. Denn gewissermaßen hat er dasselbe geschrieben wie du; indem er es aber herumdreht, versucht er uns zu hintergehen, als sage er etwas anderes. Denn du in deinen Gedichten sagst, das Ganze sei Eins, und stellst dafür Beweise auf, ganz gut und tüchtig. Dieser aber sagt wiederum, es wäre nicht Vieles, ebenfalls mit Darlegung vieler und starker Beweisgründe. Dies nun, daß der Eine behauptet, es wäre Eins, und der Andere es wäre nicht Vieles, und Jeder so redet, daß er scheint nichts von dem gesagt zu haben was der Andere, da es doch ohngefähr das nämliche sein muß, das ist offenbar uns andern zu hoch, wie ihr es durchgeführt habt. – Ja, Sokrates, habe Zenon gesagt, so hast auch du die eigentliche Bewandtnis dieser Schrift noch nicht durchaus inne, obgleich du dem Inhalt sehr gut wie ein Spartanischer Hund nachspürst und auf dem Gefährte bleibst. Allein zuerst schon entgeht dir dieses, daß die Schrift sich ganz und gar nicht so wichtig macht, daß sie, obschon nichts mehreres als was du anführst besagend, dieses den Leuten zu verheimlichen suchte, als wollte sie etwas großes ausrichten. Sondern was du von ihr sagtest ist nur etwas zufälliges; eigentlich aber ist diese Schrift eine Hülfe für den Satz des Parmenides gegen diejenigen, welche sich herausnehmen ihn auf Spott zu ziehen, als ob wenn Eins ist gar vielerlei lächerliches und ihm selbst widersprechendes bei dem Satz herauskäme. Es streitet also diese Schrift gegen die, welche das Viele behaupten, und gibt ihnen Gleiches zurück und noch mehreres, indem sie deutlich zu machen sucht, daß noch weit lächerlicheres ihrem Satze, wenn Vieles ist, als dem wenn Eines ist begegnet, wenn ihn Jemand recht durchnimmt. Aus solcher Streitlust also habe ich sie, als ich noch jung war geschrieben, und nachdem sie geschrieben war, hat sie mir Jemand entwendet. So daß ich nicht einmal mit mir selbst zu Rate gehn konnte, ob ich sie ans Licht stellen sollte oder nicht. In sofern also irrst du dich, Sokrates, als du glaubst, sie sei nicht mit der Streitlust eines Jünglings, sondern mit der Ehrliebe des reiferen Alters geschrieben. Sonst, wie ich schon gesagt, hast du sie nicht übel abgeschildert. – Wohl, ich nehme das an, habe Sokrates gesagt, und glaube, daß es sich nach deiner Aussage verhält. Dies aber sage mir: setzest du nicht, daß es an und für sich einen Begriff der Ähnlichkeit gibt, und wiederum einen andern diesem entgegengesetzten, welcher das unähnliche ist? und daß diese beiden, ich und du und alles andere was wir Vieles nennen an sich nehmen? und was die Ähnlichkeit an sich nimmt wird ähnlich, eben dadurch und sofern es die Ähnlichkeit an sich nimmt? was aber die Unähnlichkeit unähnlich? und was beide beides? Wenn aber auch alles diese beiden entgegensetzten Begriffe an sich nimmt, und auch wirklich vermöge dieses Ansichhabens beider ähnlich und unähnlich unter einander ist; was ist doch daran wunderbares? Denn wenn freilich

Jemand zeigte, die Ähnlichkeit selbst wäre unähnlich, oder die Unähnlichkeit ähnlich, das wäre, denke ich, ein Wunder. Zeigt er aber, wie dem, was beides an sich hat, auch beides zukommt: so dünkt mich, o Zenon, dies gar nichts widersinniges. Auch nicht wenn Jemand zeigt alles sei Eins, weil es die Einheit an sich hat, und dasselbe sei auch wieder Vieles, indem es eine Menge in sich hat: aber wird er zeigen, das eigentliche Eins selbst sei Vieles, und wiederum, das Viele selbst sei Eins: dieses werde ich gewiß bewundern. Und eben so nun in Absicht auf alles andere, wenn Jemand zeigte, daß den Gattungen und Begriffen selbst diese entgegengesetzten Beschaffenheiten zukommen; das wäre wert es zu bewundern; wenn aber von mir Jemand zeigen kann, daß ich Eins bin und Vieles, was Wunder? indem er ja nur sagen darf, wenn er zuerst mich als Vieles zeigen will, daß etwas anderes mein rechtes ist und anderes mein linkes, anderes das vordere und anderes das hintere, wie auch oben und unten auf gleiche Weise: denn so denke ich habe ich Vielheit an mir. Wenn aber hernach als Eins wird er sagen, daß unter uns Sieben hier ich Ein Mensch bin, an mir habend so fern auch Einheit, so daß er beides ganz richtig gezeigt hätte. Wenn nun Jemand unternimmt dergleichen zugleich als Eins und Vieles zu erweisen, Steine, Holz und solcherlei: so wollen wir sagen, er habe uns Vieles und Eins gezeigt; aber nicht daß das Eins vieles oder das Viele Eins ist, und er bringe also gar nichts wunderbares vor, sondern was wir Alle gern zugeben. Wenn aber Jemand, wie ich nur eben sagte, zuvörderst die Begriffe selbst aussonderte, die Ähnlichkeit und Unähnlichkeit, die Vielheit und die Einheit, die Bewegung und die Ruhe, und alle von dieser Art, und dann zeigt, daß diese auch unter sich können mit einander vermischt und von einander getrennt werden, das, o Zenon, habe er gesagt, würde mir gewaltige Freude machen. Jenes nun glaube ich hier sehr wacker durchgeführt zu sehn; weit mehr aber, wie gesagt, würde es mich auf diese Art erfreuen; wenn Jemand diese nämliche Schwierigkeit auch als in die Begriffe selbst auf vielfache Art verflochten, und wie ihr an den sichtbaren Dingen sie durchgegangen seid, eben so auch an dem was dem Verstände aufgefaßt wird, sie aufzeigen könnte.

Indem Sokrates dieses sprach, habe Pythodoros gesagt, er seines Teils habe geglaubt, Parmenides und Zenon würden über jedes fast verdrießlich sein; sie aber hätten auf seine Rede sehr genau Acht gegeben, und oftmals einander lächelnd angesehn, als freuten sie sich sehr über den Sokrates. Welches auch, nachdem er aufgehört, Parmenides geäußert und gesagt: Wie sehr, o Sokrates, verdienst du gerühmt zu werden wegen deines Eifers für die Forschungen. Und sprich, teilst du selbst so wie du sagst, die Begriffe selbst besonders, und das, worin sie aufgenommen sind, wieder besonders? Und dünkt dich etwas die Ähnlichkeit selbst zu sein außer jener Ähnlichkeit, die wir an uns haben, und so auch das Eins und das Viele, und was du alles eben vom Zenon gehört hast? – Mich dünkt es, habe Sokrates gesagt. – Auch etwa dergleichen, ein Begriff des Gerechten für sich, und des schönen und guten, und alles was wiederum dieser Art ist? – Ja habe er gesagt. – Und wie, auch einen Begriff der Menschen außer uns und Allen, welche eben das sind wie wir? so einen Begriff für sich des Menschen oder des Feuers oder des

Wassers? – Hierüber, habe er gesagt, bin ich oftmals in Zweifel gewesen, o Parmenides, ob man auch hievon eben das behaupten soll wie von jenem, oder etwas anderes. – Etwa auch über solche Dinge, o Sokrates, welche gar lächerlich herauskämen, wie Haare, Kot, Schmutz und was sonst noch recht geringfügig und verächtlich ist, bist du in Zweifel ob man behaupten solle, daß es auch von jedem unter diesen einen Begriff besonders gebe, der wiederum etwas anderes ist als die Dinge die wir handhaben, oder ob man es nicht behaupten solle? – Keinesweges, habe Sokrates gesagt, sondern daß diese wohl eben sind, wie wir sie sehen, und daß zu glauben es gebe noch einen Begriff von ihnen, doch gar zu wunderlich sein möchte. Zwar hat es mich bisweilen beunruhigt, ob es sich nicht bei allen Dingen auf gleiche Art verhalte. Daher wenn ich hier zu stehen komme, fliehe ich aus Furcht in eine bodenlose Albernheit versinkend umzukommen; komme ich aber wieder zu jenen Gegenständen von denen wir jetzt eben zugaben, daß es Begriffe von ihnen gebe, so beschäftige ich mich mit diesen und verweile gern dabei. – Du bist eben noch jung, o Sokrates, habe Parmenides gesagt, und noch hat die Philosophie dich nicht so ergriffen, wie ich glaube daß sie dich noch ergreifen wird, wenn du nichts von diesen Dingen mehr gering achten wirst. Jetzt aber siehst du noch auf der Menschen Meinungen deiner Jahre wegen. Dieses also sage mir, glaubst du wie du sagst, es gebe gewisse Begriffe durch deren Aufnahme in sich diese andern Dinge den Namen von ihnen erhalten, so daß, was die Ähnlichkeit aufnimmt, ähnlich, was die Größe groß, was aber die Güte und Gerechtigkeit gerecht wird und gut? – Allerdings, habe Sokrates gesagt. – Also muß entweder den ganzen Begriff oder einen Teil davon jedes aufnehmende in sich aufnehmen? Oder kann es außer diesen noch eine andere Aufnahme in sich geben? – Wie sollte es wohl? entgegnete er. – Dünkt dich also der ganze Begriff in jedem einzelnen von den vielen zu sein, obgleich er einer ist? oder wie? – Was, o Parmenides, habe Sokrates gefragt, sollte ihn denn hindern darin zu sein? – Eins und dasselbe seiend also soll er in vielen außer einander seienden zugleich sich befinden, und also selbst außerhalb seiner selbst sein? – Nicht doch, habe Sokrates gesagt, wenn wie ein und derselbe Tag überall zugleich und dennoch keinesweges außerhalb sein selbst ist, so auch jeder Begriff in allen Dingen zugleich derselbe wäre. – Sehr artig, o Sokrates, habe Parmenides gesagt, setzest du eins und dasselbe an vielen Orten zugleich, wie wenn du mit einem Segeltuch viele Menschen bedeckend sagen wolltest, es wäre ganz über Vielen. Oder glaubst du nicht, so etwas ohngefähr zu sagen? – Vielleicht. Wäre nun so das Segeltuch ganz über Jedem, oder nicht vielmehr über jedem Einzelnen auch ein anderer Teil desselben? – Ein Teil freilich. – Teilbar also, o Sokrates, sind die Begriffe selbst, und was sie in sich hat, hätte nur einen Teil in sich, und nicht mehr ganz wäre der Begriff in jedem, sondern nur ein Teil wäre in jedem? – So scheint es wenigstens. – Wirst du also, habe er gesagt, wollen, daß der eine Begriff uns wirklich geteilt werde, und wird er dann noch Einer sein? – Keinesweges. – Denn sieh nur weiter, habe Parmenides gesagt, wenn du nun die Größe selbst teilen willst, und dann jedes von den vielen großen Dingen durch einen als die Größe selbst kleineren Teil der Größe groß sein soll, ist das nicht offenbar unvernünftig? – Gar sehr, habe er gesagt. – Und wie, wenn jedes einen kleinen Teil von der Gleichheit bekommt, so soll es weil es etwas hat, was kleiner ist als die Gleichheit, eben dadurch einem anderen gleich sein? – Unmöglich. – Aber es habe Jemand von uns einen Teil der Kleinheit, so wird doch die Kleinheit selbst größer sein als dieses, welches ihr Teil ist. Die Kleinheit selbst wird demnach größer sein: dasjenige aber, dem das hinweggenommene beigelegt wird, wird kleiner dadurch, nicht aber größer als zuvor. – Dieses kann ja wohl nicht sein, habe er gesagt. – Auf welche Weise also, o Sokrates, sollen dir dann die andern Dinge die Begriffe aufnehmen, da sie weder teilweise sie aufnehmen können noch auch ganz? – Beim Zeus, habe er gesagt, es scheint mir keinesweges leicht, dies so auseinander zu setzen. – Wie aber nun? was meinst du zu folgendem? – Wozu? – Ich glaube daß du aus folgendem Grunde annimmst, jeder Begriff für sich sei eines. Wenn dir nämlich vielerlei Dinge groß zu sein scheinen: so scheint dir dies vielleicht eine und dieselbe Gestalt oder Idee zu sein, wenn du auf alle siehst, weshalb du denn glaubst das Große sei Eins. – Ganz richtig habe er gesagt. – Wie aber nun, das große selbst und die andern großen Dinge wenn du die eben so mit der Seele zusammen überschaust: erscheint dir nicht wiederum Ein Großes, wodurch notwendig ist, daß dieses alles dir groß erscheint? – Das leuchtet sehr ein. – Noch ein anderer Begriff der Größe wird dir also zum Vorschein kommen außer jener ersten Größe und den diese an sich habenden Dingen, und wiederum über allen diesen zusammen noch ein anderer, wodurch diese alle groß sind, und so wird dir jeder Begriff nicht mehr eines sein, sondern ein unbegrenzt vielfaches. – Aber, o Parmenides, habe Sokrates gesagt, ob nicht etwa jeder von diesen Begriffen nur ein Gedanke ist, welchem nicht gebührt irgendwo anders zu sein als in den Seelen. Denn so wäre doch jeder eines, und es würde ihnen nicht mehr das begegnen, was eben ist gesagt worden. – Wie also, habe jener gesagt, jeder von diesen Gedanken wäre einer, aber ein Gedanke von nichts? – Unmöglich. – Also von etwas? – Ja. – Was ist oder was nicht ist? – Was ist. – Nicht wahr von etwas gewissem, was eben jener Gedanke als in allen jenen Dingen befindlich bemerkt als Eine gewisse Gestalt oder Idee? – Ja. – Und dies soll nicht der Begriff sein, was so gedacht wird Eines zu sein immer dasselbe seiend in allem? – Das scheint wieder notwendig. – Wie aber weiter, habe Parmenides gesagt, wenn du behauptest, die übrigen Dinge haben in sich die Begriffe, mußt du nicht entweder glauben, daß jedes aus Gedanken bestehe, und daß sie alle denken, oder daß sie Gedanken seiend doch undenkend sind? – Allein auch das, habe Sokrates gesagt, hat ja keinen Sinn. Sondern, o Parmenides, eigentlich scheint es mir sich so zu verhalten, daß nämlich diese Begriffe gleichsam als Urbilder dastehn in der Natur, die andern Dinge aber diesen gleichen und Nachbilder sind; und daß die Aufnahme der Begriffe in die andern Dinge nichts anders ist, als daß diese ihnen nachgebildet werden. – Wenn nun, sagte Parmenides, etwas dem Begriff ist nachgebildet worden, ist es möglich daß der Begriff dem Nachgebildeten nicht ähnlich sei, in sofern dieses ihm ist ähnlich gemacht worden? – Nicht möglich. – Und ist es nicht sehr notwendig, daß das Ähnliche mit dem Ähnlichen einen und denselben

Begriff muß aufgenommen haben? – Notwendig. – Das aber durch dessen Aufnahme in sich die ähnlichen Dinge ähnlich sind, ist nicht das eben der Begriff? – Auf alle Weise freilich. – Es ist also nicht möglich, daß etwas einem Begriff ähnlich ist noch ein Begriff etwas anderem; wo nicht, so erscheint immer ein anderer Begriff über jenen, und wenn jener wieder ähnlich ist noch einer, und niemals hört dieses Erscheinen eines neuen Begriffes auf, wenn der Begriff dem, was ihn in sich aufgenommen hat ähnlich sein soll. – Das ist sehr richtig. – Also auch nicht durch Ähnlichkeit nehmen die andern Dinge die Begriffe auf: sondern man muß eine andere Art suchen, wie sie sie aufnehmen. – So steht es. – Siehst du also nun, Sokrates, habe Parmenides gesagt, wie groß die Schwierigkeit ist, wenn Jemand die Begriffe als an und für sich seiend erklärt? – Ja wohl. – Wisse demnach nur, habe er weiter gesagt, daß du, um es grade heraus zu sagen, noch gar nicht berührt hast, wie groß die Verlegenheit ist, wenn du für jegliches jedesmal abgesondert einen Begriff aufstellen willst. – Wie das? habe er gefragt. – Unter vielem andern, habe Parmenides gesagt, ist das größte dieses, daß wenn Jemand behaupten will, es käme diesen Begriffen nicht einmal zu erkannt zu werden, wenn sie so beschaffen wären, wie wir sagten, daß Begriffe sein müßten, man dem der dies sagte, nicht beweisen könnte, daß er Unrecht habe, wenn nicht der bezweifelnde schon sehr geübt ist, und von guten Gaben, und Lust hat dem der den Beweis führen will durch viele und weit ausholende Erörterungen zu folgen; sonst wird der nicht zu überzeugen sein, welcher behaupten will, sie wären unerkennbar. – Woher dieses, o Parmenides? habe Sokrates gefragt. – Weil glaube ich, Sokrates, du sowohl als Jeder welcher setzt es gebe von jeglichem Ding ein Wesen für sich, auch zugestehen wird daß zuerst kein einziges hievon bei uns sich finde? – Wie wäre es auch sonst an sich, habe Sokrates gesagt. – Ganz recht, habe jener gesagt. Diejenigen Ideen also, welche nur in Wechselbeziehung auf einander sind was sie sind, haben auch ihr Wesen an sich nur in Beziehung auf einander und nicht in Beziehung auf ihre unter uns befindlichen Nachbilder, oder wofür man sie sonst halten will von dem, durch dessen Aufnahme in uns wir dies und das zu sein genannt werden. Das aber bei uns befindliche jenen gleichnamige ist dies wiederum in Bezug auf einander und nicht auf die Begriffe, und ist es für einander und wiederum nicht für jene die auch so genannt werden. – Wie meinst du das? habe Sokrates gefragt. – So, habe Parmenides gesagt, daß wenn einer von uns des andern Herr ist oder Knecht; so ist er nicht des Herrn an sich, welcher bezeichnet was ein Herr ist, nicht dessen Knecht; noch auch des Knechtes an sich, welcher bezeichnet was ein Knecht ist, Herr ist der Herr; sondern als Menschen sind sie für einander dieses beides. Die Herrschaft selbst aber ist was sie ist von der Knechtschaft selbst, und eben so ist Knechtschaft selbst die Knechtschaft von der Herrschaft selbst. Nicht aber hat was bei uns ist sein Vermögen in Beziehung auf jenes, noch jenes auf uns: sondern wie ich sage, unter sich und für sich ist jenes und unseres eben so für sich. Oder verstehst du nicht was ich meine? – Sehr gut, habe Sokrates gesagt, verstehe ich es. – Also, habe er fortgefahren, auch die Erkenntnis an sich, was eigentlich Erkenntnis ist, wäre die Erkenntnis jener Wahrheit an sich was eigentlich Wahrheit ist? – Allerdings. – Und jede einzelne Erkenntnis an sich wäre auch nur Erkenntnis des Gegenstandes an sich. Oder nicht? – Ja wohl. – Aber die Erkenntnis bei uns, muß die sieh nicht beziehen auf die Wahrheit bei uns? und so jede einzelne Erkenntnis bei uns wäre folglich nur Erkenntnis ihres besonderen Gegenstandes bei uns? – Notwendig. – Aber die Begriffe an sich haben wir weder, wie du zugibst, noch ist es möglich, daß sie unter uns angetroffen werden. – Auf keine Weise. – Sonach werden erkannt von dem Begriff an sich der Erkenntnis die Gattungen selbst, was jede ist? – Ja. – Welchen wir aber nicht haben. – Freilich nicht. – Also wird auch von uns kein Begriff an sich erkannt, weil wir die Erkenntnis selbst nicht haben. – Es scheint nicht. – Unerkennbar also ist uns das Schöne an sich, was es ist, so auch das Gute, und alles was wir uns als Ideen für sich vorstellen. – So scheint es leider. – Sieh aber nun hievon auf jenes noch ärgere. – Auf welches? – Wirst du zugeben oder nicht, daß wenn es an sich als Gattung eine Erkenntnis gibt, diese weit genauer sein müsse als die Erkenntnis bei uns, und so auch die Schönheit und alles andere auf gleiche Weise? – Ja. – Besitzt also irgend etwas anderes diese Erkenntnis an sich: so wirst du nicht wollen, daß irgend Jemand mehr anders als Gott die ganz vollständige Erkenntnis habe? – Natürlich. – Wird nun etwa Gott die Erkenntnis selbst besitzend wiederum vermögend sein, das was bei uns ist zu erkennen? – Warum das nicht? – Weil, sagte Parmenides, unter uns ausgemacht ist, o Sokrates, daß weder jene Begriffe in Beziehung auf das bei uns befindliche dasjenige Vermögen haben, welches sie haben, noch auch das bei uns befindliche in Beziehung auf jene; sondern abgesondert jedes von beiden für sich. – Das ist freilich ausgemacht. – Wenn sich also jene genaueste Herrschaft bei Gott befindet und jene genaueste Erkenntnis: so wird diese Herrschaft jenes niemals uns beherrschen, noch auch diese Erkenntnis uns erkennen oder irgend etwas bei uns. Sondern ganz auf gleiche Weise herrschen wir nicht über jene mit unserer Herrschaft, noch erkennen wir irgend etwas von dem Göttlichen mit unserer Erkenntnis; und auch sie sind aus demselben Grunde nicht unsere Herren, noch erkennen sie die menschlichen Dinge, als Götter. – Aber, sagte er, daß das nur nicht eine allzu wunderliche Rede ist, wenn einer die Gottheit des Wissens beraubt! – Dennoch aber, o Sokrates, habe Parmenides gesagt, muß dies und noch gar vieles andere von den Begriffen gelten, wenn diese Ideen der Dinge sein sollen, und Jemand jedes an sich als Begriff setzen will. So daß wer es anhört bedenklich werden muß und bestreiten, daß es dergleichen überall gäbe, oder wenn ja, daß sie ganz notwendig der menschlichen Natur unerkennbar sein müßten. Und wer dies sagt muß nicht nur glauben etwas rechtes zu sagen, sondern auch, wie wir eben sagten, sehr schwer eines andern zu überzeugen sein; und sehr wohl begabt muß der sein, der dies soll begreifen können, daß es eine Gattung gibt jedes einzelnen, und ein Wesen an sich; noch vortrefflicher aber der welcher es ausfindet und dies alles gehörig auseinandersetzend auch Andere lehren kann. – Dies, o Parmenides, räume ich dir ein, sprach Sokrates, denn du sagst es ganz nach meinem Sinn. – Dennoch aber, o Sokrates sagte Parmenides, wenn Jemand auf der andern Seite nicht zugeben will, daß es Begriffe von dem was ist gibt, weil er eben; auf alles vorige und mehr ähnliches hinsieht, und keinen Begriff für jedes besondere bestimmt setzen will: so wird er nicht haben wohin er seinen Verstand wende, wenn er nicht eine Idee für jegliches seiende zuläßt, die immer dieselbe bleibt, und so wird er das Vermögen der Untersuchung gänzlich aufheben; welche Folge du eben vornehmlich scheinst beachtet zu haben. – Ganz richtig, habe Sokrates gesagt. – Was also willst du tun in Hinsicht der Philosophie? wohin willst du dich wenden, wenn du über diese Dinge zu keiner Erkenntnis gelangen kannst? – Das glaube ich nicht recht abzusehn für jetzt. – Allzufrüh eben, habe Parmenides gesagt, ehe du dich gehörig geübt hast, o Sokrates, unternimmst du zu bestimmen was schön ist und gerecht und gut und so jeden andern Begriff. Schon neulich habe ich dies bemerkt, als ich hörte wie du dich mit dem Aristoteles unterredetest. Schön allerdings und göttlich, das wisse nur, ist der Trieb der dich treibt zu diesen Forschungen. Strecke dich aber zuvor noch besser und übe dich vermittelst dieser für unnütz gehaltenen und von den meisten auch nur Geschwätz genannten Wissenschaft, so lange du noch jung bist: denn wo nicht, so wird dir die Wahrheit doch entgehen. – Welches aber, o Parmenides, ist die Art und Weise sich zu üben? – Dieselbe, o Sokrates, die du eben vom Zenon gehört hast. Indes aber habe ich mich darüber doch gefreut von dir, als du diesem sagtest du gäbest ihm nicht zu nur an den sichtbaren Dingen und in Beziehung auf sie die Untersuchung durchzuführen, sondern in Beziehung, auf jenes was man vornehmlich mit dem Verstande auffaßt, und für Begriffe hält, dem jeder ein bestimmtes Sein am meisten zuschreibt. – Es schien mir eben, habe Sokrates hinzugefügt, auf jene Art nicht schwer von den Dingen zu zeigen, daß sie ähnlich und unähnlich sind, und daß ihnen alles, was man nur will zukommt. – Und mit Recht, sagte Parmenides. Außerdem mußt du aber noch dies tun, daß du nicht nur etwas als seiend voraussetzend untersuchst was sich aus der Voraussetzung ergibt: sondern auch daß jenes nämliche nicht sei mußt du hernach zum Grunde legen, wenn du dich noch besser üben willst. – Wie meinst du das? fragte Sokrates. – Zum Beispiel, sagte Parmenides, nach der Voraussetzung, von welcher Zenon ausgegangen ist, wenn Vieles ist, was muß sich dann ergeben für das Viele selbst an sich und in Beziehung auf das Eins, und auch für das Eins an sich und in Beziehung auf das Viele, mußt du dann auch eben so untersuchen, wenn Vieles nicht ist, was sich dann ergeben muß für das Eins sowohl als für das Viele jedes an sich und in Beziehung auf einander. Eben so wenn du voraussetzest wenn es Ähnlichkeit gibt oder wenn es sie nicht gibt, ist zu sehen, was aus jeder von beiden Voraussetzungen folgt, sowohl für das Vorausgesetzte selbst als für das Andere insgesamt, an sich und in Beziehung auf einander. Auch von dem Unähnlichen gilt dasselbe und von der Bewegung und Ruhe, von dem Entstehen und Vergehen, ja von dem Sein selbst und dem Nichtsein. Und mit einem Worte, was du auch zum Grunde legest, als seiend und nicht seiend oder was sonst davon annehmend, davon mußt du sehn was sich jedesmal ergibt für das Gesetzte selbst und für jedes andere einzelne was du herausnehmen willst, und für mehreres und Alles insgesamt eben so. Eben so auch was sich für das übrige ergibt an sich in Beziehung auf jedes Einzelne was du jedesmal herausheben willst, du magst nun das, wovon du ausgingst als seiend voraussetzen oder als nichtseiend, wenn du vollkommen geübt auch die Wahrheit gründlich durchschauen willst. – Ein unendliches Geschäft, o Parmenides, beschreibst du, sagte Sokrates, und ich verstehe es noch nicht recht. Warum aber machst du es nicht selbst durch irgend etwas voraussetzend, damit ich es desto besser begreife? – Ein großes Werk, o Sokrates, sagte er, legst du mir auf, und in meinem Alter. – Aber du also, habe Sokrates gesagt, o Zenon, warum willst du nicht etwas abhandeln? – Darauf habe Zenon lächelnd geantwortet: Wir wollen ihn selbst bitten den Parmenides. Denn das ist nichts geringes was er sagt; oder siehst du selbst nicht, welche Arbeit du ihm anmutest? Wären wir nun mehrere, so lohnte es nicht ihn zu bitten: denn unschicklich ist es dergleichen vor Vielen zu reden, zumal einem Manne von solchen Jahren. Denn die wenigsten wissen, daß ohne so das ganze Gebiet durchzugehn und zu umwandeln es nicht möglich ist die Wahrheit treffend richtige Einsicht wirklich zu erlangen. Ich also, o Parmenides, vereinige mich mit der Bitte des Sokrates, damit auch ich nach langer Zeit dich einmal wieder höre. – Als dieses Zenon gesprochen, sagte Antiphon, habe Pythodoros selbst wie er ihm erzählt, und so auch Aristoteles und die Andern den Parmenides gebeten, eine Probe zu geben von dem was er meine, und ja nicht anders zu tun. – Hierauf habe Parmenides gesagt, ich muß wohl gehorchen. Wiewohl es mir, glaube ich, wie dem Rosse des Ibykos gehen wird, welchem als einem wackern zwar aber schon bejahrten Streiter, weil es im Begriff noch einmal den Kampf des Wagens zu bestehen, aus Kunde vor dem was ihm bevorstand gezittert, eben deshalb jener selbst sich vergleicht, sagend auch er werde, wider Willen, so alt schon, gezwungen, noch einmal die Bahn der Liebe zu gehn. So fühle auch ich, wenn ich dessen gedenke nicht wenig Furcht, wie ich wohl in solchem Alter eine so große und schwierige Reihe von Untersuchungen durchschwimmen soll. Indessen, denn ich muß euch wohl gefällig sein, zumal auch Zenon einstimmt, wir sind ja unter uns. Von wo also fangen wir an, und was sollen wir zuerst zum Grunde legen? Oder wollt ihr, da doch einmal das mühsame Spiel soll gespielt werden, daß ich von mir selbst anfange und von meiner Voraussetzung, indem ich das Eins selbst zum Grunde lege, wenn es ist und wenn es nicht ist, was dann sich ergeben muß? – Das tue allerdings, habe Zenon gesagt. – Wer aber, sprach Parmenides, wird mir antworten? oder wohl der jüngste? Denn der würde am wenigsten Vorwitz treiben, und gewiß antworten was er meint, zugleich aber würde mir seine Antwort einen Ruhepunkt gewähren. – Ich bin dir hiezu bereit, o Parmenides, habe darauf Aristoteles gesagt. Denn mich meinst du, wenn du den jüngsten meinst. Frage also, und sorge nicht weiter für den antwortenden, ich werde schon antworten.

Wohlan, habe Parmenides gesagt, wenn Eins ist, so kann doch wohl das Eins nicht Vieles sein? – Wie sollte es wohl! – Weder dürfen also Teile desselben, noch darf es selbst ganz sein. – Wie das? – Der Teil ist doch wohl Teil eines Ganzen? – Ja. – Und wie das Ganze? wäre nicht das, dem kein Teil fehlte, ganz? – Allerdings. – In beiden Fällen also wird das Eins aus Teilen bestehen, wenn es ganz ist und wenn es Teile hat? – Notwendig.

– In beiden Fällen also wäre das Eins Vieles und nicht Eins. – Richtig. – Es soll aber nicht Vieles sein, sondern Eins. – Das soll es. – Weder also kann das Eins ganz sein noch Teile haben, wenn es Eins sein soll. – Freilich nicht. – Wenn es nun gar keinen Teil hat: so hat es doch auch weder Anfang noch Ende noch eine Mitte. Denn dergleichen wären doch schon Teile desselben. – Richtig. – Gewiß aber sind Anfang und Ende die Grenzen eines jeden. – Wie sonst? – Unbegrenzt also ist das Eins wenn es weder Anfang noch Ende hat? – Unbegrenzt. – Also auch ohne Gestalt; denn es kann weder rund noch grade an sich haben. – Wie so? – Rund ist doch wohl das, dessen Enden überall von der Mitte gleich weit abstehn? – Ja. – Grade aber das, dessen Mitte beiden Enden vorangeht? – So ist es. – Also hätte das Eins Teile und wäre Vieles, es möchte nun die grade Gestalt an sich haben oder die kreisförmige. – Allerdings. – Also ist es weder grade noch kreisförmig wenn es doch nicht einmal Teile hat. – Richtig. – Ferner, wenn es so beschaffen ist, kann es auch nirgends sein. Denn es kann weder in einem Andern noch in sich selbst sein. – Wie so doch? – In einem andern seiend müßte es von jenem in welchem es wäre rings umgeben sein, und es vielfach an vielen Orten berühren. Dem Einen aber, und teillosen und vom runden nichts an sich habenden ist es unmöglich rings herum an vielen Orten berührt zu werden. – Unmöglich. – Wiederum in sich selbst seiend müßte es sich selbst umfassen, und doch nichts anders sein als es selbst, wenn es doch in sich selbst sein soll. Denn daß etwas in etwas es nicht umgebenden sei ist unmöglich. – Unmöglich freilich. – Also wäre anderes davon das umgebende, und wieder anderes das umgebene. Denn ganz kann nicht dasselbige beides leiden und auch tun. Und so wäre demnach das Eins nicht mehr Eins sondern Zwei. – Freilich nicht Eins. – Also ist das Eins wohl gar nicht wo, wenn es weder sich selbst noch einem andern einwohnt. – Das ist es nicht. – Sieh also, wenn es sich so damit verhält, ob es wohl kann bestehen oder wechseln. – Wie so denn nicht? – Weil wenn es wechselt, es sich entweder bewegt oder sich verändert. Denn dies sind die einzigen Wechsel. – Ja. – Verändert sich aber das Eins, so kann es ja unmöglich noch Eins sein. – Unmöglich. – Veränderungsweise also wechselt es nicht. – Offenbar nicht. – Ob aber durch Bewegung? – Vielleicht. – Allein wenn das Eins sich bewegte: so müßte es sich entweder an demselben Orte rings herumdrehen, oder es müßte seine Stelle vertauschen eine nach der andern. – Notwendig. – Nicht wahr aber, dreht es sich rings herum, so muß es auf seiner Mitte ruhen, und andere Teile haben, welche sich um die Mitte herumbewegen? Dem aber weder Mitte noch Teile zukommen, auf welche Weise soll sich das jemals um die Mitte herumbewegen? – Auf keine Weise. – Vertauscht es aber seinen Ort: so kommt es zu jeder andern Zeit anderswo hin, und bewegt sich so? – Wenn es sich freilich bewegen soll. – Daß es aber in etwas sei hat sich uns unmöglich gezeigt. – Ja. – Ist also nicht noch unmöglicher, daß es in etwas komme? – Ich sehe nicht ein, wie so. – Wenn etwas wo hineinkommt, muß es nicht notwendig teils noch nicht in jenem sein, da es ja erst hineinkommt, teils auch nicht ganz außerhalb desselben, da es ja schon hineinkommt? –Notwendig. – Wenn dies also ja begegnen kann: so kann es nur dem begegnen was Teile hat. Denn davon kann einiges schon in jenem anderes noch außerhalb desselben sein; was aber keine Teile hat, das ist nicht im Stande auf irgend eine Weise zugleich ganz weder innerhalb noch außerhalb etwas zu sein. – Das ist richtig. – Was aber weder Teile hat noch ein Ganzes ist, kann das nicht noch weit unmöglicher irgendwo hineinkommen, da es weder teilweise noch ganz hineinkommen kann? – Offenbar. – Weder also kann es wohin gehend und in etwas hineinkommend seinen Ort vertauschen, noch durch Herumdrehung an demselben Ort oder durch Veränderung wechseln. – Es scheint nicht. – Nach jeder Art von Wechsel also ist das Eins unbeweglich. – Unbeweglich. – Aber wir behaupten auch, daß es unmöglich in etwas sein kann. – Das behaupten wir. – Also wird es auch niemals irgendwo bleiben. – Wie so? – Weil es ja doch in dem sein müßte, wo es bleiben soll. – Das ist wahr. – Aber es konnte ja weder sich selbst noch einem andern einwohnen. – Freilich nicht. – Niemals also kann das Eins irgendwo bleiben. – Es scheint nicht. – Was aber nirgend jemals bleibt, das hat keine Ruhe und besteht nicht. – Nein, nicht möglich. – Das Eins also wie es scheint weder noch wechselt es. – Freilich nicht, wie wir sehen. – Aber es wird auch ferner weder einerlei sein mit sich selbst oder einem andern. – Wie das? – Wäre es verschieden von sich selbst: so wäre es verschieden von Eins und also nicht Eins. – Wahr. – Wäre es ferner einerlei mit einem Andern: so wäre es jenes und nicht mehr es selbst. So daß es auch auf diese Art nicht mehr das wäre was es ist, Eins, sondern ein anderes als Eins. – Freilich nicht. – Also einerlei mit einem andern oder verschieden von sich selbst wird es nicht sein. – Nein. – Es wird aber auch nicht verschieden sein von einem andern, so lange es Eins ist. Denn dem Eins gebührt das gar nicht, verschieden zu sein von irgend etwas, sondern dem Verschiedenen allein, und keinem andern. – Richtig. – In sofern es also Eins ist, wird es nicht verschieden sein. Oder glaubst du? – Nicht doch. – Wenn aber nicht in sofern, dann auch nicht in wiefern es Es selbst ist; und wenn nicht in wiefern es Es selbst ist, dann auch überall nicht selbst. Wenn es also selbst auf keine Weise verschieden ist, dann ist es auch nicht verschieden von etwas. – Richtig. – Aber es wird auch nicht einerlei sein mit sich selbst. – Wie das nicht? – Die Natur des Eins ist nicht dieselbe wie die des Einerlei. – Wie doch? – Weil nicht, wenn etwas einerlei mit etwas geworden ist, es auch Eins wird. – Aber was denn? – Was einerlei mit dem Vielen geworden ist, das wird doch notwendig Vieles und nicht Eins. – Das ist wahr. – Sondern nur wenn das Eins und das Einerlei gar nicht von einander verschieden wären, dann müßte, wenn etwas einerlei geworden ist, es auch immer Eins geworden sein, und wenn Eins, einerlei. – Allerdings. – Also wenn das Eins mit sich selbst einerlei sein wird, wird es nicht Eins mit sich selbst sein, und so wird es Eins seiend auch wieder nicht Eins sein. – Aber das ist ja unmöglich. – Also ist auch dem Eins unmöglich weder verschieden zu sein von einem andern, noch einerlei mit sich selbst. – Unmöglich. – So wäre demnach das Eins doch verschieden oder einerlei, weder mit sich selbst noch mit einem andern. – Freilich nicht. – Es wird aber auch weder ähnlich noch unähnlich sein weder sich selbst noch einem Andern. – Wie so? – Weil dasjenige dem irgend einerlei zukommt ähnlich ist. – Ja. – Das Einerlei aber hatte sich gezeigt seiner Natur nach außerhalb des Eins zu sein. – So zeigte es sich. – Wenn aber dem Eins noch etwas zukäme außer dem Eins sein: so käme ihm zu mehr zu sein als Eins, dies aber ist unmöglich. – Ja. – Also kann auch niemals dem Eins einerlei zukommen, weder mit einem andern noch mit sich selbst. – Offenbar nicht. – Also kann es auch nicht ähnlich sein weder einem Andern noch sich selbst. – Es scheint nicht. – Eben so wenig kommt auch dem Eins zu verschieden zu sein: denn auch so käme ihm zu mehr zu sein als Eins. – Freilich mehr. – Welchem nun verschiedenes zukommt von sich selbst oder einem andern, das wäre sich selbst oder dem andern unähnlich, wenn ja dasjenige welchem einerlei zukommt ähnlich ist. – Richtig. – Das Eins also, wie es scheint, welchem auf keine Weise verschiedenes zukommt ist auch auf keine Weise unähnlich weder sich selbst noch einem andern. – Nein allerdings. – Also weder ähnlich noch unähnlich weder einem andern noch sich selbst wäre das Eins. – Offenbar nicht. – Aber so beschaffen wird es auch weder gleich noch ungleich sein weder sich noch einem andern. – Wie doch? – Um gleich zu sein wird es von einerlei Maßen sein müssen als Jenes dem es gleich ist. – Ja. – Um aber größer oder kleiner zu sein müßte es in Beziehung auf gleichmäßige Dinge mehrere Maße halten als die kleineren, und wenigere als die größeren. – Ja. – In Beziehung auf ungleichmäßige aber müßte das Maß selbst größer sein als das der einen, kleiner als das der andern. – Wie anders? – Ist es aber nicht unmöglich, daß dasjenige dem gar nicht das einerlei zukommt einerlei Maß oder sonst irgend etwas einerlei haben könne? – Unmöglich. – Gleich also ist es weder sich selbst noch einem andern, da es nicht von einerlei Maßen ist? – Nein wie es sich zeigt. – Soll es aber weniger Maße haben oder mehrere: so muß es doch wieviel Maße haben, so viel Teile, und so wäre es wieder nicht Eins, sondern soviel als es Maße hätte. – Richtig. – Ist es aber nur von Einem Maße: so wäre es dem Maße gleich. Das aber hat sich als unmöglich gezeigt, daß es irgend einem gleich sein könnte. – So hat es sich gezeigt. – Indem es also weder Ein Maß an sich hat noch viele noch wenige, noch überhaupt einerlei, wird es auch weder sich selbst noch einem andern gleich sein; eben so wenig auch wiederum größer oder kleiner als es selbst oder ein anderes. – Auf alle Weise verhält es sich so. – Und wie? dünkt dich wohl das Eins älter oder jünger sein oder auch das nämliche Alter als etwas haben zu können? – Warum doch nicht? – Weil es um einerlei Alter als es selbst oder etwas anderes zu haben auch eine Gleichheit oder Ähnlichkeit der Zeit an sich haben müßte, die es doch, wie wir sagten, nicht an sich hat, weder Gleichheit noch Ähnlichkeit. – Das sagten wir freilich. – Aber auch daß es keine Unähnlichkeit oder Ungleichheit an sich hätte, auch das sagten wir. – Allerdings. – Wie wird es also möglich sein, daß es älter oder jünger ist als irgend etwas oder auch von gleichem Alter, da es sich so damit verhält? – Auf keine Weise. – So ist demnach das Eins weder älter noch jünger noch von demselben Alter, weder als es selbst noch als etwas anderes. – Offenbar nicht. – Also kann auch wohl das Eins überall nicht in der Zeit sein, wenn es so beschaffen ist? Oder wird nicht notwendig, was in der Zeit ist, immer älter als es selbst? – Notwendig. – Und das ältere ist doch immer nur älter als ein jüngeres? – Was sonst? – Was also älter wird als es selbst, das wird zugleich auch jünger als es selbst; wenn es doch etwas haben soll, als was es älter wird. – Wie meinst du dies? – So: Verschieden darf eins vom andern nicht erst werden, wovon es schon verschieden ist; sondern wovon es schon verschieden ist davon ist es verschieden, wovon es geworden ist, davon ist es geworden, wovon es werden wird davon wird es werden; wovon es aber verschieden wird, davon ist es noch nicht verschieden geworden, und will es auch nicht erst werden, und ist es auch noch nicht; sondern wird es eben, und anders nicht. – Natürlich freilich. – Nun aber ist doch das Ältere eine Verschiedenheit vom Jüngeren, und von nichts anderem. – So ist es. – Also was älter wird als es selbst, das wird notwendig zugleich auch jünger als es selbst. – So scheint es. – Dennoch aber muß es auch weder mehrere Zeit werden als es selbst, noch auch wenigere, sondern gleiche Zeit mit sich selbst werden und sein und geworden sein und sein werden. – Notwendig allerdings auch das. – Notwendig also ist auch, wie es scheint, daß alles, was in der Zeit ist und dem dieses eignet, das nämliche Alter mit sich selbst habe, und zugleich auch älter sowohl als jünger werde als es selbst. – So sieht es aus. – Aber das Eins hatte von allen diesen Beschaffenheiten nichts an sich? – Nichts. – Also hat es auch keine Zeit an sich und ist in keiner Zeit. – Freilich nicht, wie unsere Rede zeigt. – Wie nun? Das War und Wurde und Istgeworden, deutet das nicht auf ein Ansichhaben einer einmal gewesenen Zeit? – Allerdings. – Und das Wirdsein und Wirdgewordensein und Wirdwerden auf das einer hernach kommenden? – Ja. – Und das Ist und Wird auf das einer jetzt gegenwärtigen? – Ohne Zweifel. – Wenn also das Eins auf keine Weise gar keine Zeit an sich hat: so ist es weder je geworden, noch wurde es oder war es, noch ist es jetzt geworden oder wird oder ist, noch wird es in Zukunft geworden sein oder wird werden oder wird sein. – Vollkommen richtig. – Kann denn aber auf irgend eine Art etwas ein Sein haben als auf eine von diesen? – Auf keine. – Also hat das Eins auf keine Art ein Sein? – Nein, wie es aussieht. – Auf keine Weise also ist das Eins. – Nein, wie es sich zeigt. – Es ist also auch nicht so, daß es Eins ist. Denn alsdann wäre es doch seiend und ein Sein an sich habend. Sondern, wie es scheint, ist das Eins weder Eins noch ist es, wenn man einer solchen Rede glauben darf. – So ist es beinahe. – Was aber nicht ist, kann wohl dieses Nichtseiende etwas haben? oder kann man etwas davon haben? – Wie sollte man? – Also hat man auch kein Wort dafür, keine Erklärung davon, noch auch irgend eine Erkenntnis Wahrnehmung oder Vorstellung. – Offenbar nicht. – Also wird es auch nicht benannt, nicht erklärt, nicht vorgestellt, nicht erkannt, noch auch etwas, was es an sich hätte, wahrgenommen. – Es scheint nicht. – Ist es nun wohl möglich, daß es sich mit dem Eins so verhalte? – Nicht wohl, wie mich dünkt. – Willst du also, daß wir noch einmal von vorn auf unsere Voraussetzung zurückgehen, ob sich uns etwas verändert darstellen wird, wenn wir sie noch einmal durchgehn? – Das will ich sehr gern. – Also, wenn Eins ist, sagen wir doch, was dann für dasselbe folge, was es auch sei, das müssen wir zugestehen. Nicht wahr? – Ja. – So sieh noch einmal von Anfang. Wenn das Eins ist, ist es dann wohl möglich, daß es zwar ist, aber kein Sein an sich hat? – Nicht möglich. – Also gibt es doch ein Sein des Eins, das nicht einerlei ist mit dem Eins: denn sonst wäre das Sein nicht dessen Sein, und das Eins hätte nicht das Sein an sich, sondern es wäre ganz einerlei zu sagen: Eins ist und Eins eins. Das ist aber nicht unsere Voraussetzung, wenn Eins eins, was alsdann folgt, sondern wenn Eins ist. Nicht so? – Allerdings. – So demnach, daß das Ist etwas anderes bedeutet als das Eins? – Notwendig. – Wird also wohl etwas anderes, als daß das Eins das Sein an sich hat, gemeint, wenn Jemand zusammengefaßt sagt Eins ist? – Dieses freilich. – Noch einmal also laß uns sagen wenn Eins ist, was daraus folgen wird. Sieh also zu, ob nicht notwendig diese Voraussetzung das Eins als ein solches zeigt, welches Teile hat? – Wie doch? – So. Wenn das Ist dieses seienden eins genannt wird, und das Eins, dieses einen seienden, es ist aber nicht dasselbige das Sein und das Eins, sondern nur desselbigen, eben jenes vorausgesetzten, des seienden Eins, ist dann nicht notwendig das seiende Eins das Ganze? und werden nicht das Eins und das Sein hievon Teile? – Notwendig. – Wollen wir nun jeden dieser Teile nur Teil nennen, oder müssen wir nicht den Teil Teil des Ganzen nennen? – Des Ganzen. – Und ein Ganzes ist doch, was Eins ist und Teile hat? – Allerdings. – Wie nun? wird wohl einer von diesen beiden Teilen des seienden Eins, das Eins und das Seiende, jemals ablassen das Eins des Seienden zu sein, oder das Seiende des Eins? – Das wird nicht geschehn. – Also hält auch wieder jeder von diesen Teilen das Eins fest und auch das seiende. Und so entsteht zum wenigsten der Teil wieder aus zwei Teilen. Und so immer auf dieselbe Art, welcher Teil gesetzt wird hält immer diese beiden Teile. Denn das Eins hält immer das Seiende, und das Seiende das Eins: so daß notwendig was immer zu zweien wird niemals Eins ist. – Auf alle Weise freilich. – Ist also nicht auf diese Art das seiende Eins unendlich der Menge nach? – So scheint es wenigstens. – Sieh nun auch noch dieses. – Welches? – Das Eins sagen wir habe Sein an sich, weil es ist. – Ja. – Und deshalb ist uns das seiende Eins als Vieles erschienen? – So ist es. – Wie nun? das Eins selbst, welchem wir das Sein zuschrieben, wenn wir dies in unserm Verstande allein nehmen, ohne dasjenige, was es, wie wir sagen, an sich hat, wird es uns so wenigstens nur als Eins erscheinen, oder auch so an sich selbst als Vieles? – Als Eins, glaube ich wenigstens. – Laß uns also sehen. Ist nicht notwendig das Sein desselben etwas anderes, und es selbst auch etwas anders, wenn doch das Eins nicht das Sein ist, sondern nur als Eins das Sein an sich hat? – Notwendig. – Ist nun das Eins etwas anderes, und das Sein etwas anderes: so ist weder vermöge des Einsseins das Eins von dem Sein verschieden noch vermöge des Seins das Sein von dem Eins, sondern vermöge des verschiedenen und anderen sind sie verschieden von einander. – Allerdings. – So daß das verschiedene weder mit dem Eins noch mit dem Sein einerlei ist? – Wie sollte es auch? – Wie nun wenn wir aus diesen herausnehmen wie du willst, das Sein und das Verschiedene, oder das Sein und das Eins, oder das Eins und das Verschiedene, haben wir nicht in jedem Falle herausgenommen, was wir mit Recht beides nennen können? – Wie doch? – So. Kann man sagen Sein? – Ja. – Und hernach auch wieder sagen Eins? – Auch dieses. – Ist nicht so jedes von ihnen besonders gesagt? – Ja. – Wie aber wenn ich sage Sein und Eins, ist dann nicht beides gesagt? – Freilich. – Also auch wenn ich Sein und Verschiedenes sage, oder Verschiedenes und Eins, sage ich doch auch so gewiß jedesmal beides? – Ja. – Was aber mit Recht beides genannt wird, kann das wohl beides zwar sein nicht aber Zwei? – Unmöglich. – Was aber zwei war, muß davon nicht jedes für sich Eins sein? – Das ist nicht zu vermeiden. – Da also diese je zwei zusammen sind, so muß auch jedes für sich eins sein. – Offenbar. – Wenn aber jedes Eins ist und wir dann zu irgend einer von den vorigen Verbindungen irgend eins hinzusetzen, wird dann nicht das gesamte notwendig Drei? –Ja. – Und ist Drei nicht ungrade, und Zwei grade? – Wie anders? – Und wie wenn es zwei gibt muß es nicht auch notwendig zweimal geben? und wenn Drei dreimal? wenn doch in Zwei zweimal Eins steckt und in Drei dreimal Eins? – Notwendig. – Wenn aber Zwei und Zweimal ist, ist dann nicht auch notwendig Zweimal zwei? und wenn Drei und dreimal, dann nicht auch notwendig dreimal drei? – Wie anders? – Und wie wenn drei ist und zweimal und so auch zwei und dreimal, ist dann nicht notwendig auch zweimal drei und dreimal zwei? – Gar sehr. – Also ist auch grades grademal und ungrades ungrademal und grades ungrademal und ungrades grademal. – So ist es. – Wenn es sich nun so verhält, glaubst du daß irgend eine Zahl übrig bleibt, welche es nicht notwendig geben muß? – Keine gewiß. – Wenn also Eins ist, so ist notwendig auch Zahl. – Notwendig. – Und wenn Zahl ist so ist auch Vieles und eine unendliche Menge seiendes. Oder wird die Zahl nicht unendlich der Menge nach und Sein an sich habend? – Freilich gewiß. – Wenn nun jede Zahl Sein an sich hat: so muß es auch jeder einzelne Teil der Zahl an sich haben. – Ja. – Unter Alles also, welches Vieles ist, ist das Sein verteilt und verläßt nichts von allem seienden, weder das kleinste noch größte? Oder ist das wohl unvernünftig erst zu fragen? denn wie könnte wohl das Sein etwas seiendes verlassen? – Auf keine Weise. – Zerschnitten also ist es unter das kleinste und größte und auf jede mögliche Art seiende, und es ist mehr als alles geteilt, und es gibt unzählige Teile des Seins. – So verhält es sich. – Mehr als Alles also hat es Teile? – Freilich mehr. – Wie nun? gibt es unter diesen etwas, welches zwar Teil des Seins wäre, aber Kein Teil? – Wie wäre wohl so etwas möglich? – Sondern wenn er ist, ist er notwendig, so lange er ist, auch Einer; keiner kann er unmöglich sein. – Unmöglich. – Jedem einzelnen Teile des Seins wohnt also das Eins bei, und läßt weder von dem kleinsten noch von dem größten, noch von sonst einem. – So ist es. – Kann es nun wohl Eins seiend an vielen Stellen zugleich ganz sein? Dies beschaue. – Ich beschaue, und sehe, daß es unmöglich ist. – Geteilt also wenn nicht ganz. Denn anders kann es auf keine Weise allen Teilen des Seins einwohnen als geteilt. – Ja. – Das geteilte ist aber doch notwendig soviel als der Teile sind? – Notwendig. – Also haben wir nicht richtig gesprochen als wir eben sagten mehr als Alles wäre das Sein geteilt. Denn es ist nicht mehr als das Eins verteilt, sondern gleich, wie es scheint, mit dem Eins. Denn weder das Sein verläßt das Eins, noch das Eins das Sein; sondern diese zwei werden immer überall in allem gleich. – So zeigt es sich offenbar allerwärts. – Also ist auch das Eins selbst von dem Sein zerschnitten Vieles und unbegrenzter Menge. – Offenbar. – Nicht nur also das seiende Eins ist Vieles, sondern auch das Eins selbst ist von dem Seienden geteilt notwendig Vieles. – Allerdings. – Ferner wohl, da Teile Teile des Ganzen sind: so ist das Eins auch begrenzt in Beziehung auf das Ganze. Oder werden nicht die Teile von dem Ganzen umfaßt? – Notwendig. – Und das Umfassende ist doch wohl Grenze? – Wie sollte es nicht! – Das Eins ist also Eins und Vieles, Ganzes und Teile, begrenzt und unbegrenzter Menge. – Offenbar. – Nicht auch wenn doch begrenzt auch Ränder habend? – Notwendig. – Und wie, wenn es ein Ganzes ist, wird es nicht auch Anfang haben und Mitte und Ende? Oder ist es möglich, daß etwas ein Ganzes sei ohne diese drei? und wem irgend eins von diesen fehlt, wird das wohl noch ein Ganzes sein können? – Es wird nicht können. – Also auch Anfang wie es scheint und Mitte und Ende hat das Eins. – Die hat es. – Aber die Mitte steht doch gleich weit ab von den Rändern, sonst wäre sie nicht die Mitte. – Freilich nicht. – Also auch irgend eine Gestalt, wie es scheint, wird so beschaffen das Eins haben, es sei nun eine grade oder krumme oder aus beiden gemischte? – Die muß es haben. – Und wird es nicht, wenn es sich so verhält, in sich selbst sein und in einem Andern? – Wie so? – Von den Teilen ist doch jeder im Ganzen und keiner außerhalb des Ganzen. – Richtig. – Und alle Teile werden von dem Ganzen umfaßt? – Ja. – Ferner sind doch alle seine Teile das Eins, und weder mehr noch weniger als sie insgesamt. – Freilich nicht. – Ist nun nicht auch das Ganze das Eins? – Wie sollte es nicht. – Wenn also alle Teile im Ganzen sind, es sind aber sowohl alle Teile das Eins, als auch das Ganze selbst das Eins, und alle werden von dem Ganzen umfaßt: so wird also das Eins von dem Eins umfaßt, und so wäre schon das Eins in sich selbst. – Offenbar. – Allein das Ganze ist doch wiederum nicht in den Teilen weder in allen noch in irgend welchem. Denn wenn in allen, dann auch notwendig in einem. Denn in irgend einem nicht seiend, könnte es auch nicht mehr in ihnen insgesamt sein, und wenn dies eine zu ihnen insgesamt gehört, und das Ganze in ihm nicht ist, wie kann es noch in ihnen allen sein? – Auf keine Weise. – Ferner auch nicht in einigen Teilen. Denn wenn in einigen Teilen das Ganze wäre: so wäre das mehrere in wenigerem, welches unmöglich ist. – Unmöglich freilich. – Wenn nun weder in mehreren noch in einem noch in allen Teilen das Ganze ist, muß es nicht notwendig entweder in irgend einem andern sein, oder gar nirgends sein? – Notwendig. – Und nirgends seiend wäre es ja nichts; ein Ganzes aber seiend muß es, da es nicht in sich selbst ist, in einem andern sein. – Allerdings. – In wiefern also das Eins Ganz ist, ist es in einem andern; in sofern es aber alle seienden Teile ist, ist es in sich selbst. Und auf diese Art ist notwendig das Eins sowohl selbst in sich selbst, als auch in einem andern. – Notwendig. – Wenn aber das Eins so beschaffen ist, muß es nicht dann auch sowohl sich bewegen als ruhen? – Woher? – Es ruht doch sofern es selbst in sich selbst ist. Denn indem es in Einem ist und aus diesem nicht herausgeht, ist es in demselben, in sich selbst. – So ist es freilich. – Was aber immer in demselben ist, das muß immer ruhend sein. – Allerdings. – Und wie, was immer in einem andern ist, muß das nicht im Gegenteil niemals in demselben sein? und wenn es niemals in demselben ist, auch nicht ruhen; und wenn es nicht ruht, dann sich bewegen? – So ist es. – Daher muß das Eins, da es immer sowohl in sich selbst als in einem anderen ist, auch immer sowohl sich bewegen als ruhen. – Offenbar. – Ferner muß es auch mit sich selbst sowohl einerlei sein als auch von sich verschieden, und eben so mit dem andern sowohl einerlei, als davon verschieden, wenn ihm das vorige alles zukommt. – Wie so? – Alles verhält sich doch zu allem und jedem so: entweder ist es einerlei oder verschieden, oder wenn es weder einerlei ist noch verschieden: so muß es ein Teil dessen sein, zu dem es sich so verhält, oder auch für dasselbe als für seinen Teil das Ganze. – Offenbar. – Ist nun wohl das Eins sein eigner Teil? – Mit nichten. – Eben so wenig auch ist es sein eignes, wie eines Teiles Ganze, indem es sich auch so zu sich selbst als Teil verhielte. – Unmöglich also, freilich. – Ist aber etwa das Eins vom Eins verschieden? – Nicht füglich. – Also ist es auch nicht von sich selbst verschieden? – Freilich nicht. – Wenn es nun weder von sich selbst verschieden ist, noch auch Ganzes oder Teil von sich selbst, muß es dann nicht mit sich selbst einerlei sein? – Notwendig. – Und wie? was anderwärts ist als es selbst, das in sich selbst bleibende, muß das nicht notwendig verschieden von sich selbst sein, indem es doch anderwärts sein soll? – Mich wenigstens dünkt es. – So aber hat sich uns das Eins gezeigt, selbst in sich selbst seiend, und zugleich auch in einem andern? – So hat es sich freilich gezeigt. – Verschieden also wäre, wie es scheint, in sofern das Eins von sich selbst. – Es scheint. – Wie nun wenn etwas von etwas verschieden ist, wird es nicht von einem verschiedenen verschieden sein? – Notwendig. – Und nicht wahr, alles was nicht Eins ist, ist verschieden von dem Eins, und das Eins von dem Nicht-Eins? – Wie sonst? – Verschieden also wäre das Eins von dem Andern insgesamt. – Verschieden. – Sieh nun weiter: das Einerlei und das Verschieden, sind diese beiden selbst nicht einander entgegengesetzt? – Wie sonst? – Kann also wohl jemals das Einerlei in dem Verschiedenen und das Verschiedene in dem Einerlei sein? – Es kann nicht. – Wenn also das Verschiedene niemals in Einerlei ist: so gibt es nichts, worin das Verschiedene irgend einige Zeit sein kann. Denn wenn es nur irgend einige in etwas wäre: so wäre diese Zeit hindurch das Verschiedene in Einerlei. Ist es nicht so? – So ist es. – Da es nun aber niemals in Einerlei ist: so wird auch niemals das Verschiedene in irgend etwas sein. – Richtig. – Also wird es auch weder in dem Eins noch in dem Nicht-Eins sein? – Freilich nicht. – Also nicht vermöge des Verschiedenen kann das Eins von dem Nicht-Eins, noch das Nicht-Eins von dem Eins verschieden sein. – Freilich nicht. – Noch auch können sie vermöge ihrer selbst von einander verschieden sein, wenn sie das Verschiedene gar nicht in sich haben. – Wie sollten sie? – Wenn sie aber weder vermöge ihrer selbst verschieden sind noch vermöge des Verschiedenen, entgeht ihnen dann nicht auf alle Weise dies, daß sie von einander verschieden sind? – Es entgeht ihnen. – Aber ferner, mit dem Eins hat doch alles Nicht-Eins keine Gemeinschaft? Denn sonst wäre es nicht Nicht-Eins, sondern gewissermaßen Eins. – Wahr. – Also ist auch das Nicht-Eins keine Zahl. Denn auch so wäre es nicht ganz und gar Nicht-Eins, wenn es eine Zahl hätte. – Freilich nicht. – Und wie, ist etwa das Nicht-Eins Teil des Eins? oder würde auch so das Nicht-Eins Gemeinschaft haben mit dem Eins? – Es würde. – Wenn also ganz und gar das eine Eins ist, und das andere Nicht-Eins: so kann auch das Eins kein Teil des

Nicht-Eins sein, noch auch das Ganze für jenes als seine Teile; eben so wenig wiederum ist das Nicht-Eins Teil des Eins, noch Ganzes, für das Eins als seinen Teil. – Freilich nicht. – Wir sagten aber, was von einander weder Teil noch Ganzes wäre noch auch verschieden, das werde mit einander einerlei sein. – Das sagten wir. – Wollen wir also auch sagen, daß das Eins sich so gegen das Nicht-Eins verhält, daß es mit demselben einerlei ist? – Das wollen wir sagen. – Also ist das Eins wie es scheint verschieden von dem Andern und von sich selbst und einerlei mit jenem und mit sich selbst. – Das scheint wohl zu erhellen durch diese Ausführung. – Ist es etwa auch ähnlich und unähnlich sowohl sich selbst als dem andern insgesamt? – – Vielleicht. – Da es sich doch verschieden von dem Andern insgesamt gezeigt hat: so ist wohl auch das andere verschieden von ihm? – Wie anders? – Also verschieden ist es so von allem Andern, wie alles Andere von ihm, und weder mehr noch weniger? – Wie sonst? – Wenn also weder mehr noch weniger, dann eben so? – Ja. – Also in wiefern ihm zukommt verschieden zu sein von allem andern, und gleichermaßen allem andern von ihm, in sofern kommt beiden einerlei zu, dem Eins mit allem Andern, und allem Andern mit dem Eins. – Wie meinst du das? – So: Mit jedem Worte benennst du doch etwas? – Ich gewiß. – Wie nun, kannst du dasselbe Wort wohl mehrere Male sagen, oder nur einmal? – Ich kann jenes. – Ist es nun so, daß wenn du es einmal aussprichst, du dann jenes damit bezeichnest, wofür es das Wort ist; wenn aber mehrmals, dann nicht jenes? Oder mußt du nicht, du magst nun dasselbe Wort einmal oder öfter aussprechen, auch immer notwendig dasselbige sagen? – Freilich. – Nun ist doch auch das Verschiedene ein Wort für etwas? – Allerdings. – Wenn du es also aussprichst, es sei nun einmal oder öfter, so geschieht es nicht in Beziehung auf etwas anderes, und du bezeichnest nicht etwas anderes damit, als nur eben jenes, wofür es das Wort ist. – Notwendig. – Indem wir nun sagen, daß alles andere verschieden vom Eins ist, und das Eins auch verschieden von allem andern: so sagen wir zwar zweimal verschieden, meinen aber damit nichts desto weniger keinen andern Begriff, sondern nur eben jenen wofür es das Wort ist. – In wiefern also das Eins von allem andern verschieden ist, und alles andere von dem Eins; so kommt, weil beiden einerlei, verschiedenes, zukommt; dem Eins nicht anderes sondern dasselbe zu mit allem andern; und wem einerlei zukommt, das ist ähnlich. Nicht wahr? – Ja. – In wiefern also dem Eins zukommt verschieden von allem andern zu sein, eben in so fern wäre alles und jedes allem und jedem ähnlich. Denn jegliches ist ja von jeglichem verschieden. – So scheint es. – Aber das Ähnliche war doch dem Unähnlichen entgegengesetzt? – Ja. – Nicht auch das Verschiedene dem Einerlei? – Auch dieses. – Aber auch das hatte sich gezeigt, daß eben das Eins mit allem andern einerlei war. – Das hatte sich gezeigt. – Und das ist doch die entgegengesetzte Beschaffenheit einerlei mit allem andern zu sein zu der verschieden von allem andern zu sein? – Freilich wohl. – Sofern es aber verschieden war hatte es sich als ähnlich gezeigt. – Ja. – Sofern es also einerlei ist, wird es unähnlich sein, vermöge der Beschaffenheit, welche jener ähnlich machenden entgegengesetzt ist. Und ähnlich machte doch die Verschiedenheit? – Ja. – Unähnlich also wird die

Einerleiheit machen; oder sie wird der Verschiedenheit nicht entgegengesetzt sein. – So scheint es. – Ähnlich also und unähnlich wird das Eins allem andern sein; sofern es verschieden ist ähnlich, sofern es einerlei ist unähnlich. – Es hat freilich, wie es scheint, auch eine solche Bewandtnis damit. – Aber auch diese hat es. – Welche? – Daß ihm, sofern ihm einerlei zukommt nicht unterschiedenes zukommt, und daß es, wiefern ihm nicht unterschiedenes zukommt auch nicht unähnlich ist, und daß es, wiefern nicht unähnlich sofern ähnlich ist. Eben so daß es, wiefern ihm anderes zukommt, unterschieden ist, und als ein unterschiedenes, auch unähnlich. – Richtig gesagt. – Also als einerlei mit allem andern und auch weil es verschieden ist, in beider Hinsieht und in jeder wäre das Eins allem andern ähnlich sowohl als unähnlich. – Allerdings. – Auf dieselbe Art also auch sich selbst, da es ja auch von sich selbst sowohl verschieden, als auch mit sich selbst einerlei sich gezeigt hat, muß es in beider Hinsicht und in jeder ähnlich und unähnlich erscheinen. – Notwendig. – Wie aber wegen des Berührens, ob das Eins sich selbst und das Andere berührt oder nicht berührt, wie verhält er sich damit? betrachte es! – Ich betrachte. – Nämlich das Eins hatte sich doch gezeigt in sich selbst als Ganzem seiend. – Richtig. – Aber auch in dem Andern? – Ja. – Wiefern nun in dem Andern, berührt es das Andere; wiefern in sich selbst wird es abgehalten zwar das Andere zu berühren; berührt aber selbst sich selbst, indem es in sich ist. – Offenbar. – Auf diese Art also berührt das Eins sich selbst und das Andere. – Es berührt. – Wie aber so? Muß nicht jedes, was ein Anderes berühren soll, dicht an jenem zu berührenden liegen, die Stelle einnehmend, welche neben jener ist, in der das zu berührende liegt? – Notwendig. – Auch das Eins also, wenn es sich selbst berühren soll, muß dicht an liegen neben sich selbst, die angrenzende Stelle einnehmend an jene in welcher es selbst ist. – Das muß es freilich. – Wäre also das Eins Zwei: so könnte es dergleichen wohl tun, und an zwei Stellen zugleich sein. So lange es aber Eins ist, wird es wohl nicht können? – Nein, freilich nicht. – Dieselbe Unmöglichkeit also ist es für das Eins, Zwei zu sein und sich selbst zu berühren. – Dieselbe. – Aber eben so wenig wird es das Andere berühren. – Wie so? – Weil wir doch sagen, was berühren soll, muß außer aber dicht an dem zu berührenden sein, und kein drittes darf zwischen ihnen sein. – Richtig. – Zwei also müssen aufs wenigste sein, wenn es eine Berührung geben soll. – Gewiß. – Wenn aber zu den Zweien außerhalb neben an sich ein drittes anfügt: so werden sie selbst drei sein, der Berührungen aber zwei. – Ja. – Und so wird mit jedem einen hinzukommenden auch eine Berührung hinzukommen, und es folgt, daß die Berührungen der Zahl nach um Eins weniger sind als die Dinge. Denn um wieviel die ersten zwei die Berührungen übertrafen, so daß sie der Zahl nach mehr waren als diese, um eben soviel wird auch jede folgende Zahl der Dinge die Zahl der Berührungen übertreffen. Denn es kommt nun jedesmal Eins zu der Anzahl hinzu, und auch eine Berührung zu den Berührungen. – Richtig. – Wieviel also an der Zahl Dinge sind, soviel weniger eins sind ihre Berührungen. – Richtig. – Und wenn nur Eins da ist, und keine Zwei vorhanden ist: so gibt es keine Berührung. – Wie könnte es? – Und nicht wahr wir sagten, das Andere wäre weder Eins, noch hätte es das

Eins in sich, da es ja das Andere von ihm ist. – Freilich nicht. – Also ist auch keine Zahl in diesem Andern, wenn kein Eins darin ist. – Wie sollte es? – Also ist das Andere weder Eins noch Zwei noch hat es einen Namen von irgend einer andern Zahl. – Nein. – Das Eins ist also allein, und keine Zwei ist nicht da. – Offenbar nicht. – Also gibt es auch keine Berührung, wenn nicht Zwei da sind. – Freilich nicht. – Weder also das Eins berührt das Andere, noch das Andere das Eins, wenn es doch gar keine Berührung gibt. – Freilich nicht. – Auf diese Art also wird nach diesem allen das Eins sich selbst und das andere berühren sowohl als auch nicht berühren. – So scheint es. – Ist es etwa auch sich selbst und dem Andern gleich und ungleich? – Wie so? – Wenn das Eins größer wäre als das Andere oder kleiner, und wiederum das Andere größer als das Eins oder kleiner: so wäre doch weder das Eins dadurch daß es Eins ist, noch das Andere dadurch daß es anderes ist als das Eins, größer oder kleiner in Beziehung auf einander, eben durch dieses ihr Wesen; sondern wenn sie außerdem daß sie dies sind auch noch jedes von ihnen die Gleichheit hätten, so wären sie gleich gegen einander, und wenn dieses die Größe hätte und jenes die Kleinheit oder umgekehrt, welchem von beiden Begriffen dann auch noch die Größe beiwohnte, der wäre größer, welchem aber die Kleinheit, der wäre kleiner? – Notwendig. – Also gibt es doch zwei solche Begriffe, Größe und Kleinheit: denn wenn es sie nicht gäbe, so könnten sie nicht einander entgegen sein, und dem was ist einwohnen. –Wie könnten sie? – Wenn also dem Eins Kleinheit einwohnt: so muß sie entweder in dem Ganzen oder in einem seiner Teile einwohnen. – Notwendig. – Wie wenn sie in dem Ganzen wohnte, wäre sie dann nicht entweder dem Eins gleichlaufend durch dasselbe verbreitet, oder aber es umfassend? – Offenbar. – Und wäre nicht die Kleinheit, wenn sie dem Eins gleichlaufend wäre ihm auch gleich? umfaßte sie es aber, dann größer? – Wie sonst? – Ist es nun wohl möglich, daß die Kleinheit größer als etwas sein kann, oder ihm gleich, und daß sie also das Geschäft der Gleichheit oder der Größe verrichtet und nicht ihr eignes? – Nicht möglich. – In dem ganzen Eins kann also die Kleinheit nicht sein, sondern wenn ja, dann in einem Teile. – Ja. – Aber nicht in einem ganzen Teile, weil sonst dasselbe erfolgen würde, wie oben für das Ganze, sie würde dem Teile gleich sein oder größer, in dem sie sich eben befände. – Notwendig. – In nichts also was es irgend gibt kann jemals die Kleinheit sein, wenn sie weder in einem Teile ist noch im Ganzen, und es wird also nichts klein sein als die Kleinheit selbst. – Es scheint nicht. – So wird aber auch nicht Größe darin sein: denn sonst müßte es ein anderes größeres geben auch außerhalb der Größe selbst, dasjenige nämlich in welchem die Größe einwohnte, und zwar ohnerachtet es kein kleines gibt, worüber es doch hervorragen müßte, wenn es groß sein soll; dies aber war unmöglich, da Kleinheit nirgends einwohnt. – Richtig. – Aber die Größe selbst ist doch nur größer als die Kleinheit selbst, nicht als etwas anderes und die Kleinheit selbst nur kleiner als die Größe selbst, und als nichts anderes. – Freilich nicht. – Also ist auch das Andere weder größer noch kleiner als das Eins, indem es weder Größe noch Kleinheit in sich hat. Noch auch haben diese beiden selbst ihre Eigenschaft des Überragens und Überragtwerdens für das Eins, sondern nur für einander. Eben so wenig nun kann auch das Eins größer oder kleiner sein als diese beiden oder als das Andere, wenn es überall weder Größe noch Kleinheit in sich hat. – Offenbar wohl nicht. – Ist nun das Eins weder größer noch kleiner als das Andere, so ist doch notwendig, daß es dasselbe weder überragt noch von ihm überragt wird? – Notwendig. – Nun aber ist doch das weder überragende noch überragte notwendig ausgeglichen, und wenn ausgeglichen, dann auch gleich. – Wie anders. – Demnach muß auch das Eins sich gegen sich selbst so verhalten, da es weder Größe an sich hat noch Kleinheit, daß es nämlich sich selbst weder überragt noch von sich überragt wird, sondern mit sich ausgeglichen, auch sich selbst gleich sein wird. – Allerdings. – Das Eins also wäre sich selbst und dem Andern gleich. – Offenbar. – Ferner aber, da es selbst in sich selbst ist: so muß es auch außer sich herumgehn, und sich selbst umfassend größer sein als es selbst, von sich aber umfaßt kleiner; und so wiederum ist das Eins größer und auch kleiner als es selbst. – Das ist es. – Ist nicht auch dieses notwendig, daß es nichts weiter gibt außer dem Eins und dem Andern insgesamt? – Wie könnte es! Aber irgendwo muß doch alles sein was ist. – Ja. – Muß nun nicht das irgendwo seiende in einem größeren sein selbst kleiner? Denn anderswie kann wohl nicht eins im andern sein. – Nicht wohl. – Da es nun aber nichts weiter gibt außer dem Andern insgesamt und dem Eins, und diese doch in etwas sein müssen, müssen sie nicht notwendig in einander sein, das Eins in dem Andern und das Andere in dem Eins, oder nirgends sein? – Das leuchtet ein. – Wiefern also das Eins in dem Andern ist, wäre das Andere als umgebendes größer als das Eins, und das Eins als umgebenes kleiner als das Andere. Wiefern aber das Andere in dem Eins, wäre auch das Eins auf dieselbe Art größer als das Andere, und das Andere kleiner als das Eins. – So scheint es. – Das Eins also ist gleich und größer und kleiner als es selbst und das Andre. – Offenbar. – Und gewiß doch, wenn größer und kleiner und gleich, ist es auch von gleichen Maßen und von mehreren und wenigeren als es selbst und das Andere; und wenn von Maßen, auch von Teilen. – Wie anders? – Von gleichen Maßen aber und von mehreren und wenigeren ist es doch auch der Zahl nach mehr und weniger als es selbst und das Andere, und auch sich selbst und dem andern gleich in derselben Hinsicht. – Wie so? – Als was es größer ist, als das: hält es auch mehrere Maße, und wieviel Maße soviel auch Teile. Und eben so mit dem kleineren, und mit dem gleichen gleichfalls. – Richtig. – Also wenn es größer und kleiner ist als es selbst, und auch sich gleich: so ist es auch von gleichen Maßen, und von mehreren und wenigeren als es selbst? und wenn von Maßen auch von Teilen? – Wie anders? – Ist es nun von soviel Teilen als es selbst: so ist es auch der Menge nach sich selbst gleich. Und wenn von wenigem ist es auch weniger, wenn von mehreren mehr der Zahl nach als es selbst. – Offenbar. – Und wird sich nicht gegen das Andere das Eins eben so verhalten? wiefern es sich größer zeigt als jenes, ist es auch mehr der Zahl nach, wiefern aber kleiner auch weniger, und wiefern es gleich ist an Größe, ist es auch gleich an Menge dem Andern? – Notwendig. – So demnach, wie es scheint, ist wiederum das Eins gleich und mehr und weniger an Zahl als es selbst und als das Andere insgesamt. – Das ist es. – Ob nun wohl auch das Eins Zeit an sich hat und jünger und älter als es selbst und als das Andere ist und wird, und auch wieder weder jünger noch älter als es selbst oder das Andere wenn es Zeit an sich hat? – Wie das? – Das Sein muß ihm doch zukommen, wenn Eins ist. – Ja. – Ist aber das Sein wohl etwas anders, als Teilhabung an einem Wesen in der gegenwärtigen Zeit, so wie das War für die vergangene, und das Wirdsein für die künftige Zeit das Ansichhaben eines Wesens ist? – So ist es. – Es hat also Anteil an der Zeit, wenn anders am Sein. – Allerdings. – Doch wohl indem die Zeit fortgeht? – Ja. –

– So wird es demnach immer älter als es selbst, wenn es mit der Zeit fortgeht? – Notwendig. – Erinnern wir uns wohl auch noch, daß das Ältere immer älter wird als ein Jüngerwerdendes? – Das erinnern wir uns. – Also wenn das Eins älter als es selbst wird, muß es auch älter werden als es selbst das Jüngerwerdende. – Notwendig. – Es wird also jünger sowohl als älter als es selbst auf diese Art. – Ja. – Es ist aber älter, nicht wahr, wenn es werdend in der Zeit des Jetzt ist zwischen dem War und Wirdsein? Denn es kann doch nicht aus dem Vorher in das Nachher fortschreitend das Jetzt überspringen? – Freilich nicht. – Hält es aber dann nicht inne mit dem Älterwerden, wenn es auf das Jetzt trifft, und wird dann nicht sondern ist schon älter? Denn fortschreitend würde es niemals von dem Jetzt ergriffen werden. Nämlich das fortschreitende verhält sich so, daß es beide berührt, das Jetzt und das Hernach, das Jetzt nämlich verlassend, und das Hernach ergreifend, zwischen beidem werdend, dem Jetzt und dem Hernach. – Richtig. – Wenn es also notwendig ist, daß alles Werdende das Jetzt nicht vorbeigehe: so hält es auch notwendig, wenn es an diesem ist, mit dem Werden inne, und ist alsdann das in dessen Werden es eben begriffen ist. – Das leuchtet ein. – Also auch das Eins, wenn es im Älterwerden auf das Jetzt trifft, hält es inne mit dem Werden, und ist alsdann älter. – Allerdings. – Also als was es älter wurde, als das ist es auch älter? Es ward aber älter als es selbst? – Ja. – Es ist aber das Ältere älter als ein jüngeres? – Das ist. – Auch jünger ist also alsdann das Eins als es selbst, wenn es älter werdend auf das Jetzt trifft. – Notwendig. – Das Jetzt aber wohnt dem Eins bei sein ganzes Sein hindurch. Denn es ist immer jetzt, wenn es ist. – Wie sollte es nicht? – Immer also ist sowohl als wird das Eins älter und jünger als es selbst. – So scheint es. – Ist oder wird es aber wohl mehrere Zeit als es selbst, oder die gleiche? – Die gleiche. – Gewiß aber doch hat, was die gleiche Zeit ist oder wird, auch einerlei Alter? – Wie anders? – Was aber dasselbe Alter hat, das ist weder älter noch jünger. – Freilich nicht. – Das Eins also, da es mit sich selbst gleiche Zeit ist und wird, ist und wird weder jünger noch älter als es selbst. – Nein, dünkt mich. – Wie aber? etwa als das Andere? – Das weiß ich nicht zu sagen. – Das aber weißt du doch zu sagen, daß das Andere als eins, wenn es doch das Andere insgesamt ist, und nicht Ein anderes, mehr ist als eins. Denn wenn es Ein anderes wäre, so wäre es Eins: da es aber das Andere insgesamt ist, so ist es mehr als eins, und hat also eine Menge. – Die muß es haben. – Hat es aber eine Menge, so muß es auch einer größeren Zahl teilhaftig sein als des Eins. – Wie sonst? – Und wie doch? wollen wir sagen, daß von der Zahl das Mehrere eher werde und geworden sei, oder das Wenigere? – Das Wenigere. – Das Wenigste also zuerst: dies ist aber das Eins. Nicht wahr? – Ja. – Das Eins also ist zuerst geworden unter allem was Zahl hat. Aber auch das Andere insgesamt hat Zahl, da es doch das Andere insgesamt ist, und nicht Ein anderes. – Die hat es. – Zuerst geworden aber ist es, glaube ich, auch früher geworden, und das andere später. Das später gewordene aber ist jünger als das früher gewordene; und auf diese Art also wäre das Andere insgesamt jünger als das Eins, und das Eins älter als das Andere insgesamt. – Das wäre es. – Wie aber dieses? wäre wohl das Eins gegen seine eigne Natur geworden, oder ist das unmöglich? – Unmöglich. – Nun aber hatte sich doch das Eins gezeigt als Teile habend; wenn aber Teile, dann auch Anfang Mitte und Ende. – Ja. – Wird nun nicht bei allem zuerst der Anfang, sowohl bei dem Eins, als bei jedem andern? und dann nach dem Anfang auch das andere alles bis zum Ende? – Wie sonst? – Aber wir wollen doch sagen, daß dieses andere alles Teil des Ganzen und Einen ist, und daß jenes selbst erst mit dem Ende zugleich Eins und Ganz geworden ist? – Das wollen wir sagen. – Das Ende aber, glaube ich, wird zuletzt, und erst mit diesem zugleich wird seiner Natur nach das Eins. So daß wenn notwendig das Eins nicht gegen seine eigne Natur wird, es mit dem Ende zugleich später als das Andere seiner Natur nach werden muß. – Das leuchtet ein. – Also ist das Eins jünger als das Andere, und das Andere älter als das Eins. – Jetzt freilich zeigt es sich wieder so. – Aber wie? der Anfang oder irgend welch ein anderer Teil vom Eins oder von irgend sonst etwas, was nur ein Teil ist, und nicht Teile, muß das nicht Eins sein, wenn doch ein Teil? – Notwendig. – Also zugleich sowohl mit dem ersten werdenden würde das Eins als mit dem zweiten, und verließe nichts von allem werdenden, was auch immer zu irgend etwas hinzukommen möchte, bis es endlich zum letzten hindurch gelangt ein ganzes Eins geworden ist, nachdem es weder Mitte noch Ende noch Anfang noch irgend ein anderes in dem Werden verlassen. – Richtig. – Mit allem Andern also hält das Eins gleiches Alter: so daß, wenn das Eins selbst nicht gegen seine Natur werden soll, es weder früher noch später als das Andere insgesamt kann geworden sein, sondern zugleich. Und in sofern also wäre das Eins weder älter noch jünger als das Andere insgesamt, noch auch dieses als das Eins; auf die vorige Art aber war es älter sowohl als jünger; und eben so auch verhielt sich das Andere insgesamt gegen jenes. – Allerdings. – So demnach ist es und ist geworden. Wie aber steht es mit dem Werden, ob es auch älter und jünger wird als das Andere insgesamt und das Andere als jenes, und auch wiederum weder jünger noch älter? Verhält es sich etwa wie mit dem Sein, so auch mit dem Werden oder anders? – Ich weiß es nicht zu sagen. – Aber ich soviel wenigstens, daß wenn eines schon älter ist als das andere, es nicht noch um mehreres älter werden kann, als schon bei dem ersten Gewordensein der Unterschied des Alters betrug; und eben so wenig kann das Jüngere noch jünger werden. Denn zu ungleichem gleiches hinzugesetzt, es sei nun Zeit oder sonst etwas, macht daß immer derselbe Unterschied bleibt, um den beides zuerst unterschieden war. – Unumgänglich. – Keinesweges also kann ein schon seiendes jemals älter oder jünger werden als ein anderes da es immer in gleichem Unterschiede des Alters bleibt; sondern es ist und ist geworden älter, und das andere jünger, wird es aber nicht.

–Richtig. – Also auch das Eins, welches ist, wird niemal weder älter noch jünger als das andere insgesamt was ist. – Freilich nicht. – Sieh aber, ob sie in sofern älter und jünger gegen einander werden. – In wiefern? – In sofern als das Eins sich älter gezeigt hatte als das Andere insgesamt, und das Andere als das Eins. – Wie also? – Wenn das Eins älter ist als das Andere insgesamt: so ist es doch mehrere Zeit geworden als das Andere? – Ja. – Betrachte also weiter: Wenn wir zu mehrerer und wenigerer Zeit die gleiche Zeit hinzusetzen, wird dann noch immer die mehrere von der wenigeren um den gleichen Teil verschieden sein oder um einen kleineren? – Um einen kleineren. – Also wird nicht das Eins, eben so wie es zuerst von dem andern dem Alter nach verschieden war, auch hernach noch verschieden sein: sondern indem es um gleiche Zeit mit dem Andern zunimmt, wird es immer um wenigeres dem Alter nach davon unterschieden sein als zuvor. Oder nicht? – Ja. – Und was weniger dem Alter nach unterschieden ist von einem andern als vorher, das wird doch jünger als vorher in Beziehung auf das, als was es vorher älter war? – Jünger. – Wird aber das Eins jünger, wird dann nicht das Andere insgesamt älter gegen das Eins als vorher? – Freilich. – Das jünger gewordene wird also älter gegen das früher gewordene und älter seiende. Es ist aber niemals älter, sondern wird nur immer älter als jenes; jenes nämlich nimmt zu im Jüngeren, dieses aber im Älteren. Eben so wiederum wird das ältere jünger als das Jüngere. Denn da sie beide in das ihnen entgegengesetzte fortschreiten: so werden sie auch das entgegengesetzte von einander, das Jüngere nämlich älter als das Ältere, und das Ältere jünger als das Jüngere; geworden sein können sie es aber niemals. Denn wären sie es geworden: so würden sie es nicht mehr, sondern wären es. Nun aber werden sie älter gegen einander und jünger. Das Eins nämlich wird jünger als das Andere insgesamt, weil es sich gezeigt hatte als älter seiend und früher geworden. Und das Andere insgesamt wird älter als das Eins, weil es später geworden ist. Aus demselben Grunde aber verhält sich das Andere insgesamt auch eben so gegen das Eins, da es ja auch älter als dieses uns erschienen war, und früher geworden. In wiefern also überhaupt etwas nicht älter wird noch auch jünger als ein anderes, vermöge des der Zahl nach immer gleichen Verschiedenseins von einander: in sofern wird auch weder das Eins älter noch jünger als das Andere insgesamt, noch auch das Andere als das Eins. In wiefern aber das frühere von dem später gewordenen notwendig immer um einen andern Teil sich unterscheidet, und so auch das spätere von dem früheren: in sofern wird notwendig das Andere insgesamt gegen das Eins, und das Eins gegen das Andere jünger sowohl als älter. – Allerdings. – Folglich diesem allen gemäß ist und wird das Eins älter sowohl als jünger als es selbst und das Andere insgesamt; und ist und wird auch weder älter noch jünger als es selbst oder das Andere insgesamt. – So ist es auf alle Weise. – Da aber dem Eins Zeit beigelegt wird und ein Älter- und Jüngerwerden, muß es nicht notwendig auch ein Vorher haben und ein Nachher und ein Jetzt, wenn ihm doch Zeit beigelegt wird? – Notwendig. – Also war das Eins und ist, und wird sein, und wurde und wird und wird werden. – Wie sonst? – Also könnte es auch wohl etwas haben, und man könnte etwas von ihm haben, und hatte und hat und wird haben. – Freilich. – Also gibt es auch Erkenntnis davon und Vorstellung und Wahrnehmung, da ja auch jetzt wir alles dieses in Beziehung auf dasselbe zu Stande bringen. – Ganz richtig behauptest du. – Also gibt es auch ein Wort dafür und eine Erklärung, und es wird benannt und erklärt, und überhaupt was nur in dieser Art von allem andern gilt, das gilt auch vom Eins. – Auf alle Weise freilich verhält es sich so. – Wohl, laß uns auch das dritte noch durchgehen: Das Eins, wenn es ist so wie wir es durchgeführt haben, muß es nicht notwendig, da es Eins ist und Vieles, und auch wieder weder Eins noch Vieles, und dabei mit der Zeit Gemeinschaft habend, notwendig sofern es Eins ist, zu einer Zeit das Sein an sich haben; und sofern es nicht ist auch wiederum zu einer Zeit das Sein nicht an sich haben? – Notwendig. – Und wird es wohl wann es das Sein hat, eben alsdann es auch nicht haben können? Oder, wann es das Sein nicht hat, eben alsdann es auch haben können? – Nicht möglich. – In anderer Zeit also hat es, und in anderer hat es nicht das Sein. Denn einzig auf diese Art kann etwas dasselbige an sich haben und auch nicht haben. – Richtig. –Also gibt es auch eine solche Zeit, wo es das Sein annimmt und von dem Sein abläßt. Oder wie soll es ihm möglich sein, dasselbe jetzt zu haben und dann auch wieder nicht zu haben, wenn es nicht irgendwann auch es erfaßt und es fahren läßt? – Keinesweges. – Und das Sein annehmen, nennst du das nicht Werden? – Ich nenne es so. – Und vom Sein ablassen nennst du das nicht Vergehen? – Freilich. – Das Eins also, wie es scheint, da es das Sein erfaßt und fahren läßt, wird auch und vergeht. – Notwendig. – Da es nun Eins ist und Vieles und werdend und vergehend, wird nicht wenn es Eins wird das Vielsein vergehen, wenn es aber Vieles wird das Einssein vergehen? – Freilich. – Und indem es Eins wird und Vieles, wird es dann nicht notwendig gesondert und vermischt? – Notwendig. – Und indem es unähnlich wird und ähnlich, muß es doch auch gleichen und nichtgleichen? – Ja. – Und wenn größer und kleiner und gleich, muß es auch wachsen und abnehmen und gleich bleiben. – So ist es. – Und wenn es in der Bewegung still steht, und aus der Ruhe zur Bewegung übergeht: so muß es doch selbst nicht in Einer Zeit sein? – Wie könnte es? – Daß das zuvor ruhende hernach bewegt werde, und das zuvor bewegte hernach ruhe, dies kann ihm eines Teils ohne Übergang unmöglich begegnen. – Freilich wie? – Eine Zeit aber gibt es andern Teils nicht, in der etwas zugleich weder bewegt sein noch ruhen könnte. – Die gibt es wohl nicht. – Aber es kann doch nicht übergegangen sein ohne überzugehn? – Nicht glaublich. – Wann also geht es über? denn weder während der Ruhe noch während der Bewegung kann es übergehn? noch in der Zeit seiend. – Freilich nicht. – Ist also etwa jenes wunderbare das, worin es ist, wenn es übergeht? – Welches denn? – Der Augenblick. Denn das Augenblickliche scheint dergleichen etwas anzudeuten, daß von ihm aus etwas übergeht in eins von beiden. Denn aus der Ruhe geht nichts noch währendes Ruhens über, noch aus der Bewegung währendes Bewegtseins; sondern dieses wunderbare Wesen, der Augenblick, liegt zwischen der Bewegung und der Ruhe als außer aller Zeit seiend, und in ihm und aus ihm geht das bewegte über zur Ruhe, und das ruhende zur Bewegung. – So mag es wohl sein. – Auch das Eins also, wenn es ruht und auch sich bewegt, muß aus einem zum andern übergehn; denn nur so kann es beides tun. Geht es aber über: so geht es im Augenblick über, so daß indem es übergeht es in gar keiner Zeit ist, und alsdann weder sich bewegt noch ruht. – Freilich nicht. – Verhält es sich nun etwa eben so auch mit den andern Übergängen, wenn es aus dem Sein in das Vergehen übergeht, oder aus dem Nichtsein in das Werden, daß es alsdann jedesmal auf gewisse Weise zwischen einer Bewegung und einer Ruhe ist? und alsdann weder ist noch nichtist, weder wird noch vergeht? – So scheint es ja. – Auf eben die Weise also auch, wenn es aus dem Eins in Vieles übergeht, oder aus Vielem in Eins, ist es weder Eins noch Vieles, wird weder gesondert noch vermischt? und aus dem ähnlichen ins unähnliche, aus dem unähnlichen ins ähnliche gehend ist es weder ähnlich noch unähnlich, weder ein Verähnlichtes noch ein Verunähnlichtes; und aus dem kleinen ins große, aus dem gleichen ins entgegengesetzte übergehend ist es weder klein noch groß noch gleich noch wachsend noch abnehmend noch ausgeglichen. – So scheint es. – Alle diese Beschaffenheiten also kommen dem Eins zu, wenn es ist. – Gewiß. – Wie aber allem Andern zukomme beschaffen zu sein wenn das Eins ist, sollen wir nicht das erwägen? – Das wollen wir. – So laß uns denn sagen: Wenn Eins ist, wie muß das Andere insgesamt außer dem Eins beschaffen sein? – Das laß uns sagen. – Also wenn es das Andere außer dem Eins ist, so ist es freilich nicht das Eins, sonst wäre es nicht das Andere außer dem Eins. – Richtig. – Eben so wenig aber ist dieses Andere insgesamt des Eins gänzlich beraubt, sondern hat es gewissermaßen an sich. – Welchermaßen denn? – Weil das Andere insgesamt außer dem Eins doch aus Teilen bestehend ein anderes insgesamt ist. Denn wenn es nicht Teile hätte, so wäre es ganz und gar Eins. – Richtig. – Teile aber, behaupten wir, gibt es nur von demjenigen, was ein Ganzes ist. – Das behaupten wir. – Das Ganze aber ist doch notwendig Eins aus Vielen, dessen Teile eben die Teile sind. Denn jeder Teil muß nicht ein Teil von Vielen sein, sondern ein Teil vom Ganzen. – Wie doch das? – Wenn etwas ein Teil Vieler wäre, unter denen es sich selbst auch befände: so würde es sowohl sein eigner Teil sein, welches unmöglich ist, als auch jedes Einzelnen unter den übrigen, wenn es doch Aller Teil sein soll. Denn wenn es eines bestimmten Teil nicht ist; so wird es nur ein Teil der übrigen außer diesem sein. Und so wird es jedes Einzelnen Teil nicht sein. Wenn aber nicht jedes Einzelnen, dann auch keines unter den Vielen. Was es aber von keinem ist, das doch von allen denen zu sein, von deren keinem es sei es nun Teil oder sonst irgend etwas ist, das ist unmöglich. – Das leuchtet freilich ein. – Nicht also von den Vielen oder Gesamten ist der Teil Teil, sondern nur von der einen Idee, und von dem Einen, welches aus Allen gesamten Ein vollständiges geworden das Ganze genannt wird; hievon muß der Teil Teil sein. – Allerdings freilich. – Wenn also das Andere insgesamt Teile hat, so muß es auch am Ganzen und Einen Gemeinschaft haben. – Freilich. – Ein vollständiges Teilehabendes Ganze also ist notwendig das Andere insgesamt außer dem Eins. – Notwendig. – Ferner gilt aber auch dasselbe von jedem einzelnen Teile. Denn auch dieser muß notwendig am Eins Gemeinschaft haben. Nämlich wenn jedes Einzelne davon ein Teil ist, so bedeutet doch dieses, ein Einzelnes sein, Eins, nämlich daß es ein abgesondertes von den Übrigen für sich seiendes, wenn anders ein Einzelnes, ist. – Richtig. – An sich kann es aber offenbar das Eins haben, wenn es auch ein anderes als das Eins ist, denn sonst hätte es das Eins nicht an sich, sondern wäre das Eins selbst. Nun aber ist das Eins selbst zu sein, dies zwar außer dem Eins jedem Andern ganz unmöglich. – Unmöglich. – Das Eins aber an sich zu haben ist notwendig für das Ganze und für den Teil. Denn jenes wird Ein Ganzes sein, dessen Teile eben die Teile sind; diese aber jeder Ein Teil des Ganzen, dessen Teile sie eben sind. – So ist es. – Also als verschieden vom Eins wird, was das Eins an sich hat, es an sich haben. – Wie sonst? – Das Verschiedene vom Eins muß aber doch Vieles sein. Denn wenn das andere außer dem Eins weder Eins wäre noch auch mehr als Eins: so wäre es ja nichts. – Freilich nicht. – Wenn aber mehr als Eins ist, was am Eins als Teil und am Eins als Ganzen Gemeinschaft hat: sind dann nicht notwendig diese das Eins in sich aufnehmende Dinge unbegrenzt der Menge nach? – Wie doch? – Laß es uns so betrachten. Ist es nicht so, daß sie zu der Zeit, wenn sie das Eins aufnehmen, es aufnehmen als solche, die noch nicht Eins sind, und nicht Eins an sich haben? – Ganz offenbar. – Also als Menge, worin das Eins sich nicht befindet. – Als Menge freilich. – Wie nun wenn wir in Gedanken hievon das wenigste was wir nur immer können hinwegnehmen, würde nicht notwendig auch jenes hinweggenommene, da es das Eins nicht an sich hat, eine Menge sein und nicht Eins? – Notwendig. – Betrachten wir also auf diese Weise immer an und für sich die verschiedene Natur des Begriffs: so wird, wieviel immer wir jedesmal davon sehen, ein unbegrenztes an Menge sein. – Auf alle Weise freilich. – Indessen wenn jeder Teil Ein Teil geworden ist, dann hat er auch eine Begrenzung gegen die Andern und gegen das Ganze, und das Ganze gegen die Teile. – Offenbar freilich. – Dem Andern insgesamt außer dem Eins kommt also zu, daß aus ihm selbst und dem Eins wenn beide in Gemeinschaft treten ein anderes in ihm entsteht, welches darin Begrenzung gegen einander bewirkt; seine Natur aber an sich gibt ihm Unbegrenztheit. – Das leuchtet ein. – Also ist das Andere insgesamt außer dem Eins, ganz und auch seinen Teilen nach, unbegrenzt sowohl als auch Begrenztheit an sich habend. – Allerdings. – Nicht auch ähnlich sowohl als unähnlich unter einander und sich selbst? – In wiefern? – In wiefern es doch seiner eignen Natur gemäß alles unbegrenzt ist, in sofern kommt ihm doch allem einerlei zu. – Allerdings. – Aber auch in wiefern es alles der Begrenztheit teilhaftig ist, auch in sofern kommt ihm einerlei zu. – Was sonst? – In wiefern ihm aber Begrenztheit zukommt und auch Unbegrenztheit, kommen ihm doch diese Beschaffenheiten zu als entgegengesetzte? – Ja. – Entgegengesetztes aber ist das Unähnlichste? – Wie anders? – Also nach beiderlei Beschaffenheit einzeln genommen ist es sich selbst und unter einander ähnlich; nach beiden Beschaffenheiten zusammen ist es auf beide Arten ganz entgegengesetzt und höchst unähnlich. – So mag es wohl sein. – Auf diese Art also ist das Andere jedes mit sich selbst und unter einander ähnlich und unähnlich. – Das ist es. – Also auch daß es einerlei ist und von einander verschieden, bewegt und ruhend, und alle diese entgegengesetzten Beschaffenheiten dem Andern insgesamt zukommen wird uns nicht mehr schwer sein zu finden, nachdem wir schon gesehen haben, daß ihm diese zukommen. – Richtig gesprochen. –

Wie nun, wenn wir dieses als schon offenbar ließen, und wiederum betrachteten: Wenn Eins ist, verhält etwa das Andere außer dem Eins sich zugleich auch nicht so, oder nur so? – Das laß uns tun. – Gehen wir also noch einmal von Anfang an durch: Wenn Eins ist, was muß dem Andern außer dem Eins zukommen? – Das wollen wir durchgehn. – Ist nun nicht das Eins ganz abgesondert von dem Andern, und abgesondert auch das Andere von dem Eins? – Wie so doch? – Weil es außer ihnen nicht noch etwas weiter gibt, was ein anderes wäre als Eins und zugleich auch ein anderes als das andere außer dem Eins. Denn alles ist ausgesprochen, wenn man spricht Eins, und das Andere außer dem Eins. – Alles freilich. – Also gibt es kein von diesen verschiedenes mehr, in welchem das Eins und das Andere gemeinschaftlich sich befinden könnten. – Nein freilich. – Niemals also werden das Eins und das Andere außer dem Eins in einem und demselben sein. – Es scheint nicht. – Also abgesondert? – Ja. – Auch daß das eigentliche wahre Eins keine Teile habe, sagen wir doch? – Wie sollte es? – Also kann das Eins weder ganz in dem Anderen sein noch auch dessen Teile, wenn es abgesondert ist von dem Andern und gar keine Teile hat? – Wie könnte es? – Auf keine Weise also kann das Andere das Eins an sich haben, da es weder teilweise noch ganz es an sich haben kann. – Es scheint nicht. – Auf keine Weise also ist das Andere Eins, noch hat es irgend ein Eins in sich. – Freilich nicht. – Also ist auch das Andere nicht Vieles. Denn wenn es Vieles wäre, so wäre jegliches von diesen Ein Teil des Ganzen. Nun aber ist das Andere weder Eins noch Vieles, weder ein Ganzes noch Teile, da es auf keine Weise etwas vom Eins an sich hat. – Richtig. – Also auch Zwei oder Drei ist das Andere weder selbst, noch hat es diese Zahlen an sich, wenn es doch des Eins auf alle Weise beraubt ist. – So ist es. – Also auch ähnlich oder unähnlich dem Eins ist das Andere weder selbst noch hat es überhaupt Ähnlichkeit oder Unähnlichkeit an sich. Denn wenn es selbst ähnlich und unähnlich wäre, oder hätte unter sich selbst Ähnlichkeit und Unähnlichkeit: so hätte doch das Andere außer dem Eins, zwei einander entgegengesetzte Begriffe in sich. – Das leuchtet ein. – Unmöglich aber war es doch, daß das Zwei an sich haben konnte, was nicht einmal Eins an sich hat. – Unmöglich. – Also auch weder ähnlich noch unähnlich noch beides ist das Andere. Denn wäre es ähnlich oder unähnlich, so hätte es einen von beiden Begriffen an sich; wäre es beides, dann beide entgegengesetzte. Dieses aber hat sich als unmöglich gezeigt. – Richtig. – Eben so ist es weder einerlei noch verschieden, weder bewegt noch ruhend, weder werdend noch untergehend, weder größer noch kleiner noch gleich, noch kommt ihm sonst etwas dergleichen zu. Denn wenn das Andere außer dem Eins vertragen könnte, daß etwas dergleichen ihm zukäme: so müßte es auch Eins und Zwei und Dreies und Gerades und Ungerades an sich haben, welches an sich zu haben sich ganz unmöglich gezeigt hat für das des Eins auf alle Weise gänzlich beraubte. – Vollkommen wahr. – Auf diese Art also wenn Eins ist, ist das Eins Alles und auch wieder nicht einmal

Eins sowohl für sich selbst als für das Andere gleichermaßen. – Vollständig erwiesen freilich. –

Wohl! Wenn aber nun das Eins nicht ist, was dann erfolge, müssen wir das nicht demnächst erwägen? – Das müssen wir freilich erwägen. – Was ist aber eigentlich diese Voraussetzung: Wenn Eins nicht ist? Ist sie wohl unterschieden von der Wenn Nicht-Eins nicht ist? – Unterschieden allerdings. – Nur unterschieden? oder ist es nicht vielmehr ganz das Gegenteil zu sagen: Wenn Nicht-Eins nicht ist als wenn Eins nicht ist? – Ganz das Gegenteil. – Wie nun wenn Jemand sagt: Wenn Größe nicht ist oder Wenn Kleinheit nicht ist, oder etwas anderes dergleichen: so deutet er doch in jedem Falle an, daß ein verschiedenes Nichtseiende ist? – Allerdings. – Also auch jetzt deutet er an, daß er etwas von dem andern verschiedenes das Nichtseiende nennt, indem er sagt: Wenn das Eins nicht ist? Und wir wissen, was er meint? – Das wissen wir. – Zuerst also meint er etwas erkennbares, hernach auch etwas von dem Andern verschiedenes, wenn er sagt Eins, er mag ihm nun das Sein beilegen oder das Nichtsein. Denn dasjenige wovon gesagt wird es sei nicht wird doch nichts desto weniger als etwas erkannt, und auch als verschieden von dem andern. Oder nicht? – Notwendig. – Hiernach also laß uns von Anfang an sagen: Wenn Eins nicht ist, was dann sein muß? Zuerst also muß ihm dieses zukommen, wie es scheint, daß es eine Erkenntnis davon gibt, oder man müßte auch nicht einmal verstehen was gesagt wird, wenn Jemand sagt, Wenn Eins nicht ist. – Wahr. – Also auch, daß das Andere verschieden von ihm ist, oder auch jenes müßte nicht verschieden von dem Andern genannt werden? – Allerdings. – Auch eine Verschiedenheit kommt ihm also zu nächst der Erkenntnis. Denn man meint doch nicht die Verschiedenheit des Andern, wenn man sagt das Eins ist verschieden von dem Andern; sondern eben jenes, des Eins, seine. – Das ist offenbar. – Also an dem Jenes und an dem Etwas und an dem Davon und Dafür und Daraus, und an Allem was dem ähnlich ist hat das nichtseiende Eins Anteil. Denn sonst könnte weder vom Eins auch nur die Rede sein, noch vom Andern außer dem Eins; noch auch hätte es etwas oder käme ihm etwas zu oder könnte auch nur von ihm gesagt werden, wenn es weder an dem Etwas noch an dem übrigen der Art Anteil hätte. – Richtig. – Sein also kann das Eins freilich nicht, wenn es nicht ist: aber vielerlei an sich zu haben hindert es nichts; sondern dies ist vielmehr notwendig, wenn doch ja nur jenes Eins, und nicht anderes nicht ist. Denn wenn weder das Eins, noch jenes ist, sondern auf etwas anderes die Rede gehn soll: so darf man ja überall nicht einmal etwas aussagen. Wenn aber nur jenes Eins und nicht sonst etwas zum Grunde liegt als nichtseiend: so muß es notwendig mit Jenem und vielem andern in Verbindung stehn. – Ganz gewiß. – Also auch Unähnlichkeit wird es haben gegen das Andere. Denn das Andere muß als ein verschiedenes von dem Eins auch verschiedenartig sein. – Ja. – Und das verschiedenartige auch anders beschaffen? – Freilich. – Und das anders beschaffene sollte nicht unähnlich sein? – Unähnlich allerdings. – Und nicht wahr, wenn das Andere dem Eins unähnlich ist: so ist doch offenbar das Unähnliche einem Unähnlichen unähnlich? – Offenbar. – Also hat auch das

Eins eine Unähnlichkeit, vermöge deren das Andere ihm unähnlich ist. – Das scheint. – Wenn es nun eine Unähnlichkeit mit dem Andern hat, hat es dann nicht notwendig auch eine Ähnlichkeit mit sich selbst? – Wie so? – Wenn das Eins eine Unähnlichkeit an sich hätte mit dem Eins: so könnte von einem solchen Dinge gar nicht die Rede sein wie vom Eins; sondern schon die erste Voraussetzung handelte nicht von dem Eins, sondern von einem andern als dem Eins. – Allerdings wohl. – Das soll sie aber nicht. – Freilich nicht. – So muß also das Eins eine Ähnlichkeit mit sich selbst an sich haben. – Es muß. – Aber eben so wenig ist es ja auch gleich dem Andern. Denn wäre es gleich, so wäre es ja schon, und wäre ihm ähnlich nach Maßgabe der Gleichheit. Dieses beides ist aber unmöglich, wenn das Eins nicht-ist. – Unmöglich. – Wenn es nun aber dem Andern nicht gleich ist: ist dann nicht notwendig auch das Andere ihm nicht gleich? – Notwendig. – Und ist das Nichtgleiche nicht ungleich? – Ja. – Und das ungleiche nicht dem Ungleichen ungleich? – Wie sonst? – Auch eine Ungleichheit also eignet dem Eins, vermöge deren das Andere insgesamt ihm ungleich ist. – Die eignet ihm. – Aber zur Ungleichheit gehört doch Größe und Kleinheit? – Freilich. – Hat also ein solches Eins auch Größe und Kleinheit an sich? – Das scheint beinahe. – Größe und Kleinheit aber sind immer von einander entfernt? – Allerdings. – Also ist immer etwas zwischen ihnen? – Das ist. – Weißt du nun etwas anderes, als zwischen ihnen wäre, als die Gleichheit? – Nein, sondern eben sie. – Was also Größe und Kleinheit hat, das hat auch die zwischen beiden befindliche Gleichheit. – Das ist deutlich. – Das nichtseiende Eins hat also auch Gleichheit an sich und Größe und Kleinheit. – Das scheint. – Ja auch ein Sein muß es irgendwie an sich haben. – Wie das? – Es muß sich doch so verhalten wie wir sagen. Denn wenn es sich nicht so verhält: so sagen wir auch nichts wahres, die wir sagen, das Eins ist nicht. Wenn wir aber etwas wahres sagen, dann offenbar auch etwas seiendes. Oder nicht so? – Freilich so. – Wenn wir also etwas Wahres behaupten zu sagen: so behaupten wir notwendig auch etwas seiendes zu sagen. – Notwendig. – Also ist, wie es scheint, das Eins nichtseiend. Denn wenn es nicht nichtseiend ist, sondern von dem Sein etwas nachläßt zum Nichtsein: so wird es sogleich seiend sein. – Auf alle Weise freilich. – Es muß also ein Band haben mit dem Nichtsein, nämlich das Nichtseiendsein wenn es nichtsein soll; auf ähnliche Art wie auch das Seiende das Nichtsein des Nichtseins haben muß, damit es seinerseits vollständiglich sei. Denn nur so kann sowohl das Seiende recht sein, als das Nichtseiende recht nichtsein, wenn dem Seienden das Sein des Seiendseins eignet, und das Nichtsein des Nichtseiendseins, wofern es vollständiglich sein soll: dem Nichtseienden aber das Nichtsein des Nichtseiend-Nichtseins und das Sein des Nichtseiendseins, wenn auch dieses, das Nichtseiende vollständiglich nicht-sein soll. – Vollkommen richtig. – Also da dem Seienden ein Nichtsein, und dem Nichtseienden ein Sein zukommt: so eignet auch dem Eins da es nicht ist notwendig ein Sein, nämlich das des Nichtseins. – Notwendig. – Auch ein Sein also zeigt sich für das Eins, wenn es nicht-ist. – Es zeigt sich. – Aber doch auch ein Nichtsein da es ja nicht ist. – Wie könnte das fehlen? – Ist es nun wohl möglich, daß ein irgendwie beschaffenes auch nicht so beschaffen sei, ohne aus dieser

Beschaffenheit überzugehen? – Nicht möglich. – Auf einen Übergang also deutet alles dergleichen was so und auch nicht so beschaffen ist. – Wie sonst? – Übergang aber ist Wechsel? Oder was wollen wir behaupten? – Wechsel. – Das Eins aber zeigt sich als seiend und nichtseiend? – Ja. – Also als so und auch nicht so beschaffen zeigt sich das Eins? – Es scheint. – Also wechselnd erscheint auch das nichtseiende Eins, da es auch einen Übergang aus dem Sein in das Nichtsein erleidet. – Das mag wohl sein. – Aber doch wenn es nirgends ist, wie es denn nicht sein kann, wenn es nicht ist: so kann es auch nicht von irgendwoher sich wohin umstellen. – Wie könnte es? – Nicht also durch Ortsveränderung wechselt es. – Freilich nicht. – Eben so wenig auch kann es sich an einerlei Ort herumdrehen, denn das Einerlei berührt es nirgends. Denn das Einerlei ist seiend und das Nichtseiende kann unmöglich in irgend einem Seienden sein. – Unmöglich freilich. – Also kann auch nicht das nichtseiende Eins sich in jenem herumdrehen, in welchem es nicht ist. – Freilich nicht. – Und eben so wenig kann das Eins sich in sich selbst verändern weder das seiende noch das nichtseiende. Denn die Rede wäre ja dann nicht mehr von dem Eins, wenn es ein Anderes geworden wäre als es selbst, sondern von einem anderen. – Richtig. – Wenn es sich nun weder verändert noch an einerlei Ort herumdreht noch von seinem Orte bewegt; kann es dann noch sonst wie wechseln? – Wie wohl? – Und was nicht wechselt hat doch notwendig Ruhe, und was Ruhe hat, besteht? – Notwendig. – Das nichtseiende Eins also wie es scheint besteht sowohl als es wechselt. – So scheint es. – Ferner aber, wenn es nun wechselt muß es sich doch sehr notwendig verändern: denn in wiefern etwas wechselt, in sofern verhält es sich nicht mehr so, wie es sich verhielt, sondern anders. – Richtig. – Das wechselnde Eins also verändert sich auch. – Ja. – Aber das auf keine Weise wechselnde wird auch auf keine Weise verändert. – Freilich nicht. – Das nichtseiende Eins also verändert sich, und verändert sich auch nicht. – Das ist deutlich. – Und das veränderte, wird das nicht notwendig ein anderes als zuvor und vergeht aus der vorigen Beschaffenheit? Das nichtveränderte aber wird weder, noch vergeht es? – Notwendig. – Auch das nichtseiende Eins also als verändertes wird und vergeht: als nichtverändertes aber wird es weder, noch vergeht. Und so wird sowohl als vergeht das nichtseiende Eins, und wird auch so wenig als es vergeht. – Freilich auch nicht. – Noch einmal nun laß uns zum Anfange zurückkehren, um zu sehen ob uns noch dasselbe erscheinen wird was auch jetzt oder anderes. – Daß laß uns. – Nicht wahr, wenn das Eins nicht ist, so fragten wir, was muß sich alsdann mit ihm zutragen? – Ja. – Das Nichtist aber, wenn wir das sagen, bedeutet es wohl etwas anderes, als eine Abwesenheit des Seins für dasjenige, wovon wir sagen, es sei nicht? – Nichts anderes. – Wenn wir also sagen, daß etwas nicht sei, meinen wir es sei; nur irgend wie nicht, und irgend wie sei es? Oder bedeutet dieses Nichtist ganz einfach, daß eben das Nichtseiende nirgend und auf keine Art ist, und auf keine Art ein Sein an sich hat? – Auf das allereinfachste freilich. – Weder also kann das Nichtseiende sein, noch auch anderes irgendwie mit dem Sein Gemeinschaft haben. – Freilich nicht. – Und das Werden und Vergehen ist das wohl etwas anderes, als jenes ein Ergreifen, dieses ein Fahrenlassen des Seins? – Nichts anderes. – Was aber mit diesem gar keine Gemeinschaft hat, kann doch auch weder es ergreifen noch es fahren lassen? – Wie könnte es? – Das Eins also, da es auf keine Art ist, kann auch das Sein auf keine Art weder festhalten noch fahren lassen noch ergreifen. – Nicht wohl. – Weder also vergeht das nichtseiende Eins, noch wird es, da es auf keine Art mit dem Sein Gemeinschaft hat? – Nein, wie sich zeigt. – Noch auch wird es irgendwie verändert: denn es würde dann schon und verginge wenn ihm dies zukäme. – Richtig. – Wenn es aber sich nicht verändert, dann notwendig wechselt es auch wohl nicht? – Notwendig. – Eben so wenig werden wir auch sagen, daß das nirgendwo seiende bestehe. Denn das bestehende muß in irgend einem selbigen immer dasselbige sein. – Wie sollte es anders? – Auf diese Art demnach werden wir von dem Nichtseienden wiederum weder daß es bestehe noch daß es wechsele behaupten können. – Gewiß nicht. – Noch auch kann ihm etwas seiendes eignen. Denn wenn es etwas seiendes an sich hätte, hätte es auch schon ein Sein irgendwie an sich. – Offenbar. – Weder Größe also noch Kleinheit noch Gleichheit hat es an sich. – Freilich nicht. – Noch auch Ähnlichkeit oder Verschiedenheit weder mit sich selbst noch mit den andern kann es haben? – Nein wie sich zeigt. – Und wie? kann wohl das Andere irgendwie für dasselbe sein, wenn überall gar nichts für dasselbe sein soll? – Das kann es nicht sein. – Also weder ihm ähnlich noch unähnlich, noch einerlei mit ihm, noch verschieden davon ist das andere. – Freilich nicht. – Und wie? kann es wohl ein Davon oder Dafür, ein was oder dieses oder dessen oder eines andern oder für ein anderes, oder ein Je oder Hernach oder Jetzt oder Erkenntnis oder Vorstellung oder Wahrnehmung oder Erklärung oder Benennung, oder irgend etwas anderes seiendes, kann es dergleichen wohl geben für das Nichtseiende? – Das kann es nicht. – Auf diese Art also wird das Eins wie es nicht ist sich auch auf keinerlei Weise verhalten. – Freilich scheint es sich auf keinerlei Weise zu verhalten. –

Nun laß uns auch noch sagen: Wenn Eins nicht ist, was dann dem Andern insgesamt zukommen muß. – Das laß uns sagen. – Anderes muß es doch irgendwie sein. Denn wenn nicht anderes ist, so wäre auch überall nicht vom Anderen die Rede. – So ist es. – Und wenn von Anderem die Rede ist, so ist dies Andere Verschiedenes. Oder brauchst du nicht immer für dasselbe das Wort Anderes und auch das Verschiedenes? – Ich gewiß. – Verschieden aber, sagen wir, ist das Verschiedene von einem Verschiedenen; also auch wohl das Andere ein Anderes von einem Anderen? – Ja. – Also auch für das Andere, wenn es Anderes sein soll, gibt es etwas als welches es Anderes ist? – Notwendig. – Was denn wäre wohl dieses? Als das Eins ist es nicht Anderes, da das Eins nicht ist. – Freilich nicht. – Also unter einander. Denn dieses bleibt nur noch übrig, oder es wäre Anderes in Beziehung auf gar nichts. – Richtig. – Als Menge genommen also wird jedes gegen das übrige anderes sein. Denn als Eins genommen kann es nicht, wenn es kein Eins gibt: sondern wie es scheint ist jede Masse davon unendlich der Menge nach, und wenn auch einer was ihn das allerkleinste dünkt davon nähme, so erscheint es doch plötzlich, wie im Traume, anstatt daß es ihn Eins zu sein dünkte als Vieles, und anstatt sehr klein ganz groß gegen das aus ihm noch weiter zerteilbare. – Ganz richtig. – Als solche Massen also wäre das Andere unter einander anderes wenn es ohne daß es Eins gibt, anderes sein soll. – Offenbar freilich. – Also werden es viele Massen sein, jede als Eins erscheinend, es aber nicht seiend, wenn überall kein Eins sein soll. – So ist es. – Auch eine Zahl von ihnen wird es also zu geben scheinen, wenn jede Masse als eine erscheint, da es viele sind. – Freilich. – Und einiges darunter wird grades anderes ungerades ohne es in der Tat zu sein nur scheinen, wenn doch Eins nicht sein soll. – Freilich ist es nicht so. – Ja auch ein Allerkleinstes, sagen wir, scheint es darunter zu geben; dieses selbige aber zeigt sich wiederum als Vieles und Großes gegen jedes unter den Vielen und Kleinen. – So ist es. – Auch gleich also diesen Vielen und Kleinen zu sein wird jegliche Masse vorgestellt werden. Denn sie kann nicht scheinend aus dem Größeren ins Kleinere übergehn, ehe sie nicht auch in das zwischen beiden zu kommen scheint; und dies wäre doch der Schein der Gleichheit? – Allem Ansehn nach. – Scheint nicht auch jede Masse, indem sie begrenzt ist gegen eine andere und für sich selbst, weder Anfang noch Mitte noch Ende zu haben? – Wie doch das? – Weil jedesmal, wenn Jemand etwas davon in seinen Gedanken festhält, als wäre es eins von diesen dreien, doch vor dem Anfang immer noch ein anderer Anfang erscheint, und nach dem Ende noch ein anderes zurückbleibendes Ende, und in der Mitte noch eine genauere und kleinere Mitte als jene Mitte, weil man eben nicht irgend etwas einzeln fassen kann, da es kein Eins gibt. – Vollkommen wahr. – Und ganz zermalmt wird, glaube ich, durch Zerstückelung Alles, notwendig was nur irgend Jemand in seinem Verstände auffaßt, denn es würde immer eine Masse ohne Eins aufgefaßt. – Allerdings. – Eine solche nun erscheint dem, der von ferne und nur obenhin darauf sieht, notwendig als Eins, wer sie aber nahebei und scharf betrachtet, dem erscheint jedes Einzelne als eine unendliche Menge, wenn es doch des Eins, welches ja nicht ist, beraubt ist. – Das ist ganz notwendig. – So muß demnach jegliches Andere als unbegrenzt und als begrenzt, als Eines und Vieles erscheinen, wenn das Eins nicht ist, wohl aber das Andere als Eins. – So muß es sein. – Werden sie nicht auch sämtlich ähnlich und unähnlich zu sein scheinen? – Wie das? – Wie gewisse Gemälde dem entfernt stehenden als Eins erscheinend, scheinen sie auch einerlei beschaffen und ähnlich zu sein. – Freilich. – Dem näher hinzutretenden aber als vieles und verschiedenes, auch durch den Schein der Verschiedenheit verschiedenartig und einander unähnlich. – So ist es. – Auch ähnlich also und unähnlich erscheinen notwendig die Massen sich selbst und unter einander. – Allerdings. – Also auch einerlei und verschieden von einander, sich berührend und außer einander, und bewegt nach allen verschiedenen Bewegungen und doch auch ruhend auf alle Weise, und werdend und untergehend und keins von beiden, und alles dergleichen, was durchzugehn uns nun schon sehr leicht sein würde, erscheinen sie, wenn, ohne daß Eins ist, Vieles sein soll. – Vollkommen wahr allerdings. –

Noch einmal also laß uns nun wiederum zu dem Anfange zurückkehrend sagen: Wenn Eins nicht ist, das Andere aber außer dem Eins, was dann sein muß. – Laß es uns also sagen. – Also, Eins wird das Andere nicht sein? – Wie sollte es auch? – Also auch nicht Vieles. Denn unter vielem seienden wäre allemal auch Eins. Denn wenn keins von ihnen Eins ist, so sind sie auch alle zusammen nichts, so daß sie auch nicht Viele sein können. – Richtig. – Ist also das Eins nicht in dem Andern: so ist auch dieses weder Vieles noch Eins. – Freilich nicht. – Und scheint auch weder Eins noch Vieles. – Wie das? – Weil das Andere nicht kann mit irgend einem nichtseienden irgendwo irgendwie irgend eine Gemeinschaft haben, noch auch irgend etwas von dem Nichtseienden bei irgend etwas von dem Anderen sein, denn das Nichtseiende hat ja nichts. – Richtig. – Also auch keine Vorstellung des Nichtseienden ist bei dem Andern noch irgend ein Schein davon, und das Nichtseiende wird also auf keine Art irgendwo an dem Andern vorgestellt. – Freilich nicht. – Wenn also Eins nicht ist, so wird auch nicht irgend etwas von dem Andern weder Eins zu sein vorgestellt noch Vieles. Denn ohne Eins Vieles vorstellen ist unmöglich. – Unmöglich freilich. – Wenn also Eins nicht ist, so ist auch das Andere weder noch wird es vorgestellt als Eins oder Vieles. – Es scheint nicht. – Also auch weder Ähnlich noch Unähnlich. – Freilich nicht. – Eben so wenig nun einerlei und verschieden, berührend oder getrennt, noch was wir sonst alles im Vorigen als dessen Schein aufgezeigt haben, von dem Allen ist das Andere weder etwas, noch scheint es etwas, wenn das Eins nicht ist. – Wahr. – Also auch zusammengefaßt, wenn Eins nicht ist so ist nichts, würden wir das mit Recht sagen? – Mit dem größten freilich. – So sei demnach dieses gesagt, und auch, daß, wie es scheint, das Eins sei nun oder sei nicht, es selbst und das Andere insgesamt, für sich sowohl als in Beziehung auf einander, alles auf alle Weise ist und nicht ist, und scheint sowohl als nicht scheint. – Vollkommen wahr.

Des Sokrates Verteidigung

Was wohl Euch, ihr Athener, meine Ankläger angetan haben, weiß ich nicht: ich meines Teils aber hätte ja selbst beinahe über sie meiner selbst vergessen; so überredend haben sie gesprochen. Wiewohl Wahres, daß ich das Wort heraussage, haben sie gar nichts gesagt. Am meisten aber habe ich Eins von ihnen bewundert unter dem Vielen, was sie gelogen, dieses wo sie sagten, Ihr müßtet euch wohl hüten, daß ihr nicht von mir getäuscht würdet, als der ich gar gewaltig wäre im Reden. Denn daß sie sich nicht schämen, sogleich von mir widerlegt zu werden durch die Tat, wenn ich mich nun auch im geringsten nicht gewaltig zeige im Reden, dieses dünkte mich ihr unverschämtestes zu sein; wofern diese nicht etwa den gewaltig im Reden nennen, der die Wahrheit redet. Denn wenn sie dies meinen, möchte ich mich wohl dazu bekennen, ein Redner zu sein, der sich nicht mit ihnen vergleicht. Diese nämlich, wie ich behaupte, haben gar nichts Wahres geredet; Ihr aber sollt von mir die ganze Wahrheit hören. Jedoch, ihr Athener, beim Zeus, Reden aus zierlich erlesenen Worten gefällig zusammengeschmückt und aufgeputzt, wie dieser ihre waren, keinesweges, sondern ganz schlicht werdet ihr mich reden hören in ungewählten Worten. Denn ich glaube, was ich sage ist gerecht, und Niemand unter euch erwarte noch sonst etwas. Auch würde es sich ja schlecht ziemen, ihr Männer, in solchem Alter gleich einem Knaben der Reden ausarbeitet vor euch hinzutreten. Indes bitte ich euch darum auch noch recht sehr, ihr Athener, und bedinge es mir aus, wenn ihr mich hört mit ähnlichen Reden meine Verteidigung führen, wie ich gewohnt bin auch auf dem Markt zu reden bei den Wechslertischen, wo die Mehresten unter euch mich gehört haben, und anderwärts, daß ihr euch nicht verwundert noch mir Getümmel erregt deshalb. Denn so verhält sich die Sache. Jetzt zum erstenmal trete ich vor Gericht, da ich über Siebzig Jahr alt bin; ganz ordentlich also bin ich ein Fremdling in der hier üblichen Art zu reden. So wie ihr nun, wenn ich wirklich ein Fremder wäre, mir es nachsehen würdet, daß ich in jener Mundart und Weise redete, worin ich erzogen worden: eben so erbitte ich mir auch nun dieses billige, wie mich dünkt, von Euch, daß ihr nämlich die Art zu reden übersehet, vielleicht ist sie schlechter vielleicht auch wohl gar besser, und nur dies erwäget und Acht darauf habet, ob das recht ist oder nicht was ich sage. Denn dies ist des Richters Tüchtigkeit, des Redners aber die Wahrheit zu reden.

Zuerst nun, ihr Athener, muß ich mich wohl verteidigen gegen das, dessen ich zuerst fälschlich angeklagt bin und gegen meine ersten Ankläger, und hernach gegen der späteren späteres. Denn viele Ankläger habe ich längst bei euch gehabt und schon vor vielen Jahren, und die nichts wahres sagten, welche ich mehr fürchte als den Anytos, obgleich auch der furchtbar ist. Allein jene sind furchtbarer, ihr Männer, welche viele von euch schon als Kinder an sich gelockt und überredet, mich aber beschuldiget haben ohne Grund, als gäbe es einen Sokrates, einen weisen Mann, der den Dingen am Himmel nachgrüble und auch das unterirdische alles erforscht habe, und unrecht zu recht mache. Diese, ihr Athener, welche solche Gerüchte verbreitet haben, sind meine furchtbaren Ankläger. Denn die Hörer meinen gar leicht, wer solche Dinge untersuche, glaube auch nicht einmal Götter. Ferner sind auch dieser Ankläger viele, und viele Zeit hindurch haben sie mich verklagt, und in dem Alter zu euch geredet wo ihr wohl sehr leicht glauben mußtet, weil ihr Kinder wart, einige von euch wohl auch Knaben, und offenbar an leerer Stätte klagten sie, wo sich keiner verteidigte. Das übelste aber ist, daß man nicht einmal ihre Namen wissen und angeben kann, außer etwa wenn ein Komödienschreiber darunter ist. Die übrigen aber, welche euch gehässig und verläumderisch aufgeredet, und auch die selbst nur überredet Andre Überredenden, in Absicht dieser aller bin ich ganz ratlos. Denn weder hieher zur Stelle bringen noch ausfragen kann ich irgend einen von ihnen: sondern muß ordentlich wie mit Schatten kämpfen in meiner Verteidigung und ausfragen, ohne daß einer antwortet. Nehmet also auch ihr an, wie ich sage, daß ich zweierlei Ankläger gehabt habe, die Einen die mich eben erst verklagt haben, die Andern die von ehedem die ich meine; und glaubet, daß ich mich gegen diese zuerst verteidigen muß. Denn auch ihr habt jenen als sie klagten zuerst Gehör gegeben, und weit mehr als diesen späteren.

Wohl! Verteidigen muß ich mich also, ihr Athener, und den Versuch machen, eine angeschuldigte Meinung, die ihr seit langer Zeit hegt, euch in so sehr kurzer Zeit zu benehmen. Ich wünschte nur zwar wohl, daß dieses so erfolgte, wenn es so besser ist für euch sowohl als für mich, und daß ich etwas gewönne durch meine Verteidigung. Ich glaube aber dieses ist schwer, und keinesweges entgeht mir, wie es damit steht. Doch dieses gehe nun, wie es Gotte genehm ist, mir gebührt dem Gesetz zu gehorchen und mich zu verteidigen.

Rufen wir uns also zurück von Anfang her, was für eine Anschuldigung es doch ist, aus welcher mein übler Ruf entstanden ist, worauf auch Melitos bauend diese Klage gegen mich eingegeben hat. Wohl! Mit was für Reden also verläumdeten mich meine Verläumder? Als wären sie ordentliche Kläger, so muß ich ihre beschworene Klage ablesen: „Sokrates frevelt und treibt Torheit indem er unterirdische und himmlische Dinge untersucht und Unrecht zu Recht macht, und dies auch Andere lehrt.“ Solcherlei ist sie etwa: denn solcherlei habt ihr selbst gesehen in des Aristophanes Komödie, wo ein Sokrates vorgestellt wird, der sich rühmt in der Luft zu gehn, und viel andere Albernheiten vorbringt, wovon ich weder viel noch wenig verstehe. Und nicht sage ich dies um eine solche Wissenschaft zu schmähen, dafern jemand in diesen Dingen weise ist, – möchte ich mich doch nicht solcher Anklagen vom Melitos zu erwehren haben! – sondern nur ihr Athener weil ich eben an diesen Dingen keinen Teil habe. Und zu Zeugen rufe ich einen großen Teil von euch selbst, und fodere euch auf, einander zu berichten und zu erzählen, so viele eurer jemals mich reden gehört haben. Deren aber gibt es viele unter euch. So erzählt euch nun, ob jemals einer unter euch mich viel oder wenig über dergleichen Dinge hat reden gehört. Und hieraus könnt ihr ersehen, daß es eben so auch mit allem übrigen steht, was die Leute von mir sagen. Aber es ist eben weder hieran etwas, noch auch wenn ihr etwa von einem gehört habt, ich gäbe mich dafür aus Menschen zu erziehen und verdiente Geld damit; auch das ist nicht wahr. Denn auch das scheint mir meines Teils wohl etwas schönes zu sein, wenn Jemand im Stande wäre Menschen zu erziehen wie Gorgias der Leontiner und Prodikos der Keier und auch Hippias von Elis. Denn diese alle, ihr Männer, verstehen das, in allen Städten umherziehend die Jünglinge, die dort unter ihren Mitbürgern zu wem sie wollten sich unentgeltlich halten könnten, diese überreden sie mit Hintansetzung jenes Umganges sich Geld bezahlend zu ihnen zu halten und ihnen noch Dank dazu zu wissen. Ja es gibt auch hier noch einen andern Mann, einen Parier, von dessen Aufenthalt ich erfuhr. Ich traf nämlich auf einen Mann der den Sophisten mehr Geld gezahlt hat als alle übrigen zusammen, Kallias den Sohn des Hipponikos. Diesen fragte ich also, denn er hat zwei Söhne: Wenn deine Söhne, Kallias, sprach ich, Füllen oder Kälber wären, wüßten wir wohl einen Aufseher für sie zu finden oder zu dingen, der sie gut und tüchtig machen würde in der ihnen angemessenen Tugend, es würde nämlich ein Bereuter sein oder ein Landmann: nun sie aber Menschen sind, was für einen Aufseher bist du gesonnen ihnen zu geben? wer ist wohl in dieser menschlichen und bürgerlichen Tugend ein

Sachverständiger? denn ich glaube doch du hast darüber nachgedacht, da du Söhne hast. Gibt es einen, sprach ich, oder nicht? O freilich, sagte er. Wer doch, sprach ich, und von wannen? und um welchen Preis lehrt er? Euenos der Parier, antwortete er, für fünf Minen. Da pries ich den Euenos glücklich, wenn er wirklich diese Kunst besäße und so vortrefflich lehrte. Ich also würde gewiß mich recht damit rühmen und groß tun, wenn ich dies verstände: aber ich verstehe es eben nicht, ihr Athener. Vielleicht nun möchte jemand von euch einwenden: Aber Sokrates, was ist denn also dein Geschäft? woher sind diese Verläumdungen dir entstanden? Denn gewiß, wenn du nichts besonders betriebest vor Andern, es würde nicht solcher Ruf und Gerede entstanden sein, wenn du nicht ganz etwas anders tätest als andere Leute. So sage uns doch was es ist, damit wir uns nicht auf Geratewohl unsere eignen Gedanken machen über dich. Dies dünkt mich mit Recht zu sagen wer es sagt, und ich will versuchen euch zu zeigen, was dasjenige ist, was mir den Namen und den übeln Ruf gemacht hat. Höret also, und vielleicht wird manchen von euch bedünken ich scherzte: glaubet indes sicher, daß ich die reine Wahrheit rede. Ich habe nämlich, ihr Athener, durch nichts anders als durch eine gewisse Weisheit diesen Namen erlangt. Durch was für eine Weisheit aber? Die eben vielleicht die menschliche Weisheit ist. Denn ich mag in der Tat wohl in dieser weise sein; jene aber deren ich eben erwähnt sind vielleicht weise in einer Weisheit, die nicht dem Menschen angemessen ist; oder ich weiß nicht was ich sagen soll, denn ich verstehe sie nicht, sondern wer das sagt, der lügt es und sagt es mir zur Verläumdung. Und ich bitte euch, ihr Athener, erregt mir kein Getümmel, selbst wenn ich euch etwas vorlaut zu reden dünken sollte. Denn nicht meine Rede ist es, die ich vorbringe: sondern auf einen ganz glaubwürdigen Urheber will ich sie euch zurückführen. Über meine Weisheit nämlich, ob sie wohl eine ist und was für eine, will ich euch zum Zeugen stellen den Gott in Delphoi. Den Chairephon kennt ihr doch. Dieser war mein Freund von Jugend auf, und auch euer des Volkes Freund war es, und ist bei dieser letzten Flucht mit geflohen, und mit euch auch zurückgekehrt. Und ihr wißt doch, wie Chairephon war, wie heftig in allem, was er auch beginnen mochte. So auch als er einst nach Delphoi gegangen war, erkühnte er sich hierüber ein Orakel zu begehren; nur, wie ich sage, kein Getümmel ihr Männer. Er fragte also, ob wohl Jemand weiser wäre als ich. Da läugnete nun die Pythia, daß Jemand weiser wäre. Und hierüber kann euch dieser sein Bruder hier Zeugnis ablegen, da jener bereits verstorben ist. Bedenket nun, weshalb ich dieses sage; ich will euch nämlich erklären, woher doch die Verläumdung gegen mich entstanden ist. Denn nachdem ich dieses gehört, gedachte ich bei mir also: Was meint doch wohl der Gott? und was will er etwa andeuten? Denn das bin ich mir doch bewußt, daß ich weder viel noch wenig weise bin. Was meint er also mit der Behauptung ich sei der weiseste? Denn lügen wird er doch wohl nicht; das ist ihm ja nicht verstattet. Und lange Zeit konnte ich nicht begreifen was er meinte; endlich wendete ich mich gar ungern zur Untersuchung der Sache auf folgende Art. Ich ging zu einem von den für weise gehaltenen, um dort, wenn irgendwo, das Orakel zu überführen und dem Spruch zu zeigen: Dieser ist doch wohl weiser als ich, du aber hast auf mich ausgesagt. Indem ich nun diesen beschaute, denn ihn mit Namen zu nennen ist nicht nötig, es war aber einer von den Staatsmännern, auf welchen schauend es mir folgendergestalt erging, ihr Athener. Im Gespräch mit ihm schien mir dieser Mann zwar vielen andern Menschen auch am meisten aber sich selbst sehr weise vorzukommen, es zu sein aber gar nicht. Darauf nun versuchte ich ihm zu zeigen, er glaubte zwar weise zu sein, wäre es aber nicht; wodurch ich dann ihm selbst verhaßt ward und vielen der Anwesenden. Indem ich also fortging, gedachte ich bei mir selbst, als dieser Mann bin ich nun freilich weiser. Denn es mag wohl eben keiner von uns beiden etwas tüchtiges oder sonderliches wissen; allein dieser doch meint zu wissen, da er nicht weiß, ich aber wie ich eben nicht weiß, so meine ich es auch nicht. Ich scheine also um dieses wenige doch weiser zu sein als er, daß ich, was ich nicht weiß, auch nicht glaube zu wissen. Hierauf ging ich dann zu einem Andern von den für noch weiser als jener geltenden, und es dünkte mich eben dasselbe, und ich wurde dadurch ihm selbst sowohl als vielen Andern verhaßt. Nach diesem nun ging ich schon nach der Reihe, bemerkend freilich und bedauernd, und auch in Furcht darüber, daß ich mich verhaßt machte; doch aber dünkte es mich notwendig des Gottes Sache über alles andere zu setzen; und so mußte ich denn gehen immer dem Orakel nachdenkend, was es wohl meine, zu Allen welche dafür galten etwas zu wissen. Und beim Hunde, ihr Athener, denn ich muß die Wahrheit zu euch reden, wahrlich es erging mir so. Die berühmtesten dünkten mich beinahe die armseligsten zu sein, wenn ich es dem Gott zufolge untersuchte, Andere minder geachtete aber noch eher für vernünftig gelten zu können. Ich muß euch wohl mein ganzes Abenteuer berichten mit was für Arbeiten gleichsam ich mich gequält habe, damit das Orakel mir ja ungetadelt bliebe. Nach den Staatsmännern nämlich ging ich zu den Dichtern, den tragischen sowohl als den dithyrambischen und den übrigen, um dort mich selbst auf der Tat zu ergreifen als unwissender denn sie. Von ihren Gedichten also diejenigen vornehmend, welche sie mir am vorzüglichsten schienen ausgearbeitet zu haben, fragte ich sie aus, was sie wohl damit meinten, auf daß ich auch zugleich etwas lernte von ihnen. Schämen muß ich mich nun freilich, ihr Männer, euch die Wahrheit zu sagen: dennoch soll sie gesagt werden. Um es nämlich gerade heraus zu sagen, fast sprachen alle Anwesenden besser als sie selbst über das was sie gedichtet hatten. Ich erfuhr also auch von den Dichtern in kurzem dieses, daß sie nicht durch Weisheit dichteten, was sie dichten, sondern durch eine Naturgabe und in der Begeisterung, eben wie die Wahrsager und Orakelsänger. Denn auch diese sagen viel schönes, wissen aber nichts von dem, was sie sagen; eben so nun ward mir deutlich daß es auch den Dichtern erginge. Und zugleich merkte ich, daß sie glaubten um ihrer Dichtung willen auch in allem übrigen sehr weise Männer zu sein, worin sie es nicht waren. Fort ging ich also auch von ihnen mit dem Glauben, sie um das nämliche zu übertreffen wie auch die Staatsmänner. Zum Schluß nun ging ich auch zu den Handarbeitern. Denn von mir selbst wußte ich, daß ich gar nichts weiß um es gerade heraus zu sagen, von diesen aber wußte ich doch, daß ich sie vielerlei schönes wissend finden würde. Und darin betrog ich mich nun auch nicht; sondern sie wußten wirklich was ich nicht wußte, und waren in sofern weiser. Aber, ihr Athener, denselben Fehler wie die Dichter, dünkte mich, hatten auch diese trefflichen Meister. Weil er seine Kunst gründlich erlernt hatte, wollte jeder auch in den andern wichtigsten Dingen sehr weise sein; und diese ihre Torheit verdeckte jene ihre Weisheit. So daß ich mich selbst auch befragte im Namen des Orakels, welches ich wohl lieber möchte, so sein wie ich war, gar nichts verstehend von ihrer Weisheit aber auch nicht behaftet mit ihrem Unverstande, oder aber in beiden Stücken so sein wie sie. Da antwortete ich denn mir selbst und dem Orakel, es wäre mir besser so zu sein wie ich war. Aus dieser Nachforschung also, ihr Athener, sind mir viele Feindschaften entstanden, und zwar die beschwerlichsten und lästigsten, so daß viel Verläumdung daraus entstand, und auch der Name, daß es hieß ich wäre ein Weiser. Es glauben nämlich jedesmal die Anwesenden, ich verstände mich selbst darauf, worin ich einen Andern zu Schanden mache. Es scheint aber, ihr Athener, in der Tat der Gott weise zu sein, und mit diesem Orakel dies zu sagen, daß die menschliche Weisheit sehr weniges nur wert ist oder gar nichts, und offenbar nicht dies vom Sokrates zu sagen, sondern nur mich zum Beispiel erwählend sich meines Namens zu bedienen, wie wenn er sagte: Unter euch ihr Menschen ist der weiseste, der wie Sokrates einsieht, daß er in der Tat nichts wert ist was die Weisheit anbelangt. Dieses nun gehe ich auch jetzt noch umher nach des Gottes Anweisung zu untersuchen und zu erforschen, wo ich nur einen für weise halte von Bürgern und Fremden; und wenn er es mir nicht zu sein scheint, so helfe ich dem Gotte und zeige ihm, daß er nicht weise ist. Und über diesem Geschäft habe ich nicht Muße gehabt weder in den Angelegenheiten der Stadt etwas der Rede wertes zu leisten, noch auch in meinen häuslichen; sondern in tausendfältiger Armut lebe ich wegen dieses dem Gotte geleisteten Dienstes. Über dieses aber folgen mir die Jünglinge, welche die meiste Muße haben, der reichsten Bürger Söhne also, freiwillig, und freuen sich zu hören wie die Menschen untersucht werden; oft auch tun sie es mir nach und versuchen selbst Andere zu untersuchen, und finden dann, glaube ich, eine große Menge solcher Menschen, welche zwar glauben etwas zu wissen, wissen aber wenig oder nichts. Deshalb nun zürnen die von ihnen untersuchten mir und nicht ihnen und sagen, Sokrates ist doch ein ganz ruchloser Mensch und verderbt die Jünglinge. Und wenn sie Jemand fragt was doch treibt er und was lehrt er sie: so haben sie freilich nichts zu sagen weil sie nichts wissen; um aber nicht verlegen zu erscheinen, sagen sie dies, was gegen alle Freunde der Wissenschaft bei der Hand ist, die Dinge am Himmel und unter der Erde, und keine Götter glauben und Unrecht zu Recht machen. Denn die Wahrheit denke ich möchten sie nicht sagen wollen, daß sie nämlich offenbar werden als solche, die zwar vorgeben etwas zu wissen, wissen aber nichts. Weil sie nun denke ich ehrgeizig sind und heftig, und ihrer Viele, welche einverstanden mit einander und sehr scheinbar von mir reden: so haben sie schon lange und gewaltig mit Verläumdungen euch die Ohren angefüllt. Aus diesen sind Melitos gegen mich aufgestanden, und Anytos und Lykon; Melitos der Dichter wegen mir aufsässig, Anytos wegen der Handarbeiter und

Staatsmänner, Lykon aber wegen der Redner. So daß, wie ich auch gleich anfangs sagte, ich mich wundern müßte, wenn ich im Stande wäre, in so kurzer Zeit diese so sehr oft wiederholte Verläumdung euch auszureden. Dieses, ihr Athener, ist euch die Wahrheit, ohne weder kleines noch großes verhehlt oder entrückt zu haben, sage ich sie euch. Wiewohl ich fast weiß, daß ich eben deshalb verhaßt bin. Welches eben ein Beweis ist, daß ich die Wahrheit rede, und daß dieses mein übler Ruf ist und dies die Ursachen davon sind. Und wenn ihr, sei es nun itzt oder in der Folge, die Sache untersucht werdet ihr es so finden. Gegen das nun, was meine ersten Ankläger geklagt haben, sei diese Verteidigung hinlänglich vor euch. Gegen Melitos aber, den guten und vaterlandsliebenden, wie er ja sagt, und gegen die späteren will ich hiernächst versuchen mich zu verteidigen. Wiederum also laßt uns, wie sie denn andere Ankläger sind, nun auch ihre beschworene Klage vornehmen. Sie lautet aber etwa so: Sokrates, sagt er, frevele indem er die Jugend verderbe und die Götter welche der Staat annimmt nicht annehme, sondern anderes neues daimonisches. Das ist die Beschuldigung, und von dieser Beschuldigung wollen wir nun jedes einzelne untersuchen. Er sagt also ich frevele durch Verderb der Jugend. Ich aber, ihr Athener, sage Melitos frevelt, indem er mit ernsthaften Dingen Scherz treibt, und leichtsinnig Menschen aufs Leben anklagt, und sich eifrig und besorgt anstellt für Gegenstände um die doch dieser Mann sich nie im geringsten bekümmert hat. Daß sich aber dies so verhalte, will ich versuchen auch euch zu zeigen. Her also zu mir Melitos und sprich! Nicht wahr dir ist das sehr wichtig, daß die Jugend aufs beste gedeihe? – Mir freilich. – So komm also und sage diesen, wer sie denn besser macht? Denn offenbar weißt du es doch, da es dir so angelegen ist. Denn den Verderber hast du wohl aufgefunden, mich wie du behauptest, und vor diese hergeführt und verklagt: so komm denn und nenne ihnen auch den Besserer, und zeige an wer es ist! Siehst du, o Melitos, wie du schweigst und nichts zu sagen weißt? Dünkt dich denn das nicht schändlich zu sein, und Beweis genug für das, was ich sage, daß du dich hierum nie bekümmert hast? So sage doch, du Guter, wer macht sie besser? – Die Gesetze. – Aber danach frage ich nicht, Bester, sondern welcher Mensch, der freilich diese zuvor auch kennt, die Gesetze. – Diese hier, o Sokrates, die Richter. – Was sagst du, o Melitos? diese hier sind im Stande die Jugend zu bilden und besser zu machen? – Ganz gewiß. – Etwa alle? oder einige nur von ihnen, andere aber nicht? – Alle. – Herrlich, bei der Hera gesprochen! und ein großer Reichtum von solchen die uns im Guten fördern! Wie aber, machen auch diese Zuhörer sie besser oder nicht? – Auch diese. – Und wie die Ratmänner? – Auch die Ratmänner. – Aber, o Melitos, verderben nicht etwa die in der Gemeinde die Gemeindemänner die Jugend? oder machen auch diese alle sie besser? – Auch diese. – Alle Athener also machen sie, wie es scheint, gut und edel, mich ausgenommen; ich aber allein verderbe sie. Meinst du es so? – Allerdings gar sehr meine ich es so. – In eine große Unseligkeit verdammst du mich also! Antworte mir aber, dünkt es dich mit den Pferden auch so zu stehen, daß alle Menschen sie bessern, und nur einer sie verderbt? Oder ist nicht ganz im Gegenteil nur Einer geschickt sie zu bessern, oder

Wenige, die Bereuter, die meisten aber wenn sie mit Pferden umgehn und sie gebrauchen verderben sie? Verhält es sich nicht so, Melitos, bei Pferden und allen andern Tieren? Allerdings so, du und Anytos mögen es nun läugnen oder zugeben. Gar glückselig stände es freilich um die Jugend, wenn Einer allein sie verderbte, die andern aber alle sie zum Guten förderten. Aber, Melitos, du zeigst eben hinlänglich, daß du niemals an die Jugend gedacht hast, und offenbarst deutlich deine Gleichgültigkeit, daß du dich nie um das bekümmert hast, weshalb du mich hieher foderst. Weiter, sage uns doch beim Zeus Melitos, ob es besser ist unter guten Bürgern wohnen oder unter schlechten? Freund, lieber, antworte doch! ich frage dich ja nichts schweres. Tun die schlechten nicht allemal, denen etwas Übles, die ihnen jedesmal am nächsten sind, die Guten aber etwas Gutes? – Allerdings. – Ist also wohl Jemand, der von denen mit welchen er umgeht lieber will beschädigt sein als geholfen? Antworte mir du Guter. Denn das Gesetz befiehlt dir zu antworten. Will wohl Jemand beschädigt werden? – Wohl nicht. – Wohlan denn, foderst du mich hieher als Verderber und Verschlimmerer der Jugend so daß ich es vorsätzlich sein soll oder unvorsätzlich? – Vorsätzlich, meine ich. – Wie doch, o Melitos, soviel bist du weiser in deinem Alter als ich in dem meinigen, daß du zwar einsiehst wie die schlechten allemal denen übles zufügen die ihnen am nächsten sind, die Guten aber Gutes; ich aber es so weit gebracht habe im Unverstande, daß ich auch das nicht einmal weiß, wie ich wenn ich einen von meinen Nächsten schlecht mache, selbst Gefahr laufe Übles von ihm zu erdulden? so daß ich mir dieses große Übel vorsätzlich anrichte, wie du sagst? Das glaube ich dir nicht, Melitos, ich meine aber auch kein anderer Mensch glaubt es dir; sondern entweder ich verderbe sie gar nicht, oder ich verderbe sie unvorsätzlich, so daß du doch in beiden Fällen lügst. Verderbe ich sie aber unvorsätzlich; so ist solcher und zwar unvorsätzlicher Vergehungen wegen nicht gesetzlich, Jemand hieher zu fodern, sondern ihn für sich allein zu nehmen und so zu belehren und zu ermahnen. Denn offenbar ist, daß wenn ich belehrt bin, ich aufhören werde mit dem was ich unvorsätzlich tue. Dich aber mit mir einzulassen und mich zu belehren, das hast du vermieden und nicht gewollt, sondern hieher foderst du mich, wohin gesetzlich ist nur die zu fodern, welche der Züchtigung bedürfen und nicht der Belehrung. Doch, ihr Athener, das ist wohl schon offenbar, was ich sagte, daß sich Melitos um diese Sache nie weder viel noch wenig bekümmert hat! Indes aber sage uns Melitos, auf welche Art du denn behauptest daß ich die Jugend verderbe? Oder offenbar nach deiner Klage die du eingegeben, indem ich lehre die Götter nicht zu glauben, welche der Staat glaubt, sondern allerlei neues daimonisches. Ist das nicht deine Meinung, daß ich sie durch solche Lehre verderbe? – Freilich gar sehr ist das meine Meinung. – Nun dann, bei eben diesen Göttern, o Melitos, von denen itzt die Rede ist, sprich noch deutlicher mit mir und mit diesen Männern hier. Denn ich kann nicht verstehen ob du meinst ich lehre zu glauben daß es gewisse Götter gäbe, so daß ich also doch selbst Götter glaube und nicht ganz und gar gottlos bin, noch also hiedurch frevele, nur jedoch die nicht, welche der Staat, und ob du mich deshalb verklagst, daß ich Andere glaube; oder ob du meinst, ich selbst glaube überall gar keine Götter, und lehre dies auch Andere? – Dieses meine ich, daß du überall gar keine Götter glaubst. – O wunderlicher Melitos? wie kömmst du doch darauf dies zu meinen? halte ich also auch weder Sonne noch Mond für Götter, wie die übrigen Menschen? – Nein, beim Zeus ihr Richter! denn die Sonne, behauptet er, sei ein Stein, und der Mond sei Erde. – Du glaubst wohl den Anaxagoras anzuklagen, lieber Melitos? und denkst so geringe von diesen, und hältst sie für so unerfahren in Schriften, daß sie nicht wüßten, wie des Klazomenier Anaxagoras Schriften voll sind von dergleichen Sätzen? Und also auch die jungen Leute lernen wohl das von mir, was sie sich manchmal für höchstens eine Drachme in der Orchestre kaufen, und dann den Sokrates auslachen können, wenn er für sein ausgibt, was überdies noch so sehr ungereimt ist? Also, beim Zeus, so ganz dünke ich dich gar keinen Gott zu glauben? – Nein eben, beim Zeus, auch nicht im mindesten. – Du glaubst wenig genug, o Melitos, jedoch, wie mich dünkt, auch dir selbst. Denn mich dünkt dieser Mann, ihr Athener, ungemein übermütig und ausgelassen, und ordentlich aus Übermut und Ausgelassenheit diese Klage wie einen Jugendstreich angestellt zu haben. Denn es sieht aus, als habe er ein Rätsel ausgesonnen, und wollte nun versuchen, ob wohl der weise Sokrates nicht merken wird, wie ich Scherz treibe und mir selbst widerspreche in meinen Reden, oder ob ich ihn, und die Andern welche zuhören, hintergehen werde. Denn dieser scheint mir ganz offenbar sich selbst zu widersprechen in seiner Anklage, als ob er sagte, Sokrates frevelt indem er keine Götter glaubt, sondern Götter glaubt, wiewohl einer das doch nur im Scherz sagen kann! Erwägt aber mit mir, ihr Männer, warum ich finde, daß er dies sagt. Du aber antworte uns, o Melitos. Ihr aber, was ich euch von Anfang an gebeten habe, denkt wohl daran, mir kein Getümmel zu erregen, wenn ich auf meine gewohnte Weise die Sache führe. Gibt es wohl einen Menschen, o Melitos, welcher, daß es menschliche Dinge gebe, zwar glaubt, Menschen aber nicht glaubt? Er soll antworten, ihr Männer, und nicht anderes und anderes Getümmel treiben! Gibt es einen, der zwar keine Pferde glaubt, aber doch Dinge von Pferden? oder zwar keine Flötenspieler glaubt, aber doch Dinge von Flötenspielern? Nein es gibt keinen, bester Mann; wenn du doch nicht antworten willst, will ich es dir und den übrigen hier sagen. Aber das nächste beantworte: Gibt es einen, welcher zwar, daß es daimonische Dinge gebe glaubt, Daimonen aber nicht glaubt? – Es gibt keinen. – Wie bin ich dir verbunden, daß du endlich, von diesen gezwungen; geantwortet hast. Daimonisches nun behauptest du, daß ich glaube und lehre, sei es nun neues oder altes, also Daimonisches glaube ich doch immer nach deiner Rede? Und das hast du ja selbst beschworen in der Anklageschrift. Wenn ich aber Daimonisches glaube, so muß ich doch ganz notwendig auch Daimonen glauben. Ist es nicht so? Wohl ist es so! Denn ich nehme an, daß du einstimmst, da du ja nicht antwortest. Und die Daimonen halten wir die nicht für Götter entweder, oder doch für Söhne von Göttern? Sagst du ja oder nein? – Ja, freilich. – Wenn ich also Daimonen glaube, wie du sagst, und die Daimonen sind selbst Götter, das wäre ja ganz das, was ich sage, daß du Rätsel vorbringst und scherzest, wenn du mich, der ich keine Götter glauben soll, hernach doch wieder Götter glauben läßt, da ich ja Daimonen glaube. Wenn aber wiederum die Daimonen Kinder der Götter sind, unächte von Nymphen oder andern denen sie ja auch zugeschrieben werden: welcher Mensch könnte dann wohl glauben daß es Kinder der Götter gäbe, Götter aber nicht? Eben so ungereimt wäre das ja, als wenn Jemand glauben wollte, Kinder gebe es wohl von Pferden und Eseln, Maulesel nämlich, Esel aber und Pferde wollte er nicht glauben, daß es gäbe. Also Melitos, es kann nicht anders sein, als daß du entweder um uns zu versuchen diese Klage angestellt hast, oder in gänzlicher Verlegenheit was für ein wahres Verbrechen du mir wohl anschuldigen könntest. Wie du aber irgend einen Menschen, der auch nur ganz wenig Verstand hat, überreden willst, daß ein und derselbe Mensch Daimonisches und Göttliches glaubt, und wiederum derselbe doch auch weder Daimonen noch Götter noch Heroen, das ist doch auf keine Weise zu ersinnen.

Jedoch, ihr Athener, daß ich nicht strafbar bin in Beziehung auf die Anklage des Melitos, darüber scheint mir keine große Verteidigung nötig zu sein, sondern schon dieses ist genug. Was ich aber bereits im vorigen sagte, daß ich bei Vielen gar viel verhaßt bin, wißt nur, das ist wahr. Und das ist es auch, dem ich unterliegen werde, wenn ich unterliege, nicht dem Melitos, nicht dem Anytos, sondern dem üblen Ruf und dem Haß der Menge, dem auch schon viele andere treffliche Männer unterliegen mußten und glaube ich noch ferner unterliegen werden, und ist wohl nicht zu besorgen daß er bei mir sollte stehen bleiben. Vielleicht aber möchte einer sagen: Aber schämst du dich denn nicht, Sokrates, daß du dich mit solchen Dingen befaßt hast, die dich nun in Gefahr bringen zu sterben? Ich nun würde diesem die billige Rede entgegnen, Nicht gut sprichst du, lieber Mensch, wenn du glaubst Gefahr um Leben und Tod müsse in Anschlag bringen, wer auch nur ein weniges nutz ist, und müsse nicht vielmehr allein darauf sehn, wenn er etwas tut, ob es recht getan ist oder unrecht, ob eines rechtschaffenen Mannes Tat oder eines schlechten. Denn Elende wären ja nach deiner Rede die Halbgötter gewesen, welche vor Troja geendet haben und vorzüglich vor andern der Sohn der Thetis, welcher ehe er etwas schändliches ertragen wollte, die Gefahr so sehr verachtete, daß obgleich seine Mutter, die Göttin, als er sich aufmachte den Hektor zur töten, ihm so ohngefähr wie ich glaube zuredete, Wenn du, Sohn, den Tod deines Freundes Patroklos rächest und den Hektor tötest, so mußt du selbst sterben; denn, sagt sie, alsbald nach Hektor ist dir dein Ende geordnet, er dennoch dieses hörend den Tod und die Gefahr gering achtete, und weit mehr das fürchtend, als ein schlechter Mann zu leben und die Freunde nicht zu rächen, ihr antwortete, Möcht' ich sogleich hinsterben nachdem ich den Beleidiger gestraft, und nicht verlacht hier sitzen an den Schiffen, umsonst die Erde belastend. Meinst du etwa der habe sich um Tod und Gefahr bekümmert? Denn so, ihr Athener, verhält es sich in der Tat. Wohin Jemand sich selbst stellt in der Meinung es sei da am besten, oder wohin einer von seinen Obern gestellt wird, da muß er wie mich dünkt jede Gefahr aushalten, und weder den Tod noch selbst irgend etwas in Anschlag bringen gegen die Schande. Ich also hätte Arges getan, ihr

Athener, wenn ich, als die Befehlshaber mir einen Platz anwiesen, die ihr gewählt hattet um über mich zu befehlen bei Potidaia, bei Amphipolis und Delion, damals also, wo jene mich hinstellten gestanden hätte wie irgend ein anderer und es auf den Tod gewagt; wo aber der Gott mich hinstellte, wie ich es doch glaubte und annahm, damit ich in Aufsuchung der Weisheit mein Leben hinbrächte, und in Prüfung meiner selbst und Anderer, wenn ich da den Tod oder irgend etwas fürchtend aus der Ordnung gewichen wäre. Arg wäre das, und dann in Wahrheit könnte mich einer mit Recht hieher führen vor Gericht, weil ich nicht an die Götter glaubte, wenn ich dem Orakel unfolgsam wäre und den Tod fürchtete, und mich weise dünkte ohne es zu sein. Denn den Tod fürchten, ihr Männer, das ist nichts anderes, als sich dünken man wäre weise und es doch nicht sein. Denn es ist ein Dünkel etwas zu wissen was man nicht weiß. Denn Niemand weiß was der Tod ist, nicht einmal ob er nicht für den Menschen das größte ist unter allen Gütern. Sie fürchten ihn aber, als wüßten sie gewiß, daß er das größte Übel ist. Und wie wäre dies nicht eben derselbe verrufene Unverstand, die Einbildung etwas zu wissen, was man nicht weiß. Ich nun, ihr Athener, übertreffe vielleicht um dasselbe auch hierin die meisten Menschen. Und wollte ich behaupten, daß ich um irgend etwas weiser wäre: so wäre es um dieses, daß da ich nichts ordentlich weiß von den Dingen in der Unterwelt ich es auch nicht glaube zu wissen; gesetzwidrig handeln aber und dem besseren, Gott oder Mensch, ungehorsam sein, davon weiß ich, daß es übel und schändlich ist. Im Vergleich also mit den Übeln, die ich als Übel kenne, werde ich niemals das wovon ich nicht weiß, ob es nicht ein Gut ist fürchten oder fliehen. So daß, wenn ihr mich itzt lossprechet ohne dem Anytos zu folgen, welcher sagt, entweder sollte ich gar nicht hieher gekommen sein, oder nachdem ich einmal hier wäre, sei es ganz unmöglich mich nicht hinzurichten, indem er euch vorstellt, wenn ich nun durchkäme dann erst würden eure Söhne sich dessen recht befleißigen was Sokrates lehrt und alle ganz und gar verderbt werden; wenn ihr mir hierauf sagtet, Jetzt Sokrates wollen wir zwar dem Anytos nicht folgen, sondern lassen dich los unter der Bedingung jedoch, daß du diese Nachforschung nicht mehr betreibst und nicht mehr nach Weisheit suchst; wirst du aber noch einmal darauf betroffen, daß du dies tust, so mußt du sterben; wenn ihr mich also wie gesagt auf diese Bedingung losgeben wolltet, so würde ich zu euch sprechen, Ich bin euch, ihr Athener, zwar zugetan und Freund, gehorchen aber werde ich dem Gotte mehr als euch, und so lange ich noch atme und es vermag, werde ich nicht aufhören nach Weisheit zu suchen und euch zu ermahnen und zu beweisen, wen von euch ich antreffe, mit meinen gewohnten Reden, wie, Bester Mann, als ein Athener aus der größten und für Weisheit und Macht berühmtesten Stadt, schämst du dich nicht für Geld zwar zu sorgen wie du dessen aufs meiste erlangest, und für Ruhm und Ehre, für Einsicht aber und Wahrheit und für deine Seele, daß sie sich aufs beste befinde sorgst du nicht und hierauf willst du nicht denken? Und wenn Jemand unter euch dies läugnet, und behauptet er denke wohl darauf, werde ich ihn nicht gleich loslassen und fortgehn; sondern ihn fragen und prüfen und ausforschen. Und wenn mich dünkt er besitze keine

Tugend, behaupte es aber: so werde ich es ihm verweisen, daß er das wichtigste geringer achtet und das schlechtere höher. So werde ich mit Jungen und Alten, wie ich sie eben treffe verfahren und mit Fremden und Bürgern, um soviel mehr aber mit euch Bürgern, als ihr mir näher verwandt seid. Denn so, wißt nur, befiehlt es der Gott. Und ich meines Teils glaube, daß noch nie größeres Gut dem Staate widerfahren ist als dieser Dienst, den ich dem Gott leiste. Denn nichts anderes tue ich, als daß ich umhergehe um Jung und Alt unter euch zu überreden, ja nicht für den Leib und für das Vermögen zuvor noch überall so sehr zu sorgen als für die Seele, daß diese aufs beste gedeihe, zeigend wie nicht aus dem Reichtum die Tugend entsteht, sondern aus der Tugend der Reichtum, und alle andern menschlichen Güter insgesamt, eigentümliche und gemeinschaftliche. Wenn ich nun durch solche Reden die Jugend verderbe, so müßten sie ja schädlich sein; wenn aber Jemand sagt, ich rede etwas anderes als dies, der sagt nichts. Dem gemäß nun, würde ich sagen, ihr Athenischen Männer, gehorcht nun dem Anytos oder nicht, sprecht mich los oder nicht, daß ich auf keinen Fall anders handeln werde, und müßte ich noch so oft sterben. Kein Getümmel, ihr Athener, sondern harret mir aus bei dem was ich euch gebeten, mir nicht zu toben über das was ich sage, sondern zu hören. Auch wird es euch, glaube ich, heilsam sein wenn ihr es hört. Denn ich bin im Begriff euch noch manches andere zu sagen, worüber ihr vielleicht schreien möchtet; aber keinesweges tut das. Denn wißt ihr, wenn ihr mich tötet, einen solchen Mann wie ich sage, so werdet ihr mir nicht größer Leid zufügen als euch selbst. Denn Leid zufügen wird mir weder Melitos noch Anytos im mindesten. Sie könnten es auch nicht; denn es ist, glaube ich, nicht in der Ordnung daß dem besseren Manne von dem schlechteren Leides geschehe. Töten freilich kann mich einer, oder vertreiben oder des Bürgerrechtes berauben. Allein dies hält dieser vielleicht und sonst mancher für große Übel, ich aber gar nicht; sondern weit mehr dergleichen tun, wie dieser jetzt tut, einen Andern widerrechtlich suchen hinzurichten. Daher auch jetzt, ihr Athener, ich weit entfernt bin um mein selbst willen mich zu verteidigen, wie einer wohl denken könnte, sondern um euretwillen, damit ihr nicht gegen des Gottes Gabe an euch etwas sündiget durch meine Verurteilung. Denn wenn ihr mich hinrichtet werdet ihr nicht leicht einen andern solchen finden, der ordentlich, sollte es auch lächerlich gesagt scheinen, von dem Gotte der Stadt beigegeben ist, wie einem großen und edlen Rosse, das aber eben seiner Größe wegen sich zur Trägheit neigt, und der Anreizung durch den Sporn bedarf, wie mich scheint der Gott dem Staate als einen solchen zugelegt zu haben, der ich auch euch einzeln anzuregen zu überreden und zu verweisen den ganzen Tag nicht aufhöre, überall euch anliegend. Ein anderer solcher nun wird euch nicht leicht wieder werden ihr Männer. Wenn ihr also mir folgen wollt, werdet ihr meiner schonen. Ihr aber werdet vielleicht verdrießlich, wie die Schlummernden wenn man sie aufweckt, um euch stoßen, und mich dem Anytos folgend leichtsinnig hinrichten, dann aber das übrige Leben weiter fort schlafen, wenn euch nicht der Gott wieder einen Andern zuschickt aus Erbarmen. Daß ich aber ein solcher bin, der wohl von dem Gotte der Stadt mag geschenkt sein, das könnt ihr hieraus abnehmen. Denn nicht wie etwas menschliches sieht es aus, daß ich das meinige samt und sonders versäumt habe, und so viele Jahre schon ertrage daß meine Angelegenheiten zurückstehen, immer aber die eurigen betreibe an jeden einzeln mich wendend, und wie ein Vater oder älterer Bruder ihm zuredend, sich doch die Tugend angelegen sein zu lassen. Und wenn ich hievon noch einen Genuß hätte und um Lohn Andere so ermahnte, so hätte ich noch einen Grund. Nun aber seht ihr ja selbst, daß meine Ankläger, so schamlos sie mich auch alles Andern beschuldigen, dieses doch nicht erreichen konnten mit ihrer Schamlosigkeit, einen Zeugen aufzustellen, daß ich jemals einen Lohn mir ausgemacht oder gefodert hätte. Ich aber stelle, meine ich, einen hinreichenden Zeugen für die Wahrheit meiner Aussage, meine Armut. Vielleicht könnte auch dies Jemanden ungereimt dünken, daß ich um Einzelen zu raten umhergehe und mir viel zu schaffen mache, öffentlich aber mich nicht erdreiste in eurer Versammlung auftretend dem Staate zu raten. Hievon nun ist die Ursach, was ihr mich oft und vielfältig sagen gehört habt, daß mir etwas Göttliches und Daimonisches widerfährt, was auch Melitos in seiner Anklage auf Spott gezogen hat. Mir aber ist dieses von meiner Kindheit an geschehen, eine Stimme nämlich, welche jedesmal, wenn sie sich hören läßt, mir von etwas abredet, was ich tun will, zugeredet aber hat sie mir nie. Das ist es, was sich mir widersetzt daß ich nicht soll Staatsgeschäfte betreiben. Und sehr mit Recht, scheint es mir sich dem zu widersetzen. Denn wißt nur, ihr Athener, wenn ich schon vor langer Zeit unternommen hätte Staatsgeschäfte zu betreiben: so wäre ich auch schon längst umgekommen, und hätte weder euch etwas genutzt noch auch mir selbst. Werdet mir nur nicht böse, wenn ich die Wahrheit rede. Denn kein Mensch kann sich erhalten, der sich sei es nun euch oder einer andern Volksmenge tapfer widersetzt, und viel ungerechtes und gesetzwidriges im Staate zu verhindern sucht: sondern notwendig muß, wer in der Tat für die Gerechtigkeit streiten will, auch wenn er sich nur kurze Zeit erhalten soll, ein zurückgezogenes Leben führen, nicht ein öffentliches. Tüchtige Beweise will ich euch hievon anführen, nicht Worte, sondern was ihr höher achtet, Tatsachen. Hört also von mir was mir selbst begegnet ist, damit ihr seht, daß ich auch nicht Einem nachgeben würde gegen das Recht aus Todesfurcht, und zugleich daß, wenn ich das nicht täte, ich umkommen müßte. Ich werde euch freilich unangenehme und langweilige Geschichten erzählen, aber doch wahre. Ich nämlich, ihr Athener, habe niemals irgend ein anderes Amt im Staate bekleidet, als nur zu Rate bin ich gesessen. Und eben hatte unser Stamm der Antiochische den Vortrag, als ihr den Anschlag faßtet die zehn Heerführer, welche die in der Seeschlacht Gebliebenen nicht begraben hatten, sämtlich zu verurteilen, ganz gesetzwidrig, wie es späterhin euch allen dünkte. Da war ich unter allen Prytanen der einzige, der sich euch widersetzte, damit ihr nichts gegen die Gesetze tun möchtet, und euch entgegenstimmte. Und obgleich die Redner bereit waren mich anzugeben und gefangen zu setzen, und ihr es fordertet und schriet: so glaubte ich doch ich müßte lieber mit dem Recht und dem Gesetz die Gefahr bestehen, als mich zu euch gesellen in einem so ungerechten Vorhaben aus Furcht des

Gefängnisses oder des Todes. Und dies geschah, als im Staat noch das Volk herrschte. Nachdem aber die Regierung an einige wenige gekommen, so ließen einst die Dreißig mich mit noch Vier Anderen auf die Tholos holen, und trugen uns auf den Salaminier Leon aus Salamin herzubringen um ihn hinzurichten, wie sie denn dergleichen vieles Vielen Andern auch auftrugen, um so viele als irgend möglich in Verschuldungen zu verstricken. Auch da nun zeigte ich wiederum nicht durch Worte, sondern durch die Tat, daß der Tod, wenn euch das nicht zu bäurisch klingt, mich auch nicht das mindeste kümmerte, nichts ruchloses aber und nichts ungerechtes zu begehn mich mehr als alles kümmert. Denn mich konnte jene Regierung, so gewaltig sie auch war, nicht so einschrecken, daß ich etwas unrechtes getan hatte. Sondern als wir von der Tholos herunterkamen gingen die Viere nach Salamin und brachten den Leon; ich aber ging meines Weges nach Hause. Und vielleicht hätte ich deshalb sterben gemußt, wenn nicht jene Regierung kurz darauf wäre aufgelöset worden. Dies werden euch sehr Viele bezeugen können. Glaubt ihr wohl, daß ich so viele Jahre würde durchgekommen sein, wenn ich die öffentlichen Angelegenheiten verwaltet, und als ein redlicher Mann sie verwaltend überall dem Recht geholfen, und dies wie es sich gebührt über alles gesetzt hätte? Weit gefehlt, ihr Athener; und eben so wenig irgend ein anderer Mensch. Ich also werde mein ganzes Leben hindurch öffentlich wo ich etwas verrichtet und eben so auch für mich, als ein solcher erscheinen, daß ich nie einem jemals irgend etwas eingeräumt habe wider das Recht, weder sonst jemand noch auch von diesen einem, die meine Verläumder meine Schüler nennen. Eigentlich aber bin ich nie irgend jemandes Lehrer gewesen; wenn aber Jemand, wie ich rede und mein Geschäft verrichte, Lust hat zu hören, Jung oder Alt, das habe ich nie Jemanden mißgönnt. Auch nicht etwa nur wenn ich Geld bekomme unterrede ich mich, wenn aber keines, dann nicht; sondern auf gleiche Weise stehe ich dem Armen wie dem Reichen bereit zu fragen, und wer da will kann antworten und hören was ich sage. Und ob nun Jemand von diesen besser wird oder nicht, davon bin ich nicht schuldig die Verantwortung zu tragen, da ich Unterweisung hierin weder jemals Jemanden versprochen noch auch erteilt habe. Wenn aber einer behauptet jemals von mir etwas gelernt oder gehört zu haben insbesondere, was nicht auch alle andere, so wißt, daß er nicht die Wahrheit redet. Aber weshalb halten sich wohl einige so gern seit langer Zeit zu mir? Das habt ihr gehört, Athener, ich habe euch die ganze Wahrheit gesagt, daß sie nämlich diejenigen gern mögen ausforschen hören, welche sich dünken weise zu sein, und es nicht sind. Denn es ist nicht unerfreulich. Mir aber ist dieses, wie ich behaupte, von dem Gotte auferlegt zu tun durch Orakel und Träume, und auf jede Weise wie nur je göttliche Schickung einem Menschen etwas auferlegt hat zu tun.

Dies, ihr Athener, ist eben so wahr als leicht zu erweisen. Denn wenn ich von unsern Jünglingen einige verderbe, andere verderbt habe: so würden doch, wenn einige unter ihnen bei reiferem Alter eingesehen hätten, daß ich ihnen je in ihrer Jugend zum Bösen geraten, diese selbst jetzt aufstehn um mich zu verklagen und zur Strafe zu ziehen;

wollten sie aber selbst nicht, so würden irgend welche von ihren Verwandten, Eltern, Brüder oder andere Angehörige, wenn ich ihren Verwandten irgend böses zugefügt, es mir jetzt gedenken. Auf jeden Fall sind ja viele von ihnen hier zugegen, die ich sehe, zuerst hier Kriton mein Alters- und Zunftgenosse, der Vater dieses Kritobulos; dann Lysanias der Sphettier, dieses Aischines Vater; auch Antiphon der Kephesier, des Epigenes Vater. Und andere sind diese, deren Brüder meines Umganges gepflogen, Nikostratos des Theosdotides Sohn, der Bruder des Theodotos, und zwar ist Theodotos tot, der ihn also nicht kann beschwichtiget haben; und Paralos des Demodokos Sohn, dessen Bruder Theages war; und Adeimantos des Ariston Sohn, der Bruder dieses Platon; und Aiantodoros, dessen Bruder dieser Apollodoros ist. Und noch viele Andere kann ich euch nennen, von denen doch vor allen Dingen Melitos in seiner Rede irgend einen zum Zeugen sollte aufgerufen haben. Hat er es aber damals vergessen; so rufe er noch einen auf, ich gebe es nach, und er sage es wenn er so etwas hat. Allein hievon werdet ihr ganz das Gegenteil finden, ihr Männer, alle willig mir beizustehn, mit dem Verderber, dem Unheilstifter ihrer Verwandten, wie Melitos und Anytos sagen. Denn die Verführten selbst könnten vielleicht Grund haben mir beizustehen; aber die unverderbten schon reiferen Männer, die ihnen verwandt sind, welchen andern Grund hätten diese, mir beizustehen, als den gerechten und billigen, daß sie wissen Melitos lügt, ich aber rede die Wahrheit.

Wohl, ihr Männer! Was ich zu meiner Verteidigung zu sagen wüßte, das ist etwa dieses, und vielleicht mehr dergleichen. Vielleicht aber wird Mancher unter euch unwillig gegen mich wenn er an sich selbst denkt, wenn er etwa bei Durchfechtung eines vielleicht weit leichteren Kampfes als dieser, die Richter gebeten und gefleht hat unter vielen Tränen, und seine Kinder mit sich heraufgebracht um nur möglichst viel Erbarmen zu erregen, und viele andere von seinen Verwandten und Freunden, ich aber von dem allen nichts tun will, und das, da ich, wie es scheinen kann, in der äußersten Gefahr schwebe. Vielleicht wird Mancher dies bedenkend seine Eitelkeit von mir gekränkt fühlen, und eben hierüber erzürnt im Zorn seine Stimme abgeben. Wenn Jemand unter euch so gesinnt ist, ich glaube es zwar nicht, aber wenn doch: so denke ich meine Rede wird zu billigen sein, wenn ich ihm sage: Auch ich, o Bester, habe so einige Verwandte. Denn auch ich, wie Homeros sagt, nicht der Eiche entstammte ich oder dem Felsen, sondern Menschen. Daher ich denn Verwandte habe, und auch Söhne, ihr Athener, Dreie, einer schon herangewachsen, zweie noch Kinder. Dennoch aber werde ich keinen hieher bringen um euch zu erbitten, daß ihr günstig abstimmen möget. Warum doch werde ich nichts dergleichen tun? Nicht aus Eigendünkel, ihr Athener, noch daß ich euch geringschätze; sondern ob ich etwa besonders furchtlos bin gegen den Tod oder nicht das ist eine andere Sache, aber in Beziehung auf das was rühmlich ist für mich und euch und für die ganze Stadt, dünkt es mich anständig, daß ich nichts dergleichen tue, zumal in solchem Alter und im Besitz dieses Rufes, sei er nun gegründet oder nicht, angenommen ist doch einmal, daß Sokrates sich in etwas auszeichnet vor andern Menschen. Wenn nun, die unter euch dafür gelten, sich auszuzeichnen durch Weisheit oder Tapferkeit oder welche andere Tugend es sei, sich so betragen wollten, das wäre schändlich, wie ich doch öfters gesehen habe, daß manche die sich etwas dünken, doch wenn sie vor Gericht standen ganz wunderliche Dinge anstellten, meinend was ihnen arges begegnete, wenn sie etwa sterben müßten, gleich als würden sie unsterblich sein, wenn ihr sie nur nicht hinrichtetet. Solche dünkt mich machen der Stadt Schande; so daß wohl mancher Fremde denken mag, diese ausgezeichneten Männer unter den Athenern, denen sie selbst unter sich bei der Wahl der Obrigkeiten und allem was sonst ehrenvoll ist den Vorzug einräumen, betragen sich ja nichts besser als die Weiber. Dergleichen also, ihr Athener, dürfen weder wir tun, die wir dafür gelten auch nur irgend etwas zu sein, noch auch wenn wir es täten dürft ihr es dulden, sondern eben dies zeigen, daß ihr weit eher den verurteilt, der euch solche Trauerspiele vorführt und die Stadt lächerlich macht, als den der sich ruhig verhält. Abgesehen aber von dem rühmlichen dünkt es mich auch nicht einmal recht den Richter zu bitten, und sich durch Bitten loszuhelfen, sondern belehren muß man ihn und überzeugen. Denn nicht dazu ist der Richter gesetzt das Recht zu verschenken, sondern es zu beurteilen; und er hat geschworen, nicht sich gefällig zu erweisen gegen wen es ihm beliebt, sondern Recht zu sprechen nach den Gesetzen. Also dürfen weder wir euch gewöhnen an den Meineid, noch ihr euch gewöhnen lassen, sonst würden wir von keiner Seite fromm handeln. Mutet mir also nicht zu, ihr Athener, dergleichen etwas gegen euch zu tun, was ich weder für anständig halte noch für recht, noch für fromm, zumal ich ja, beim Zeus, eben auch der Gottlosigkeit angeklagt bin von diesem Melitos. Denn offenbar wenn ich euch durch Bitten zu etwas überredete oder nötigte gegen euren Schwur, dann lehrte ich euch, nicht zu glauben daß es Götter gebe, und recht durch die Verteidigung klagte ich mich selbst an, daß ich keine Götter glaubte. Aber weit gefehlt daß es so wäre! wohl glaube ich an sie, ihr Athener, wie keiner von meinen Anklägern, und überlasse euch und dem Gotte über mich zu entscheiden, wie es für mich das Beste sein wird und für euch.

Nach der Verurteilung

Daß ich nicht unwillig bin, ihr Athener, über dieses Ereignis, daß ihr mich verurteilt habt, dazu trägt noch sonst vieles bei, aber auch nicht unverhofft ist mir das Geschehene geschehen; sondern vielmehr wundere ich mich über die sich ergebende Zahl der beiderseitigen Stimmen. Denn ich glaubte nicht, daß es nur auf so weniges ankommen würde, sondern auf sehr viel. Nun aber, wie man sieht, wenn nur drei Stimmen anders gefallen wären, so wäre ich entkommen. Dem Melitos zwar bin ich auch itzt entkommen, wie mich dünkt; und nicht nur entkommen, sondern es liegt auch jedem vor Augen, daß wenn nicht Anytos und Lykon aufgetreten wären mich anzuklagen, er tausend Drachmen erlegen müßte, weil er den fünften Teil der Stimmen nicht erlangt hätte. Zuerkennen also will mir der Mann den Tod. Wohl! Was soll ich mir nun dagegen zuerkennen, ihr Athener? Doch gewiß was ich verdiene! Wie also? was verdiene ich zu erleiden oder zu erlegen, weshalb auch immer ich in meinem Leben nie Ruhe gehalten, sondern unbekümmert um das was den Mehresten wichtig ist, um das Reichwerden und den Hausstand um Kriegswesen und Volksrednerei und sonst um Ämter um Verschwörungen und Parteien die sich in der Stadt hervorgetan, weil ich mich in der Tat für zu gut hielt, um mich durch Teilnahme an solchen Dingen zu erhalten, mich mit nichts eingelassen, wo ich weder euch noch mir etwas nutz gewesen wäre; vielmehr nur darauf bedacht, wie ich jedem einzeln die meines Dafürhaltens größte Wohltat erweisen könnte, mich dessen allein, wie ich behaupte befleißiget, bemüht jeden von euch zu bewegen, daß er weder für irgend etwas von dem seinigen eher sorge bis er für sich selbst gesorgt habe wie er immer besser und vernünftiger wo möglich werden konnte, noch auch für die Angelegenheiten des Staates eher als für den Staat selbst, und nach derselben Weise auch nur für alles Andere sorgen möchte. Was also verdiene ich dafür zu leiden, daß ich ein solcher bin? Etwas gutes, ihr Athener, wenn ich der Wahrheit gemäß nach Verdienst mir etwas zuerkennen soll, und zwar etwas Gutes von der Art, wie es mir angemessen ist. Was ist also einem unvermögenden Wohltäter angemessen, welcher der freien Muße bedarf um euch zu ermahnen? Es gibt nichts, was so angemessen ist, ihr Athener, als daß ein solcher Mann im Prytaneion gespeiset werde, weit mehr als wenn einer von euch mit dem Rosse oder dem Zwiegespann oder dem Viergespann in den olympischen Spielen gesiegt hat. Denn ein solcher bewirkt nur, daß ihr glücklich scheint, ich aber daß ihr es seid; und jener bedarf der Speisung nicht, ich aber bedarf ihrer. Soll ich mir also was ich mit Recht verdiene zuerkennen: so erkenne ich mir dieses zu, Speisung im Prytaneion. Vielleicht wird euch nun, daß ich dieses sage, eben so bedünken als was ich von dem Flehen und der Mitleidserregung sagte, als hartnäckiger Eigendünkel. Das ist aber nicht so, ihr Athener, sondern so vielmehr. Ich bin überzeugt daß ich nie jemanden vorsätzlich beleidige. Euch freilich überzeuge ich davon nicht, weil wir gar zu kurze Zeit mit einander geredet haben. Denn ich glaube wohl, wenn ihr ein Gesetz hättet, wie man es anderwärts hat, über Leben und Tod nicht an einem Tage zu entscheiden, sondern nach mehreren: so wäret ihr wohl überzeugt worden; nun aber ist es nicht leicht in kurzer Zeit sich von so schweren Verläumdungen zu reinigen. Überzeugt also wie ich bin, daß ich Niemand Unrecht zufüge, werde ich doch wahrlich nicht mir selbst Unrecht tun, und selbst gegen mich reden als ob ich etwas übles verdiente, und mir dergleichen etwas zuerkennen. Was doch befürchtend? doch daß ich das erleiden müßte, was Melitos mir zuerkennt, und wovon ich nicht zu wissen gestehe, ob es ein Gut oder ein Übel ist? Anstatt dessen also sollte ich von denen Dingen eines wählen und mir zuerkennen, von welchen ich gar wohl weiß, daß sie Übel sind? Etwa Gefängnisstrafe? Und wozu sollte ich doch leben im Kerker, unter dem Befehl der jedesmaligen Obrigkeit? Oder Geldstrafe? und gefangen zu sein bis ich sie entrichtet habe? Das wäre aber für mich ganz dasselbe wie das Vorige. Denn ich habe kein Geld, wovon ich sie entrichten könnte. Aber die Verweisung soll ich mir wohl zuerkennen? Die möchtet ihr mir vielleicht wohl zugestehen. Aber von großer Lebenslust müßte ich wohl besessen sein, ihr Athener, wenn ich so unvernünftig wäre, daß ich nicht berechnen könnte, da ihr meine Mitbürger nicht im Stande gewesen seid, meine Lebensweise und meine Reden zu ertragen, sondern sie euch zu beschwerlich und verhaßt geworden sind, so daß ihr euch nun davon loszumachen sucht, ob also wohl Andere sie leichter ertragen werden? Weit gefehlt, ihr Athener! Ein schönes Leben wäre mir das also, in solchem Alter auszuwandern und immer umhergetrieben eine Stadt mit der andern zu vertauschen. Denn das weiß ich wohl, wohin ich auch komme, werden die Jünglinge meinen Reden zuhören, eben wie hier. Und wenn ich diese von mir weise, so werden sie selbst bei den Alten meine Verweisung bewirken; weise ich sie nicht von mir, so werden dasselbe doch ihre Väter und Verwandten um jener willen tun. Vielleicht aber wird einer sagen: Also still und ruhig, Sokrates, wirst du nicht im Stande sein nach deiner Verweisung zu leben? Das nun ist wohl am allerschwersten Manchem von euch begreiflich zu machen. Denn wenn ich sage, das hieße dem Gotte ungehorsam sein, und deshalb wäre es mir unmöglich mich ruhig zu verhalten: so werdet ihr mir nicht glauben als meinte ich etwas anderes als ich sage. Und wenn ich wiederum sage, daß ja eben dies das größte Gut für den Menschen ist, täglich über die Tugend sich zu unterhalten, und über die andern Gegenstände, über welche ihr mich reden und mich selbst und Andere prüfen hört, ein Leben ohne Selbsterforschung aber gar nicht verdient gelebt zu werden, das werdet ihr mir noch weniger glauben wenn ich es sage. Aber gewiß verhält sich dies so, wie ich es vortrage, ihr Männer, nur euch davon zu überzeugen ist nicht leicht. Auch bin ich nicht gewohnt mich selbst etwas übles wert zu achten. Hätte ich nun Geld, so würde ich mir soviel Geldstrafe zuerkennen als ich entrichten könnte: denn davon hätte ich weiter keinen Schaden. Nun aber, ich habe eben keins; wenn ihr nicht etwa soviel als ich zu entrichten vermag mir zuerkennen wollt. Ich vermöchte euch aber vielleicht etwa eine Mine zu entrichten. Die will ich mir also zuerkennen. Platon aber hier und Kriton und Kritobulos und Apollodoros reden mir zu mir Dreißig Minen zuzuerkennen und sie wollten Bürgschaft leisten. Soviel also erkenne ich mir zu, und diese werden euch für dies Geld zuverlässige Bürgen sein.

Nur um einer gar kurzen Zeit willen, ihr Athener, werdet ihr nun den Namen behalten und den Vorwurf von denen, welche die Stadt gern lästern mögen, daß ihr den Sokrates hingerichtet habt, diesen weisen Mann. Denn behaupten werden die nun freilich daß ich weise bin, wenn ich es auch nicht bin, die euch lästern wollen. Hättet ihr nun eine kleine Weile gewartet: so wäre euch ja dies von selbst erfolgt. Denn ihr seht ja mein Alter, daß es schon weit fortgerückt ist im Leben, und nahe am Tode. Ich sage dies aber nicht zu euch allen, sondern nur zu denen, die für meinen Tod gestimmt haben. Und zu eben diesen sage ich auch noch dies. Vielleicht glaubt ihr, Athener, ich unterläge jetzt aus Unvermögen in solchen Reden, durch welche ich euch wohl möchte überredet haben, wenn ich geglaubt hätte alles reden und tun zu dürfen um nur dieser Klage zu entkommen. Weit gefehlt! Sondern aus Unvermögen unterliege ich freilich, aber nicht an Worten; sondern an Frechheit und Schamlosigkeit, und an dem Willen dergleichen zu euch zu reden, als ihr freilich am liebsten gehört hättet, wenn ich gejammert hätte und gewehklagt, und viel Anderes getan und geredet meiner unwürdiges, wie ich behaupte, dergleichen ihr freilich gewohnt seid von den Andern zu hören. Allein weder vorher glaubte ich der Gefahr wegen etwas unedles tun zu dürfen, noch auch gereuet es mich jetzt mich so verteidigt zu haben; sondern weit lieber will ich auf diese Art mich verteidiget haben und sterben als auf jene und leben. Denn weder vor Gericht noch im Kriege ziemt es weder mir noch irgend Jemanden darauf zu sinnen, wie man nur auf jede Art dem Tode entgehen möge. Auch ist ja das bei Gefechten oft sehr offenbar, daß dem Tode einer wohl entfliehen könnte, würfe er nur die Waffen weg und wendete sich flehend an die Verfolgenden; und viele andere Rettungsmittel gibt es in jeglicher Gefahr um dem Tode zu entgehen, wenn einer nicht scheut Alles zu tun und zu reden. Allein, daß nur nicht dies gar nicht schwer ist, ihr Athener, dem Tode zu entgehen, aber weit schwerer der Schlechtigkeit; denn sie läuft schneller als der Tod. Auch itzt daher bin ich als ein langsamer Greis von dem langsameren gefangen worden; meine Ankläger aber, gewaltig und heftig wie sie sind von dem schnelleren der Bosheit. Jetzt also gehe ich hin und bin von euch der Strafe des Todes schuldig erklärt; diese aber sind von der Wahrheit schuldig erklärt der Unwürdigkeit und Ungerechtigkeit. Und sowohl ich beruhige mich bei dem Erkenntnis, als auch diese.

Dieses nun mußte vielleicht so kommen, und ich glaube, daß es ganz gut so ist. Was aber nun hierauf folgen wird, gelüstet mich euch zu weissagen, ihr meine Verurteiler! Denn ich stehe ja auch schon da, wo vorzüglich die Menschen weissagen, wenn sie nämlich im Begriff sind zu sterben. Ich behaupte also, ihr Männer die ihr mich hinrichtet, es wird sogleich nach meinem Tode eine weit schwerere Strafe über euch kommen, als die mit welcher ihr mich getötet habt. Denn itzt habt ihr dies getan in der Meinung nun entlediget zu sein von der Rechenschaft über euer Leben. Es wird aber ganz entgegengesetzt für euch ablaufen, wie ich behaupte. Mehrere werden sein, die euch zur Untersuchung ziehen, welche ich nur bisher zurückgehalten, ihr aber gar nicht bemerkt habt. Und um desto beschwerlicher werden sie euch werden, je jünger sie sind, und ihr um desto unwilliger. Denn wenn ihr meint durch Hinrichtungen dem Einhalt zu tun, daß euch Niemand schelten soll wenn ihr nicht recht lebt, so bedenkt ihr das sehr schlecht. Denn diese Entledigung ist weder recht ausführbar noch ist sie edel. Sondern jene ist die edelste und leichteste, nicht Anderen wehren, sondern sich selbst so einrichten daß man möglichst gut sei. Dieses will ich euch, die ihr gegen mich gestimmt habt geweissagt haben, und nun von euch scheiden.

Mit denen aber welche für mich gestimmt, möchte ich gern noch reden über dies Ereignis welches sich zugetragen, so lange die Gewalthaber noch Abhaltung haben, und ich noch nicht dahin gehen muß, wo ich sterben soll. Also, ihr Männer, so lange haltet mir noch aus. Nichts hindert ja uns vertraulich zu unterhalten mit einander so lange es noch vergönnt ist. Denn euch als meinen Freunden will ich gern das erklären, was mir so eben begegnet ist, was es eigentlich bedeutet. Mir ist nämlich, ihr Richter, denn euch benenne ich recht, wenn ich euch Richter nenne, etwas wunderbares vorgekommen. Meine gewohnte Vorbedeutung nämlich war in der vorigen Zeit wohl gar sehr häufig, und oft in großen Kleinigkeiten widerstand sie mir, wenn ich im Begriff war etwas nicht auf die rechte Art zu tun. Jetzt aber ist mir doch, wie ihr ja selbst seht, dieses begegnet, was wohl mancher für das größte Übel halten könnte, und was auch dafür angesehen wird; dennoch aber hat mir weder als ich des Morgens von Hause ging das Zeichen des Gottes widerstanden, noch auch als ich hier die Gerichtsstätte betrat, noch auch irgendwo in der Rede, wenn ich etwas sagen wollte. Wiewohl bei andern Reden es mich oft mitten im Reden aufhielt. Jetzt aber hat es mir nirgends bei dieser Verhandlung, wenn ich etwas tat, oder sprach nicht im mindesten widerstanden. Was für eine Ursach nun soll ich mir hievon denken? Das will ich euch sagen. Es mag wohl was mir begegnet ist etwas gutes sein, und unmöglich können wir recht haben, die wir annehmen der Tod sei ein Übel. Davon ist mir dies ein großer Beweis. Denn unmöglich würde mir das gewohnte Zeichen nicht widerstanden haben, wenn ich nicht begriffen gewesen wäre etwas gutes auszurichten. Laßt uns aber auch so erwägen, wieviel Ursach wir haben zu hoffen, es sei etwas gutes. Denn eins von beiden ist das Totsein, entweder soviel als nichts sein, noch irgend eine Empfindung von irgend etwas haben wenn man tot ist; oder, wie auch gesagt wird, es ist eine Versetzung und Umzug der Seele von hinnen an einen andern Ort. Und ist es nun gar keine Empfindung, sondern wie ein Schlaf, in welchem der Schlafende auch nicht einmal einen Traum hat, so wäre der Tod ein wunderbarer Gewinn. Denn ich glaube, wenn Jemand einer solchen Nacht, in welcher er so fest geschlafen, daß er nicht einmal einen Traum gehabt, alle übrigen Tage und Nächte seines Lebens gegenüberstellen, und nach reiflicher Überlegung sagen sollte, wieviel er wohl angenehmere und bessere Tage und Nächte als jene Nacht in seinem Leben gelebt hat: so glaube ich würde nicht nur ein gewöhnlicher Mensch, sondern der große König selbst finden, daß diese sehr leicht zu zählen sind gegen die übrigen Tage und Nächte. Wenn also der Tod etwas solches ist, so nenne ich ihn einen Gewinn, denn die ganze Zeit scheint ja auch nicht länger auf diese Art als Eine Nacht. Ist aber der Tod wiederum wie eine Auswanderung von hinnen an einen andern Ort, und ist das wahr was gesagt wird, daß dort alle Verstorbene sind, was für ein größeres Gut könnte es wohl geben als dieses, ihr Richter? Denn wenn einer in der Unterwelt angelangt nun dieser sich so nennenden Richter entlediget dort die wahren Richter antrifft, von denen auch gesagt wird, daß sie dort Recht sprechen, den Minos und Rhadamanthys und Aiakos und Triptolemos, und welche Halbgötter sonst gerecht gewesen sind in ihrem Leben, wäre das wohl eine schlechte Umwanderung? Oder auch mit dem Orpheus umzugehn und Musaios und Hesiodos und Homeros, wie teuer möchtet ihr das wohl erkaufen? Ich wenigstens will gern oftmals sterben, wenn dies wahr ist. Ja mir zumal wäre es ein herrliches Leben, wenn ich dort den Palamedes und Aias des Telamon Sohn anträfe, und wer sonst noch unter den Alten eines ungerechten Gerichtes wegen gestorben ist, mit dessen Geschick das meinige zu vergleichen, das müßte glaube ich gar nicht unerfreulich sein. Ja was das größte ist, die dort eben so ausfragend und ausforschend zu leben, wer unter ihnen weise ist, und wer es zwar glaubt es aber nicht ist. Für wieviel, ihr Richter, möchte das einer wohl annehmen, den welcher das große Heer nach Troja führte auszufragen oder den Odysseus oder Sisyphos, und viele andere könnte einer nennen, Männer und Frauen; mit welchen dort zu sprechen und umzugehn und sie auszuforschen auf alle Weise eine unbeschreibliche Glückseligkeit wäre. Gewiß werden sie einen dort um deswillen doch wohl nicht hinrichten. Denn nicht nur sonst ist man dort glückseliger als hier, sondern auch die übrige Zeit unsterblich, wenn das wahr ist, was gesagt wird. Also müßt auch ihr, Richter, gute Hoffnung haben in Absicht des Todes, und dies Eine richtige im Gemüt halten, daß es für den guten Mann kein Übel gibt weder im Leben noch im Tode, noch daß je von den Göttern seine Angelegenheiten vernachlässigt werden. Auch die meinigen haben itzt nicht von ohngefähr diesen Ausgang genommen: sondern mir ist deutlich, daß sterben und aller Mühen entlediget werden schon das beste für mich war. Daher auch hat weder mich irgendwo das Zeichen gewarnt, noch auch bin ich gegen meine Verurteiler und gegen meine Ankläger irgend aufgebracht. Obgleich nicht in dieser Absicht sie mich verurteilt und angeklagt haben, sondern in der Meinung mir übles zuzufügen. Das verdient an ihnen getadelt zu werden. Soviel jedoch bitte ich von ihnen. An meinen Söhnen wenn sie erwachsen sind nehmt eure Rache, ihr Männer, und quält sie eben so wie ich euch gequält habe, wenn euch dünkt daß sie sich um Reichtum oder um sonst irgend etwas eher bemühen als um die Tugend; und wenn sie sich dünken etwas zu sein, sind aber nichts: so verweiset es ihnen wie ich euch, daß sie nicht sorgen wofür sie sollten, und sich einbilden etwas zu sein, da sie doch nichts wert sind. Und wenn ihr das tut, werde ich Billiges von euch erfahren haben, ich selbst und meine Söhne. Jedoch, es ist Zeit daß wir gehn, ich um zu sterben, und ihr um zu leben. Wer aber von uns beiden zu dem besseren Geschäft hingehe, das ist Allen verborgen außer nur Gott.

Kriton

Sokrates • Kriton

Sokrates: Wie bist du schon um diese Zeit gekommen, Kriton? Oder ist es nicht noch früh?

Kriton: Noch gar sehr.

Sokrates: Welche Zeit wohl?

Kriton: Die erste Morgendämmerung.

Sokrates: Da wundere ich mich, daß der Schließer des Gefängnisses dir aufmachen gewollt hat.

Kriton: Er ist schon gut bekannt mit mir, Sokrates, weil ich oft hieher komme. Auch hat er wohl eher etwas von mir erhalten.

Sokrates: Bist du eben erst gekommen oder schon lange?

Kriton: Schon ziemlich lange.

Sokrates: Warum also hast du mich nicht gleich geweckt, sondern dich so still hingesetzt?

Kriton: Nein, beim Zeus, Sokrates, wollte ich doch selbst lieber nicht so lange gewacht haben in solcher Betrübnis. Aber sogar dir habe ich schon lange verwundert zugesehen, wie sanft du schliefst; und recht wohlbedächtig habe ich dich nicht geweckt, damit dir die Zeit noch recht sanft hingehe. Denn oft schon freilich auch sonst im ganzen Leben habe ich dich glücklich gepriesen deiner Gemütsart wegen, bei weitem aber am meisten bei dem jetzigen Unglück wie leicht und gelassen du es erträgst.

Sokrates: Es wäre ja auch frevelhaft, o Kriton, mich in solchem Alter unwillig darüber zu gebärden, wenn ich endlich sterben muß.

Kriton: Werden doch auch Andere, Sokrates, eben so bejahrte von solchem Unglück bestrickt; aber ihr Alter schützt sie nicht davor, sich nicht unwillig zu gebärden gegen das eintretende Geschick.

Sokrates: Wohl wahr! Aber warum doch bist du so früh gekommen?

Kriton: Um dir eine traurige Botschaft zu bringen, Sokrates. Nicht dir, wie ich wohl sehe, aber mir und allen deinen Freunden traurig und schwer, und die ich wie mich dünkt ganz besonders am schwersten ertragen werde.

Sokrates: Was doch für eine? Ist etwa das Schiff aus Delos zurückgekommen, nach dessen Ankunft ich sterben soll?

Kriton: Noch ist es zwar nicht hier, aber ich glaube doch es wird heute kommen, nach dem was Einige von Sunion gekommene berichten, die es dort verlassen haben. Aus dieser Nachricht nun ergibt sich, daß es heute kommt, und daß du also Morgen dein Leben wirst beschließen müssen.

Sokrates: Also, o Kriton, Glück auf! Wenn es den Göttern so genehm ist, sei es so. Jedoch glaube ich nicht, daß es heute kommt.

Kriton: Woher vermutest du das?

Sokrates: Das will ich dir sagen. Ich soll doch an dem folgenden Tage sterben, nachdem das Schiff gekommen ist.

Kriton: So sagen wenigstens die darüber zu gebieten haben.

Sokrates: Daher glaube ich nun nicht, daß es an dem jetzt anbrechenden Tage kommen wird, sondern erst an dem nächsten. Ich schließe das aber aus einem Traume, den ich vor einer kleinen Weile in dieser Nacht gesehen habe, und beinahe mag es sich recht gelegen gefügt haben, daß du mich nicht aufgeweckt hast.

Kriton: Und was träumte dir?

Sokrates: Es kam mir vor, als ob eine schöne wohlgestaltete Frau mit weißen Kleidern angetan auf mich zukam, mich anrief und mir sagte: O Sokrates, möchtest du am dritten Tag in die schollige Phthia gelangen.

Kriton: Welch ein sonderbarer Traum, o Sokrates!

Sokrates: Deutlich gewiß, wie mich dünkt, o Kriton!

Kriton: Gar sehr, wie es scheint. Aber du wunderlicher Sokrates, auch jetzt noch folge mir und rette dich. Denn für mich ist es nicht Ein Unglück etwa wenn du stirbst: sondern außerdem, daß ich eines solchen Freundes beraubt werde, wie ich nie wieder einen finden kann, werden auch Viele glauben, die mich und dich nicht genau kennen, daß ob ich schon im Stande gewesen wäre dich zu retten, wenn ich einiges Geld aufwenden gewollt, ich es doch verabsäumt hätte. Und was für einen schlechteren Ruf könnte es wohl geben, als dafür angesehen sein, daß man das Geld höher achte als die Freunde. Denn das werden die Leute nicht glauben, daß du selbst nicht weggehn gewollt habest, wiewohl wir Alles dazu getan.

Sokrates: Aber du guter Kriton, was soll uns doch die Meinung der Leute so sehr kümmern? Denn die Besseren auf welche es eher lohnt Bedacht zu nehmen werden schon glauben, es sei so gegangen wie es gegangen ist.

Kriton: Aber du siehst doch nun, Sokrates, daß es nötig ist auch um der Leute Meinung sich zu kümmern. Eben das gegenwärtige zeigt ja genug, daß die Leute wohl vermögen nicht das kleinste Übel nur zuzufügen, sondern wohl das größte, wenn Jemand bei ihnen verläumdet ist.

Sokrates: Möchten sie nur, o Kriton, das größte Übel zuzufügen vermögen, damit sie auch das größte Gut vermöchten. Das wäre ja vortrefflich! Nun aber vermögen sie keines von beiden. Denn weder vernünftig noch unvernünftig können sie machen; sondern sie machen nur was sich eben trifft.

Kriton: Das mag immer so sein. Dies aber, Sokrates, sage mir, ob du auch nicht etwa um mich besorgt bist, und um die anderen Freunde, daß nicht wenn du von hier weggingest, die Angeber uns Händel anrichten, weil wir dir heimlich fortgeholfen hätten, und wir dann entweder unser ganzes Vermögen dran geben müßten, oder doch vieles Geld, und vielleicht noch sonst etwas dazu erleiden. Denn wenn du dergleichen etwas fürchtest, das laß gut sein. Uns gebührt es ja wohl, über deiner Rettung diese Gefahr auf uns zu nehmen, und wenn es sein müßte, eine noch größere. Also gehorche mir, und tue ja nicht anders.

Sokrates: Auch darum bin ich besorgt; auch noch um vieles andere.

Kriton: Also weder dieses befürchte. Denn zuerst ist es nicht einmal viel Geld, wofür Einige dich retten und von hier wegführen wollen. Und dann, siehst du nicht diese Angeber, wie wohlfeil sie sind, und wie gar nicht viel Geld für sie nötig sein würde? Für dich also, glaube ich, würde auch mein Geldvorrat hinreichend sein. Wenn du aber etwa aus Vorsorge für mich nicht leiden wolltest, daß ich von dem meinigen aufwendete: so sind hier die Fremden bereit es auszulegen. Ja einer hat ausdrücklich hiezu eine hinreichende Summe zur Stelle gebracht, Simmias von Thebai. Auch Kebes ist bereit und gar viele Andere. So daß, wie gesagt, weder aus dieser Besorgnis du es aufgeben darfst dich zu retten, noch auch, was du vor Gericht sagtest, dir hinderlich sein muß, daß du nämlich nach deiner Auswanderung von hier nicht wissen würdest, was du anfangen solltest mit dir selbst. Denn an gar vielen Orten auch anderwärts wohin du nur kämest, würde man dich gern sehen; wolltest du aber nach Thessalien gehen, so habe ich dort Gastfreunde, die dich sehr wert achten und dir solche Sicherheit genug gewähren würden, daß dir Niemand etwas anhaben dürfte in Thessalien. Ferner Sokrates dünkt mich auch nicht einmal recht zu sein, daß du darauf beharrest dich selbst Preis zu geben, da du dich retten kannst, und selbst betreibst, daß es so mit dir werde, wie nur deine Feinde es betreiben könnten und betrieben haben, welche dich verderben wollen. Überdies dünkst du mich deinen eignen Söhnen untreu zu sein, die du ja auferziehen und ausbilden könntest, nun aber sie verläßt und davon gehst, so daß es ihnen, was dich anlangt ergehen wird wie es sich trifft. Es wird sie aber wahrscheinlich so treffen, wie es Waisen zu ergehen pflegt im Waisenstande. Denn entweder solltest du keine Kinder erzeugt haben, oder auch treulich aushalten bei ihrer Erziehung und Ausbildung. Du aber scheinst nur das Bequemste zu erwählen und solltest doch was ein tüchtiger und tapferer Mann wählen würde nur das wählen, da du ja behauptest dein ganzes Leben hindurch dich der Tugend befleißiget zu haben. Wie denn auch ich für dich und für uns deine Freunde mich schäme, daß es fast das Ansehn hat, als ob diese ganze Geschichte mit dir nur durch eine Unmännlichkeit von unserer Seite so geschehen sei, sowohl die Einlassung der Klage, daß du dich vor Gericht gestellt hast, da es dir frei stand dich nicht zu stellen, als auch der ganze Rechtshandel selbst wie er ist geführt worden; und nun gar dieses Ende, recht das lächerliche von der Geschichte, wird uns nur aus Feigheit und Unmännlichkeit entgangen zu sein scheinen, die wir dich nicht gerettet haben noch du dich selbst, da es gar wohl möglich gewesen wäre, und auch ausführbar, wenn wir nur irgend etwas nutz waren. Dies also, o Sokrates, sieh wohl zu, daß es nicht außer dem Unglück auch zur Schande gereiche dir wie uns. Also berate dich! Oder es ist vielmehr nicht einmal mehr Zeit sich zu beraten, sondern sich beraten zu haben. Und es gibt nur Einen Rat. Denn in der nächsten Nacht muß dies alles geschehen sein, oder wenn wir zaudern ist es unausführbar und nicht mehr möglich. Also auf alle Weise, Sokrates, gehorche mir, und tue ja nicht anders.

Sokrates: Deine Sorge um mich, du lieber Kriton, ist viel wert, wenn sie nur irgend mit dem Richtigen bestehen könnte wo aber nicht, so ist sie je dringender um desto peinlicher. Wir müssen also erwägen ob dies wirklich tunlich ist oder nicht. Denn nicht jetzt nur, sondern schon immer habe ich ja das an mir, daß ich nichts anderem von mir gehorche, als dem Satze, der sich mir bei der Untersuchung als der beste zeigt. Das aber, was ich schon ehedem in meinen Reden festgesetzt habe, kann ich ja nun nicht verwerfen, weil mir dieses Schicksal geworden ist; sondern jene Reden erscheinen mir noch ganz als dieselben, und ich schätze und ehre sie noch eben so wie vorher. Wenn wir also nicht bessere als sie jetzt vorzutragen haben: so wisse nur, daß ich dir nicht nachgeben werde, und wenn auch die Macht der Menge noch mehr als schon geschieht, um uns wie Kinder einzuschrecken, Gefangenschaft und Tod auf uns los ließe und Verlust des Vermögens. Wie können wir also dies recht zu unserer Befriedigung untersuchen? Wenn wir zuerst den Satz aufnehmen wegen der Meinungen von dem du sprichst, ob wohl für jeden Fall gut gesagt war oder nicht, daß man auf einige Meinungen zwar achten müsse, auf andere aber nicht? Oder ob es zwar ehe ich sterben sollte gut gesagt war, nun aber offenbar geworden ist, daß es nur obenhin des Redens wegen gesagt, in der Tat aber nichts war als Scherz und Geschwätz? Ich meines Teils habe Lust, Kriton, dies mit dir gemeinschaftlich zu untersuchen: ob diese Rede mir jetzt etwa wunderlicher erscheinen wird, nun es so mit mir steht, oder noch eben so; und dem gemäß wollen wir sie entweder gehen lassen oder ihr gehorchen. So aber, glaube ich, wurde sonst immer von denen behauptet, die etwas zu sagen meinten, wie ich jetzt eben sagte, daß von den Meinungen, welche die Menschen hegen, man einige zwar sehr hoch achten müsse, Andere aber nicht. Sprich nun, Kriton, bei den Göttern dünkt dich dies nicht gut gesagt zu sein? Denn du bist doch menschlichem Ansehen nach fern davon Morgen sterben zu müssen, und das bevorstehende Schicksal könnte dich nicht berücken. Erwäge also: scheint dir das nicht gut gesagt daß man nicht alle Meinungen der Menschen ehren muß, sondern einige wohl, andere aber nicht? und auch nicht aller Menschen, sondern einiger ihre wohl, Anderer aber nicht? Was meinst du? ist das nicht gut gesagt?

Kriton: Gut.

Sokrates: Nämlich doch die guten Meinungen soll man ehren, die schlechten nicht?

Kriton: Ja.

Sokrates: Und die guten, sind das nicht die der Vernünftigen, die schlechten aber die der Unvernünftigen?

Kriton: Wie anders?

Sokrates: Wohlan, wie wurde wiederum hierüber gesprochen? Ein Mann der Leibesübungen treibt und sich dies zum eigentlichen Geschäfte macht, wird der wohl auf Jedermanns Lob und Tadel und Meinung achten, oder nur auf jenes allein, auf des Arztes oder des Turnmeisters?

Kriton: Auf jenes allein.

Sokrates: Also fürchten muß er auch nur den Tadel, und Freude haben nur an dem Lobe jenes Einen, und nicht der Menge?

Kriton: Offenbar.

Sokrates: Auf die Art also muß er zu Werke gehn und sich üben und essen und trinken wie dieser Eine es gut findet, der Meister und Sachverständige, vielmehr als wie alle Andere insgesamt.

Kriton: So ist es.

Sokrates: Wohl! Ist er aber diesem Einen unfolgsam, und achtet seine Meinung und sein Lob gering, höher aber das der andern unkundigen Leute; wird ihm dann nichts übles begegnen?

Kriton: Wie sollte es ihm nicht?

Sokrates: Was ist nun wohl dieses Übel? worauf zielt es, und was trifft es von dem Unfolgsamen?

Kriton: Seinen Leib offenbar: denn diesen zerrüttet er.

Sokrates: Wohl gesprochen. Ist es nun nicht eben so mit allem Andern, Kriton, damit wir nicht alles durchgehn; also auch mit dem gerechten und ungerechten, dem schändlichen und schönen, dem guten und bösen, worüber wir eben jetzt beratschlagen, ob wir hierin der Meinung der Mehresten folgen und sie fürchten müssen, oder nur des Einen seiner, wenn es einen Sachverständigen hierin gibt, den man mehr scheuen und fürchten muß als alle Anderen, welchem dann nicht folgend wir uns das verderben werden und verstümmeln, was eben durch das Recht besser wird, durch das Unrecht aber untergeht. Oder gibt es dergleichen nichts?

Kriton: Ja wohl, denke ich wenigstens, Sokrates.

Sokrates: Wohlan denn! wenn wir nun das, was durch das Ungesunde zerrüttet, durch das Gesunde aber gebessert wird, indem wir nicht der Sachkundigen Meinung gehorchen, zerrüttet haben, lohnt es wohl noch zu leben nach dessen Zerrüttung? Dies ist aber doch der Leib? oder nicht?

Kriton: Ja.

Sokrates: Lohnt es nun wohl zu leben mit einem abgeschwächten und zerrütteten Leibe?

Kriton: Keinesweges.

Sokrates: Allein wenn jenes zerrüttet ist, soll es doch noch lohnen zu leben, was eben durch Unrechthandeln beschädiget wird durch Rechthandeln aber gewinnt? Oder halten wir das etwa für schlechter als den Leib, was es auch sei von dem unsrigen, worauf Gerechtigkeit und Ungerechtigkeit sich beziehen?

Kriton: Keinesweges.

Sokrates: Sondern für edler?

Kriton: Bei weitem.

Sokrates: Also keinesweges, o Bester, haben wir das so sehr zu bedenken, was die Leute sagen werden von uns, sondern was der Eine, der sich auf gerechtes und ungerechtes versteht, und die Wahrheit selbst. So daß du schon hierin die Sache nicht richtig einleitest, wenn du vorträgst, wir müßten auf die Meinung der Leute vom Gerechten, Schönen und Guten und dem Gegenteil Bedacht nehmen. Aber doch, könnte wohl jemand sagen, haben die Leute es ja in ihrer Gewalt uns zu töten.

Kriton: Offenbar freilich auch dieses; und so könnte es leicht Jemand sagen, o Sokrates.

Sokrates: Ganz wahr. Allein, du Wunderlicher, nicht nur dieser Satz selbst, den wir durchgenommen, erscheint mir wenigstens noch immer eben so wie vorher, sondern betrachte nun auch diesen, ob er uns noch fest steht oder nicht, daß man nämlich nicht das Leben am höchsten achten muß, sondern das gut leben.

Kriton: Freilich besteht der.

Sokrates: Und daß das gute mit dem gerecht und sittlich leben einerlei ist, besteht der oder besteht er nicht?

Kriton: Er besteht.

Sokrates: Also von dem Eingestandenen aus müssen wir dieses erwägen, ob es gerecht ist daß ich versuche von hier fortzugehen ohne daß die Athener mich fortlassen, oder nicht gerecht. Und wenn es sich als gerecht zeigt, wollen wir es versuchen : wo nicht, es unterlassen. Die du aber vorbringst, o Kriton, die Überlegungen wegen Verlust des Geldes und des Rufs und Erziehung der Kinder daß das nur nicht recht eigentlich Betrachtungen dieser Leute sind, die leichtsinnig töten und eben so hernach gern wieder lebendig machten wenn sie könnten, alles ohne Vernunft; und daß nur nicht im Gegenteil für uns, da ja unsere Rede es so festsetzt, gar nichts anderes zu überlegen ist, als wie wir eben sagten, ob wir gerecht handeln werden, wenn wir denen, welche mich von hier fortbringen wollen, Geld zahlen und Dank dazu, und wenn wir selbst, ihr mich fortbringt, und ich mich fortbringen lasse, oder ob wir nicht in Wahrheit unrecht handeln werden indem wir dies alles tun! Und wenn sich zeigt, wir können dies nur ungerechterweise ausführen, daß wir dann nur nicht jenes, ob wir sterben müssen, wenn ich hier bleibe und mich ruhig verhalte, oder was sonst erleiden, gar nicht in Anschlag bringen dürfen gegen das Unrecht handeln.

Kriton: Schön dünkt mich das gesagt, Sokrates. Sieh aber, was wir tun wollen.

Sokrates: Gemeinschaftlich, du Guter, wollen wir das überlegen; und hast du etwas einzureden, wenn ich rede, so rede ein, und ich will dir folgen. Wo aber nicht, so höre auf mir immer dieselbe Rede zu wiederholen, ich solle wider der Athener Willen von hier fortgehn. Denn es ist mir ja wohl viel wert wenn du mich überredest dieses zu tun, nur nicht wider meinen Willen. Betrachte also den Anfang der Untersuchung ob er dir genützt, und suche das Gefragte zu beantworten nach deiner besten Meinung.

Kriton: Das will ich versuchen.

Sokrates: Sagen wir, man müsse auf gar keine Weise vorsätzlich unrecht tun? oder auf einige zwar nur auf andere nicht? oder ist auf keine Weise das Unrechthandeln weder gut noch schön, wie wir oft ehedem übereingekommen sind, und auch jetzt eben gesagt worden? oder sind uns alle jene Behauptungen von ehedem seit diesen wenigen Tagen verschüttet? Und so lange, o Kriton, haben wir, so bejahrte Männer, nicht gemerkt, daß wir im ernsthaftesten Gespräch mit einander, doch nichts besser waren als die Kinder? Oder verhält es sich ja auf alle Weise so, wie wir damals sagten, die Leute mögen es nun annehmen oder nicht, und es mag uns nun deshalb noch härter ergehen als itzt, oder auch besser, das Unrechttun ist doch dem der es tut schädlich und schändlich auf alle Weise? Wollen wir dies sagen oder nicht?

Kriton: Das wollen wir.

Sokrates: Auf keine Weise also soll man unrecht tun?

Kriton: Nein freilich.

Sokrates: Also auch nicht der, dem unrecht geschehen ist, darf wieder unrecht tun, wie die meisten glauben, wenn man doch auf keine Weise unrecht tun darf?

Kriton: Es scheint nicht.

Sokrates: Und wie doch? darf man mißhandeln, oder nicht?

Kriton: Man darf es wohl nicht, Sokrates.

Sokrates: Aber wie, wieder mißhandeln, nachdem man schlecht behandelt worden, ist das wie die meisten sagen, gerecht oder nicht?

Kriton: Auf keine Weise.

Sokrates: Denn Jemanden schlecht behandeln ist nicht unterschieden vom unrecht tun.

Kriton: Wahr gesprochen.

Sokrates: Also weder wiederbeleidigen darf man, noch irgend einen Menschen mißhandeln, und wenn man auch was es immer sei von ihm erleidet. Und siehe wohl zu, Kriton, wenn du dies eingestehest, daß du es nicht gegen deine Meinung eingestehest. Denn ich weiß wohl, daß nur Wenige dieses glauben und glauben werden. Welche also dies annehmen, und welche nicht, für die gibt es keine gemeinschaftliche Beratschlagung; sondern sie müssen notwendig einander gering achten, wenn Einer des Andern Entschließungen sieht. Überlege also auch du recht wohl, ob du Gemeinschaft mit mir machst, und dies auch annimmst, und wir hievon unsere Beratung anfangen wollen, daß niemals weder beleidigen noch wiederbeleidigen recht ist, noch auch wenn einem übles geschieht sich dadurch helfen, daß man wieder übles zufügt; oder ob du abstehst und du keinen Teil haben willst an diesem Anfang. Ich meines Teils habe schon immer dieses angenommen und auch jetzt noch. Du aber, nimmst du irgend etwas anderes an, so sprich und trage es vor; bleibst du aber bei dem ehemaligen, so höre nun das Weitere.

Kriton: Allerdings bleibe ich dabei, und nehme es mit dir an. Also sage.

Sokrates: Ich sage also hierauf weiter, oder vielmehr ich frage, ob, was Jemand Jemanden billiges versprochen hat, er auch leisten müsse, oder ob er betrügen dürfe?

Kriton: Leisten muß er es.

Sokrates: Von hier aus nun schaue um. Wenn wir ohne die Stadt zu überreden von hier weggehn, ob wir dann Jemanden schlecht behandeln, und zwar die, welchen es am wenigsten geschehen sollte, oder ob nicht? und ob wir an dem halten, was wir billiges versprochen haben, oder ob nicht?

Kriton: Darauf weiß ich nicht zu antworten, Sokrates, was du fragest: denn ich verstehe es nicht.

Sokrates: Erwäge es denn so. Wenn indem wir von hier davon laufen wollten, oder wie man dies sonst nennen soll, die Gesetze kämen und das gemeine Wesen dieser Stadt, und uns in den Weg tretend fragten: Sage nur, Sokrates, was hast du im Sinne zu tun? Ist es nicht so, daß du durch diese Tat welche du unternimmst, uns den Gesetzen und also dem ganzen Staat den Untergang zu bereiten gedenkst, soviel an dir ist? Oder dünkt es dich möglich, daß jener Staat noch bestehe und nicht in gänzliche Zerrüttung gerate, in welchem die abgetanen Rechtssachen keine Kraft haben, sondern von Einzelmännern können ungültig gemacht und umgestoßen werden? Was sollen wir hierauf und auf mehr dergleichen sagen, Kriton? Denn noch gar vieles könnte einer, und zumal ein Redner vorbringen zum Besten dieses gefährdeten Gesetzes, welches befiehlt daß die geschlichteten Rechtssachen sollen gültig bleiben. Oder sollen wir zu ihnen sagen: ja die Stadt hat uns unrecht getan und die Klage nicht recht gerichtet? Dies, oder was wollen wir sagen?

Kriton: Dies beim Zeus.

Sokrates: Wie nun? wenn die Gesetze sagten: O Sokrates, war denn auch das unser Abkommen, oder vielmehr du wollest dich dabei beruhigen, wie die Stadt die Rechtssachen schlichtet? wenn wir uns nun über ihre Rede wunderten, würden sie vielleicht sagen: Wundere dich nicht, Sokrates, über das Gesagte, sondern antworte, da du ja gewohnt bist in Fragen und Antworten zu reden. Denn sprich, welche Beschwerden hast du gegen uns und die Stadt, daß du suchst uns zu Grunde zu richten? Sind wir es nicht zuerst, die dich zur Welt gebracht haben; und durch welche dein Vater deine Mutter bekommen und dich gezeugt hat? Erkläre also, tadelst du etwas an denen unter uns Gesetzen, die sich auf die Ehe beziehen, was nicht gut wäre? Nichts tadle ich, würde ich dann sagen. Aber an den Gesetzen über des Geborenen Auferziehung und Unterricht, nach denen auch du bist unterrichtet worden? Ist es etwa nicht gut, was die unter uns hierüber gesetzt sind gebieten, indem sie deinem Vater auflegten dich in den Geistesübungen und Leibeskünsten zu unterrichten? Sehr gut, würde ich sagen. Wohl. Nachdem du nun geboren, auferzogen und unterrichtet worden, kannst du zuerst wohl läugnen, daß du nicht unser warst als Abkömmling und Knecht, du und deine Vorfahren? Und wenn sich dies so verhält, glaubst du, daß du gleiches Recht hast mit uns, und daß, was immer wir uns beigehen lassen dir anzutun, auch du das Recht habest uns wieder zu tun? Oder hattest du gegen deinen Vater zwar nicht gleiches Recht, oder gegen deinen Herrn, wenn du einen gehabt hättest, so daß du, was dir geschähe, ihm wieder antun dürfest, noch auch wenn er dich verunglimpfte widersprechen, noch wenn er dich schlug wiederschlagen und mehreres dergleichen: gegen das Vaterland aber und gegen die Gesetze soll es dir erlaubt sein, so daß wenn wir darauf ausgingen dich zu Grunde zu richten, indem wir es für gerecht hielten, auch du wieder auf unsern der Gesetze und des Vaterlandes Untergang so viel an dir ist ausgehen und dann sagen dürftest, du handeltest hierin recht, du der sich in Wahrheit der Tugend befleißigt? Oder bist du so weise, daß du nicht weißt, wie viel höher als Vater und Mutter und alle andere Vorfahren das Vaterland geachtet ist, und wieviel ehrwürdiger und heiliger bei den Göttern und bei allen Menschen, welche Vernunft haben? und wie man ein aufgebrachtes Vaterland noch mehr ehren und ihm nachgeben und es besänftigen muß als einen Vater, und entweder es überzeugen oder tun was es befiehlt, und was es zu leiden auflegt ganz ruhig leiden, wenn es auch wäre dich schlagen zu lassen oder dich fesseln zu lassen, oder wenn es dich in den Krieg schickt, wo du verwundet und getötet werden kannst, du dies doch alles tun mußt und es so allein recht ist? und daß du nicht weichen und nicht weggehn und nicht deine Stelle verlassen mußt, sondern im Kriege und vor Gericht und überall tun was der Staat gebietet und das Vaterland, oder es überzeugen was eigentlich Recht sei? Gewalt aber nicht ohne Frevel gebraucht werden kann gegen Vater oder Mutter und noch viel weniger als gegen sie gegen das Vaterland? Was sollen wir hierauf sagen, o Kriton? Daß es wahr ist, was die Gesetze sagen oder nicht?

Kriton: Mich dünkt, ja.

Sokrates: Überlege also, o Sokrates, würden die Gesetze vielleicht weiter sagen, wenn wir hievon mehr gesprochen haben, daß du alsdann nicht mit Recht uns das antun willst, was du jetzt willst. Denn wir, die wir dich zur Welt gebracht, auferzogen, unterrichtet und alles Gute was nur in unserm Vermögen stand, dir und jedem Bürger mitgeteilt haben, wir verkünden dennoch, indem wir Freiheit gestatten jedem Athener der es nur will, daß wenn Jemand Bürger geworden ist, und den Zustand der Stadt und uns, die Gesetze, kennen gelernt hat und wir ihm dann nicht gefallen, er das seinige nehmen und fortgehn dürfe, wohin er nur will. Und keins von uns Gesetzen steht im Wege oder verbietet, wenn Jemand von euch dem wir und die Stadt nicht gefallen, in eine Pflanzstadt ziehen will oder auch anderswohin sich begeben und sich als Schutzverwandter ansiedeln wo er nur will mit Beibehaltung alles des Seinigen. Wer von euch aber geblieben ist nachdem er gesehen wie wir die Rechtssachen schlichten und sonst die Stadt verwalten, von dem behaupten wir dann, daß er uns durch die Tat angelobt habe, was wir nur immer befehlen möchten, wolle er tun. Und wer nicht gehorcht, sagen wir, der tue dreifach Unrecht, weil er uns als seinen Erzeugern nicht gehorcht, und nicht als seinen Erziehern, und weil er, ohnerachtet er uns angelobt, er wolle gewiß gehorchen, doch weder gehorcht noch uns überzeugt wo wir etwas nicht recht tun; und da wir ihm doch vortragen und nicht auf rauhe Art gebieten was wir anordnen, sondern freistellen eins von beiden entweder uns zu überzeugen oder zu folgen, er doch hievon keines tut. Und diese Verschuldungen nun, behaupten wir, werden auch auf dir, Sokrates, haften, wenn du ausführst was du im Sinne hast, und zwar auf dir nicht am wenigsten unter den andern Athenern, sondern wohl ganz vorzüglich. Wenn ich nun fragte: Weshalb denn das? so würden sie mich wohl ganz recht angreifen, wenn sie sprächen, daß ich ganz vorzüglich vor andern Athenern ihnen das Versprechen geleistet hätte. Denn würden sie sagen, hievon haben wir große Beweise, daß wir sowohl als die Stadt dir Wohlgefallen haben. Sonst würdest du ja wohl nicht so vorzüglich vor allen Athenern immer einheimisch darin geblieben sein, wenn sie dir nicht vorzüglich gefiele. Denn weder bist du je zur Schau der großen Feste aus der Stadt herausgegangen, außer einmal auf den Isthmos, noch sonst irgend wohin anders als nur mit dem Heere ziehend, oder hast sonst eine Reise gemacht, wie andere Menschen, noch auch hat dich jemals Lust angewandelt andere Städte und andere Gesetze zu sehen, sondern wir genügten dir und unsere Stadt; so sehr zogst du uns vor und gelobtest uns gemäß dein Bürgerleben zu führen, hast auch überdies Kinder in der Stadt erzeugt, weil sie dir gefiel. Ja auch noch währendes Rechtshandels konntest du dir ja die Verweisung zuerkannt haben, wenn du gewollt hättest, und so, was du jetzt gegen den Willen der Stadt unternimmst, damals mit ihrem Willen tun. Du aber tatest damals zwar gar schön, als wärest du gar nicht unwillig wenn du sterben müßtest, sondern wähltest wie du sagtest lieber als die Verweisung den Tod: nun hingegen schämst du dich weder vor jenen deinen Reden, noch scheust du uns die Gesetze, sondern versuchst uns zu zerstören und handelst, wie nur der schlechteste Knecht handeln könnte, indem du zu entlaufen versuchst gegen alle Verträge und Versprechungen, nach denen du uns versprochen hast als Bürger zu leben. Zuerst also beantworte uns nur dieses, ob wir die Wahrheit reden indem wir behaupten du habest nach unserer Anordnung dein Bürgerleben zu führen uns durch die Tat versprochen nicht bloß durch Worte, oder nicht die Wahrheit? Was sollen wir hierauf sagen, Kriton? Sollen wir es nicht einräumen?

Kriton: Wir müssen wohl, Sokrates.

Sokrates: Ist es also nicht so, würden sie sagen, daß du deine Verträge mit uns und deine Versprechungen übertrittst? die du doch nicht gezwungen abgelegt hast noch überlistet noch in der Notwendigkeit etwa dich in kurzer Zeit zu beraten, sondern Siebzig Jahre lang, während deren du hättest fortgehn können wenn wir dir nicht gefielen und du die Bedingungen nicht für billig hieltest. Du aber hast weder Lakedaimon vorgezogen noch Krete die du doch immer rühmst als wohlgeordnete Staaten, noch irgend einen andern von den hellenischen Staaten oder von den unhellenischen, sondern weniger hast du dich von hier entfernt, als die Lahmen, Blinden und andere Verstümmelte. So vorzüglich vor allen Athenern hat dir die Stadt gefallen, und wir die Gesetze also auch. Denn wem würde eine Stadt wohl gefallen ohne die Gesetze! Und nun also willst du doch dem Versprochenen nicht treu bleiben? Wohl, wenn du uns folgst, o Sokrates, und wirst dich nicht lächerlich machen durch deinen Auszug aus der Stadt. Denn erwäge nur, wenn du es übertrittst und etwas davon verletzest, was du gutes dir selbst bereiten wirst und deinen Freunden. Denn daß deine Freunde ja freilich in Gefahr geraten werden auch selbst flüchtig zu werden und sich der Stadt entsagen zu müssen, oder ihr Vermögen einzubüßen, das ist wohl offenbar. Du selbst aber, wenn du zuerst in eine der nächstgelegenen Städte gehest, sei es nach Theben oder nach Megara, denn wohleingerichtet sind beide: so kommst du als ein Feind ihrer Verfassung; und wer nur seiner eignen Stadt zugetan ist, wird dich scheel ansehn als einen Verderber der Gesetze, und so wirst du nur das Ansehn deiner Richter befestigen, daß sie dafür gelten werden in deiner Sache recht gerichtet zu haben: denn wer der Gesetze Verderber ist, muß wohl gar sehr dafür gehalten werden, auch der jüngeren und noch unvernünftigen Menschen Verderber zu sein. Willst du also etwa die wohleingerichtetsten Staaten und die ehrenwertesten Menschen meiden? und wenn du dieses tust wird es dir etwa noch lohnen zu leben? Oder willst du dich zu ihnen halten und unverschämt genug sein was doch für Reden vorzubringen o Sokrates? oder dieselben wie hier, daß über Tugend und Gerechtigkeit nichts gehe für den Menschen und über Ordnungen und Gesetze? und glaubst nicht des Sokrates Sache werde dann ganz unanständig erscheinen? Wohl muß man das glauben! Aber aus diesen Gegenden wirst du dich wohl fortmachen, und dich nach Thessalien begeben zu den Gastfreunden des Kriton! Denn dort sind ja Unordnung und Ungebundenheit am größten, und die möchten dir wohl mit Vergnügen zuhören, wie lächerlich du aus dem Gefängnis entlaufen bist in irgendein Stück Zeug eingehüllt, oder mit einem gemeinen Kittel umgetan, oder wie sich sonst die Entfliehenden zu verkleiden pflegen, und nachdem du dich ganz unkenntlich gemacht. Daß du aber als ein alter Mann, dem wahrscheinlich nur noch wenig Lebenszeit übrig ist, dich nicht gescheut hast, mit solcher Gier nach dem Leben zu gelüsten mit Übertretung jedes heiligsten Gesetzes, wird das Niemand sagen?

Vielleicht nicht, wenn du Niemanden beleidigst: wenn aber, o Sokrates, dann wirst du auch viel deiner unwürdiges hören müssen. Kriechend also vor allen Menschen wirst du leben; und was denn tun als schmausen in Thessalien? so daß du wie zum Gastgebot wirst hingereist scheinen nach Thessalien! Und jene Reden von der Gerechtigkeit und von den übrigen Tugenden, wo werden uns die bleiben? Doch deiner Kinder wegen willst du leben, um sie selbst aufzuziehen und zu unterrichten! Wie also? Nach Thessalien willst du sie mitnehmen und dort aufziehn und unterrichten? und sie zu Fremdlingen machen, damit sie dir auch das noch zu verdanken haben? Oder das wohl nicht; aber hier sollten sie, wenn du nur lebst, besser aufgezogen und unterrichtet werden, obgleich du nicht bei ihnen bist? Deine Freunde nämlich werden sich ihrer annehmen. Ob nun wohl wenn du nach Thessalien wanderst, sie sich ihrer annehmen werden, wenn du aber in die Unterwelt wanderst, dann nicht? Wenn sie anders etwas wert sind, die deine Freunde zu sein behaupten, so muß man es ja wohl glauben. Also Sokrates gehorche uns, deinen Erziehern, und achte weder die Kinder noch das Leben noch irgend etwas anderes höher als das Recht, damit wenn du in die Unterwelt kommst du dies alles zu deiner Verteidigung anführen kannst den dortigen Herrschern. Denn es zeigt sich ja weder hier für dich besser oder gerechter oder frömmer dies wirklich auszuführen oder für irgend einen der Deinigen, noch auch wird es, wenn du dort ankommst, besser für dich sein. Sondern wenn du jetzt hingehst, so gehst du hin als einer der Unrecht erlitten hat, nicht zwar von uns Gesetzen, sondern von Menschen. Entfliehst du aber so schmählich Unrecht und Böses mit gleichem vergeltend, deine eignen Versprechungen und Verträge mit uns verletzend, und allen denen übles zufügend denen du es am wenigsten solltest, dir selbst nämlich, deinen Freunden, dem Vaterlande und uns: so werden nicht nur wir auf dich zürnen so lange du lebst; sondern auch unsere Brüder, die Gesetze der Unterwelt, werden dich nicht freundlich aufnehmen, wenn sie wissen, daß du auch uns zu Grunde zu richten versuchst hast, so viel an dir war. Also, daß ja nicht Kriton mehr dich überrede, zu tun was er sagt, als wir.

Dies lieber Freund Kriton glaube ich zu hören, wie die welche das Ohrenklingen haben die Flöte zu hören glauben. Denn auch in mir klingt so der Ton dieser Reden, und macht daß ich andere nicht hören kann. Also wisse nur, was meine jetzige Überzeugung betrifft, daß wenn du etwas hiegegen sagst, du es vergeblich reden wirst. Dennoch aber, wenn du glaubst etwas damit auszurichten, so sprich.

Kriton: Nein, Sokrates, ich habe nichts zu sagen.

Sokrates: Wohl denn, Kriton! so laß uns auf diese Art handeln, da uns hierhin der Gott leitet.

Ion

Sokrates • Ion

Sokrates: Willkommen dem Ion! Woher kommst du uns jetzt gewandert? wohl von Hause aus Ephesos?

Ion: Mit nichten, Sokrates; sondern von Epidauros vom Feste des Asklepios.

Sokrates: Halten etwa die Epidaurier dem Gotte zu Ehren auch einen Wettstreit von Rhapsoden?

Ion: Ja wohl, so wie ja auch in den übrigen Musenkünsten.

Sokrates: Wie also? hast du uns mit gekämpft? und mit welchem Erfolge hast du gekämpft?

Ion: Den ersten Preis haben wir davon getragen, Sokrates.

Sokrates: Wohl gesprochen! Wohlan denn, mache daß wir auch noch in den Panathenaien siegen.

Ion: Das soll geschehen, so Gott will.

Sokrates: Wahrlich, oft habe ich schon Euch Rhapsoden beneidet um eure Kunst. Denn sowohl daß auch am Leibe immer geschmückt zu sein und euch aufs schönste zu zeigen euerer Kunst angemessen ist, als auch daß ihr in der Notwendigkeit seid mit vielen andern trefflichen Dichtern euch zu beschäftigen, besonders aber mit dem Homeros dem trefflichsten und göttlichsten der Dichter, und seinen Sinn zu verstehen, nicht seine Worte nur, das ist beneidenswert. Denn es kann doch keiner ein Rhapsode sein, wenn er nicht versteht was der Dichter meint; da ja der Rhapsode den Zuhörern den Sinn des Dichters überbringen soll, und dies gehörig zu verrichten, ohne einzusehen, was der Dichter meint, ist unmöglich. Dies alles also ist beneidenswert.

Ion: Ganz recht, Sokrates. Auch hat mir dies die meiste Mühe gemacht bei meiner Kunst; und ich glaube, daß ich am besten unter allen Menschen über den Homeros rede, und daß weder Metrodoros der Lampsakener, noch Stesimbrotos der Thasier, noch Glaukon, noch irgend einer der je gewesen so viele schöne Auslegungen über den Homeros vorzutragen weiß als ich.

Sokrates: Wohl gesprochen, Ion. Denn so wirst du mir auch nicht mißgönnen mir davon zu zeigen.

Ion: Es lohnt auch schon zu hören, Sokrates, wie gut ich den Homeros ausgestattet habe. So daß ich glaube, ich verdiene von den Homeriden mit goldnem Kranze bekränzt zu werden.

Sokrates: Gewiß ich werde auch noch Muße machen um dich zu hören. Jetzt aber beantworte mir nur dieses, ob du nur über den Homeros so gewaltig bist oder auch über den Hesiodos und Archilochos?

Ion: Keinesweges; sondern über den Homeros nur. Auch dünkt mich das genug.

Sokrates: Gibt es aber nicht Manches, worüber Homeros und Hesiodos dasselbe sagen?

Ion: Das glaube ich, und gar Vieles.

Sokrates: Würdest du nun wohl besser auslegen, was Homeros hierüber sagt, als was Hesiodos?

Ion: Das wohl gleich gut, glaube ich, worüber sie dasselbe sagen.

Sokrates: Und wie, worüber sie nicht dasselbe sagen? wie über das Wahrsagen spricht doch Homeros und auch Hesiodos?

Ion: Freilich.

Sokrates: Wie also? was auf gleiche Art und was auf abweichende diese beiden Dichter über die Wahrsagekunst sagen, würdest du das besser auslegen oder einer von den guten Wahrsagern?

Ion: Von den Wahrsagern einer.

Sokrates: Wenn du nun ein Wahrsager wärest, würdest du nicht, wie du das auf ähnliche Art gesagte auszulegen wüßtest auch das abweichende auszulegen wissen?

Ion: Offenbar wohl.

Sokrates: Wie kannst du also über den Homeros zwar gewaltig sein, nicht aber über die andern Dichter? Spricht etwa Homeros über andere Gegenstände als worüber alle anderen Dichter auch? Handelt er nicht meistens vom Kriege und von dem Verkehr guter und böser Menschen unter einander, und Unkundiger und Kundiger, und von dem Umgang der Götter unter einander und mit den Menschen, wie sie mit ihnen umgehn, und von den Ereignissen im Himmel und in der Unterwelt und von den Erzeugungen der Götter sowohl als Heroen? Ist es nicht dies, worüber Homeros seine Gedichte gedichtet hat?

Ion: Ganz richtig, Sokrates.

Sokrates: Und wie? die andern Dichter nicht gleichfalls über eben dieses?

Ion: Ja, Sokrates. Aber sie haben doch gar nicht so gedichtet wie Homeros.

Sokrates: Wie doch? schlechter?

Ion: Bei weitem.

Sokrates: Und Homeros besser?

Ion: Besser, ja wohl, beim Zeus.

Sokrates: Wenn nun, du edelster Freund Ion, unter Vielen, die über Zahlen sprechen, Einer am besten spricht: so wird doch Einer den erkennen, der gut spricht.

Ion: Das denke ich.

Sokrates: Ob wohl derselbe, der auch die schlecht sprechenden, oder ein anderer?

Ion: Derselbe gewiß.

Sokrates: Nicht wahr der die Rechenkunst inne hat, der ist es?

Ion: Ja.

Sokrates: Und wie wenn über die Zuträglichkeit der Speisen unter Vielen Einer am besten spricht, wird ein Anderer den am besten sprechenden erkennen, daß er am besten spricht, und wiederum ein Anderer den schlechteren daß er schlechter? oder derselbe?

Ion: Offenbar ja doch derselbe.

Sokrates: Wer ist es? welchen Namen hat er?

Ion: Der Arzt ist es.

Sokrates: Wollen wir nun nicht im Allgemeinen sagen, daß allemal, wo über denselben Gegenstand Viele sprechen, Einer und derselbe den erkennen wird der gut spricht, und den der schlecht. Oder wenn Jemand nicht den schlecht redenden erkennt, dann offenbar auch nicht den gut redenden von derselben Sache.

Ion: Das wollen wir.

Sokrates: Derselbe also wird uns stark in beiden?

Ion: Ja.

Sokrates: Nun behauptest du doch, daß Homeros und die anderen Dichter, unter denen ja auch Hesiodos und Archilochos sind, über dieselben Gegenstände sprechen; aber nicht auf gleiche Art, sondern jener gut, diese aber schlechter.

Ion: Und das ist auch wahr, wie ich es sage.

Sokrates: Also wenn du den gut sprechenden erkennst, so mußt du ja auch die schlechter sprechenden erkennen, daß sie schlechter sprechen.

Ion: Das scheint wohl.

Sokrates: Also, Bester, wenn wir sagen, Ion sei gleich stark im Homeros und in den andern Dichtern, so werden wir nicht fehlen, indem er ja selbst gesteht, ein und derselbe Beurteiler reiche hin für Alle, welche von denselben Gegenständen reden, die Dichter aber dichteten alle fast über das nämliche.

Ion: Was ist also wohl die Ursache, Sokrates, daß ich wenn Jemand über einen andern Dichter spricht, weder sonderlich Acht gebe, noch auch irgend etwas der Rede wertes mit beizubringen im Stande bin, sondern ordentlich wie schlummere; sobald aber Jemand des Homeros erwähnt, dann gleich erwache und aufmerke, und gar Vieles zu sagen weiß.

Sokrates: Das ist nicht schwer aufzufinden, Freund; sondern es ist wohl Jedem deutlich, daß du durch Kunst und Wissenschaft über den Homeros zu reden unvermögend bist. Denn vermöchtest du es durch Kunst: so vermöchtest du auch über Alle andern Dichter zu reden. Denn die Dichtkunst ist doch wohl das Ganze, oder nicht?

Ion: Ja.

Sokrates: Wenn nun Jemand auch irgend eine andere Kunst ganz nimmt, so ist es immer dieselbe Betrachtungsart in allen Künsten. Wie ich das meine, willst du das wohl von mir hören, Ion?

Ion: Gar sehr, o Sokrates, beim Zeus! Denn ich mag gar gern euch Weisen zuhören.

Sokrates: Ich wollte wohl du sprächest wahr, Ion! Aber weise seid ihr wohl eigentlich, ihr Rhapsoden und Schauspieler, und die deren Gedichte ihr singt; ich aber rede eben nur die Wahrheit, wie es sich für einen ungelehrten Menschen schickt. So auch darüber, wonach ich dich jetzt fragte, betrachte nur wie gemein und ungelehrt, so daß jeder Mensch es einsehen kann, das ist, was ich eben sagte, daß es nur eine und dieselbe Untersuchung sei, wenn jemand eine Kunst ganz nimmt. Laß es uns aber durchgehn. Die Malerei ist doch eine ganze Kunst.

Ion: Ja.

Sokrates: Und auch viele Maler gibt es und hat gegeben gute und schlechte.

Ion: Freilich.

Sokrates: Hast du nun wohl je einen gesehen, der stark darin ist zu zeigen, was Polygnotos, des Aglaophon Sohn, gut malt und was nicht, von andern Malern aber es nicht kann? und wenn Jemand Werke von andern Malern vorzeigt, dann schlummert und verlegen ist, und seinerseits nichts beizubringen hat; wenn er aber über den Polygnotos, oder welchen andern einzelnen Maler du sonst willst, seine Meinung mitteilen soll, dann erwacht, und seiner Gedanken mächtig ist, und vieles zu sagen weiß?

Ion: Beim Zeus nein, dergleichen nicht.

Sokrates: Oder wie, hast du wohl in der Bildnerei einen gesehen der von Daidalos dem Sohne des Metion, oder Epeios dem des Panops, oder Theodoros dem Samier oder irgend einem andern einzelnen Bildner stark wäre zu erklären, was er gut gebildet hat, bei anderer Bildner Werken aber verlegen wäre und schlummerte, nicht habend was er sage?

Ion: Nein, beim Zeus, auch einen solchen habe ich nicht gesehn.

Sokrates: Auch nicht glaube ich über das Flötenspielen oder über den Gesang zur Lyra oder über das Spiel darauf, noch auch über die Rhapsodenkunst glaube ich wirst du Einen gesehen haben, der über den Olympos stark ist sich zu erklären, oder über den Thamyras oder Orpheus oder Phemios den Ithakesischen Rhapsoden, über Ion den Ephesischen aber im bloßen wäre, und nichts darüber zu sagen wüßte, was der gut vorträgt und was schlecht!

Ion: Dagegen weiß ich dir nicht zu widersprechen, Sokrates; jenes aber bin ich mir wohl bewußt, daß ich über den Homeros am besten unter allen Menschen rede und sehr reichhaltig, so daß auch alle Andern sagen ich redete gut, über die andern aber nicht. Also sieh zu, was das wohl sein mag.

Sokrates: Ich sehe ja zu, o Ion, und fange schon an dir zu zeigen, was mich dies zu sein dünkt. Nämlich dies wohnt dir nicht als Kunst bei, gut über den Homeros zu reden wie ich eben sagte, sondern als eine göttliche Kraft, welche dich bewegt, wie in dem Steine der vom Euripides der Magnet gewöhnlich aber der Herakleiische genannt wird. Denn auch dieser Stein zieht nicht nur selbst die eisernen Ringe, sondern er teilt auch den Ringen die Kraft mit, daß sie eben dieses tun können wie der Stein selbst, nämlich andere Ringe ziehn, so daß bisweilen eine ganze lange Reihe von Eisen und Ringen an einander hängt; allen diesen aber ist ihre Kraft von jenem Steine angehängt. Eben so auch macht zuerst die Muse selbst Begeisterte, und an diesen hängt eine ganze Reihe Anderer durch sie sich begeisternder. Denn alle rechten Dichter alter Sagen sprechen nicht durch Kunst sondern als Begeisterte und Besessene alle diese schönen Gedichte, und eben so die rechten Liederdichter, so wenig die welche vom tanzenden Wahnsinn befallen sind in vernünftigem Bewußtsein tanzen, so dichten auch die Liederdichter nicht bei vernünftigem Bewußtsein diese schönen Lieder, sondern wenn sie der Harmonie und des Rhythmos erfüllt sind, dann werden sie den Bakchen ähnlich, und begeistert, wie diese aus den Strömen Milch und Honig nur wenn sie begeistert sind schöpfen, wenn aber ihres Bewußtseins mächtig dann nicht, so bewirkt auch der Liederdichter Seele dieses, wie sie auch selbst sagen. Es sagen uns nämlich die Dichter, daß sie aus honigströmenden Quellen aus gewissen Gärten und Hainen der Musen pflückend diese Gesänge uns bringen wie die Bienen, auch eben so umherfliegend. Und wahr reden sie. Denn ein leichtes Wesen ist ein Dichter und geflügelt und heilig, und nicht eher vermögend zu dichten, bis er begeistert worden ist und bewußtlos und die Vernunft nicht mehr in ihm wohnt. Denn so lange er diesen Besitz noch festhält ist jeder Mensch unfähig zu dichten oder Orakel zu sprechen. Wie sie nun nicht durch Kunst dichtend vieles und schönes über die Dinge sagen, eben wie du über den Homeros, sondern durch göttliche Schickung: so ist nun deshalb Jeder nur dasjenige schön zu dichten vermögend, wozu die Muse ihn antreibt, der Dithyramben, der Lobgesänge, der Tänze, der Sagen, der Jamben, und im übrigen ist Jeder schlecht. Nämlich nicht durch

Kunst bringen sie dieses hervor, sondern durch göttliche Kraft. Denn wenn sie durch Kunst über Eins schön zu reden wüßten, würden sie es auch über alles Andere. Daher auch der Gott nur nachdem er ihnen die Vernunft genommen sie und die Orakelsänger und die göttlichen Wahrsager zu Dienern gebraucht, damit wir Hörer gewiß wissen mögen, daß nicht diese es sind, welche das sagen was soviel wert ist, denen ihre Vernunft ja nicht einwohnt; sondern daß der Gott selbst es ist, der es sagt, und daß er nur durch diese zu uns spricht. Ein großer Beweis für diese Rede ist Tynnichos der Chalkidier, der nie irgend ein anderes Gedicht gedichtet hat, dessen es nur lohnte zu erwähnen, doch aber diesen Päan, den Jedermann singt, fast unter allen Liedern das schönste, recht, wie er selbst sagt einen Fund der Musen. Denn an ihm scheint ganz vorzüglich der Gott uns dieses gezeigt zu haben, damit wir ja nicht zweifeln, daß diese schönen Gedichte nicht menschliches sind und von Menschen, sondern göttliches und von Göttern, die Dichter aber nichts sind als Sprecher der Götter, besessen jeder von dem, der ihn eben besitzt. Um dies zu zeigen hat recht absichtlich der Gott durch den schlechtesten Dichter das schönste Lied gesungen. Oder dünkt dich nicht daß ich recht habe, Ion?

Ion: Ja, beim Zeus, mich dünkt es gewiß. Denn du ergreifst mir recht die Seele mit deinen Worten, Sokrates; und ich glaube wohl, daß durch göttliche Schickung die rechten Dichter uns dies von den Göttern überbringen.

Sokrates: Und nicht wahr ihr Rhapsoden überbringt wieder jenes von den Dichtern?

Ion: Auch daran hast du Recht.

Sokrates: Ihr seid also Sprecher der Sprecher?

Ion: Allerdings.

Sokrates: Komm aber, und sage mir auch dies, Ion, und verheimliche es mir nicht was ich dich fragen will. Wenn du die Verse schön vorträgst und deine Zuschauer am meisten hinreißest, es sei nun, daß du den Odysseus singst wie er auf die Schwelle springt, sich den Freiern offenbart und sich die Pfeile ausgießt vor die Füße, oder den Achilleus wie er gegen den Hektor dringt, oder auch etwas klägliches von der Andromache oder der Hekabe oder dem Priamos: bist du dann bei völligem Bewußtsein, oder gerätst du außer dich und glaubt deine begeisterte Seele bei den Gegenständen zu sein, von welchen du sprichst, sie mögen nun in Ithaka sein oder in Troja oder wo sonst das Gedicht sich aufhält?

Ion: Welchen deutlichen Beweis hast du mir da aufgestellt, Sokrates! Denn ich will dir nichts davon verheimlichen. Wenn ich nämlich etwas klägliches vortrage: so füllen sich mir die Augen mit Tränen, wenn aber etwas furchtbares und schreckliches, so sträuben sich die Haare aufwärts vor Furcht, und das Herz pocht.

Sokrates: Was wollen wir also sagen, Ion? daß derjenige bei vollem Bewußtsein ist, welcher mit bunten Kleidern und goldnen Kränzen geschmückt mitten unter Opfern und Festlichkeiten weint, ohne von jenen Herrlichkeiten etwas verloren zu haben, oder sich fürchtet mitten unter zwanzigtausend befreundeten Menschen, ohne daß ihn Jemand ausziehen oder sonst ihm Leides zufügen will?

Ion: Nein, beim Zeus, Sokrates, nicht eben, wenn ich doch die Wahrheit sagen soll.

Sokrates: Und weißt du wohl, daß ihr auch unter den Zuschauern gar viele eben dahin bringt?

Ion: Gar sehr weiß ich das. Denn ich betrachte sie jedesmal oben herab von der Bühne wie sie weinen und furchtbar umblicken und mitstaunen über das Gesagte. Auch muß ich ja wohl gar sehr auf sie Acht geben: Denn habe ich sie recht weinen gemacht, so lache ich hernach weil ich Geld einnehme: habe ich sie aber zu lachen gemacht; so muß ich selbst weinen, weil ich das Geld einbüße.

Sokrates: Merkst du nun, daß dieser Zuschauer der letzte ist von den Ringen, von welchen ich sagte, daß sie aus dem herakleotischen Stein einer durch den andern ihre Kraft empfingen? der mittlere aber bist du, der Rhapsode und Darsteller, und der erste ist der Dichter selbst. Der Gott aber zieht durch alle diese die Seelen der Menschen wohin er will, indem er der einen Kraft an den andern anhängt. Und wie an jenem Steine so hängt auch hier eine gar lange Reihe von Chorsängern und Lehrern des Chors und Unterlehrern, die wieder seitwärts angehängt sind, an den an der Muse hangenden Ringen. Und der eine Dichter hängt an dieser, der andere an jener Muse; wir nennen das zwar sie besitzt ihn, das ist aber ziemlich dasselbe, denn sie hält ihn doch immer. An diesen ersten Ringen nun den Dichtern hangen wieder an Jedem Andere und sind begeistert einige vom Orpheus, Andere vom Musaios, die meisten aber werden vom Homeros besessen und gehalten, von denen auch du, Ion, einer bist und vom Homeros gehalten wirst. Wenn daher Jemand von einem andern Dichter etwas singt, so schlummerst du und hast nichts zu sagen; wenn aber Jemand ein Lied von diesem Dichter anstimmt, so wachst du sogleich und deine Seele tanzt und gar Vieles weißt du zu sagen. Denn nicht durch Kunst oder Wissenschaft sagst du was du vom Homeros sagst, sondern durch göttliche Schickung und Besitzung, so wie die Korybanten nur auf jenen Gesang recht hören, der von dem Gotte herrührt, welcher sie besitzt, und auf dessen Weise einen Reichtum an Gebärden und Worten haben, um andere sich aber gar nicht bekümmern: so hast auch du, Ion, wenn Jemand des Homeros erwähnt großen Vorrat; bei andern aber gar keinen. Und die Ursach hievon, wonach du mich fragst, weshalb du nur über den Homeros etwas weißt, über andere aber nicht, ist die, daß du nicht durch Kunst, sondern durch göttliche Schickung so gewaltig bist als ein Verherrlicher des Homeros.

Ion: Sehr gut zwar sprichst du, Sokrates, jedoch wollte ich mich wundern, wenn du so gut sprächest, daß du mich überreden könntest, ich verherrlichte den Homeros durch

Eingeistung und Wahnsinn. Ich glaube auch es würde nicht einmal dir so vorkommen wenn du mich hörtest über den Homeros reden.

Sokrates: Gewiß will ich dich ja hören, nicht eher jedoch bis du mir dies beantwortest. Worüber von allem, wovon Homeros spricht, sprichst du gut? Denn über alles und jedes doch wohl nicht?

Ion: Das wisse nur, Sokrates, über alles ohne Ausnahme.

Sokrates: Doch aber nicht darüber, wovon du nichts verstehst, und Homeros doch spricht?

Ion: Was für Dinge wären das, wovon Homeros zwar spricht, ich aber nichts verstehe?

Sokrates: Redet nicht auch Homeros von allerlei Künsten an vielen Orten vielerlei? So wie von der Kunst des Wagenführers; wenn mir die Verse einfallen, will ich sie dir sagen.

Ion: Ich will sie dir schon sagen; mir fallen sie gewiß ein.

Sokrates: So sage mir denn, was Nestor zu seinem Sohne Antilochos spricht, indem er ihn erinnert sich wohl vorzusehen mit der Wendung beim Wagenrennen zu Ehren des Patroklos.

Ion: Selber zugleich dann beug' in dem schöngeflochtenen Sessel, Sanft zur Linken dich hin, und das rechte Roß des Gespannes Treib mit Geißel und Ruf, und laß ihm die Zügel ein wenig, Während dir nah am Ziele das linke Roß sich herumdreht, So daß fast die Nabe den Rand zu erreichen dir scheinet Deines zierlichen Rades: den Stein nur zu rühren vermeide –

Sokrates: Genug. Ob also, o Ion, in diesen Versen Homeros richtig spricht oder nicht, welcher von beiden wird das besser verstehen, der Arzt oder der Wagenführer?

Ion: Der Wagenführer allerdings.

Sokrates: Etwa weil er diese Kunst inne hat, oder sonst weswegen?

Ion: Nein, sondern deswegen.

Sokrates: Ist nun nicht jeder Kunst von Gott Ein Werk angewiesen, das sie vermögend ist zu verstehen. Denn was wir durch die Steuermannskunst verstehen, das verstehen wir doch nicht durch die Heilkunst.

Ion: Nein freilich.

Sokrates: Und was durch die Heilkunst, das nicht auch durch die Baukunst.

Ion: Nein freilich.

Sokrates: Und wird es nicht mit allen Künsten so sein, daß was wir durch die eine verstehen, wir nicht auch durch eine andere verstehen? Zuerst aber beantworte mir das, behauptest du auch daß diese Kunst eine ist, und jene wieder eine andere?

Ion: Ja.

Sokrates: Auch wohl wie ich urteilend, wenn nämlich die eine die Erkenntnis dieser Gegenstände ist und die andere wieder jener, diese dann eine andere Kunst nenne, und jene wieder eine andere, so auch du?

Ion: Ja.

Sokrates: Denn wenn eine jede die Erkenntnis derselben Gegenstände wäre, warum soll man sagen die eine wäre diese und die andere wieder jene, wenn man doch durch beide nur einerlei weiß? So wie ich weiß, daß dies fünf Ringe sind, und du dies ganz eben so weißt wie ich; und wenn ich dich nun fragte, ob auch wohl durch dieselbe Kunst, nämlich die Rechenkunst, wir beide das nämliche wissen, ich und du, oder durch eine andere: du doch wohl sagen würdest durch dieselbe.

Ion: Ja.

Sokrates: Was ich dich also schon vorher im Begriff war zu fragen, das sage mir nun, ob es dich auch in Absicht aller Künste so dünkt, daß man notwendig durch dieselbe Kunst auch dasselbe erkennt, durch eine andere aber nicht dasselbe, sondern da sie ja eine andere ist, sie auch notwendig etwas anderes erkennen muß?

Ion: So dünkt es mich, Sokrates.

Sokrates: Also wer irgend eine Kunst nicht besitzt, der wird auch was vermöge dieser Kunst geredet oder getan wird nicht richtig zu beurteilen vermögen.

Ion: Wahr gesprochen.

Sokrates: Wirst nun wohl über die Verse, welche du eben hersagtest ob sie gut gesagt sind vom Homeros oder nicht, du besser urteilen können oder ein Wagenführer?

Ion: Ein Wagenführer.

Sokrates: Denn du bist ein Rhapsode und kein Wagenführer.

Ion: Nein.

Sokrates: Und die Kunst der Rhapsoden ist eine andere als die der Wagenführer?

Ion: Ja.

Sokrates: Wenn also eine andere, so ist sie auch Erkenntnis anderer Gegenstände.

Ion: Ja.

Sokrates: Wie nun, wenn Homeros sagt, daß Hekamede des Nestors Leibdienerin dem verwundeten Machaon einen Kühltrank zu trinken reicht, und er so etwa sagt: Mengte des Pramnischen Weins, spricht er, und rieb mit eherner Raspel Ziegenkäse darauf mit weißem Mehl ihn bestreuend, ob dies Homeros recht sagt oder nicht, ist das die Sache der Arzneikunst richtig zu beurteilen oder der rhapsodischen?

Ion: Der Arzneikunst.

Sokrates: Und wie wenn Homeros sagt: Jene sank wie gerundetes Blei in die Tiefe hinunter Welches über dem Horn des geweideten Stieres befestigt Sinkt den gefräßigen Fischen des Meers das Verderben zu bringen; wollen wir sagen dies gehöre mehr für die Fischerkunst zu beurteilen oder für die rhapsodische, was er hier sagt und ob es recht ist oder nicht?

Ion: Offenbar, Sokrates, für die Fischerkunst.

Sokrates: Erwäge also, wenn du nun der fragende wärest und mich fragtest: Da du nun, Sokrates, für alle diese Künste etwas findest im Homeros was ihnen zusteht zu beurteilen, so komm und finde mir auch heraus, was für den Wahrsager und die Wahrsagekunst gehört, was das wohl sein mag was denen gebührt beurteilen zu können ob es gut oder schlecht gedichtet ist: so sieh wie leicht und richtig ich dir antworten werde. Denn gar oft sagt er dergleichen auch in der Odysseia, wie was der Seher der Melampodideer Theoklymenos zu den Freiern sagt: Ach unglückliche Männer was duldet ihr? rings ja in Nacht sind Euch gehüllt die Häupter, die Angesicht' und die Glieder! Schrecklich ertönt Wehklag', und tränenbenetzt sind die Wangen! Voll der Schattengebild ist die Flur und voll auch der Vorhof die zum Erebos eilen in Finsternis! aber die Sonn' ist ausgelöscht am Himmel und rings herrscht gräßliches Dunkel! Oft auch in der Ilias wie im Mauergefecht, denn auch hier sagt er: Denn ein Vogel erschien, da sie überzugehn sich entschlossen Ein hochfliegender Adler der links hin streifend das Kriegsheer Eine Schlang' in den Klauen dahertrug rot und unendlich Lebend annoch und zappelnd, noch nicht vergessend der Streitlust. Denn dem haltenden Adler durchstach sie die Brust an dem Halse Rückwärts drehend das Haupt, er schwang sie hinweg auf die Erde Hart von Schmerzen gequält, und sie fiel in die Mitte des Haufens, Aber er selbst lauttönend entflog im Hauche des Windes. Dieses würde ich sagen gehört für den Wahrsager zu betrachten und zu beurteilen.

Ion: Sehr wahr sprichst du daran, o Sokrates.

Sokrates: Auch du sprichst hieran sehr wahr, o Ion! So komm denn, und wie ich dir ausgesucht habe aus der Odysseia und Ilias, was für den Wahrsager gehört, und was für den Arzt und was für den Fischer: so suche du nun auch mir heraus, da du ja des Homeros kundiger bist als ich, was doch für den Rhapsoden gehört, o Ion, und für die rhapsodische Kunst, und was diesem gebührt zu betrachten und zu beurteilen vor den übrigen Menschen.

Ion: Ich behaupte eben, Alles, Sokrates.

Sokrates: So eben, Ion, wolltest du doch nicht behaupten, Alles. Oder bist du so vergeßlich? Das ziemt ja wohl einem Rhapsoden nicht vergeßlich zu sein?

Ion: Was vergesse ich denn?

Sokrates: Erinnerst du dich nicht, daß du behauptetest, die Kunst des Rhapsoden wäre eine andere als die des Wagenführers?

Ion: Das erinnere ich mich.

Sokrates: Und daß sie als eine andere auch anderes verstehe, gestandest du das auch?

Ion: Ja.

Sokrates: Nicht alles also wird doch die rhapsodische Kunst nach deiner Rede verstehen, und der Rhapsode?

Ion: Ausgenommen vielleicht dergleichen, Sokrates.

Sokrates: Mit diesem dergleichen meinst du doch ausgenommen was für alle übrigen Künste gehört? Aber was wird er denn verstehen, wenn doch nicht Alles?

Ion: Was einem Manne zu sprechen ziemt, glaube ich, und was einer Frau, was einem Knechte und was einem Freien, was einem Gehorchenden und was einem Gebietenden.

Sokrates: Meinst du etwa was dem Gebietenden über ein auf dem Meere mit dem Sturme kämpfendes Schiff, zu sprechen geziemt, werde der Rhapsode besser verstehen als der Steuermann.

Ion: Nein, sondern dies wohl der Steuermann.

Sokrates: Aber was dem, der über einen Kranken gebietet, zu sprechen geziemt, das wird der Rhapsode besser verstehen als der Arzt?

Ion: Auch das nicht.

Sokrates: Aber was einem Knechte geziemt, sagst du?

Ion: Ja.

Sokrates: Was einem Knechte der das Vieh hütet zu sprechen gebührt, wenn ihm die Rinder wild werden und er ihnen zuredet, das wird der Rhapsode verstehn und nicht der Ochsenhirte?

Ion: Freilich wohl nicht.

Sokrates: Aber was einer webenden Frau geziemt von der Verarbeitung der Wolle zu sprechen?

Ion: Nein.

Sokrates: Was aber einem Heerführer zu sprechen geziemt, der den Kriegern zuredet, wird er verstehn?

Ion: Ja dergleichen wird der Rhapsode verstehn.

Sokrates: Wie doch? Ist die Kunst des Rhapsoden die des Heerführers?

Ion: Ich würde wenigstens schon verstehen, was einem Heerführer zu sprechen geziemt!

Sokrates: Vielleicht bist du eben auch ein Heerführer der Kunst nach. Denn wenn du zugleich ein Bereuter wärest und ein Künstler auf der Lyra, so verständest du dich auch auf Pferde die gut und schlecht zugeritten wären. Aber wenn ich dich dann fragte: durch welche Kunst o Ion erkennst du die gut zugeritteten Pferde? durch die vermöge der du ein Bereuter bist, oder durch die vermöge der ein Lyraspieler? was würdest du mir antworten?

Ion: Durch die vermöge welcher ich ein Bereuter bin, antwortete ich.

Sokrates: Also wenn du auch die welche die Lyra gut spielen, erkenntest: so würdest du gestehen sie, durch die vermöge deren du selbst die Lyra spielst zu erkennen, nicht durch die vermöge der du ein Bereuter bist?

Ion: Ja.

Sokrates: Wenn du also was zur Heerführung gehört verstehst, verstehst du es in so fern du der Kunst nach ein Heerführer, oder in so fern du ein guter Rhapsode bist?

Ion: Das dünkt mich gar nicht unterschieden zu sein.

Sokrates: Wie meinst du gar nicht unterschieden? Meinst du das wäre nur Eine Kunst, die des Rhapsoden und die des Heerführers oder zwei?

Ion: Eine scheint es mir wenigstens.

Sokrates: Wer also ein guter Rhapsode ist, der ist auch ein guter Heerführer?

Ion: Ganz gewiß, Sokrates.

Sokrates: Und auch wer ein guter Heerführer ist, ist also ein guter Rhapsode?

Ion: Das dünkt mich wieder nicht.

Sokrates: Aber jenes dünkt dich, wer nur ein guter Rhapsode ist, sei auch ein guter Heerführer?

Ion: Gar sehr.

Sokrates: Nun bist du doch unter den Hellenen der beste Rhapsode?

Ion: Bei weitem, Sokrates.

Sokrates: Bist du etwa auch, o Ion, der beste Heerführer unter den Hellenen?

Ion: Wisse nur, Sokrates, daß ich auch das aus dem Homeros gelernt habe.

Sokrates: Warum also doch bei den Göttern, o Ion, wenn du unter den Hellenen beides der beste bist, Rhapsode und Heerführer, gehst du zwar umher und singst den Hellenen vor als Rhapsode, führst sie aber nicht an als Heerführer? Oder glaubst du daß um einen mit goldenem Kranze bekränzten Rhapsoden zwar große Not ist unter den Hellenen, um Heerführer aber gar nicht?

Ion: Unsere Stadt wird ja von Euch regiert und beschützt und bedarf keines Heerführers, die eurige aber, Sokrates, und Lakedaimon würden mich nicht zum Heerführer wählen, denn ihr glaubt dazu selbst genug zu sein.

Sokrates: Bester Ion, kennst du nicht Apollodoros den Kyzikener?

Ion: Was doch für einen?

Sokrates: Den die Athener als einen Fremden doch schon oft zu ihrem Heerführer gewählt haben, wie auch den Phanosthenes von Andros und Herakleides den Klazomenier, welche, obgleich Fremde, die aber gezeigt haben was sie wert sind, die Stadt zu Heerführer sowohl als zu andern Staatsämtern erhebt. Und Ion den Ephesier also sollte sie nicht zum Heerführer wählen und sonst ehren, wenn sie glaubt daß er der Rede wert sei? Und wie? seid ihr Ephesier nicht noch überdies Athener von Alters her, und Ephesos nicht geringer als irgend eine andere Stadt? Aber du, o Ion, wenn du Recht daran hast, daß du durch Kunst und Wissenschaft im Stande bist den Homeros zu verherrlichen, so tust du Unrecht, da du doch viel Schönes über den Homeros zu wissen behauptest und mir versprochen hast davon zu zeigen, daß du mich betrügst und weit gefehlt dich mir mit Jenem zu zeigen, mir nicht einmal sagen willst, was das ist worin du gewaltig bist, wornach mich doch schon lange recht gelüstet. Sondern ordentlich wie Proteus vervielfältigst du dich und drehst dich von oben nach unten bis du mir endlich ganz entschlüpfst und mir als Heerführer wieder erscheinst, um nur nicht zu zeigen wie stark du bist, in der Weisheit über den Homeros. Wenn du also als ein Künstler um dein Versprechen, dessen ich eben erwähnte daß du dich mir über den Homeros zeigen wolltest, mich betrügst: so tust du Unrecht. Wenn du aber kein Künstler bist; sondern durch göttliche Schickung am Homeros festgehalten ohne etwas zu wissen viel und Schönes sagst über den Dichter, wie ich eben von dir sagte, dann tust du nicht unrecht. So wähle nun, wofür du lieber von uns willst gehalten sein, für einen unrechtlichen Mann oder für einen göttlichen.

Ion: Ein großer Unterschied ist das, Sokrates! denn weit schöner ist es für einen göttlichen gehalten zu werden.

Sokrates: Dieses Schönere also, o Ion, trägst du von unserntwegen davon, ein göttlicher zu sein, nicht aber ein künstlerischer Verherrlicher des Homeros.

Hippias

Das kleinere Gespräch dieses Namens

Eudikos • Sokrates • Hippias

Eudikos: Du aber, Sokrates, warum schweigst du, nachdem Hippias uns so vieles ausgestellt, und lobst nicht entweder mit uns etwas von dem Gesagten, oder tadelst auch, wenn dir etwas nicht gut gesagt zu sein scheint? Zumal auch nur wir übrig geblieben sind, die wir uns doch vorzüglich bestreben teilzuhaben an wissenschaftlicher Beschäftigung.

Sokrates: Allerdings, Eudikos, habe ich einiges, was ich ganz gern erfragen möchte vom Hippias, über das was er eben sprach vom Homeros. Denn auch von deinem Vater Apemantos habe ich gehört, die Ilias wäre ein schöneres Gedicht als die Odysseia, und zwar um soviel schöner als Achilleus besser wäre dann Odysseus. Jedes nämlich von diesen Gedichten, sagte er, wäre auf Einen, das eine auf den Odysseus gedichtet, das andere auf den Achilleus. Darüber nun möchte ich mich gern, wenn es dem Hippias gelegen ist, weiter befragen, was ihn wohl dünkt von diesen beiden Männern, welchen er für den besseren hält; da er uns ja doch so viel und vielerlei anderes vorgetragen hat über andere Dichter sowohl als über den Homeros.

Eudikos: Offenbar wird dir ja Hippias nicht abschlagen, wenn du ihn etwas fragst zu antworten. Nicht wahr, Hippias, wenn Sokrates dich etwas fragt wirst du antworten? oder was wirst du tun?

Hippias: Das wäre ja arg, o Eudikos, wenn ich nach Olympia zwar in die Festversammlung der Hellenen, wenn die Spiele gefeiert werden, jedesmal von Hause aus Elis hinaufginge nach dem Tempel und mich anböte, sowohl was nur einer will von allem zur Prunkrede mir schon vorbereiteten vorzutragen, als auch Jedem zu antworten, der mich nur was immer fragt, jetzt aber des Sokrates Frage ausweichen wollte!

Sokrates: In einem glückseligen Zustande befindest du dich, Hippias, wenn du jede Olympiade, so guter Zuversicht für deine Seele was Weisheit betrifft, zum Feste kommst; und es sollte mich wundern, wenn irgend einer von denen, die sich dort in Leibesübungen zeigen, so furchtlos und fest vertrauend auf seinen Leib dort hinginge zum Kampf, wie du sagst auf deinen Verstand.

Hippias: Ganz natürlich, o Sokrates, daß es mir so ergeht. Denn seitdem ich angefangen bei den Olympischen Spielen mich im Wettkampf zu zeigen, bin ich noch auf keinen jemals getroffen, der in irgend etwas vortrefflicher gewesen wäre als ich.

Sokrates: Ein schönes Denkmal der Weisheit, o Hippias, muß dieser dein Ruhm sowohl der Stadt Elis sein als auch deinen Eltern. Allein was sagst du uns wegen des Achilleus und des Odysseus? welchen hältst du, und worin, für besser? Denn als unserer so viele drin waren und du deine Schaurede hieltest, blieb ich zurück hinter deiner Rede. Denn ich trug Bedenken dich weiter zu fragen, weil viel Volks drinnen war, und um dir nicht Störung zu machen durch mein Fragen in deiner Prunkrede. Nun wir aber weniger sind und Eudikos mir zuredet zu fragen: so sprich doch und lehre uns deutlicher, was du sagtest von diesen beiden Männern? wie unterschiedest du sie?

Hippias: Ich will dir also noch deutlicher als damals erklären, was ich meine von diesen und andern. Ich behaupte nämlich, Homeros habe in seinen Gedichten als den besten unter den nach Troja gekommenen den Achilleus dargestellt, als den weisesten aber den Nestor, und als den vielgewandtesten den Odysseus.

Sokrates: Weh mir Hippias! Tätest du mir wohl soviel zu Liebe mich nicht auszulachen, wenn ich nur mit Mühe begreife was du meinst, und oft weiter frage? so versuche denn mir gern und sanftmütig zu antworten.

Hippias: Das wäre ja schändlich, Sokrates, wenn ich Andere zwar eben hierin unterwiese und mir Geld dafür geben ließe, selbst aber von dir befragt keine Nachsicht beweisen und dir nicht sanftmütig antworten wollte.

Sokrates: Sehr schön gesprochen! Ich also, wie du sagtest; Achilleus werde als der beste dargestellt, glaubte ich zu verstehen was du meintest, so auch wie Nestor als der weiseste. Hernach aber als du vom Odysseus sagtest, der Dichter habe ihn als den vielgewandtesten dargestellt, dieses, um dir die Wahrheit zu sagen, weiß ich ganz und gar nicht wie du es meinst. Sage mir also, ob ich es vielleicht hieraus besser verstehn werde, wird Achilleus nicht als vielgewandt vom Homeros dargestellt?

Hippias: Ganz und gar nicht, Sokrates, sondern als höchst einfach. Denn gleich in der Bittgesandtschaft wo er sie mit einander redend vorstellt, sagt sein Achilleus zum Odysseus: Edler Laertiad', erfindungsreicher Odysseus, Sieh ich muß die Rede nur grad' und frank dir verweigern, So wie im Herzen ich denk und wie's zu vollenden ich meine. Denn mir verhaßt ist Jener so sehr wie des Aides Pforten, Wer ein Andres im Herzen verbirgt, ein Anderes redet. Aber ich selbst will sagen, so wie's unfehlbar geschehn wird. In diesen Versen offenbart er die Gemütsart jedes der beiden Männer, daß nämlich Achilleus wahr sei und einfach, Odysseus aber vielgewandt und falsch. Denn den Achilleus läßt er ja diese Verse dem Odysseus sagen.

Sokrates: Jetzt mag ich wohl beinahe verstehen, Hippias, was du meinst. Unter dem vielgewandten nämlich meinst du einen falschen, wie sich ja zeigt.

Hippias: Allerdings, Sokrates. Denn als einen solchen stellt Homeros den Odysseus dar an vielen Orten, sowohl in der Ilias als in der Odysseia.

Sokrates: Also dünkte, wie es scheint, den Homeros ein anderer Mann wahrhaft zu sein, und wieder ein anderer falsch, nicht aber derselbe?

Hippias: Wie sollte es auch nicht Sokrates?

Sokrates: Dünkt es etwa dich auch selbst so, Hippias?

Hippias: Vor allen Dingen freilich! Es wäre ja auch arg, wenn nicht.

Sokrates: So wollen wir dann den Homeros jetzt lassen, da es ohnedies unmöglich ist ihn zu befragen, was er sich wohl dachte, als er diese Verse dichtete. Da du aber dich der Sache offenbar annimmst, und du selbst das glaubst, was du behauptest daß Homeros meine: so antworte gemeinschaftlich für den Homeros und für dich selbst.

Hippias: Das soll geschehen, und frage nur in kurzem was du willst.

Sokrates: Meinst du unter den Falschen solche die untüchtig sind etwas zu tun, wie die Kranken, oder die tüchtig sind etwas zu tun?

Hippias: Tüchtige meine ich, und zwar gar sehr zu vielem Andern sowohl als auch dazu die Menschen zu hintergehen.

Sokrates: Tüchtig sind sie also nach deiner Rede wie es scheint und vielgewandt. Nicht wahr?

Hippias: Ja.

Sokrates: Vielgewandt nun und betrügerisch sind sie das etwa aus Albernheit und Unklugheit. oder aus einer gewissen List und Klugheit?

Hippias: Aus List allerdings und aus Klugheit.

Sokrates: Klug sind sie also wie es scheint.

Hippias: Ja beim Zeus gar sehr.

Sokrates: Und als Kluge sollten sie nicht dessen kundig sein, was sie tun? oder sind sie es?

Hippias: Wohl sind sie dessen gar sehr kundig; darum eben tun sie ja übel.

Sokrates: Und als dessen Kundige, sind sie Unverständige oder Weise?

Hippias: Weise allerdings, eben darin im Betrügen.

Sokrates: Komm denn, laß uns noch einmal wiederholen, was das ist, was du sagst. Die Falschen behauptest du sind tüchtig und klug und kundig und weise, worin sie falsch sind?

Hippias: Das behaupte ich freilich.

Sokrates: Und Andere sind die Wahren und die Falschen, ganz einander entgegengesetzt.

Hippias: Das meine ich.

Sokrates: Wohlan also von den Tüchtigen und Weisen sind die Falschen welche, nach deiner Rede?

Hippias: Ganz gewiß.

Sokrates: Wenn du nun sagst, tüchtig und weise wären auch die Falschen eben darin: meinst du daß sie tüchtig sind zu lügen, wann sie wollen darin, worin sie eben lügen, oder untüchtig?

Hippias: Tüchtig, meine ich.

Sokrates: Um es also kurz zusammen zu fassen, die Falschen sind weise und tüchtig zu lügen?

Hippias: Ja.

Sokrates: Ein zum Lügen untüchtiger und unverständiger Mann wäre also nicht falsch?

Hippias: So ist es.

Sokrates: Tüchtig aber ist doch wohl Jeder, der das was er will alsdann tut wann er es will; ich meine aber nicht wenn einer aus Krankheit daran verhindert wird, oder des etwas; sondern so wie du vermögend bist meinen Namen zu schreiben, wann immer du willst, so meine ich. Nennst du nicht den tüchtig, mit dem es so steht?

Hippias: Ja.

Sokrates: Sage mir also, Hippias, bist du nicht wohl erfahren im Rechnen und der Rechenkunst?

Hippias: Ganz vorzüglich, Sokrates.

Sokrates: Also wenn auch dich Jemand fragte nach dreimal Siebenhundert, welche Zahl das ist, so würdest du, wenn du nur wolltest, ganz vorzüglich und geschwind das Richtige hierüber sagen?

Hippias: Allerdings.

Sokrates: Etwa weil du der tüchtigste und weiseste bist hierin?

Hippias: Ja.

Sokrates: Bist du aber wohl nur der weiseste und tüchtigste, oder auch der beste eben darin, worin der tüchtigste und weiseste, im Rechnen?

Hippias: Auch der beste offenbar, Sokrates.

Sokrates: Das wahre also hierüber zu sagen wärst du der tüchtigste; nicht wahr?

Hippias: Ich denke wenigstens.

Sokrates: Wie aber das Falsche eben hierin? Und beantworte mir das wie das vorige o Hippias unverhohlen und edelmütig. Wenn dich Jemand fragte nach dreimal Siebenhundert wieviel das ist, würdest du wohl auch am besten lügen, und jedesmal auf gleiche Weise das Falsche hierüber sagen können, wenn du lügen und niemals richtig antworten wolltest; oder könnte der Unverständige im Rechnen besser lügen als du wenn du wolltest? Oder würde der Unverständige oft, wenn er auch falsches sagen wollte, das Richtige vorbringen unvorsätzlich wenn es sich eben träfe, weil er es nämlich nicht weiß? Du aber der Unterrichtete würdest, wenn du doch lügen wolltest, jedesmal gleich gut lügen?

Hippias: Ja, so verhält es sich, wie du sagst.

Sokrates: Ist nun wohl der Falsche in andern Dingen zwar falsch, aber nicht in Zahlen? und könnte er im Zählen nicht lügen?

Hippias: Beim Zeus auch in Zahlen.

Sokrates: Setzen wir also auch dies, Hippias, es sei ein Mensch falsch in Rechnungen und Zahlen?

Hippias: Ja.

Sokrates: Wer also wäre dieser? Muß ihm nicht, wenn er falsch sein soll, das zukommen, wie du eben eingestandest, daß er tüchtig ist im Lügen? Denn von dem Untüchtigen im Lügen sagtest du, wenn du dich noch erinnerst, daß er nie falsch sein könne.

Hippias: Dessen erinnere ich mich, und so wurde gesagt.

Sokrates: Und zeigtest du dich nicht eben, als der allertüchtigste zum Lügen im Rechnen?

Hippias: Ja, auch das wurde gesagt.

Sokrates: Und bist du nicht auch der tüchtigste das Richtige zu sagen in Rechnungen?

Hippias: Allerdings.

Sokrates: Also derselbe ist der tüchtigste das Wahre und auch das Falsche zu sagen im Rechnen? Dies aber ist der gute hierin, der Rechner?

Hippias: Ja.

Sokrates: Wer anders wird uns also falsch im Rechnen, Hippias, als der gute? Denn der ist auch der tüchtige, der aber ist auch der wahre?

Hippias: So zeigt es sich.

Sokrates: Siehst du also, daß derselbe der Falsche ist und auch der Wahre hierin? Und der Wahre um nichts besser als der Falsche? Denn er ist ja derselbe, und keinesweges verhalten sie sich ganz entgegengesetzt, wie du vorhin meintest.

Hippias: Es scheint nicht, hierin wenigstens.

Sokrates: Willst du, daß wir es auch anderwärts betrachten?

Hippias: Wenn anders auch du es willst.

Sokrates: Bist du nicht auch in der Meßkunst erfahren?

Hippias: Das bin ich.

Sokrates: Wie nun? verhält es sich in der Meßkunst nicht eben so? derselbe ist der tüchtigste zu lügen und auch das Richtige zu sagen über die Umrisse, der Meßkünstler?

Hippias: Ja.

Sokrates: Ist nun hierin ein Anderer gut, als eben dieser?

Hippias: Kein anderer.

Sokrates: Also der gute und weise Meßkünstler ist der geschickteste zu beidem. Und wenn irgend Einer falsch ist in dem was Umrisse betrifft; so ist er es, der gute. Denn dieser ist tüchtig. Der Schlechte aber war untüchtig zum Lügen, so daß er nie falsch sein kann, da er untüchtig ist zum Lügen, wie wir waren einig geworden.

Hippias: So ist es.

Sokrates: Nun auch noch den dritten, laß uns betrachten den Sternkundigen, in welcher Kunst du noch mehr ein Meister zu sein glaubst als in den vorigen. Nicht wahr, Hippias?

Hippias: Ja.

Sokrates: Ist es nun nicht in der Sternkunde ganz dasselbe?

Hippias: Wahrscheinlich wohl Sokrates.

Sokrates: Auch in der Sternkunde also, wenn irgend einer falsch ist wird es der gute Sternkundige sein, der tüchtig ist zum Lügen. Denn der Untüchtige nicht, der ist unverständig.

Hippias: So ergibt es sich.

Sokrates: Derselbe also wird auch in der Sternkunde der Wahrhafte sein und der Falsche.

Hippias: Das scheint so.

Sokrates: Komm also, Hippias, und erwäge es überall so in allen Erkenntnissen, ob es sich irgendwo anders verhält oder so. Denn du bist ja in den meisten Künsten unter allen Menschen der weiseste. Wie ich dich auch einmal habe rühmen gehört und deine vielfältige beneidenswerte Weisheit beschreiben auf dem Markt an den Wechseltischen. Du sagtest nämlich, du wärest einmal so nach Olympia gekommen, daß alles was du an deinem Leibe hattest deine Arbeit gewesen wäre. Zuerst der Ring den du anhattest, damit fingst du an, wäre deine Arbeit gewesen, daß du also auch Steine zu schneiden verständest, und noch ein anderes Siegel deine Arbeit, und einen Badekratzer und ein Ölfläschchen, die du selbst gemacht. Hernach auch die Schuhe, die du anhattest behauptetest du selbst geschnitten zu haben, und den Mantel gewebt und das Unterkleid, und was Allen das sonderbarste schien und der größten Geschicklichkeit Ausstellung, als du sagtest, der Gürtel deines Unterkleides sehe zwar aus wie die Persischen der Vornehmen, diesen aber hättest du selbst geflochten. Überdies hättest du Gedichte bei dir gehabt, epische und Tragödien und Dithyramben und ungebunden gar viele und mancherlei ausgearbeitete Vorträge. Und so wärest du in jenen Künsten also, deren ich vorhin erwähnte, als ein Meister hingekommen ausgezeichnet vor den andern, und auch im Tonmaß und Wohllaut und der Sprachrichtigkeit, und noch überdies in vielen andern, wie ich mich gar wohl zu erinnern glaube. Wiewohl dein Erinnerungskunststück habe ich ganz vergessen, wie es scheint, worin du glaubtest am meisten zu glänzen. Ich glaube aber auch noch viel anderes vergessen zu haben. Also, was ich eigentlich meine, sowohl in Hinsicht auf deine eignen Künste, denn auch die sind schon hinreichend, als auch auf Anderer ihre, sage mir, ob du irgend findest nach dem bisher unter uns eingestandenen, worin der Wahrhafte und der Falsche getrennt sind, und nicht derselbe. Erwäge dies an welcher Geschicklichkeit oder Kunststück oder wie du es am liebsten nennen magst, du nur immer willst. Gewiß, du wirst keine finden, Freund, denn es gibt keine. Aber sage selbst.

Hippias: Ich weiß nichts, Sokrates, so jetzt gleich.

Sokrates: Du wirst auch niemals, wie ich glaube. Wenn ich aber Recht habe: so erinnerst du dich doch was uns aus der Rede folgt.

Hippias: Noch merke ich nicht recht, Sokrates, was du willst.

Sokrates: Jetzt vielleicht bedienest du dich eben nicht deines Erinnerungs-Kunststückes, offenbar weil du glaubst daß du nicht darfst. Ich will dich aber wohl erinnern. Du weißt doch, daß du sagtest, Achilleus sei wahrhaft, Odysseus aber falsch und vielgewandt?

Hippias: Ja.

Sokrates: Jetzt aber, merkst du doch, hat sich gezeigt, daß der Wahre und der Falsche derselbe ist: so daß, wenn Odysseus falsch war, er auch wahr wird, und Achilleus der wahre auch falsch, und daß die Männer nicht verschieden sind oder entgegengesetzt, sondern ähnlich.

Hippias: O Sokrates, jedesmal flichtst du solcherlei Reden zusammen, und aufnehmend was nur das schwierigste an einer Sache ist, bleibst du an diesem hängen und greifst es immer nur bei wenigem an; niemals aber streitest du gegen die ganze Sache von der die Rede ist. Denn auch jetzt, wenn du willst, will ich dir durch viele Beweisstellen in einer tüchtigen Rede dartun, daß Homeros in seinen Gedichten am

Achilleus einen Besseren darstellt als Odysseus, und ohne Falsch, diesen aber als listig und vieles erlügend und schlechter als Achilleus. Wenn du nun willst: so stelle dieser Rede eine andere entgegen, daß jener der bessere ist. Dann werden die hier Anwesenden leichter erfahren, welcher von uns besser spricht.

Sokrates: O Hippias, ich bestreite das ja gar nicht, daß du nicht weiser wärest als ich. Aber ich pflege jedesmal wenn Jemand etwas sagt recht Acht zu geben, zumal wenn ich den für weise halte, der da redet; und aus Verlangen zu verstehen was er meint, forsche ich nach, und überlege die Sache weiter, und vergleiche das Gesagte um es zu verstehen. Wenn mir aber der Sprechende unbedeutend vorkommt: so frage ich weder weiter, noch kümmere ich mich überhaupt um das was er sagt. Und hieran eben kannst du erkennen, wen ich für weise halte. Denn du wirst mich immer gar emsig darüber her finden, was ein solcher sagt, und forschend von ihm, damit ich etwas lerne und gefördert werde dadurch. Daher habe ich auch itzt während deiner Rede mir bedacht, daß in Absicht der Verse, welche du vorhin anführtest und zeigtest Achilleus sage sie gegen den Odysseus als gegen einen der leere Worte mache, wie wunderbar es mich bedünken würde, wenn du Recht haben solltest; weil Odysseus, der vielgewandte, nirgends als ein Lügner erscheint, Achilleus aber erscheint als ein vielgewandter nach deiner Rede; er lügt wenigstens. Denn nachdem er jene Verse gesprochen, welche auch du vorhin anführtest, Denn mir verhaßt ist jener so sehr wie des Aides Pforten Wer ein Andres im Herzen verbirgt ein Anderes redet: so sagt er bald darauf, er würde sich weder vom Odysseus und Agamemnon herumbringen lassen, noch überhaupt vor Troja bleiben, sondern Morgen, spricht er, bring ich ein Opfer für Zeus und die anderen Götter, Wohl dann belad' ich die Schiffe und wann ich ins Meer sie gezogen, Wirst du schaun so du willst, und solcherlei Dinge dich kümmern Schwimmen im Morgenrot auf dem flutenden Hellespontos Meine Schiff' und darin die eiferig rudernden Männer; Und wenn glückliche Fahrt der Gestaderschütterer gönnet, Möcht ich am dritten Tag in die schollige Phthia gelangen. Und noch vor diesem hatte er zankend zum Agamemnon gesagt : Doch nun geh ich gen Phthia! Denn weit zuträglicher ist es, Heim mit den Schiffen zu gehn, den gebogenen! Schwerlich auch wirst du Weil du allhier mich entehrst noch Schätz' und Güter dir häufen. Ohnerachtet er nun dieses gesprochen das eine Mal vor dem ganzen Heer, das andere Mal zu seinen Freunden: so zeigt sich doch nirgend, daß er weder die geringste Zurüstung gemacht, noch irgend versucht die Schiffe in See zu lassen um nach Hause zu segeln; sondern vielmehr daß er sehr vornehm sich wenig daraus macht ob er wahr redet. Deshalb nun Hippias fragte ich dich von Anfang an, zweifelhaft welchen von diesen Männern der Dichter als den besseren gedichtet hat, und in der Meinung, daß beide sehr vortrefflich wären, und schwer zu entscheiden, welcher der bessere sowohl in Absicht auf Wahrheit und Falschheit als in jeder andern Tugend. Denn beide sind auch hierin einander fast gleich.

Hippias: Du untersuchst eben die Sache gar nicht ordentlich, Sokrates. Denn was Achilleus lügt, das lügt er offenbar gar nicht hinterlistig sondern unvorsätzlich, weil er durch die Unglücksfälle des Heeres genötiget ward zu bleiben und Hülfe zu leisten, Odysseus aber tut es vorsätzlich und hinterlistig.

Sokrates: Du betrügst mich, liebster Hippias, und ahmest selbst den Odysseus nach.

Hippias: Keinesweges, Sokrates! Was meinst du aber, und worin?

Sokrates: Weil du behauptest, Achilleus lüge nicht mit böser Absicht, der doch so listig und tückisch ist noch außer seinen leeren Worten, wie ihn nämlich Homeros gedichtet hat, daß er sich um so viel klüger zeigt als Odysseus in der Kunst leicht und unentdeckt mit seinen Worten zu spielen, daß er es sogar wagte in jenes Gegenwart sich selbst zu widersprechen, ohne daß Odysseus es bemerkt. Wenigstens findet sich nirgend, daß Odysseus so mit ihm spricht, als habe er bemerkt, daß jener gelogen.

Hippias: Was meinst du nur hiemit, Sokrates?

Sokrates: Weißt du nicht, daß nachher einmal redend er zum Odysseus zwar gesagt hatte, er werde mit der Morgenröte absegeln, zum Ajas aber sagt, er werde nicht absegeln, sondern ganz andere Dinge redet?

Hippias: Wo denn?

Sokrates: Wo er sagt: Denn nicht werd' ich eher des blutigen Kampfes gedenken Ehe des waltenden Priamos Sohn der göttliche Hektor schon die Gezelt' und Schiffe der Myrmidonen erreicht hat Agos Volk hinmordend, und Glut in den Schiffen entflammet. Doch wird hoff ich bei meinem Gezelt und dunkelen Schiffen Hektor wie eifrig er ist, sich wohl enthalten des Kampfes. Du also Hippias glaubst, der Sohn der Thetis und des so sehr weisen Cheiron Zögling sei so vergeßlich gewesen, daß nachdem er kurz zuvor diejenigen aufs heftigste geschmäht die leere Worte machen, er unmittelbar darauf zum Odysseus gesagt habe, er werde schiffen, zum Ajas aber er werde bleiben, es aber doch nicht aus böser Absicht getan habe, noch in der Meinung Odysseus sei einfältig, und er selbst werde ihn im Ränkemachen und Lügen weit übertreffen?

Hippias: Nicht so dünkt mich, Sokrates; sondern auch hier spricht er, weil er sich anders besonnen aus Einfalt zum Ajas anders als zum Odysseus. Odysseus aber, wenn er wo die Wahrheit sagt tut er es in böser Absicht, und wenn er lügt eben so.

Sokrates: So ist, wie es scheint, Odysseus besser als Achilleus.

Hippias: Keinesweges doch wohl, Sokrates.

Sokrates: Wie denn? sind uns nicht eben die vorsätzlich Lügenden besser erschienen als die unvorsätzlich?

Hippias: Und wie sollten doch, o Sokrates, die welche vorsätzlich beleidigen und Andern Unheil bereiten und Übles zufügen besser sein, als die es unvorsätzlich tun, gegen die man ja viel Nachsicht pflegt zu haben, wenn Jemand ohne Wissen beleidigt oder hintergeht oder sonst etwas Übles tut. Wie denn auch die Gesetze weit härter sind gegen die, welche vorsätzlich etwas Böses tun oder lügen, als gegen die Andern.

Sokrates: Siehst du, Hippias, daß ich Recht habe, wenn ich sage daß ich emsig bin im Fragen der Weisen? Und ich mag wohl nur dies Eine Gute haben, übrigens aber es schlecht genug um mich stehen. Denn wie die Dinge sich eigentlich verhalten, das entgeht mir und ich weiß davon nichts. Das ist daraus zur Genüge abzunehmen, daß wenn ich mit einem von euch zusammenkomme, die ihr gepriesen werdet um eure Weisheit, und denen alle Hellenen ihre Weisheit bezeugen, ich immer als einer erscheine der nichts weiß. Denn ich bin, um es gerade heraus zu sagen, fast über gar nichts derselben Meinung mit euch. Und welchen größeren Beweis des Unverstandes könnte es wohl geben, als wenn Jemand mit weisen Männern uneins ist. Nur dies Eine sonderbare Gute habe ich an mir, was mich noch erhält; ich schäme mich nämlich nicht zu lernen, sondern ich forsche und frage und bin Jedem sehr dankbar der mir antwortet, und habe noch nie Jemanden diesen Dank entzogen. Denn ich habe noch nie verläugnet wo ich etwas gelernt hatte, und etwa das Gelernte für das Meinige ausgegeben als hätte ich es erfunden. Sondern ich lobpreise meinen Lehrer als einen Weisen und zeige was ich von ihm gelernt. So auch jetzt in dem was du sagst, stimme ich dir nicht bei, sondern weiche gar sehr weit von dir ab. Und soviel weiß ich sehr gut, daß die Schuld davon ganz an mir liegt, weil ich eben ein solcher bin wie ich bin, um nichts größeres auf mich selbst zu sagen. Denn mir, o Hippias, scheint ganz das Gegenteil von dem, was du sagst, daß nämlich wer Andern Schaden tut und sie beleidigt belügt betrügt und sonst sich vorsätzlich vergeht, und nicht unvorsätzlich, besser ist als wer unvorsätzlich. Bisweilen freilich dünkt mich auch wieder das Gegenteil davon, und ich schwanke also über die Sache, offenbar weil ich sie nicht weiß. Jetzt nun in diesem Augenblick habe ich jenen Anfall bekommen, daß mich die vorsätzlich in etwas fehlenden besser dünken als die unvorsätzlich. Ich beschuldige aber die bisherigen Reden an dem jetzigen Zufall Ursache zu sein, daß mir eben jetzt die, welche dies Alles unvorsätzlich tun, schlechter erscheinen als welche vorsätzlich. Du also nimm dich meiner an, und schlage mir nicht ab meine Seele zu heilen. Denn weit größere Wohltat erzeigst du mir ja, wenn du meine Seele von ihrem Unverstande befreist, als wenn meinen Leib von einer Krankheit. Willst du nun eine lange Rede sprechen: so sage ich dir voraus, daß du mich nicht heilen wirst; denn ich könnte dir nicht folgen. Willst du mir aber so wie bisher antworten: so wirst du mir großen Nutzen schaffen, und auch selbst, glaube ich, keinen Schaden davon haben. Mit Recht auch könnte ich dich zu Hülfe rufen, o Sohn des Apemantos. Denn du hast mich aufgeregt mit dem Hippias zu reden. Wenn er mir also nun nicht antworten will, so bitte du ihn für mich.

Eudikos: Gewiß, Sokrates, ich glaube, daß es bei dem Hippias unserer Bitte gar nicht bedürfen wird. Denn so lautet gar nicht, was er uns vorher gesagt, sondern daß er keines Menschen Frage ausweichen wollte. Nicht wahr, Hippias sagtest du das nicht?

Hippias: Das habe ich gesagt. Aber Sokrates verwirrt einen immer im Gespräch, Eudikos, und tut recht wie einer der auf Beleidigung ausgeht.

Sokrates: O bester Hippias, nicht vorsätzlich tue ich das, sonst wäre ich ja gar weise und gewaltig nach deiner Rede, sondern unvorsätzlich, so daß du mir Nachsicht zu beweisen hast. Denn du sagst ja, man müsse, wenn Jemand unvorsätzlich beleidigt, Nachsicht beweisen.

Eudikos: Tue auch nur ja nicht anders, Hippias; sondern sowohl deiner vorigen Reden als auch unserntwegen antworte was dich Sokrates fragt.

Hippias: Gut ich will antworten, da auch du mich bittest. Frage also was du willst.

Sokrates: Ich trage eben großes Verlangen, o Hippias, das itzt besprochene zu erforschen, wer wohl besser ist die vorsätzlich oder die unvorsätzlich fehlenden. Nun, glaube ich, so am besten der Untersuchung beizukommen; antworte mir also. Nennst du einen Läufer gut?

Hippias: Ja.

Sokrates: Auch schlecht?

Hippias: Ja.

Sokrates: Nicht wahr, gut ist der gut läuft schlecht aber der schlecht?

Hippias: Ja.

Sokrates: Und der langsam laufende läuft schlecht, der geschwind laufende gut?

Hippias: Ja.

Sokrates: Im Laufen also und für den Läufer ist die Geschwindigkeit das Gute, die Langsamkeit das Schlechte?

Hippias: Wie sollte es nicht.

Sokrates: Welcher ist nun der bessere Läufer, der vorsätzlich langsam läuft, oder der unvorsätzlich?

Hippias: Der vorsätzlich.

Sokrates: Heißt nun nicht Laufen doch etwas verrichten?

Hippias: Ja.

Sokrates: Und wenn verrichten, dann doch auch tun?

Hippias: Ja.

Sokrates: Wer also schlecht läuft, der tut schlechtes und unrühmliches im Lauf?

Hippias: Schlechtes. Wie sollte er nicht?

Sokrates: Und schlecht läuft der langsam laufende?

Hippias: Ja.

Sokrates: Der gute Läufer also tut dieses schlechte und unrühmliche vorsätzlich, der schlechte unvorsätzlich?

Hippias: So scheint es wenigstens.

Sokrates: Im Laufen also ist der nichtsnutziger, der das schlechte unvorsätzlich, als der es vorsätzlich tut?

Hippias: Im Laufen, ja.

Sokrates: Und wie im Ringen? welcher ist der bessere Ringer? der vorsätzlich fällt oder unvorsätzlich?

Hippias: Der vorsätzlich, scheint es.

Sokrates: Und was ist doch schlechter und unrühmlicher beim Ringen, das Fallen oder das Niederwerfen?

Hippias: Das Fallen.

Sokrates: Auch im Ringen also ist der vorsätzlich das schlechte und unrühmliche tut der bessere Ringer als der unvorsätzlich?

Hippias: Es scheint.

Sokrates: Und wie in jeder andern Tätigkeit des Leibes? Kann nicht der dem Leibe nach Bessere beides hervorbringen, das starke und das schwache, das häßliche und das schöne? So daß, was sie schlechtes in Beziehung auf den Leib verrichten, der dem Leibe nach Bessere vorsätzlich verrichtet, der schlechtere aber unvorsätzlich?

Hippias: Es scheint auch in Absicht auf die Stärke sich so zu verhalten.

Sokrates: Und wie in Absicht auf die Schönheit der Bewegungen, Hippias? wird nicht der schönere Leib sich nur vorsätzlich in schlechte und häßliche Stellungen gestalten, der schlechtere aber unvorsätzlich? oder wie dünkt dich?

Hippias: Eben so.

Sokrates: Also auch von der Häßlichkeit der Bewegungen steht die vorsätzliche auf Seiten der Güte, die unvorsätzliche aber auf Seiten der Schlechtigkeit des Leibes.

Hippias: So zeigt es sich.

Sokrates: Und was meinst du von der Stimme? Welche hältst du für besser, die vorsätzlich mißtönende oder die unvorsätzlich?

Hippias: Die vorsätzlich.

Sokrates: Und untauglicher, die es unvorsätzlich tut?

Hippias: Ja.

Sokrates: Und möchtest du lieber das Gute besitzen oder das Schlechte?

Hippias: Das Gute.

Sokrates: Möchtest du also lieber daß deine Füße vorsätzlich hinkten oder unvorsätzlich?

Hippias: Vorsätzlich.

Sokrates: Und ist nicht das Hinken eine Schlechtigkeit und Ungestaltheit der Füße?

Hippias: Ja.

Sokrates: Und wie? ist nicht die Blödsichtigkeit eine Schlechtigkeit der Augen?

Hippias: Ja.

Sokrates: Was für Augen also möchtest du haben, und mit was für welchen zufrieden sein? mit denen einer vorsätzlich etwas undeutlich sieht und übersieht, oder unvorsätzlich?

Hippias: Mit denen vorsätzlich.

Sokrates: Besser also achtest du an dir selbst dasjenige was vorsätzlich etwas schlecht verrichtet als was unvorsätzlich?

Hippias: Ja in solchen Dingen.

Sokrates: Nicht auch über Alles wie Ohren Nase und Mund und alle Sinne erstreckt sich diese eine Erklärung, daß man die unvorsätzlich schlechtes verrichtenden nicht zu haben begehrt weil sie schlecht sind; die es aber vorsätzlich tun wohl zu haben wünscht weil sie gut sind?

Hippias: Mich dünkt es.

Sokrates: Und welche Werkzeuge im Gebrauch zu haben ist besser, mit denen einer vorsätzlich die Sache schlecht verrichtet oder unvorsätzlich? Wie ein Steuerruder womit Einer unvorsätzlich schlecht steuert, ist das besser, oder womit vorsätzlich?

Hippias: Womit vorsätzlich.

Sokrates: Und Bogen eben so, und Leier und Flöte, und Alles zusammen?

Hippias: Du hast Recht.

Sokrates: Und wie? ist es besser ein Pferd mit einer solchen Seele zu haben, daß es Einer nur vorsätzlich schlecht reitet, oder unvorsätzlich?

Hippias: Vorsätzlich.

Sokrates: Diese also ist die bessere?

Hippias: Ja.

Sokrates: Mit der besseren Pferdeseele also wird Einer die Geschäfte dieser Seele vorsätzlich schlecht verrichten, mit der schlechten unvorsätzlich?

Hippias: Allerdings.

Sokrates: Nicht auch eben so bei Hunden und allen andern Tieren?

Hippias: Ja.

Sokrates: Und wie, ist es besser einen Schützen mit einer solchen Seele zu haben, welche vorsätzlich das Ziel verfehlt, oder welche unvorsätzlich?

Hippias: Welche vorsätzlich.

Sokrates: Also ist diese die bessere zum Schießen?

Hippias: Ja.

Sokrates: Also auch die unvorsätzlich fehlende Seele ist schlechter als die vorsätzlich?

Hippias: Im Schießen, ja.

Sokrates: Wie aber in der Heilkunde? Ist nicht die welche vorsätzlich Übles an Leibern anrichtet, heilkundiger?

Hippias: Ja.

Sokrates: Besser also ist sie in dieser Kunst als die nicht heilkundige?

Hippias: Besser.

Sokrates: Und wie die tonkundigere, sei es auf der Leier oder Flöte und so in allem übrigen was Künste und Wissenschaften betrifft, wird nicht überall die bessere vorsätzlich das schlechte und unrühmliche tun und also fehlen, die schlechtere aber unvorsätzlich?

Hippias: So zeigt es sich.

Sokrates: Also unserer Knechte Seelen möchten wir wohl lieber so haben daß sie vorsätzlich als daß sie unvorsätzlich fehlen und übel tun, weil jene besser sind hiezu?

Hippias: Ja.

Sokrates: Und wie, unsere eigene wollten wir nicht so gut als möglich haben?

Hippias: Ja.

Sokrates: Und wird sie nun nicht besser sein wenn sie vorsätzlich übel tut und fehlt als wenn unvorsätzlich?

Hippias: Arg wäre das aber doch, Sokrates, wenn die vorsätzlich Unrechttuenden besser sein sollten als die unvorsätzlich.

Sokrates: Aber es zeigt sich doch so aus dem Gesagten.

Hippias: Mir doch nicht.

Sokrates: Ich glaubte doch, Hippias, es habe sich dir auch gezeigt. Antworte mir aber noch einmal. Die Gerechtigkeit, ist sie nicht entweder eine Kraft oder eine Erkenntnis oder beides? Oder ist nicht notwendig daß die Gerechtigkeit eines von diesen ist?

Hippias: Ja.

Sokrates: Also wenn die Gerechtigkeit eine Kraft der Seele ist: so ist doch die tüchtigere Seele die gerechtere. Denn als besser war uns eben diese erschienen, Bester.

Hippias: So war sie uns erschienen.

Sokrates: Und wie wenn eine Erkenntnis, ist dann nicht die weisere Seele die gerechtere? und die ungelehrigere die ungerechtere?

Hippias: Ja.

Sokrates: Und wie wenn beides, ist dann nicht die welche beides hat, Erkenntnis und Kraft, die gerechtere? und die unverständigere auch die ungerechtere? Verhält es sich nicht notwendig so?

Hippias: Es scheint.

Sokrates: Und die tüchtigere und weisere, hatte sich die nicht auch als die bessere gezeigt und die mehr im Stande ist beides zu verrichten das Schöne sowohl als das Schlechte in jedem Geschäft?

Hippias: Ja.

Sokrates: Wenn sie also schlechtes verrichtet: so verrichtet sie es vorsätzlich durch Kraft und Kunst. Und dieses scheint zur Gerechtigkeit zu gehören entweder beides oder eins von beiden.

Hippias: Das scheint.

Sokrates: Und Unrecht tun heißt schlechtes verrichten, nicht Unrecht tun aber Schönes?

Hippias: Ja.

Sokrates: Also die tüchtigere und bessere Seele, wenn sie Unrecht tut, wird sie vorsätzlich Unrecht tun, die schlechtere aber unvorsätzlich?

Hippias: Es scheint.

Sokrates: Und der gute Mann ist doch der die gute Seele hat, der schlechte aber der die schlechte.

Hippias: Ja.

Sokrates: Der gute Mann also wird vorsätzlich Unrecht tun, der schlechte aber unvorsätzlich, wenn doch der gute die gute Seele hat.

Hippias: Die hat er freilich.

Sokrates: Der also vorsätzlich fehlt und das schlechte und unrechte tut, o Hippias, wenn es einen solchen gibt, wäre kein anderer als der gute.

Hippias: Auf keine Weise kann ich dir dieses doch einräumen, o Sokrates.

Sokrates: Auch ich nicht mir selbst, Hippias. Aber es scheint uns doch itzt notwendig so aus unserer Rede. Indes wie ich schon gesagt habe, ich schwanke hierüber bald so bald so und bleibe mir niemals gleich in meiner Meinung. Und daß ich schwanke, ist wohl nichts wunderbares, und jeder Ungelehrte: wenn aber auch ihr schwanken wollt, ihr Weisen, das ist dann ein großes Unglück auch für uns, wenn wir nicht einmal bei euch zur Ruhe kommen können von unserm Schwanken.

Hipparchos

Sokrates • Ein Freund

Sokrates: Wie also? was ist wohl die Gewinnsucht, und welche sind Gewinnsüchtige?

Freund: Mich dünkt die, welche gern gewinnen mögen an nichts wertem.

Sokrates: Meinst du wissend es sei nichts wert oder unwissend? Denn wenn unwissend: so hältst du die Gewinnsüchtigen für unverständig.

Freund: Keinesweges für unverständig halte ich sie, sondern für listig und böse, und die dem Vorteil und Gewinn nicht widerstehen können, sondern wohl wissend, daß das nichts wert ist, wovon zu vorteilen sie sich nicht entblöden, sich dennoch nicht entblöden gewinnsüchtig zu handeln aus Unverschämtheit.

Sokrates: Nennst du also etwa den gewinnsüchtig, wie wenn ein pflanzender Landmann, wohl wissend daß sein Gepflanztes nichts wert ist dennoch von Erziehung desselben vorteilen will? nennst du den etwa einen solchen?

Freund: An allem, Sokrates, glaubt ja der Gewinnsüchtige gewinnen zu müssen.

Sokrates: Nicht so kurz ab als hätte dir Jemand etwas zu leide getan, sondern mit Aufmerksamkeit antworte mir, wie wenn ich dich noch einmal von Anfang an fragte, gestehst du nicht ein, daß der Gewinnsüchtige sich sehr wohl versteht auf den Wert dessen, woran er gewinnen will?

Freund: Das gewiß.

Sokrates: Wer also versteht sich auf den Wert der Gewächse, auf welchem Grunde und zu welcher Stunde sie verdienen daß man sie pflanze? damit auch wir einige von den schönen Worten hinwerfen, womit die in Rechtssachen Geschickten ihre Reden ausschmücken.

Freund: Ich denke der Landmann.

Sokrates: Und gern gewinnen mögen, meinst du damit wieder etwas anderes als da du sagtest er glaube gewinnen zu müssen?

Freund: Nein, sondern das nämliche.

Sokrates: Dann also suche nicht, der du noch so jung bist mich alten Mann zu betrügen durch Antworten, wie jetzt eben, welche du selbst nicht glaubst; sondern aufrichtig sage, glaubst du es gebe einen, der ein Landmann ist und wohl weiß daß er ein nichts wertes Gewächs pflanzt, dennoch aber daran zu gewinnen glaubt?

Freund: Nein, beim Zeus, ich nicht.

Sokrates: Und ein Bereuter, welcher weiß daß er dem Pferde nichts wertes Futter gibt, glaubst du, der sehe nicht ein, daß er sein Pferd verderbt?

Freund: Ich nicht.

Sokrates: Also glaubt er auch wohl nicht zu gewinnen an diesem nichts werten Futter.

Freund: Nein.

Sokrates: Aber wie, ein Steuermann der mit schlechtem Steuer und Segeln sein Schiff auftakelt, glaubst du der sehe nicht ein, daß er Schaden leiden und Gefahr laufen wird sowohl selbst umzukommen als auch das Schiff zu verlieren mit der ganzen Ladung?

Freund: Das glaube ich nicht.

Sokrates: Also glaubt er auch wohl nicht zu gewinnen an diesem schlechten Takelwerk?

Freund: Nein freilich.

Sokrates: Aber ein Heerführer, welcher weiß daß sein Heer schlechte Waffen führt, glaubt wohl hieran zu gewinnen, und mag gern gewinnen?

Freund: Keinesweges.

Sokrates: Aber ein Tonkünstler mit einer schlechten Flöte oder Lyra, oder ein Schütze mit schlechtem Bogen, oder überhaupt jeder andere Arbeiter oder sonst sachverständige Mann, der nichts werte Werkzeuge oder sonstige Gerätschaften hat, glaubt, daran zu gewinnen?

Freund: Wohl nicht, wie sich zeigt.

Sokrates: Wen also nennst du wohl gewinnsüchtig? Denn diese doch nicht, die wir durchgegangen sind, welche wissend etwas sei nichts wert dennoch meinen daran gewinnen zu müssen. Sondern auf die Art, du Wunderbarer, wie du es erklärst, ist kein einziger unter allen Menschen gewinnsüchtig.

Freund: Aber, Sokrates, ich will sagen, daß diejenigen gewinnsüchtig sind, welche jedesmal aus Habsucht auch an ganz geringfügige Dinge von wenigem oder gar keinem Werte sich übermäßig hängen und daran zu gewinnen suchen.

Sokrates: Doch wohl nicht, o Bester, indem sie wissen, daß sie von keinem Werte sind: denn hievon haben wir uns schon selbst überzeugt in unserm Gespräch, daß es unmöglich ist.

Freund: So dünkt mich.

Sokrates: Also wenn nicht wissend, dann offenbar unwissend, in der Meinung aber das nichts werte sei viel wert.

Freund: So kommt es heraus.

Sokrates Und die Gewinnsüchtigen lieben doch den Gewinn?

Freund: Ja.

Sokrates: Und Gewinn nennst du doch das Gegenteil von Verlust?

Freund: Das tue ich.

Sokrates: Gibt es nun wohl Jemand, dem es gut wäre zu verlieren?

Freund: Niemanden.

Sokrates: Sondern übel ist es?

Freund: Ja.

Sokrates: Der Verlust also schadet den Menschen?

Freund: Er schadet.

Sokrates: Der Verlust also ist ein Übel?

Freund: Ja.

Sokrates: Und das Gegenteil vom Verlust ist der Gewinn?

Freund: Das Gegenteil.

Sokrates: Etwas gutes also ist der Gewinn?

Freund: Ja.

Sokrates: Die also das Gute lieben nennst du gewinnsüchtig?

Freund: So scheint es.

Sokrates: Gar nicht unsinnige Leute also, Freund, sind dir die Gewinnsüchtigen! Aber du selbst, liebst du was gut ist, oder liebst du es nicht?

Freund: Ich gewiß.

Sokrates: Und gibt es etwas gutes, was du nicht liebst; sondern dagegen etwas übles?

Freund: Nein, beim Zeus, ich nicht.

Sokrates: Sondern alles Gute liebst du auf gleiche Weise?

Freund: Ja.

Sokrates: Frage auch mich, ob nicht auch ich gleichfalls eben so: so werde ich dir gestehen, daß auch ich das Gute liebe. Allein auch außer mir und dir, die übrigen Menschen insgesamt dünkt dich nicht daß auch die was gut ist lieben, und was übel hassen?

Freund: Mir leuchtet das ein.

Sokrates: Und daß der Gewinn gut ist haben wir eingeräumt?

Freund: Ja.

Sokrates: Auf diese Weise also zeigen sich wiederum Alle als gewinnsüchtig. Und wie wir es vorher erklärten, so war keiner gewinnsüchtig. Welcher Erklärung könnte also Einer folgen ohne zu irren?

Freund: Wenn einer, so denke ich, Sokrates, den Gewinnsüchtigen richtig auffaßt. Richtig aber ist es den für gewinnsüchtig zu halten, der sich um solche Dinge ernstlich bemüht, und an ihnen zu gewinnen sucht, an welchen die Rechtschaffenen sich scheuen zu gewinnen.

Sokrates: Aber du siehst doch, mein Süßester, Gewinnen haben wir eben eingeräumt, sei Vorteil haben.

Freund: Was soll aber das?

Sokrates: Weil wir auch dieses dazu eingeräumt haben, daß immer alle Menschen das Gute wollen.

Freund: Ja.

Sokrates: Also wollen auch die Guten jeden Gewinn haben, wenn er doch etwas Gutes ist.

Freund: Nicht solchen jedoch, o Sokrates, wovon sie hernach würden Schaden haben.

Sokrates: Mit diesem Schaden haben meinst du, sie werden dabei verlieren, oder etwas anderes?

Freund: Nein, sondern eben daß sie dabei verlieren werden, meine ich.

Sokrates: Verlieren denn die Menschen beim Gewinn oder beim Verlust?

Freund: Bei beiden. Denn sowohl beim Verlust verlieren sie, als auch beim schlechten Gewinn.

Sokrates: Dünkt dich denn irgend eine heilsame und gute Sache auch schlecht zu sein?

Freund: Mich nicht.

Sokrates: Haben wir nun nicht noch vor kurzem zugestanden, der Gewinn sei dem Verlust als einem Übel entgegengesetzt?

Freund: Das behaupte ich.

Sokrates: Und daß er als dem Übel entgegengesetzt gut sei?

Freund: Das haben wir zugestanden, freilich.

Sokrates: Siehst du also, wie du mich zu betrügen suchst, absichtlich das Gegenteil sagend von dem, was wir nur eben zugestanden?

Freund: Nein, beim Zeus, Sokrates! sondern im Gegenteil du betrügst mich, und drehst und wendest mich in der Rede, ich weiß nicht wie von oben nach unten.

Sokrates: Sprich besser! Denn das wäre wahrlich nicht schön getan, unfolgsam zu sein gegen einen guten und weisen Mann.

Freund: Gegen wen? und was meinst du nur?

Sokrates: Gegen meinen und deinen Mitbürger, den Sohn des Peisistratos des Philaiden, den Hipparchos, welcher von den Söhnen des Peisistratos der älteste war und der weiseste. Welcher viele andere schöne Denkmale seiner Weisheit zurückgelassen hat, auch des Homeros Gedichte zuerst in dieses Land gebracht und die Rhapsoden genötiget an den Panathenaien sie abwechselnd nach der Reihe vorzutragen, wie sie auch jetzt noch tun; auch nach Anakreon dem Tejer ein funfzigrudriges Schiff absendete, um ihn in diese Stadt zu holen, den Keier Simonides aber immer um sich hatte und durch großen Lohn und Geschenke festhielt. Das tat er aber um die Bürger zu bilden, damit er über so treffliche Menschen als nur möglich herrschte, und in der Meinung, man müsse Niemanden Weisheit vorenthalten, wie er denn ein guter und edler Mann war. Als ihm nun die Bürger in der Stadt gebildet waren und ihn bewunderten über seine Weisheit, trachtete er auch denen auf dem Lande nach, um sie zu bilden, und stellte ihnen Hermen auf an den Wegen auf der Hälfte zwischen der Stadt und jedem Flecken. Dann wählte er aus, was er von seiner Weisheit, die er gelernt und die er selbst erfunden hatte, für das weiteste hielt, und dieses, nachdem er es selbst in elegisches Maß gebracht, verzeichnete er darauf als seine Gedichte und Beweise seiner Weisheit, damit zuerst seine Bürger nicht mehr jene weisen Sprüche in Delphoi, das Kenne dich selbst und Nichts zuviel und die andern dazu gehörigen bewundern, sondern vielmehr die Sprüche des Hipparchos für weise halten möchten, und damit sie, wenn sie im hin und herwärts Vorüberziehen läsen und seine Weisheit kosteten, vom Lande fleißig hereinkommen möchten, um sich auch im übrigen weiter bilden zu lassen. Zweie waren aber jedesmal der Überschriften. Auf der linken Seite der jedesmaligen Herme, sagt Hermes in der Überschrift, daß er mitten zwischen der Stadt und diesem Flecken steht. In der auf der rechten Seite aber, Dies hat Hipparchos gesetzt, wandle Gerechtes im Sinn, heißt es. Solcher Gedichte nun findet man viele schöne auch auf andern Hermen aufgezeichnet; es steht aber auf dem Steirischen Wege auch dieses, Dies hat Hipparchos gesetzt, nimmer betrüge den Freund. Ich also wollte mich ja nicht erdreisten dich meinen Freund zu betrügen, und jenem weisen Manne unfolgsam zu sein, nach dessen Tode die Athener noch drei Jahre von seinem Bruder Hippias gewalttätig sind beherrscht worden; und du kannst von allen Alten gehört haben, daß nur während dieser drei Jahre eine Zwingherrschaft hier gewesen ist in Athen, vorher hingegen die Athener beinahe als ob Kronos regierte gelebt haben. Auch sagen die Unterrichteten, daß sein Tod nicht jene Ursach gehabt habe, welche von den Meisten angegeben wird, die Beschimpfung jener Schwester, der Korbträgerin, denn das ist ja einfältig, sondern Harmodios sei der Liebling des Aristogeiton gewesen und von ihm gebildet worden. Also auch Aristogeiton setzte einen Ruhm darin einen Menschen auszubilden, und betrachtete den Hipparchos als seinen Nebenbuhler. Um jene Zeit nun habe Harmodios einen der schönen und edlen Jünglinge von damals geliebt; man nennt auch seinen Namen, ich erinnere mich aber dessen nicht. Dieser Jüngling also habe vorher zwar den Harmodios und Aristogeiton bewundert als weise, hernach aber sei er in Umgang mit dem Hipparchos gekommen und habe jene vernachlässiget, und die hatten dann, allzusehr über die Schmach gekränkt, den Hipparchos so getötet.

Freund: Du also, Sokrates, magst wohl entweder mich nicht für deinen Freund halten, oder wenn du mich dafür hältst, dem Hipparchos nicht gehorchen. Denn daß du mich nicht, ich weiß freilich nicht wie, im Gespräch betrügen solltest, davon kann ich mich nicht überreden.

Sokrates: Aber ich will dir ja gern wie im Brettspiel welchen Zug du willst in unsern Reden zurückgeben, damit du nicht glaubst, daß du betrogen wirst. Soll ich dir also dies zurückgeben, daß nicht alle Menschen das Gute wollen?

Freund: Nein, dieses mir nicht.

Sokrates: Aber daß Verlieren und Verlust kein Übel ist?

Freund: Nein das nicht.

Sokrates: Aber daß dem Verlust und dem Verlieren der Gewinn und das Gewinnen entgegengesetzt ist?

Freund: Auch das nicht.

Sokrates: Aber daß, als dem Übel entgegengesetzt, das Gewinnen etwas Gutes ist?

Freund: Auch das gib mir wenigstens nicht ganz zurück.

Sokrates: Du denkst also, wie es scheint, daß von dem Gewinn einiger gut ist, anderer aber schlecht?

Freund: So denke ich.

Sokrates: Ich gebe dir also dieses zurück, und es sei demnach einiger Gewinn gut anderer schlecht. Aber Gewinn ist doch der gute um nichts mehr als der schlechte. Nicht wahr?

Freund: Wie meinst du das?

Sokrates: Das will ich dir erklären. Speisen gibt es doch gute und auch schlechte?

Freund: Ja.

Sokrates: Ist aber wohl die eine von beiden mehr als die andere eine Speise? Oder sind sie dieses, Speisen, beide auf gleiche Art, und darin um nichts unterschieden eine von der andern, daß sie Speisen sind, sondern nur darin, daß die eine von ihnen gut ist, die andere schlecht?

Freund: Ja.

Sokrates: So auch Getränke und alle andere Dinge, welche einerlei sind unter einander dem einen davon aber zukommt, es gut zu sein, dem andern schlecht, die sind doch in sofern nicht verschieden eins vom andern als sie einerlei sind? Wie ja gewiß auch von Menschen der eine gut ist, der andere schlecht?

Freund: Ja.

Sokrates: Aber Mensch, glaube ich, ist doch keiner von beiden mehr als der andere, weder der gute als der böse, noch der böse als der gute?

Freund: Darin hast du recht.

Sokrates: Wollen wir nun also nicht eben so auch vom Gewinn denken, daß Gewinn doch auf gleiche Weise der gute ist und der schlechte?

Freund: Notwendig.

Sokrates: Also gewinnt doch der eben sowohl der den schlechten Gewinn hat, als der den guten. Denn als Gewinn zeigt sich ja keiner von beiden minder als der andere, wie wir zugestehen.

Freund: Ja.

Sokrates: Denn keiner von beiden hat weder das mehr noch minder an sich.

Freund: Freilich nicht.

Sokrates: Und wie könnte Jemand irgend etwas mehr oder minder tun oder leiden vermöge eines solchen, welches keines von jenen beiden an sich hat?

Freund: Unmöglich.

Sokrates: Da nun beide gleichermaßen Gewinne sind und vorteilhaft : so müssen wir nun auch noch dieses überlegen, weshalb du sie wohl beide Gewinne nennst, und was du gleiches an beiden siehst. So wie wenn du mich fragtest wegen des vorigen, weshalb ich doch die guten und die schlechten Speisen auf gleiche Weise Speisen nenne: ich dir sagen würde, weil beide trockne Leibesnahrung sind, darum tue ich es. Denn daß dies Speise ist würdest auch du uns ja wohl zugestehn. Nicht wahr?

Freund: Ich gewiß.

Sokrates: Und über das Getränk gäbe es dieselbe Art von Antwort, daß die flüssige Leibesnahrung, mag sie gut oder mag sie schlecht sein, diesen Namen Getränk bekommt; und mit dem übrigen eben so. Versuche nun also auch du mich nachzuahmen mit solcher Antwort. Der schlechte Gewinn und der gute Gewinn, behauptest du doch, sind beide Gewinn; was siehst du nun in beiden gleiches, weshalb doch auch der letztere Gewinn ist? Oder wenn du selbst nicht antworten kannst: so laß mich reden und gib Acht. Nennst du etwa jeden Erwerb Gewinn, den jemand erwirbt entweder ohne einigen Aufwand, oder doch so, daß er durch wenigeren mehreres erhält?

Freund: Das dünkt mich nenne ich Gewinn.

Sokrates: Meinst du auch dergleichen damit, wenn Jemand durch gute Bewirtung, die ihn nichts gekostet, sondern bei der er wohlgelebt hat, eine Krankheit erwirbt?

Freund: Nein beim Zeus, ich nicht.

Sokrates: Wenn er aber Gesundheit erwürbe durch die Bewirtung, erwürbe er dann Gewinn oder Verlust?

Freund: Gewinn.

Sokrates: Nicht das ist also Gewinn irgend etwas erwerben?

Freund: Freilich nicht.

Sokrates: Wird nun nicht wer Böses, oder auch wer nur kein Gutes erwirbt, keinen Gewinn erwerben?

Freund: Mir leuchtet ein, nur wer Gutes.

Sokrates: Wenn aber Übles, erwirbt er dann nicht Verlust?

Freund: Mich dünkt.

Sokrates: Siehst du wohl wie du wiederum auf dasselbe zurückläufst? der Gewinn erscheint als Gutes, der Verlust als übles.

Freund: Ich nun bin verlegen, was ich sagen soll.

Sokrates: Nicht mit Unrecht bist du verlegen. Und beantworte mir auch noch dieses, wenn Jemand durch Aufwand von wenigem mehreres erwirbt, das sagst du sei Gewinn?

Freund: Nur übles meine ich nicht; sondern wenn einer durch Aufwand von wenigerem Gold oder Silber mehreres bekommt.

Sokrates: Darnach eben bin ich im Begriff zu fragen. Denn sage mir, wenn jemand durch Aufwendung der Hälfte Goldes dem Gewichte nach das zwiefache an Silber bekommt, hat er Schaden oder Verlust bekommen?

Freund: Schaden ja wohl, o Sokrates. Denn statt des zwölffachen Gewichtes gilt ihm ja nun das Gold nur zwiefaches.

Sokrates: Aber er hat ja doch mehr bekommen. Oder ist das Zwiefache nicht mehr als die Hälfte?

Freund: Dem Werte nach doch nicht Silber als Gold!

Sokrates: Es muß also, wie es scheint, beim Gewinn auch noch dieses hinzukommen, der Wert. Jetzt wenigstens sagst du, daß das Silber obgleich mehr doch des Goldes nicht wert sei; das Gold aber obgleich weniger sei doch jenes wert.

Freund: Das denke ich; es verhält sich auch so.

Sokrates: Was also etwas wert ist, dabei ist Gewinn, es sei nun klein oder groß; was aber nichts, dabei ist auch kein Gewinn?

Freund: Ja.

Sokrates: Und etwas wert, heißt das etwas anderes als wert daß man es habe?

Freund: Ja, daß man es habe.

Sokrates: Und wert daß man es habe nennst du das unnütze oder das nützliche?

Freund: Das nützliche doch wohl.

Sokrates: Ist nun das nützliche nicht gut?

Freund: Ja.

Sokrates: Kommt also nicht, du überaus beharrlicher Mann, der Gewinn uns nun schon zum dritten oder vierten Male als das Gute heraus?

Freund: Es scheint.

Sokrates: Erinnerst du dich auch wohl, woher diese Erklärung uns gekommen ist?

Freund: Ich glaube wenigstens.

Sokrates: Wenn etwa nicht: so will ich dich erinnern. Du bestrittest mir die Guten wollten nicht jeden Gewinn gewinnen, sondern nur den guten, den schlechten aber nicht?

Freund: Ja.

Sokrates: Hat nun nicht jetzt das Gespräch uns genötiget jeden Gewinn, groß und klein, für gut anzuerkennen?

Freund: Genötiget freilich, o Sokrates, hat es mich mehr als überzeugt.

Sokrates: Vielleicht daß es dich in der Folge auch noch überzeugt. Für jetzt also, du magst nun überzeugt sein, oder wie es um dich stehn mag, gibst du uns doch zu, daß jeder Gewinn gut ist, kleiner und großer.

Freund: Das gebe ich zu.

Sokrates: Auch daß alle gute Menschen alles Gute wollen, gestehst du das zu oder nicht?

Freund: Ich gestehe es zu.

Sokrates: Du aber sagtest von den Schlechten daß sie jeden Gewinn liebten, kleinen und großen?

Freund: Das sagte ich.

Sokrates: Also wären nach deiner Rede alle Menschen gewinnsüchtig, die Guten und die Schlechten?

Freund: So erscheint es.

Sokrates: Nicht mit Recht also schmäht Einer einen Andern, wenn er ihm vorwirft er sei gewinnsüchtig. Denn wer so schmäht, ist selbst eben ein solcher.

Minos

Sokrates • Ein Freund

Sokrates: Was ist uns doch das Gesetz?

Freund: Nach was für einem Gesetz fragst du denn?

Sokrates: Wie? unterscheidet sich denn irgend wodurch ein Gesetz vom andern eben in sofern es Gesetz ist? Denn erwäge nur recht was ich dich eigentlich frage. Ich frage dich nämlich als wenn ich dich fragte was Gold ist; und wenn du mich eben so weiter fragtest was doch für Gold ich meinte, so glaube ich du fragtest nicht recht. Denn es unterscheidet sich weder Gold vom Golde noch Stein vom Steine sofern dieser Stein ist und sofern jenes Gold ist; und eben so ist auch ein Gesetz vom andern um gar nichts unterschieden, sondern sie sind alle dasselbe. Denn ein Gesetz ist jedes von ihnen auf gleiche Weise, nicht das eine mehr, das andere weniger. Und eben hiernach frage ich nach diesem Ganzen was das Gesetz ist. Hast du es nun bei der Hand, so sage es.

Freund: Was also wäre das Gesetz wohl anderes, als eben das festgesetzte?

Sokrates: Dünkt dich denn auch die Rede das Geredete zu sein? oder das Gesicht das Gesehene? oder das Gehör das Gehörte? oder ist die Rede etwas anderes und das Geredete auch? und das Gesicht etwas anderes und das Gesehene auch? und das Gehör etwas anderes und das Gehörte auch? und das Gesetz also auch etwas anderes und das festgesetzte auch. So? oder wie dünkt dich?

Freund: Als etwas anderes erscheint es mir nun.

Sokrates: Das Gesetz ist also nicht das festgesetzte?

Freund: Nein, dünkt mich.

Sokrates: Was ist nun wohl das Gesetz? Laß es uns so untersuchen : Wenn Jemand uns über das eben gesagte weiter fragte, Da ihr doch sagt, daß durch das Gesicht das Gesehene gesehen wird, was ist denn nun das Gesicht, womit gesehen wird? so würden wir ihm antworten, es ist diejenige Wahrnehmung welche durch die Augen uns die Farben offenbart. Und wenn er wiederum fragte, was ist denn das Gehör, wodurch Gehörtes gehört wird: so würden wir ihm antworten, es ist die Wahrnehmung, welche durch das Ohr uns die Töne offenbart. Eben so demnach wenn er uns fragte, da doch durch das Gesetz das festgesetzte festgesetzt wird, was ist denn nun das Gesetz, sofern dadurch festgesetzt wird? ist es eine Wahrnehmung oder Mitteilung? so wie das Gelernte gelernt wird durch eine sich mitteilende Erkenntnis? Oder ist es eine Entdeckung, wie das Entdeckte entdeckt wird, was gesund ist zum Beispiel und ungesund durch die Heilkunde, und was die Götter beabsichtigen, nach Aussage der Wahrsager, durch die Wahrsagekunst? Denn Kunst ist uns ja wohl eine Erfindung der Dinge. Nicht wahr?

Freund: Allerdings.

Sokrates: Was also hievon wollen wir annehmen daß das Gesetz vornehmlich sei?

Freund: Diese Beschlüsse und Verordnungen dünkt mich. Denn was anderes könnte Jemand wohl sagen daß das Gesetz sei? So daß es scheint dieses Ganze, wonach du fragst, das Gesetz, ist der Beschluß eines Gemeinwesens.

Sokrates: Für eine im Gemeinwesen geltende Meinung, wie es scheint, erklärst du das Gesetz?

Freund: Das tue ich.

Sokrates: Und vielleicht erklärst du es vortrefflich. Besser aber werden wir es wohl so einsehn. Nennst du Einige weise?

Freund: Das tue ich.

Sokrates: Und die Weisen sind doch durch Weisheit weise?

Freund: Ja.

Sokrates: Und wie, die Gerechten durch Gerechtigkeit gerecht?

Freund: Allerdings.

Sokrates: Auch die Gesetzlichen durch Gesetz gesetzlich?

Freund: Ja.

Sokrates: Die Ungesetzlichen aber durch Ungesetzlichkeit ungesetzlich?

Freund: Ja.

Sokrates: Und die Gesetzlichen sind gerecht?

Freund: Ja.

Sokrates: Und die Ungesetzlichen ungerecht?

Freund: Ungerecht.

Sokrates: Und etwas ganz vortreffliches ist die Gerechtigkeit und das Gesetz?

Freund: So ist es.

Sokrates: Ganz schändlich aber die Ungerechtigkeit und Gesetzlosigkeit?

Freund: Ja.

Sokrates: So daß jene den Staat und alles übrige erhalten, diese aber alles verderben und umstürzen?

Freund: Ja.

Sokrates: Als von etwas Schönem muß man also vom Gesetz denken, und als ein Gut es suchen?

Freund: Wie anders!

Sokrates: Und nicht wahr ein Beschluß des Staates behaupteten wir sei das Gesetz?

Freund: Das behaupteten wir.

Sokrates: Wie nun, sind nicht einige Beschlüsse gute, andere schlechte?

Freund: Das sind sie.

Sokrates: Aber doch ein Gesetz gab es nicht, das schlecht wäre?

Freund: Nein freilich.

Sokrates: Nicht richtig ist es also so ganz allgemein zu antworten, das Gesetz sei der Beschluß des Staates?

Freund: Nein wie mich dünkt.

Sokrates: Denn es würde nicht stimmen daß ein schlechter Beschluß ein Gesetz wäre.

Freund: Nicht füglich.

Sokrates: Indessen eine Meinung scheint mir selbst allerdings das Gesetz auch zu sein. Wenn nun nicht die schlechte Meinung, ist dann nicht schon offenbar, daß es die gute sein muß, wenn doch das Gesetz eine Meinung ist?

Freund: Ja.

Sokrates: Welches ist aber die gute Meinung? Nicht die wahre?

Freund: Ja.

Sokrates: Und die wahre Meinung ist doch eine Entdeckung dessen was ist?

Freund: Das ist sie.

Sokrates: Das Gesetz also will sein die Entdeckung dessen was ist.

Freund: Wie so aber, Sokrates, wenn das Gesetz die Entdeckung dessen ist was ist, behalten wir nicht immer dieselben Gesetze über dieselben Gegenstände, wenn sie uns das was ist ausgefunden haben?

Sokrates: Nichts desto weniger will doch das Gesetz die Entdeckung dessen sein was ist. Wenn aber die Menschen nicht immer dieselben Gesetze beibehalten, wie uns scheint, können sie wohl das was das Gesetz will nicht immer ausfinden, nämlich das wahre. Denn komm laß uns sehen, wenn es uns vielleicht hieraus deutlicher werden kann, ob wir immer dieselben Gesetze gebrauchen oder zu anderer Zeit andere, und ob Alle dieselben oder je andere auch andere.

Freund: Aber dieses, o Sokrates, ist doch nicht schwer einzusehen, daß nicht nur die nämlichen nicht immer dieselben Gesetze haben, sondern auch Andere immer andere. Denn gleich unter uns ist kein Gesetz Menschen zu opfern, sondern dies ist unfromm; die Karchedonier hingegen opfern, wie dies bei ihnen fromm ist und gesetzlich, und zwar Einige sogar ihre Söhne dem Kronos, wie vielleicht auch du gehört hast. Und nicht nur, daß unhellenische Menschen andere Gesetze haben als wir, sondern auch die in Lykaia und die Nachkommen des Athamas, was für Opfer opfern die obgleich sie Hellenen sind? So wie auch von uns selbst du vielleicht gehört haben und wissen wirst, was für Gesetze wir ehedem hatten wegen der Verstorbenen, wie wir ihnen Opfer nachschlachteten vor Heraustragung des Leichnams und Knochenleserinnen herbeiholten. Ja die noch älteren als jene begruben ihre Toten im Hause, wir hingegen tun nichts hievon. Und tausenderlei könnte Einer dergleichen sagen, denn gar weit und breit her ist das zu erweisen, daß weder wir mit uns selbst übereinstimmend immer dasselbe festsetzen, noch auch die Menschen überhaupt unter einander.

Sokrates: Es ist wohl nicht zu verwundern, Bester, wenn du vollkommen recht hast, mir aber dieses entgangen ist. Aber so lange du für dich allein sprichst was dir gut dünkt, in einer langen Rede, und dann wieder ich, werden wir nie etwas zusammenbringen, wie ich glaube. Wenn du aber die Aufgabe gemeinschaftlich hinstellst, dann können wir uns vielleicht vereinigen. Willst du also, so frage du mich aus und erwäge es gemeinschaftlich mit mir, oder auch wenn du willst, antworte mir.

Freund: So will ich denn, o Sokrates, beantworten was du nur willst.

Sokrates: Komm also. Erklärst du etwa das Gerechte für ungerecht, und das Ungerechte für gerecht? oder das Gerechte für gerecht, und das Ungerechte für ungerecht?

Freund: Ich das Gerechte für gerecht und das Ungerechte für ungerecht.

Sokrates: Und ist dies bei Allen eben so wie unter uns festgesetzt?

Freund: Ja.

Sokrates: Also auch bei den Persern?

Freund: Auch bei den Persern.

Sokrates: Und wohl auch immer?

Freund: Immer.

Sokrates: Und was mehr wiegt wird hier als schwer festgesetzt, und was weniger als leichter, oder umgekehrt?

Freund: Nein, sondern was mehr als schwerer, und was weniger als leichter.

Sokrates: Und das auch in Karchedon und in Lykaia?

Freund: Auch.

Sokrates: Das Schöne also, wie es scheint, wird überall als schön festgesetzt, und das Schändliche als schändlich; und nicht das Schändliche als schön noch das Schöne als schändlich.

Freund: So ist es.

Sokrates: Um es also allgemein zu sagen wird ja das was ist festgesetzt, daß es ist, nicht was nicht ist, sowohl bei uns als bei allen übrigen.

Freund: Mich dünkt es.

Sokrates: Wer also dessen was ist verfehlt, der verfehlt auch des gesetzlichen?

Freund: So zwar wie du es sagst, Sokrates, erscheint dasselbe als gesetzlich sowohl für uns zu allen Zeiten als auch für die übrigen. Wenn ich aber bedenke, daß wir gar nicht aufhören unsere Gesetze durch und durch zu verändern: so kann ich mich nicht überzeugen.

Sokrates: Vielleicht bemerkst du eben nicht, daß was wir zurückgenommen und anders gezogen haben doch immer dasselbe ist. Allein betrachte es nur so mit mir. Bist du schon irgend auf Schriften gestoßen über die Wiederherstellung der Kranken?

Freund: O ja.

Sokrates: Weißt du auch, welcher Kunst solche Schriften angehören?

Freund: Ich weiß daß sie der Heilkunst angehören.

Sokrates: Und Ärzte nennst du die Sachverständigen über dergleichen?

Freund: Das sage ich.

Sokrates: Setzen nun die Sachverständigen über dieselben Gegenstände auch dasselbe fest, oder Andere Anderes?

Freund: Dasselbe, dünkt mich.

Sokrates: Und etwa nur die Hellenen unter einander? oder setzen auch die Ausländer unter einander und mit den Hellenen über das nämlich wovon sie Erkenntnis haben dasselbe fest?

Freund: Dasselbe müssen ja ganz notwendig alle wissenden gemeinschaftlich festsetzen sowohl Hellenen als Ausländer.

Sokrates: Schön geantwortet. Und zwar immer?

Freund: Ja auch immer.

Sokrates: Und Ärzte schreiben doch über die Gesundheit was sie wirklich festsetzen daß es sei?

Freund: Ja.

Sokrates: Heilkundig also und heilkundige Gesetze sind diese Schriften der Ärzte?

Freund: Heilkundig allerdings.

Sokrates: Sind etwa auch die Schriften der Landbauverständigen Gesetze für den Landbau?

Freund: Ja.

Sokrates: Und wessen sind nun wohl Schriften und Erklärungen über die Bearbeitung der Gärten?

Freund: Der Gärtner.

Sokrates: Gesetze des Gartenwesens sind also diese?

Freund: Ja.

Sokrates: Von denen, welche verstehen Gärten anzuordnen?

Freund: Wie sonst!

Sokrates: Dies verstehn aber die Gärtner?

Freund: Ja.

Sokrates: Und wessen sind Schriften und Festsetzungen über die Bereitung der Speisen?

Freund: Der Köche.

Sokrates: Für das Kochwesen sind diese also Gesetze?

Freund: Allerdings.

Sokrates: Derer, wie es scheint, welche verstehen die Bereitung der Speisen anzuordnen?

Freund: Ja.

Sokrates: Dies verstehen aber, wie man sagt, die Köche?

Freund: Diese freilich verstehen es.

Sokrates: Gut. Wessen aber sind wohl Schriften und Festsetzungen über Einrichtung eines Staates? Nicht derer welche verstehen Staaten zu regieren?

Freund: Mich dünkt ja.

Sokrates: Verstehn dies nun Andere als die des städtischen Gemeinwesens und des Königtumes Kundigen?

Freund: Eben diese, allerdings?

Sokrates: Staatskundige Schriften also sind das, was die Leute Gesetze nennen, Schriften von Königen und trefflichen Männern.

Freund: Wahr gesprochen.

Sokrates: Und nicht wahr die Sachkundigen werden doch nicht jedesmal wieder anderes schreiben über denselben Gegenstand?

Freund: Nein.

Sokrates: Und werden nicht über denselben Gegenstand ihre Festsetzungen wieder so und so umändern?

Freund: Nein freilich.

Sokrates: Wenn wir also welche wo auch immer sehen die dies tun, was wollen wir sagen, daß die sachkundig sind welche dies tun oder unkundig?

Freund: Unkundig.

Sokrates: Und was das rechte ist, das sagen wir, sei Jedem gesetzlich, es gehöre nun zur Heilkunst oder zur Kochkunst oder zur Gartenkunst?

Freund: Ja.

Sokrates: Was aber nicht das rechte ist, das erklären wir auch nicht mehr für gesetzlich?

Freund: Nicht mehr.

Sokrates: Also wird es ungesetzlich?

Freund: Notwendig.

Sokrates: Also auch in den Schriften über das Gerechte und Ungerechte und überhaupt über die Einrichtung eines Staats und wie ein Staat muß verwaltet werden, ist das rechte das königliche Gesetz, das nicht rechte aber nicht, welches nur scheint ein Gesetz zu sein den Unkundigen: denn es ist ungesetzlich.

Freund: Ja.

Sokrates: Ganz recht also haben wir uns dahin erklärt, das Gesetz sei die Auffindung dessen was ist?

Freund: So zeigt es sich.

Sokrates: Laß uns aber auch noch dieses daran betrachten. Wer ist kundig für die Erde den Samen anzuweisen?

Freund: Der Landmann.

Sokrates: Und dieser wird jedem Boden den angemessenen anweisen?

Freund: Ja.

Sokrates: Der Landmann also ist der rechte Anweiser hiezu, und seine Anweisungen und Verteilungen sind hierin die rechten?

Freund: Ja.

Sokrates: Und wer versteht Töne anzuweisen für die Lieder, jedem die angemessenen? Und wessen Gesetze sind hierüber die rechten?

Freund: Die des Flötenspielers und Lyraspielers.

Sokrates: Der gesetzkundigste hierin ist also der tonkundigste.

Freund: Ja.

Sokrates: Und wer ist der beste um den Leibern der Menschen die Nahrung anzuweisen? nicht der welcher die angemessenste anweiste?

Freund: Ja.

Sokrates: Dessen Anweisungen und Gesetze sind also die besten, und der gesetzkundigste hierin gibt auch die beste Anweisung?

Freund: Allerdings.

Sokrates: Und wer ist dieser?

Freund: Der Vorsteher der Leibesübungen.

Sokrates: Dieser also ist am geschicktesten die menschlichen Herden leiblich zu weiden?

Freund: Ja.

Sokrates: Und wer ist der beste um einer Herde von Schafen das ihrige anzuweisen? wie heißt er?

Freund: Der Hirte.

Sokrates: Des Hirten Gesetze also sind die besten für die Schafe?

Freund: Ja.

Sokrates: Und die des Rinderhirten für die Rinder?

Freund: Ja.

Sokrates: Wessen Gesetze aber sind die besten für die Seelen der Menschen? Nicht des Königes? Sprich.

Freund: Ja, ich spreche also.

Sokrates: Vortrefflich gesprochen. Kannst du nun wohl sagen, wer unter den Alten sich ausgezeichnet hat als Gesetzgeber für das Flötenspielen? Vielleicht entsinnst du dich nicht; willst du aber daß ich dich erinnere?

Freund: Das will ich freilich.

Sokrates: Sagt man es nicht vom Marsyas und von seinem Liebling Olympos dem Phrygier?

Freund: Ganz richtig.

Sokrates: Deren Tonstücke sind die göttlichsten; sie allein bewegen und bringen ans Licht wer der Götter bedürftig ist, und sind auch noch jetzt allein übrig als göttliche.

Freund: So ist es.

Sokrates: Wer aber von den alten Königen wird als ein guter Gesetzgeber gerühmt dessen Festsetzungen auch jetzt noch in Ansehn bleiben als göttliche?

Freund: Ich entsinne mich nicht.

Sokrates: Weißt du nicht welche Hellenen die ältesten Gesetze haben?

Freund: Meinst du etwa die Lakedaimonier und ihren Gesetzgeber Lykurgos?

Sokrates: Die sind ja noch nicht dreihundert Jahre als oder kaum etwas weniges drüber. Aber woher kommen die besten unter diesen Gesetzen? weißt du das?

Freund: Man sagt wenigstens aus Kreta.

Sokrates: Diese also haben die ältesten Gesetze unter den Hellenen?

Freund: Ja.

Sokrates: Weißt du nun was für treffliche Könige diese gehabt haben? den Minos und Rhadamanthys, des Zeus und der Europa Söhne, von denen diese Gesetze herrühren.

Freund: Rhadamanthys gilt wohl für einen gerechten Mann, Sokrates; Minos aber für wild und rauh und ungerecht.

Sokrates: Das ist eine Attische und tragische Fabel, o Bester, die du vorträgst.

Freund: Wie so? Sagt man dies nicht vom Minos?

Sokrates: Nicht Homeros und Hesiodos, wiewohl diese glaubwürdiger sind als alle Tragödiendichter insgesamt, von denen du eben, was du sagst, gehört hast.

Freund: Was sagen also jene vom Minos?

Sokrates: Das will ich dir sagen, damit nicht auch du wie die Meisten frevelest. Denn es gibt nichts frevelhafteres und nichts, was man mehr scheuen müßte, als gegen die Götter in Wort und Tat zu fehlen; das zweite aber gegen göttliche Menschen. Sondern gar viele Vorsicht mußt du immer anwenden, wenn du einen Mann zu loben oder zu tadeln im Begriff stehst, ob du auch nichts unrichtiges sagest. Und deshalb eben muß man auch lernen gute und schlechte Menschen unterscheiden. Denn es zürnt der Gott, wenn man den ihm ähnlichen tadelt, oder den ihm entgegengesetzt sich verhaltenden lobt. Jener aber ist der gute. Denn glaube ja nicht, daß Steine wohl heilig sein können und Hölzer und Vögel und Schlangen, Menschen aber nicht. Sondern das heiligste unter allem ist ein guter Mensch und das verworfenste ein schlechter. So auch was den Minos betrifft wie ihn Homeros und Hesiodos loben, will ich dir deshalb sagen, damit du nicht als Mensch und eines Menschen Sohn gegen einen Heros und Sohn des Zeus mit Worten dich vergehest. Denn Homeros, wo er von Kreta sagt daß viel und unzählbare Menschen darin sind, die Neunzig Städte bewohnen, spricht weiter: Jenen erhebt sich Knossos, die mächtige Stadt wo Minos Einst geherrscht neunjährig dem Zeus als Genosse sich nahend. Dieses nun ist in kurzen Worten eine solche Lobrede des Homeros auf den

Minos, wie sie Homeros auf keinen andern Heros gedichtet hat. Denn daß Zeus ein Weisheitslehrer ist und diese Kunst die vortrefflichste, das deutet er auch an vielen andern Orten anderwärts an, aber auch hier. Denn er sagt, Minos sei ins neunte Jahr mit dem Zeus umgegangen in Gesprächen und habe ihn besucht um sich von dem Zeus als Weisheitslehrer unterrichten zu lassen. Daß nun diesen Ruhm Homeros keinem andern Heroen beigelegt hat, als nur dem Minos, das ist ein bewundernswürdiges Lob. Auch in der Totenfahrt der Odysseia dichtet er den Minos mit goldenem Zepter geschmückt die Gestorbenen richtend, nicht den Rhadamanthys. Vom Rhadamanthys aber sagt er weder hier daß er richtet, noch sonst irgendwo daß er mit dem Zeus umgegangen wäre. Deshalb nun behaupte ich, daß Minos am allermeisten vom Homeros ist gepriesen worden. Denn daß als ein Sohn des Zeus er allein vom Zeus ist unterrichtet worden, das ist ein Lob worüber keines geht. Und dies bedeutet doch der Vers: Einst geherrscht neunjährig dem Zeus als Genosse sich nahend, daß Minos mit dem Zeus umgegangen. Denn diese Genossenschaft bestand in Gesprächen, und ein Genosse ist wer mit dem Andern umgeht in Gesprächen. Nämlich ins neunte Jahr ist Minos in des Zeus Höhle gegangen um teils zu lernen und teils zu zeigen was er in den ersten Neun Jahren vom Zeus gelernt. Einige zwar nehmen an, ein Genosse des Zeus sei wer mit ihm getrunken und gescherzt habe. Allein folgenden Beweis kann Jemand anführen, daß die nichts sagen, welche dies annehmen. Denn so viele Menschen es auch gibt, Hellenen und Ausländer, gibt es doch keine, die sich des Zusammentrinkens und dieser ganzen Freude wozu der Wein gehört enthalten, als die Kreter, und nächstdem die Lakedaimonier, die es von den Kretern gelernt haben. In Kreta aber ist dies eins von den Gesetzen die Minos gegeben hat, nicht zusammenzutrinken bis zum Rausch. Und offenbar ist doch, daß was er selbst für schön erkannte, er auch wird gesetzlich gemacht haben für seine Mitbürger. Denn gewiß hat Minos nicht wie ein gemeiner Mensch anderes festgesetzt und anders selbst getan abweichend von dem was er selbst festsetzte. Sondern jenes Zusammensein bestand, wie ich behaupte, in Gesprächen zum Unterricht in der Tugend. Daher er denn auch solche Gesetze seinen Bürgern gegeben hat, durch welche Kreta zu allen Zeiten glücklich gewesen ist, und auch Lakedaimon, seitdem es angefangen hat diese zu gebrauchen, weil sie göttlich sind. Rhadamanthys aber war zwar vom Minos unterrichtet, aber nicht in der ganzen königlichen Kunst war er unterrichtet, sondern nur in jener Dienstleistung für die königliche daß er verstand den Gerichtsstätten vorzustehn. Daher er auch den Ruf erworben hat ein guter Richter zu sein. Seiner nämlich bediente sich Minos als Gesetzwächters innerhalb der Stadt, im übrigen Kreta aber des Talos. Talos nämlich ging dreimal des Jahrs in allen Flecken umher hatte Acht auf die Gesetze darin, die er auf eherne Tafeln geschrieben hatte, daher er auch der eherne heißt. Ähnliches sagt auch Hesiodos vom Minos, denn indem er seines Namens gedenkt sagt er, dieser sei der königlichste gewesen unter allen sterblichen Königen. Und auch viele regiert' er umwohnende Menschengeschlechter Haltend das Zepter des Zeus, womit er die Stadt beherrschte. Auch dieser nun meint mit dem Zepter des Zeus nichts anderes als den Unterricht vom Zeus, durch welchen er nun ganz Kreta leitete.

Freund: Weshalb doch, o Sokrates, hat sich dies Gerücht vom Minos verbreitet, als wäre er ungebildet und hart?

Sokrates: Weshalb auch du, Bester, und jeder Andere dem daran gelegen ist guten Ruf zu haben, dich hüten wirst nie einen Dichter zu erzürnen. Denn die Dichter vermögen viel in Absicht des Ruhms auf welche Weise sie eines Menschen erwähnen lobend oder tadelnd. Darin eben hat Minos gefehlt, indem er mit dieser Stadt Krieg führte, in welcher neben vieler anderen Weisheit auch vielerlei Dichter gefunden werden in andern Zweigen der Dichtkunst und auch in der Tragödie. Die Tragödie aber ist hier sehr alt, nicht wie sie glauben nur vom Thespis her oder vom Phrynichos; sondern wenn du es recht untersuchen willst, wirst du finden, daß sie eine sehr alte Erfindung dieser Stadt ist. Denn die Tragödie gereicht am meisten unter allen Dichtarten dem Volke zur Belustigung und Gemütsbewegung. In diese haben wir daher den Minos gebracht, und so unsere Rache an ihm genommen, dafür daß er uns genötigt hat ihm jene Abgabe zu erlegen. Dies also war des Minos Versehen daß er uns erzürnte, weshalb er denn auch, wonach du fragst, einen übleren Ruf erlangt hat. Denn daß er gut und gesetzkundig war, wie wir im vorigen sagten, und ein trefflicher Herrscher, davon ist das der beste Beweis, daß seine Gesetze noch unverändert sind, weil er nämlich das rechte aufgefunden hatte wie es wirklich ist in der Verwaltung eines Staates.

Freund: Du scheinst mir, o Sokrates, sehr wahrscheinlich diese Sache erklärt zu haben.

Sokrates: Wenn ich also Recht habe so dünken dich die Kreter, des Minos und Rhadamanthys Bürger, die ältesten Gesetze zu besitzen.

Freund: Offenbar.

Sokrates: Diese also sind unter den Alten die vortrefflichsten Gesetzgeber gewesen und Anführer und Hirten der Völker, wie auch Homeros einen guten Heerführer einen Hirten der Völker nennt.

Freund: Allerdings.

Sokrates: So sage denn beim freundlichen Zeus, wenn uns Jemand fragte, ein guter Gesetzgeber und Anordner des Leibes was verordnet denn der dem Leibe um ihn besser zu machen, so würden wir sagen wenn wir gut und in der Kürze antworten wollten, Nahrungsmittel und Anstrengungen, um durch jene den Leib wachsen zu machen, durch diese aber ihn zu üben und zu stärken.

Freund: Richtig.

Sokrates: Wenn er uns nun aber weiter fragte, was ist aber wohl dasjenige was ein guter Gesetzgeber der Seele verordnet um sie besser zu machen? was würden wir ihm wohl antworten wenn wir uns nicht schämen wollten für uns selbst und für unsere Jahre?

Freund: Das weiß ich nicht mehr zu sagen.

Sokrates: Aber zur Schande gereicht es gewiß unser beider Seelen daß sie offenbar werden, von sich selbst nicht zu wissen worauf ihr Wohl und Wehe beruht, vom Leibe aber und den übrigen Dingen es untersucht zu haben.

Alkibiades

Der sogenannte Zweite

Sokrates • Alkibiades

Sokrates: Gehst du etwa zu dem Gotte um zu beten, o Alkibiades?

Alkibiades: Allerdings, Sokrates.

Sokrates: Du siehst ja auch ganz finster aus, und zur Erde blickend, wie wenn du dir etwas überlegtest.

Alkibiades: Was sollte sich einer da wohl überlegen, o Sokrates?

Sokrates: Die wichtigste Überlegung, o Alkibiades, wie mich wenigstens dünkt. Denn sprich beim Zeus, glaubst du nicht, daß die Götter, was wir von ihnen bitten jeder für sich und gemeinschaftlich für Alle, davon bisweilen einiges verleihen und anderes nicht, und auch Einigen wohl, Anderen aber nicht?

Alkibiades: Allerdings.

Sokrates: Dünkt dich also nicht große Vorsicht erfordert zu werden, damit nicht einer unvermerkt sich selbst große Übel erbitte, die er aber für Gutes hält, die Götter aber dann gerade in der Verfassung seien, in welcher sie gewähren, was einer bittet? wie z. B. vom Oidipus gesagt wird, er habe gebetet, daß seine Söhne mit dem Schwert das väterliche teilen möchten; da er konnte um eine Milderung der vorhandenen Übel gebeten haben, hat er sich zu denen die schon da waren noch andere erwünscht. Woher denn nicht nur dieses in Erfüllung ging, sondern zufolge dessen noch viel anderes schreckliche, was ich nicht wüßte, wozu ich es einzeln aufzählen sollte.

Alkibiades: Du sprichst aber auch von einem rasenden Menschen, Sokrates. Denn wer glaubst du wohl daß bei gesunden Sinnen dergleichen werde gebetet haben?

Sokrates: Dünkt dich das Rasen das Gegenteil vom Vernünftigsein?

Alkibiades: Allerdings.

Sokrates: Und unvernünftig und vernünftig dünken dich doch auch einige Menschen zu sein?

Alkibiades: Freilich sind solche.

Sokrates: Wohlan denn, laß uns sehen, welche es wohl eigentlich sind. Denn daß einige unvernünftig sind und andere vernünftig, darüber sind wir einig, und Rasende auch noch außerdem.

Alkibiades: Darüber sind wir einig.

Sokrates: Weiter gibt es doch auch gesunde?

Alkibiades: Die gibt es.

Sokrates: Auch wohl andere kranke?

Alkibiades: Freilich.

Sokrates: Und zwar nicht dieselben?

Alkibiades: Nein.

Sokrates: Gibt es etwa auch noch Andere, denen weder Eins noch das Andere zukommt?

Alkibiades: Nicht füglich.

Sokrates: Denn notwendig ist ein Mensch entweder krank oder nicht krank.

Alkibiades: So dünkt es mich wenigstens.

Sokrates: Und wie wegen der Vernunft und Unvernunft hast du etwa dieselbe Meinung?

Alkibiades: Wie meinst du das?

Sokrates: Ob dich dünkt, man sei entweder vernünftig oder unvernünftig? oder ob es dazwischen eine dritte Beschaffenheit gibt, welche den Menschen zu einem weder vernünftigen noch unvernünftigen macht?

Alkibiades: Nicht füglich.

Sokrates: Notwendig also kommt eines davon Jedem zu.

Alkibiades: So wenigstens dünkt mich.

Sokrates: Erinnerst du dich auch eingestanden zu haben, der Wahnsinn sei der Vernunft entgegengesetzt?

Alkibiades: Sehr wohl.

Sokrates: Und auch, daß es keine dritte mittlere Beschaffenheit gebe, welche macht daß der Mensch weder vernünftig noch unvernünftig ist?

Alkibiades: Das habe ich freilich eingestanden.

Sokrates: Wie aber könnte wohl zweierlei einem einzigen entgegengesetzt sein?

Alkibiades: Auf keine Weise.

Sokrates: Unvernunft also und Wahnsinn mag wohl einerlei sein?

Alkibiades: So zeigt es sich.

Sokrates: Wenn wir also behaupteten, daß alle Unvernünftigen wahnsinnig wären, wäre das wohl eine richtige Behauptung, wie gleich von deinen Altersgenossen, wenn es unvernünftige unter ihnen gibt, wie es denn deren gibt auch unter den weit älteren? Denn sage mir, beim Zeus, glaubst du nicht, daß von denen hier in der Stadt nur wenige vernünftig sind, die meisten aber unvernünftig, welche du also Wahnsinnige nennst?

Alkibiades: Das glaube ich.

Sokrates: Glaubst du nun, wir würden unter so vielen Wahnsinnigen ruhig in der Stadt leben ohne geschlagen oder geworfen oder durch sonst irgend was die Wahnsinnigen auszuüben pflegen schon lange gestraft worden zu sein? Sieh also, mein Kluger, ob es sich nicht etwa doch anders verhält.

Alkibiades: Wie mag es sich aber wohl verhalten, Sokrates? Denn es scheint sich freilich nicht so zu verhalten, wie ich es meinte.

Sokrates: Auch mir scheint es nicht. Aber so etwa laß es uns ansehn.

Alkibiades: Wie meinst du denn?

Sokrates: Ich will es dir sagen. Wir nehmen doch an, daß Einige krank sind; oder nicht?

Alkibiades: Allerdings.

Sokrates: Dünkt es dich nun etwa notwendig, daß ein Kranker entweder die Gicht habe oder das Fieber oder den Augenschmerz? Oder dünkt dich nicht er könne auch ohne daß ihm etwas hievon zukomme an einer andern Krankheit leiden? Denn es gibt deren ja wohl viele, und nicht jene allein.

Alkibiades: So denke ich auch.

Sokrates: Also jeder Augenschmerz dünkt dich doch Krankheit?

Alkibiades: Ja.

Sokrates: Etwa auch jede Krankheit Augenschmerz?

Alkibiades: Nicht füglich; aber ich weiß doch nicht, was ich sagen soll.

Sokrates: Aber wenn du mir nur aufmerksam bist: so sollten wir zween suchend zugleich es wohl finden.

Alkibiades: Das will ich sein, Sokrates, nach meinem Vermögen.

Sokrates: Sind wir also nicht einig darüber geworden jeder Augenschmerz zwar sei Krankheit, nicht aber jede Krankheit Augenschmerz?

Alkibiades: Darüber wurden wir einig.

Sokrates: Und mit Recht glaube ich. Denn auch alle Fiebernden sind krank; nicht aber alle Kranke fiebern oder haben die Gicht oder Augenschmerz, glaube ich. Sondern Krankheit ist zwar jedes dergleichen; verschieden aber, sagen die welche wir Ärzte nennen, wären sie ihrer Wirkung nach. Denn weder sind einander alle ähnlich, noch wirken sie auf ähnliche Art; sondern jede nach ihrer eigentümlichen Beschaffenheit; Krankheiten aber sind sie alle. Wie wir auch annehmen es gibt Handwerker; oder nicht?

Alkibiades: Allerdings.

Sokrates: Nämlich die Schuhmacher, die Zimmerleute, die Bildhauer, und andere gar viele, was sollen wir sie alle nennen, sie haben aber einzelne Teile des Handarbeitens unter sich geteilt, und sind Alle Handarbeiter; nicht aber sind Alle Zimmerleute oder Schuhmacher, oder Bildhauer, welche doch sämtlich Handarbeiter sind.

Alkibiades: Freilich nicht.

Sokrates: Eben so nun haben sie auch die Unvernunft unter sich verteilt, und die den größten Teil davon haben nennen wir Wahnsinnige, die aber weniger, Blödsinnige und Schwachköpfige. Und die wir mit den schonendsten Namen benennen wollen nennen wir teils Eingebildete, teils Einfältige, andere wieder sagen unschädlich oder unschuldig oder kindisch. Und noch viele andere Namen wirst du finden wenn du nachsuchst. Alles dieses nun ist Unvernunft unterschieden aber, wie sich uns vorher eine Kunst von der andern zeigte, und eine Krankheit von der andern. Oder wie meinst du?

Alkibiades: Ich eben so.

Sokrates: Also von hier laß uns wieder zurückgehn. Denn auch im Anfang unseres Gespräches waren ja wohl die Unvernünftigen und die Vernünftigen zu untersuchen, welche es wären. Denn daß welche es wären, war eingeräumt. Oder nicht?

Alkibiades: Ja das war eingeräumt.

Sokrates: Nimmst du nun etwa diejenigen als Vernünftige an, welche wissen was einer tun und reden soll?

Alkibiades: Ja diese.

Sokrates: Welche aber als Unvernünftige? Etwa die, welche keines von diesen beiden wissen?

Alkibiades: Diese.

Sokrates: Werden nun nicht die keines von diesen beiden Wissenden unbewußt reden und tun was man nicht muß?

Alkibiades: Das leuchtet ein.

Sokrates: Unter diese Menschen nun, Alkibiades, meinte ich, gehöre auch Oidipus. Du wirst aber auch finden, daß unter den Jetzigen viele, nicht etwa im Zorn, wie jener, und wissentlich sich Böses wünschen, sondern in der Meinung es sei Gutes. Denn Jener, wie er sich nichts Gutes wünschte, so glaubte er es auch nicht zu tun; es gibt aber Andere, welchen das Gegenteil hievon begegnet. Denn ich glaube gleich du wenn der Gott, zu welchem du jetzt hingehn willst dir erschiene und ehe du noch etwas gebeten hättest dich fragte, ob es dir genug wäre Eigenherrscher über die Stadt der Athener zu sein, und wenn du dies für unbedeutend hieltest und für nichts großes, auch gleich hinzusetzte und über alle Hellenen; und wenn er sähe, du glaubtest noch nicht genug zu haben wenn er dir nicht ganz Europa bewilligte, dir dann auch dieses nicht nur bewilligen wollte, sondern auch gleich heute, wenn du es wolltest, Alle fühlen ließe daß Alkibiades der Sohn des Kleinias der Herr wäre: so glaube ich würdest du hocherfreut von ihm gehn, als der größten Güter teilhaftig geworden.

Alkibiades: Ich glaube wohl auch jeder andere, Sokrates, wenn ihm dergleichen begegnete.

Sokrates: Aber doch für dein Leben würdest du wohl auch aller Hellenen und Barbaren Land und Herrschaft nicht nehmen wollen?

Alkibiades: Das glaube ich wohl. Wie sollte ich auch, wenn ich dann doch keinen Gebrauch davon machen könnte?

Sokrates: Und wie wenn du nur einen schlechten und schädlichen Gebrauch davon machen würdest; auch so nicht?

Alkibiades: Freilich nicht.

Sokrates: Siehst du also wie wenig es sicher wäre für dich, dieses Gegebene aufs Geratewohl anzunehmen, oder es selbst zu erbitten, wenn doch einer dadurch Schaden erleiden oder gar das Leben deshalb verlieren könnte. Viele auch könnten wir anführen, welche nach der Herrschaft gestrebt und sich viel Mühe darum gegeben haben, als hätten sie etwas Gutes daran wenn es ihnen damit gelänge, denen aber hernach eben der Herrschaft wegen nachgestellt und das Leben genommen wurde. Wie ich denn glaube, dir wird manches nicht unbekannt geblieben sein, was sich in diesen Tagen ereignet hat, da den König der Makedonier Archelaos sein in die Herrschaft nicht minder als jener in ihn verliebter Liebling, wiewohl jener sein Liebhaber war, umgebracht, um ein Herrscher und beglückter Mann zu werden, nachdem er aber drei oder vier Tage die Gewalt besessen, selbst durch Nachstellung einiger anderen umgebracht ward. Auch unter unsern Mitbürgern siehst du, was wir nicht von Andern gehört, sondern selbst Augenzeugen davon gewesen, wie viele schon nach der Feldherrnwürde getrachtet, und nachdem sie ihnen geworden teils noch gegenwärtig verbannt sind aus dieser Stadt, teils ihr Leben eingebüßt haben; die aber die glücklichsten unter ihnen zu sein scheinen, haben unter vielfältiger Gefahr und Angst gelebt nicht nur während ihrer Heerführung, sondern auch nach der Rückkehr ins Vaterland wegen der Angeber, die ihnen nicht minder hartnäckig zusetzten als die Feinde. So daß einige wünschten, lieber ohne jene Würde geblieben zu sein als sie verwaltet zu haben. Und führten noch die Gefahren und Mühseligkeiten zu einigem Nutzen: so wäre es doch etwas, itzt aber ist es ganz das Gegenteil. Ganz dasselbe wirst du finden in Absicht der Kinder, daß Einige sich gewünscht welche zu bekommen, nachdem sie sie aber bekommen, in die schwersten Unfälle und Trübsale geraten sind. Denn einige haben, weil ihre Kinder bis an ihr Ende ungeraten blieben, ihr ganzes Leben in Kummer verbracht, andere hingegen, denen sie zwar wohl geraten, die aber ihrer durch Unglücksfälle beraubt worden, haben selbst auch nicht geringeren Kummer erduldet als jene, und gewünscht, die Kinder möchten ihnen lieber nicht geboren sein als geboren. Dennoch aber, wie offenbar auch sowohl dieses ist als vieles andere das sich eben so wenden pflegt: so ist doch selten Einer zu finden, der entweder des Angebotenen sich enthielte, oder wenn er durch Wünschen etwas zu erlangen wüßte, aufhören sollte zu wünschen; sondern die meisten würden weder die Alleinherrschaft wenn sie ihnen angeboten würde, zurückweisen, noch die Heerführung, noch vieles andere, was wenn es jemand hat ihm mehr schadet als hilft; vielmehr dies alles sich sogar herbeiwünschen wenn Einer es noch nicht hätte. Nach einer kurzen Zeit aber widerrufen sie nicht selten, und wünschen wieder weg, was sie zuerst herbeigewünscht. Ich daher bin auch zweifelhaft, ob nicht in Wahrheit die Menschen wider die Götter fälschlich klagen, wenn sie vermeinen nur von jenen sei ihnen Böses, aber sie schaffen durch Unverstand, oder ob man Unvernunft sagen soll, auch gegen Geschick sich das Elend. Und so mag wohl, o Alkibiades, jener Dichter gar vernünftig sein, welcher wie ich glaube, auch unverständige Freunde hatte, und als er sie tun und wünschen sah, was nicht das beste war, ihnen aber doch so schien, für alle gemeinschaftlich dieses Gebet scheint gedichtet zu haben. Er sagt aber so etwa: Zeus du Herrscher, das Gute, spricht er, auch wann wir es nicht uns erflehen Immer verleih, doch Arges dem Beter sogar zu verweigern bittet er. Mich dünkt dies sehr gut und sicher gesprochen von dem Dichter, hast aber du etwas dagegen in Gedanken, so verschweige es nicht.

Alkibiades: Hart wäre es, Sokrates, etwas vorzubringen gegen das, was gut gesagt ist. Dieses nun begreife ich, an wie vielen Übeln die Unwissenheit den Menschen Ursach ist, da wir, wie es scheint, durch sie unvermerkt uns das Ärgste zufügen, ja was noch mehr sagen will, sogar herbeiwünschen. Was doch Niemand glauben sollte, sondern jeder glaubt das wenigstens zu verstehen, sich selbst das Beste zu wünschen und nicht das Schlimmste. Denn das wäre ja in der Tat einem Fluch ähnlich und nicht einem Gebet.

Sokrates: Aber, Bester, vielleicht würde ein Mann der weiser wäre als ich und du behaupten, wir sprächen nicht richtig, wenn wir so ins Blaue die Unwissenheit verwürfen und nicht wenigstens hinzusetzten, daß Unwissenheit über gewisse Dinge für gewisse Menschen unter gewissen Umständen gut wäre, eben wie für andere übel.

Alkibiades: Wie meinst du das? Kann irgend etwas irgend Jemanden unter was immer für Umständen besser sein nicht zu wissen als zu wissen?

Sokrates: Mir scheint es so; und dir nicht?

Alkibiades: Nein gewiß, beim Zeus.

Sokrates: Aber doch will ich auch das nicht von dir denken, daß du gegen deine eigne Mutter das möchtest verübt haben, was man vom Orestes sagt und Alkmaion, und was für Andere etwa noch dasselbe wie jene verübt haben mögen.

Alkibiades: Um Zeus willen, sprich besser, Sokrates.

Sokrates: Nicht den, Alkibiades, welcher sagt du werdest dergleichen nicht wollen verübt haben, mußt du besser sprechen heißen, sondern vielmehr wenn einer das Gegenteil sagte, wenn dich doch die Sache so arg dünkt, daß man ihrer auch nicht einmal unnötig erwähnen müsse. Glaubst du aber wohl, daß Orestes, wenn er vernünftig gewesen wäre und gewußt hätte, was für ihn das beste wäre zu tun, sich würde erkühnt haben etwas hievon zu verüben?

Alkibiades: Gewiß nicht.

Sokrates: Auch wohl, glaube ich, kein Anderer.

Alkibiades: Freilich nicht.

Sokrates: Ein Übel also, wie es scheint, ist es das Beste nicht zu kennen, und die Unkenntnis des Besten.

Alkibiades: Mich dünkt es.

Sokrates: Und zwar wie Jenem, so auch allen Übrigen?

Alkibiades: Das behaupte ich.

Sokrates: Betrachten wir nun auch noch dieses. Wenn dir etwa auf einmal einfiele, weil du meintest es sei so das Beste, ein Messer zu nehmen, ins Vorzimmer des Perikles deines Freundes und Vormundes zu gehn und zu fragen, ob er drin wäre, in der Absicht eben jenen zu töten und keinen andern, und sie sagten er wäre drin. Nämlich ich sage gar nicht, daß du jemals etwas dergleichen werdest tun wollen; sondern ich meine nur, wenn du dies gut fändest, da ja nichts hindern kann, daß nicht dem, der das Beste nicht kennt auch einmal eine solche Meinung einfalle, daß er auch das schlechteste für das Beste hält. Oder meinst du das nicht?

Alkibiades: Allerdings.

Sokrates: Wenn du nun im Hineintreten ihn verkenntest beim Anblick und glaubtest, es wäre ein Anderer, würdest du dann wohl noch den Mut haben ihn zu töten?

Alkibiades: Nein, beim Zeus, das dünkt mich nicht.

Sokrates: Denn nicht den ersten Begegnenden, sondern nur eben jenen wolltest du. Nicht wahr?

Alkibiades: Ja.

Sokrates: Also wenn du es auch oft unternähmest, jedesmal aber den Perikles verkenntest, wenn du im Begriff wärest es auszuüben, so würdest du ihn wohl niemals angreifen?

Alkibiades: Nicht füglich.

Sokrates: Und wie? meinst du Orestes würde je seine Mutter angegriffen haben, wenn er sie auf gleiche Weise verkannt hätte?

Alkibiades: Ich glaube wohl nicht.

Sokrates: Denn auch Jener hatte ja nicht die erste beste Frau noch des ersten besten Menschen Mutter im Sinne zu töten, sondern seine eigne.

Alkibiades: So ist es.

Sokrates: Dergleichen zu verkennen ist also besser für die so beschaffenen und mit solchen Meinungen behafteten.

Alkibiades: Das zeigt sich.

Sokrates: Siehst du also daß Unkenntnis von gewissen Dingen, für gewisse Menschen unter gewissen Umständen gut ist und kein Übel, wie es dir vorher schien.

Alkibiades: So scheint es.

Sokrates: Willst du nun weiter das folgende erwägen: so kann dich vielleicht dünken, es sei ungereimt.

Alkibiades: Was doch eigentlich, Sokrates?

Sokrates: Daß ja scheint, um es nur heraus zu sagen, als ob der Besitz der andern Erkenntnisse, wenn Jemand sie ohne die des Besten besitzt, nur selten von Nutzen sei, sondern meistenteils dem Inhaber schade. Betrachte es nur so. Dünkt es dich nicht notwendig zu sein, wenn wir etwas tun oder reden wollen, daß wir zuvor dasjenige entweder zu wissen glauben oder wirklich wissen müssen, was wir mit festerer Zuversicht reden oder tun wollen?

Alkibiades: Das dünkt mich.

Sokrates: Also gleich die Redner verstehen entweder uns Rat zu geben oder glauben es zu verstehen, so oft sie Rat geben, der eine über Krieg und Frieden, der Andere über die Erbauung der Mauern, oder die Ausrüstung der Häfen. Mit einem Worte, was der Staat unternimmt gegen einen andern Staat oder in und für sich selbst, das rührt alles her von dem Rate der Redner?

Alkibiades: Ganz richtig.

Sokrates: Sieh nun auch das folgende, wenn es geht. Du nennst doch Einige vernünftig, Andere unvernünftig?

Alkibiades: Gewiß.

Sokrates: Die Meisten doch wohl unvernünftig, und nur die Wenigeren vernünftig?

Alkibiades: Gerade so.

Sokrates: Doch auf irgend etwas sehend nennst du beide so?

Alkibiades: Ja.

Sokrates: Etwa den, der Rat zu geben weiß ohne zu wissen welches und wenn es besser ist, nennst du vernünftig?

Alkibiades: Wohl nicht.

Sokrates: Auch wohl den nicht, glaube ich, der das Kriegführen selbst versteht, aber nicht wann es das bessere ist und so lange als es das bessere ist. Nicht wahr?

Alkibiades: Ja.

Sokrates: Also auch nicht wenn Jemand versteht Einen zu töten, oder des Geldes zu berauben, oder zum Verbannten zu machen aus seinem Vaterlande aber nicht wenn und wem dieses zu tun das Beste ist?

Alkibiades: Auch nicht.

Sokrates: Den also, der hievon etwas versteht, wenn zugleich die Erkenntnis des Besten damit verbunden ist. Diese aber war ja wohl einerlei mit der des Nützlichen. Nicht wahr?

Alkibiades: Ja.

Sokrates: Diesen also wollen wir für vernünftig halten und für einen zuträglichen Ratgeber sich selbst und dem Staat; wer aber nicht, den dafür daß er das Gegenteil hievon tut. Oder wie denkst du?

Alkibiades: Ich eben so.

Sokrates: Und wie wenn Jemand das Reiten und das Schießen versteht? oder das Ringen und den Faustkampf, oder sonst etwas von den übrigen Kampfspielen, oder auch etwas Anderes von dem, was wir durch Kunst verstehen, wie nennst du den, welcher das versteht was in dieser Kunst das Beste ist? Nicht wahr in Beziehung auf die Reitkunst einen Reitkundigen?

Alkibiades: Ja.

Sokrates: Und wer es in Beziehung auf den Faustkampf versteht den einen Faustkampfkundigen, und wer in Beziehung auf das Flötenspielen den einen Flötenspielkundigen, bei dem Übrigen also auf dieselbe Weise; oder anders?

Alkibiades: Nein, sondern so.

Sokrates: Dünkt es dich nun notwendig zu sein, daß wer hievon etwas versteht zugleich ein vernünftiger Mann ist? Oder sollen wir sagen, daran fehle gar viel?

Alkibiades: Gar viel, beim Zeus.

Sokrates: Was für ein Staat, glaubst du nun wäre dies, der aus guten Schützen und Flötenspielern und Kämpfern und den andern Künstlern bestände, und unter diese die wir eben erwähnt wären dann einige gemischt, welche das Kriegführen selbst verstehen, und das Totschlagen, und dann noch rednerische Männer recht staatskundig aufbläht, alle diese aber ohne die Erkenntnis des Besten und ohne einen der da weiß wenn es am besten ist dies alles anzuwenden, und gegen wen?

Alkibiades: Ein schlechter, denke ich, o Sokrates.

Sokrates: Das würdest du wenigstens sagen, glaube ich, wenn du sähest wie sie ehrgeizig mit einander wetteifern, und Jeder das als den wichtigsten Teil der Staatsverwaltung vorzieht wo er sich selbst noch als den Besten übertrifft, ich meine nämlich was im Gebiete jeder Kunst selbst das Beste ist, das wahre Beste aber für sich selbst und den Staat meistens verfehlt, weil er, glaube ich, ohne Einsicht nur seiner Meinung vertraut. Verhält sich nun dieses so, würden wir dann nicht das Richtige sagen, wenn wir behaupteten, ein solcher Staat sei voll Verwirrung und Ungesetzlichkeit?

Alkibiades: Gewiß das Richtige.

Sokrates: Dünkte es uns nun nicht notwendig, daß wir zuvörderst dasjenige entweder glauben müßten zu wissen oder wirklich wissen, was wir mit Zuversicht reden oder tun sollten?

Alkibiades: Das dünkte uns.

Sokrates: Und daß also, wenn Jemand tut was er weiß oder zu wissen glaubt, und das Nützliche damit verbunden ist, alsdann wir dem Staat zum Vorteil handeln werden und Jeder sich selbst?

Alkibiades: Wie anders?

Sokrates: Wenn aber das Gegenteil, dann, glaube ich, weder für den Staat noch für sich selbst.

Alkibiades: Freilich nicht.

Sokrates: Und wie? dünkt es dich nun noch eben so oder wieder anders?

Alkibiades: Nein, sondern eben so.

Sokrates: Behauptetest du nicht auch, du hieltest die Mehresten für unvernünftig und nur die Wenigeren für vernünftig?

Alkibiades: Das tat ich.

Sokrates: Behaupten wir nicht auch wiederum, daß die mehresten das Beste verfehlen, da sie ja meistenteils, denke ich, ohne Einsicht der Meinung vertrauen?

Alkibiades: Das behaupten wir freilich.

Sokrates: Also ist es den Mehresten zuträglich, daß sie nichts weder wissen noch zu wissen glauben, da sie ja aufgelegter sein werden dasjenige zu tun, was sie wissen oder zu wissen glauben, wenn sie es aber tun, doch in den mehresten Fällen mehr Schaden davon haben werden als Nutzen?

Alkibiades: Vollkommen richtig.

Sokrates: Siehst du nun, als ich sagte, es möchte wohl der Besitz anderer Erkenntnisse, wenn Jemand sie ohne die Erkenntnis des Besten besitzt, nur selten nutzen, öfter aber dem Inhaber schaden, ob sich nicht gezeigt hat, daß ich recht habe?

Alkibiades: Wenn auch damals nicht, so scheint es mir doch jetzt so, Sokrates.

Sokrates: Es muß also ein Staat sowohl als ein Einzelner, wenn er sein Leben richtig führen will, an diese Erkenntnis sich halten ordentlich wie der Kranke an den Arzt, oder wie an den Steuermann der welcher mit Sicherheit schiffen will. Denn ohne diese müssen je stärker die Seele treibt auf den Erwerb äußerer Güter oder Leibesstärke oder sonst etwas um desto größere Fehler daraus entstehen. Und wer von den sogenannten Wissenschaften und Künsten gar viel besitzt, von dieser Erkenntnis aber verwaiset ist, und nur von irgend einer einzelnen unter den übrigen getrieben wird, wird der nicht in der Tat und mit Recht vielem Sturme ausgesetzt sein, als einer der wie ich glaube ohne Steuermann auf hoher See bleibend, nicht lange Zeit freilich nur sein Leben lang umhertreibt? So daß auch hier das Wort des Dichters zuzutreffen scheint, was er wo als Tadel gegen einen sagt: Welcher gar manches zwar wußte, doch übel nur spricht er, wüßt' er es alles.

Alkibiades: Und wie soll das wohl hier zutreffen, Sokrates? mir scheint er das auch nicht im geringsten verständig gesagt zu haben.

Sokrates: Gar sehr verständig; aber auch dieser Dichter, Bester, spricht nur rätselhaft, wie auch die andern Dichter fast alle. Und es ist auch ihrer Natur nach die gesamte Dichtkunst rätselhaft, und nicht eines Jeden Sache sie richtig zu deuten. Und wenn sie dann, außerdem daß sie von Natur so ist, noch einen mißgünstigen Mann ergreift, der seine Weisheit nicht zeigen, sondern soviel irgend möglich ist verbergen will, dann wird es eine über die Maßen schwer zu beurteilende Sache, was wohl jeder von ihnen meint. Denn du glaubst doch wohl nicht, daß Homeros der weiseste und göttlichste Dichter nicht sollte gewußt haben, daß es nicht möglich ist etwas übel zu wissen, denn er ist es, welcher von dem Margites sagt, daß er gar manches zwar wußte, doch übel nur, sagt er, wüßt' er es alles. Aber er spricht rätselhaft, glaube ich, indem er sagt übel statt zum Übel wüßt' er anstatt zu wissen. Daraus wird nun, wenn man es zusammennimmt, zwar nicht dem Versmaße geeignet, doch aber das was der Dichter von ihm sagen will, nämlich daß er gar Manches zwar wußte; aber zum Übel gereichte es ihm dies Alles zu wissen. Offenbar nun ist, daß, wenn es ihm ein Übel war vieles zu wissen, er ein schlechter Mensch muß gewesen sein, wenn man unsern vorigen Reden glauben soll.

Alkibiades: Ich wenigstens bin der Meinung, Sokrates. Oder ich würde schwerlich irgend anderen Reden glauben wenn nicht diesen.

Sokrates: Und mit Recht bist du der Meinung.

Alkibiades: So scheint es mir auch wieder.

Sokrates: Wohlan aber beim Zeus! du siehst ja doch was für eine und wie große Verlegenheit sich zeigt; auch selbst scheinst du mir Teil daran zu haben, da du ja nach allen Seiten dich hinwendend auch nirgends zur Ruhe kommst, sondern, was du am festesten behauptet hattest, scheinst du wieder abgelegt zu haben, und nicht mehr derselben Meinung zu sein. Wenn also auch jetzt noch der Gott, zu welchem du gehen wolltest, dir erschiene und entweder dich fragte ehe du noch irgend etwas gebeten hättest, ob es dir genügte, wenn etwas von jenem in Erfüllung ginge, was wir anfänglich sagten, oder auch dir verstattete selbst zu bitten: was glaubst du wohl von dem Angebotenen annehmen oder was dir selbst erbitten zu können, um die Gelegenheit gut zu benutzen.

Alkibiades: Bei den Göttern, Sokrates, ich wüßte dir nichts so gleich zu sagen; sondern es dünkt mich ein töricht Ding zu sein, und in der Tat viele Vorsicht nötig, damit sich nicht einer unvermerkt Übles erbitte, in der Meinung es sei Gutes, nach weniger Zeit aber wie auch du sagtest widerrufe und wieder wegwünsche, was er zuvor herbeigewünscht.

Sokrates: Hat etwa nicht der Dichter, dessen wir ja am Anfang der Rede erwähnten, etwas mehr wissend als wir Arges dem Beter sogar zu verweigern gebeten?

Alkibiades: Mir wenigstens scheint es.

Sokrates: Auch die Lakedaimonier, Alkibiades, mögen sie nun diesen Dichter nachgeahmt, oder die Sache auch selbst so überdacht haben, beten immer sowohl öffentlich als Jeder für sich beinahe ein ähnliches Gebet, indem sie die Götter anrufen ihnen das Schöne zu dem Guten zu verleihen. Mehreres wird niemals Jemand einen von ihnen haben beten gehört. Deshalb sind sie bis auf die jetzige Zeit nicht minder beglückt als irgend Andere unter den Menschen. Und sollten sie auch nicht in allen Stücken immer beglückt gewesen sein, so kommt das doch nicht her von ihrem Gebet; denn es hängt doch von den Göttern ab, glaube ich, das zu geben was einer sich erbeten hat oder auch das Gegenteil davon. Auch noch etwas anderes will ich dir erzählen, was ich einst von alten Leuten gehört habe, daß nämlich als Streit war zwischen den Athenern und Lakedaimoniern, unserer Stadt begegnete, daß sie immer zu Lande sowohl als zur See, so oft es eine Schlacht gab, Verlust erlitt und niemals die Oberhand gewinnen konnte. Die Athener also unwillig über die Sache, und ratlos was sie wohl um diesem Übel abzuhelfen ersinnen sollten, hätten es nach gepflogener Beratung für das Beste gehalten zum Ammon zu schicken und ihn über diese Sache zu befragen, und außerdem auch noch darüber, weshalb doch den Lakedaimoniern die Götter lieber den Sieg gäben als ihnen, da wir doch, sprachen sie, unter allen Hellenen die meisten und schönsten Opfer bringen und mit Weihgeschenken ihre Tempel geschmückt haben wie keine Stadt sonst, und jegliches Jahr aufs prachtvollste und untadelhafteste sie beschicken und mehr Geld hierauf verwendet haben als alle andere Hellenen zusammen. Den Lakedaimoniern aber, sprachen sie, war niemals irgend etwas dergleichen sehr angelegen; sondern so geringschätzig betragen sie sich gegen die Götter, daß sie sogar immer verstümmeltes opfern, und auch in allem übrigen sich um vieles dürftiger in ihrer Verehrung erweisen als wir, da sie doch nicht weniger Reichtum besitzen als unsere Stadt. Nachdem sie nun dieses gesagt und gefragt hatten, was sie tun sollten um das damalige Übel wieder abzuwenden, habe der Prophet nichts anders geantwortet, weil eben der Gott es ihm offenbar nicht zugelassen, sondern er habe sie nur herbeigerufen und gesprochen, Dies sagt Ammon den Athenern, er spricht der Lakedaimonier Schweigsamkeit gefalle ihm besser als der andern Hellenen Opfer insgesamt. Soviel habe er gesagt und nichts darüber. Mit dieser Schweigsamkeit nun scheint mir der Gott nichts anderes zu meinen, als jenes ihr Gebet. Denn in der Tat zeichnet es sich gar sehr aus von den übrigen. Denn die andern Hellenen, einige indem sie goldengehörnete Stiere darbringen, andere indem sie den Göttern Weihgeschenke verehren, beten dabei um diese Dinge, wie es sich trifft mögen sie nun grade gut sein oder übel. Indem die Götter dieses Lästerliche hören verwerfen sie alle jene herrlichen Beschickungen und Opfer. Daher dünkt es mich vieler Vorsicht und Überlegung zu bedürfen, was man wohl reden muß, und was nicht. Du wirst auch beim Homeros anderes dem bisher gesagten sehr ähnliches finden. Denn er sagt, daß die Troer als sie sich gelagert den Göttern vollkommene Festhekatomben brachten, und den Opferduft hätten vom Gefilde die Winde erhoben in den Himmel Süßes Geruches: doch nahmen ihn nicht die seligen Götter abgeneigt, denn verhaßt war die heilige Ilios jenen, Priamos selbst und das Volk des lanzenkundigen Königs. So daß es ihnen nichts nutzte zu opfern und Geschenke zu bringen vergeblich, da sie den Göttern verhaßt waren. Denn dergleichen glaube ich haben die Götter nicht an sich, daß sie durch Geschenke sich bewegen lassen wie ein schlechter Wucherer. Daher auch wir eine einfältige Rede führen, wenn wir um deshalb vor den Lakedaimoniern den Vorzug begehren. Denn das wäre ja arg, wenn auf unsere Geschenke und Opfer die Götter sehen wollten, und nicht auf die Seele, wer fromm ist und gerecht. Weit mehr, glaube ich, als auf jene köstlichen Beschickungen und Opfer, welche wer auch vieles gegen die Götter und vieles gegen die Menschen gesündiget hat, sei es ein Einzelner sei es ein Staat, dennoch ungehindert jährlich vollbringen kann. Sie aber die keine Geschenknehmer sind verachten dies alles, wie der Gott sagt, und der Prophet der Götter. Es mag aber wohl bei Göttern sowohl als bei Menschen die Verstand haben Gerechtigkeit und Vernunft ganz vorzüglich geehrt sein. Vernünftig aber und gerecht sind keine Andern als die, welche wissen, was man tun und reden muß gegen Götter und gegen Menschen. Ich möchte aber auch von dir gern hören, was du in Gedanken hast hierüber.

Alkibiades: Mir meines Teils, Sokrates, erscheint es gar nicht anders als dir und dem Gott. Es wäre ja auch nicht recht, wenn ich dem Gott entgegen meine Stimme abgeben wollte.

Sokrates: Du erinnerst dich also doch der Behauptung, daß du in großer Verlegenheit wärest um dir nicht unbewußt übeles zu erbitten in der Meinung es sei gutes.

Alkibiades: Das tue ich.

Sokrates: Du siehst also, wie gar nicht sicher es für dich ist betend dem Gotte zu nahen, damit er nicht, wenn es sich so träfe, daß er lästliches von dir hört, dieses ganze Opfer verwerfe, oder du auch vielleicht noch etwas anderes davontragest. Daher dünkt mich das Beste, daß du dich ruhig verhältst. Denn des Gebetes der Lakedaimonier wirst du dich, glaube ich, als ein Eingebildeter, das war uns ja wohl der schonendste Name für die Unvernunft, nicht bedienen wollen. Also ist es notwendig zu warten bis einer lernt, wie er sich muß gegen Götter und gegen Menschen verhalten.

Alkibiades: Wann wird diese Zeit sein, o Sokrates? und wer der Unterrichtende? Denn gar gern, glaube ich, möchte ich diesen Menschen sehen, wer er ist.

Sokrates: Dieser ist es, der Sorge für dich trägt. Allein so wie Homeros sagt, daß Athene dem Diomedes erst mußte die Finsternis den Augen entnehmen, daß er wohl erkenne den Gott und den sterblichen Menschen, so glaube ich muß auch er zuvor von deiner Seele die Finsternis hinwegnehmen die jetzt darauf liegt, und dann erst dasjenige beibringen, wodurch du erkennen wirst wer gut ist oder auch böse. Denn jetzt dünkt mich kannst du es noch nicht.

Alkibiades: Er nehme also hinweg die Finsternis wenn er so will oder sonst etwas. Denn ich bin willig mich weder dem noch jenem zu entziehen was Jener anordnet, wer auch der Mensch sein mag, wenn ich nur dadurch kann besser werden.

Sokrates: Eben so ist auch jener dir, es ist nicht zu sagen wie sehr, zugetan.

Alkibiades: Bis dahin dünkt mich nun auch das Beste das Opfer aufzuschieben.

Sokrates: Ganz recht, daß es dich so dünkt. Denn es ist sicherer als auf eine so große Gefahr es zu wagen.

Alkibiades: Wie aber, Sokrates, wenn ich diesen Kranz hier, da du mich gut beraten zu haben scheinst, dir aufsetzte. Den Göttern aber wollen wir Kränze und alles was sonst gebräuchlich ist alsdann verehren, wann ich jenen Tag kommen sehe. Er soll aber bald kommen, wenn sie nur wollen.

Sokrates: Wohl! ich nehme dieses an, und auch sonst, glaube ich, werde ich Alles was du nur geben magst, gern annehmen. Und wie Kreon beim Euripides als der den Teiresias kommen sah mit Kränzen, und hörte, er habe den ersten Sieg über die Feinde davon getragen vermöge seiner Kunst, sagt Zur Vorbedeutung nehm ich an siegreichern Kranz, denn mit dem Sturme kämpfen wir itzo wie du weißt: so nehme auch ich dieses dein Urteil zur Vorbedeutung, denn ich dünke mich in nicht leichterem Sturme mich zu befinden als Kreon und wünschte wohl der Siegbekränzte zu werden unter deinen Liebhabern.